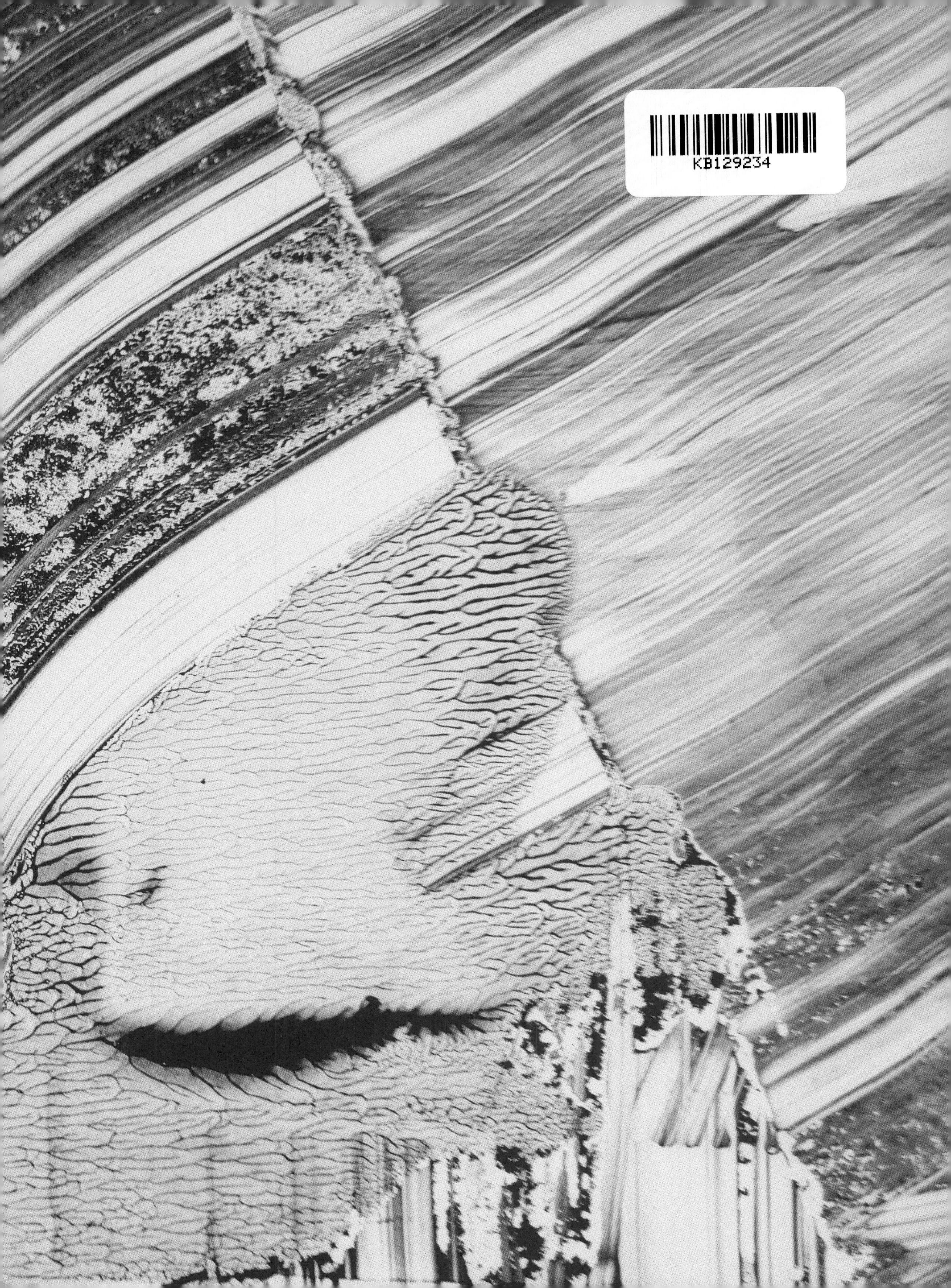

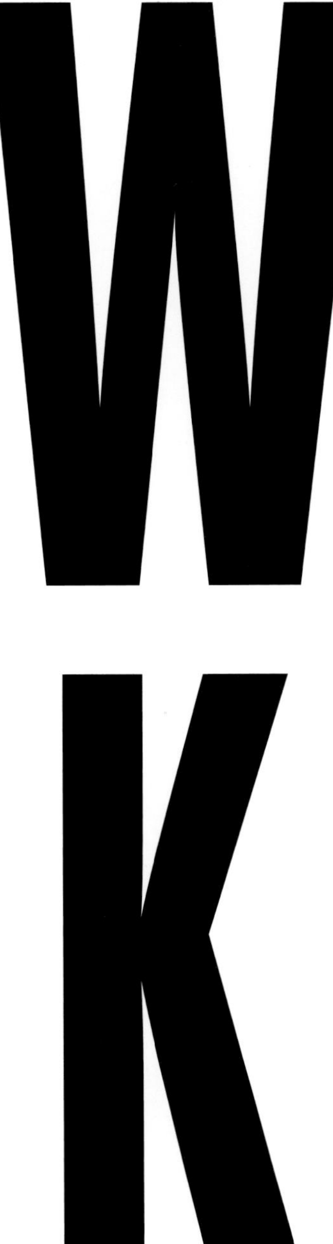

W

WKW: The Cinema of Wong Kar Wai
Written by Wong Kar Wai and John Powers

Photo of old Hong Kong on page 110 courtesy of Sing Tao Daily
Film stills of As Tears Go By and Days of Being Wild supplied by Media Asia Film Distribution

This Work was originally published in English as WKW: The Cinema of Wong Kar Wai, by Rizzoli International Publications, Inc., New York in 2016.
Korean translation rights arranged with Rizzoli International Publications, Inc. through Shinwon Agency Co., Seoul

왕가위 + 존 파워스

영화에 매혹되는 순간

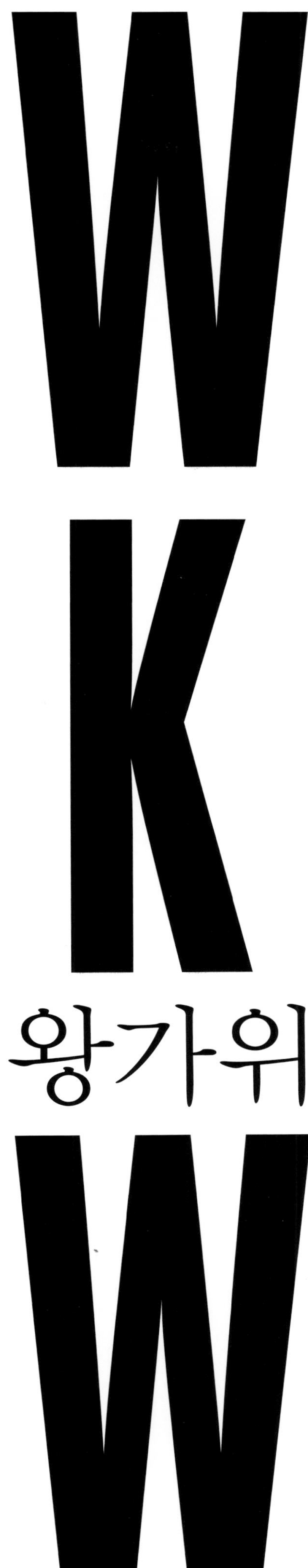

성문영 옮김

씨네21북스

CONTENTS

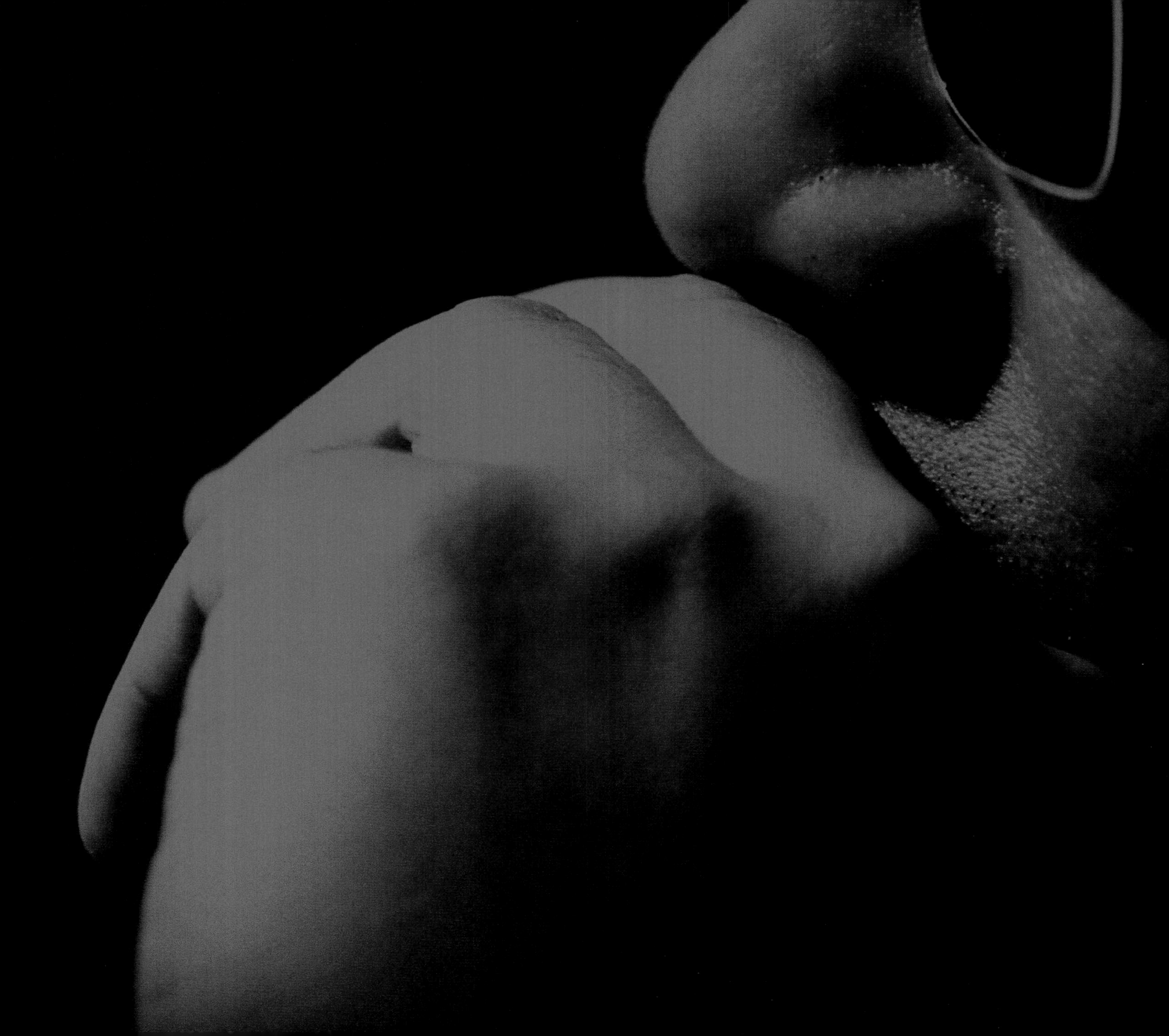

왕가위,
서른일곱 개의 시선

1

처음으로 이 책에 관해 논의하기 위해 현대 영화계의 카페 드 플로르[1]라고 비유되는 곳, 베벌리힐즈의 '포 시즌스' 호텔에서 왕가위를 만났다. 그때 나는 이 책의 스타일이 그를 온전히 반영해야 한다고 말했다. 그의 수백만 팬들은 자신들이 사랑하는 영화를 창조한 이 남자에게 매혹된 거니까 말이다. 그들은 그가 어떤 사람이며 무슨 생각을 하는지 알고 싶어 한다.

이 말에 그는 움찔했다. 한결같이 예의 바르고 사근사근한 왕가위는 작품 밖에서는 자신을 드러내고 싶어 하지 않는다. 속을 털어놓는 건 그답지 않다.

"그렇지만 글을 쓰는 건 당신이잖아요." 그가 대답했다.

"독자들이 알고 싶은 유명 감독은 그쪽이시니까. 감독님이 결정하시죠. 이 책이 어땠으면 좋을지."

"지루하면 안 되겠죠."

단호한 그의 대답. 그리고 영화 전문가용이 되어서도 안 된다. 문장들이 마치 군대 개미 행렬처럼 몇 장씩 끝도 없이 이어지는 꼴은 진저리가 난다나.

그건 나도 동의한다. 하지만 그 정도로는 부족하다. 이 책에서 우리가 원하지 않는 것 말고, 원하는 것은 무엇일까?

"이 웬수같은 책을 어떤 식으로 만들어야 왕가위의 생각을 드러낼 수 있을까요?"

"질문이 잘못됐어요. 이렇게 물어야죠. 책을 메뉴로 만들지 GPS로 만들지 아님 주크박스로 만들지."

2

세상에는 훌륭한 영화감독이 많다. 하지만 그중 불과 몇 사람만이, 예를 들어 장 뤽 고다르, 데이비드 린치, 압바스 키아로스타미, 허우 샤오셴 같은 사람들만이, 영화 보는 경험을 남다르게 만드는 강렬한 감수성을 지녔다. 왕가위는 그런 면에서 극소수에 속하는 감독이다. 사랑과 고독에 시달리는 정처 없는 주인공, 시간에 쫓기거나 가만히 있지 못하는 모습들, 패션잡지 화보처럼 왜곡된 형상이지만 그 아래의 우수를 포착한 장면들, 장르의 경계를 넘나들고 현실과 꿈의 경계가 모호한 특징, 이런 것이 그의 영화이다. 그런 특징 때문에 〈타임〉의 존경받는 편집자 겸 영화평론가 리처드 콜리스는 왕가위를 '세상에서 제일 로맨틱한 영화인'이라 단언하기도 했다. 멋진 장면이 아니면 찍을 줄 모르는 것만 같은, 남자만큼 여자 캐릭터에도 관심이 많은 그는, 아마도 현존하는 감독 중 매혹을 가장 잘 이해하는 사람일지도 모른다.

그는 흥행 성적이 좋은 감독에도 속한다. 1988년의 첫 영화 〈열혈남아〉를 필두로, 지난 25년 동안 영화적 성취를 이룬 작품들 중에서도 결정적이라 평가받는 작품을 거의 열 편이나 만들었다.

그의 최고작들 〈아비정전〉, 〈중경삼림〉, 〈동사서독〉, 〈해피 투게더〉, 〈화양연화〉, 〈2046〉은 명작이고, 〈열혈남아〉, 〈타락천사〉, 〈일대종사〉는 눈부신 장면을 가진 좋은 영화들이다. 게다가 재미도 있다. 벨라 타르나 누리 빌게 제일란 혹은 찬물 끼얹기의 대가인 오스트리아 출신 미하일 하네케 같은 영화제 단골손님들이 내놓는 근엄한 작품들과는 다르다. 왕가위는 진지한 척하지 않아도 충분히 진지한 감독이다.

수년 간 그는 많은 상을 수상했다. 1997년 칸영화제 최우수감독상과(그는 나중에 중국인으로서는 최초로 이곳 심사위원장이 되기도 했다) 프랑스 문화부장관이 수여하는 최고문학예술공로훈장도 받았고, 아시아권에서는 더 많은 상을 받았다. 그러나 대외적 명성이나 비평적 찬사보다는 그의 작품을 보는 사람들에게 미치는 영향에서 그의 진가가 드러난다. 사람들은 그의 영화를 그냥 좋아하는 게 아니다. 미치도록 빠져든다. (일본에서는 팬들이 영화 개봉에 맞춰 나오는 기념품 소책자까지 다 산다.) 왕가위의 영화는 팬들만 기쁘게 하는 게 아니라 — 나만 해도 처음 〈중경삼림〉을 봤을 때 느꼈던 기쁨의 전율이 지금도 생생히 떠오른다 — 다른 감독들도 흥분시킨다. 그는 수많은 젊은 감독들이 되고 싶어 하는 감독이다. 스타일이 너무 뚜렷해서 가끔 그 자신도 패러디하는 그의 영화는 지금까지 많은 이들이 흉내 내고, 베끼고, 퍼다 썼다. 소피아 코폴라의 〈사랑도 통역이 되나요〉부터 TV 드라마 〈매드맨〉(이 시리즈를 만든 매슈 와이너가 왕가위의 광팬이다)과 셀 수 없이 많은 세계 곳곳의 광고까지, 그 모두에서 그의 영향력을 알 수 있다. 그의 작품은 영상매체의 시각적 지형을 바꾸어놓았다.
이 정도도 벅찬데 왕가위는 신화가 된 아티스트다. (그가 좋아하는) 무라카미 하루키처럼, 단순히 그가 동서양의 가교 역할을 해서라거나 트레이드마크인 선글라스처럼 그가 영화계의 대표적 '쿨cool함'의 화신으로 여겨지기 때문만은 아니다. 그만의 방식은 전설, 소문, 가십의 소재가 되었다.
그가 어떻게 영화마다 자신의 스타일을 재창조(혹은 재활용)하는가. 어떻게 새로운 프로젝트를 하겠다고 선언하고는 손도 안 대는가. 어떻게 대스타를 캐스팅한 후에 최종 편집에 거의 내보내지도 않는가. 이야기를 '탐색 중'이라는 이유로 어떻게 수개월 때로는 수년 동안 촬영하는가. 어쩌다 한 편의 영화를 완성하기도 전에 다음 영화를 내놓는 감독으로 알려졌는가. 그의 재정 후원자들은 끊임없이 머리를 쥐어뜯는다. 그의 영화는 제때 완성된 적이 없고(〈2046〉의 프린트가 준비되지 않아 2004년 칸영화제가 상영 일정을 연기해야 했던 일화는 유명하다) 공개됐다고 해도 완성작이 아니다. 한 영화가 수많은 버전으로 존재하며 그중 소수만이 결정판이고, 또 몇 개는 토머스 핀천급 음모 이론을 만드는 수준이다. 결론적으로 왕가위는 이렇게 유명해졌고, 신비한 인물이 되었다.

3

왕가위의 키는 홍콩 평균 남자들보다 약 10센티미터 큰 180센티미터이다. 탄탄한 피부, 짧게 자른 헤어스타일(덕분에 보통의 50대 남자보다 젊어 보인다)을 하고 있다. 코는 크고 입도 크다. 젊은 시절 사진에 포착된 촉촉한 입술의 관능적인 기운은 더 이상 없다. 그는 자주 씩 웃는데 그럴 때마다 보일 듯 말 듯 미세하게 삐뚤어진 앞니 때문에 친근한 느낌이 든다. 집이든, 일터든, 친구와 만날 때든 일상적으로 쓰는 뿔테 안경 뒤에서 그는 집중력 있게 대상을 쳐다본다. 그러다 트레이드마크인 선글라스를 쓰면 권총집을 찬 경찰 같다. '지금 근무 중'임이 확연한.
왕가위의 영화는 패셔너블해서 — 그게 아니라면 왜 메트로폴리탄 미술관 산하 코스튬 인스티튜트가 2015년의 히트 패션쇼 〈거울을 통해 본 중국〉의 예술 감독직을 그에게 맡겼겠는가 — 유명하다. 그 때문에 공격도 받지만 정작 자신은 패션과 거리가 멀다. 예컨대 데이비드 린치나 웨스 앤더슨 등과 달리 그의 패션은 눈에 띄지 않는다. 그는 갭 브랜드의 파란색 잔줄 무늬 셔츠(한 벌 이상 보유)와 긴팔 폴로 셔츠를 좋아하고 둘 다 청바지 위로 내어 입는다. 사진 촬영을 할 때는 남색 셔츠를 택하거나 검은색 몽클레어 재킷을 입을 때도 있다. 하지만 멋을 위해서가 아니라 흰색 셔츠가 사진에 잘 안 찍힌다는 걸 고려한 선택이다. 칸영화제처럼 예의를 차려야 하는 — 그렇지 않으면 무례하고 얼빠진 걸로 여겨지는 — 곳에서는 검은색 넥타이를 매긴 하지만, 대부분은 캐주얼한 의상을 선호한다.
그는 유머도 무심하게 던진다. 타고난 재담가도 아니고 오스카 와일드 같은 명언 제조기도 아닌 왕가위는, 상냥한 농담을 추구하는 한편 이상하고 엉뚱한 말을 내뱉는 편이다. 언젠가 그의 회사 '제트 톤'의 사무실을 방문했을 때다. 당시 사무실은 10년 동안 있었던 코즈웨이 베이의 파크 커머셜 빌딩 21층을 떠나 이사할 예정이었다. 왕가위의 친구 하나와 왕가위의 '막냇동생'으로 불리는 노먼 왕이 우리 쪽으로 와 와이파이가 안 잡힌다는 말을 했다. 그러자 왕가위는 어깨를 으쓱했다.
"사무실도 우리가 떠나는 걸 아는 거야. 그래서 기분이 안 좋은 티를 내는 거지."
아무렴. 〈중경삼림〉에서 경찰관이 비누에게 실연의 슬픔을 이야기하던 장면이 괜히 나왔을라고.

작업 현장에서 왕가위는 누구든 의지할 만한 의연하고 침착한 분위기를 고수한다. 그런데 어떨 땐 마감의 극한 상황을 즐기는 게 아닌가 싶을 정도로 고질적인 미루기 병 — 그는 미루는 데에는 가히 우사인 볼트급이다 — 이 있다는 점을 생각해보면 이는 오해의 소지가 있는 모습이다. 그는 압박감이 더해지면 예리해지고 최상의 결과물이 나온다고 느낀다. 무미건조하게 "제가 극적인 걸 좋아해서요"라고 말하는데 실은 무미건조한 것과는 거리가 멀다. 많은 유명 감독처럼 못되거나 성마르진 않지만 그의 여유 만만함은 곧잘 조급함과 사투를 벌인다. 사실 그는 꽉 조임과 늘어짐, 초집중과 부주의, 통제집착과 혼돈애호를 한 몸에 지닌 인물이다. 특정 목적지를 향할 때, 예컨대 칸영화제 기자회견장이나 홍콩 퉁로완 로드의 '클래시파이드' 레스토랑에 점심을 먹으러 갈 때는 호방하고 단호하게 걷는다. 하지만 자신의 '제트 톤' 사무실에서는 훨씬 느린, 어기적거리는 리듬을 보여준다. 이 방 저 방을 떠도는 것처럼 보일 때도 많다. 그러나 그가 빈둥거린다고 생각하면 오산이다. 왕가위가 떠돌 때는 목적이 있다.

성향도 그렇고 몸에 밴 습성도 올빼미형 인간인 — 수많은 작품이 밤에 촬영된 이유가 있다 — 왕가위는 늦게 자고 늦게 일어나지만 항상 집에 틀어박혀 있다. 집에서 그가 뭘 하는지 제대로 아는 사람은 없다. 아마 아내인 에스터는 알겠지만. 사생활 노출을 극도로 꺼리는 그는 내가 처음 봤을 때보다 주량이 훨씬 줄었다. 담배는 안 피우고 술은 덜 마신다. 그래도 손님이 오면 주인 역할을 하긴 한다. 그는 자신의 옛 사무실 가까이에 있던 지역 영화인들의 단골 가게 '줄리엣츠 와인 바'에서 친구와 동료로 이루어진 허물없는 무리와 회포를 풀 때가 많다. 이때 그는 구석 테이블에서 대장 혹은 감시자 역할을 하며 좌중을 주도한다. 구석의 긴 의자에 느긋하게 앉아 테이블 밑으로 긴 다리를 쭉 뻗은 채로, 노먼 왕에게 옷이 왜 그러냐고 놀리거나(이 사람은 일주일 내내 같은 차림이다), 할리우드 소식을 묻거나(매년 나한테 마틴 스콜세지 감독은 뭐하냐고 물어본다), 중국 본토의 어떤 감독에 관한 소소한 가십을 들려준다. 헨리 제임스는 소설가를 두고 뭐든 그냥 두는 법이 없는 사람이라고 했는데, 왕가위가 딱 그렇다. 그는 항상 뭔가를 빨아들이고 있다. 친구들이나 자기 말을 전부 기록 중인 작가나 기자와 함께 있을 때도 거리감이 느껴질 정도다. 그의 마음 한 조각은 딴 곳에 있다. 아마 그는 책 읽는 쪽을 더 바랄지도 모른다.

그의 사무실 벽에는 닳아서 U자형으로 책등이 휜 책들이 꽂혀 있다. 언젠가 내가 스티븐 프리어즈의 잊혀진 작품 〈검슈〉를 좋아한다고 말했더니, 그는 "나도 좋아하는데"라고 말하며 책장으로 가, 그 영화의 원작소설을 꺼내오기도 했다.

2014년 여름, 메트로폴리탄 미술관에서 있을 중국 관련 패션쇼에 대해 논의하기 위해 뉴욕에 온 그를 만났다. 그동안 어떻게 지냈는지 묻자 그의 대답은 이랬다.

"사무실에 있었죠."

"뭐 하면서요?"

"아무것도 안 하면서."

당시 그는 〈일대종사〉의 3D 입체 버전을 작업하던 중이었다. 상하이에서 영화를 제작할 예정이었고 할리우드 각본가와 TV 시리즈물을 협업하고 있었다. 중국 패션쇼 때문에 코스튬 인스티튜트와 논의 중이었고 자신의 다음 영화 계약을 성사시키는 물밑 작업을 진행하던 중이었다. 이 모든 게 그에겐 '아무것도 안 하는' 거였다. 왕가위는 영화를 만들 때 비로소 원하는 걸 하는 사람이 된다.

4

감독의 감수성을 드러내는 첫 장면이란 게 있다면 왕가위의 1988년도 데뷔작 〈열혈남아〉의 첫 장면이 그에 해당할 것이다. 화면은 반으로 나뉜다. 왼쪽과 아래쪽으로 보도를 걷는 사람들과 자동차, 버스가 미끄러져가는 거리가 보이고 오른쪽으로는 바닷속 같은 파란 색조로 탑처럼 쌓인 여러 개의 TV 화면들이 자리한다. 두둥실 떠가는 구름 영상이 방송 중인 화면 위로는 도시의 풍경이 반사되어 비친다. 배우의 연기는 필요없는—그리고 보편적 참조 지점으로 사용되는—이 하나의 장면으로 왕가위는 자신의 작품이 단순하지도, 초짜 티를 내지도 않을 것임을 확실히 예고한다. 즉, 아무렇게가 아니라 의도를 갖고 이미지를 다루고 있는 것이다. 가벼운 포스트모던 스타일인 이 장면은 우리 인생이 수많은 미디어의 이미지와 기억으로 점철된 그 인생의 반사상과 만나는 곳, 수많은 가능성이 존재하는 그 교차점으로 우리를(그리고 영화까지도) 데려간다. 이후 그의 작품은이 교차점을 떠난 적이 없다. 갈수록 크고 매혹적인 구조물을 주변에 지어 올리면서.

5

〈열혈남아〉는 홍콩영화계에 입문하는 왕가위의 가장 순진한 작품이지만 그렇다고 특유의 스타일이 덜하다고는 할 수 없다. 이 영화는 왕가위가 영화 제작 동료인 담가명과 함께 생각해낸 범죄영화 3부작 중 두 번째 이야기를 토대로 한다. 1980년대 홍콩영화의 기준이 된 작품인 오우삼 감독의 갱스터 영화 〈영웅본색〉이 당시 시대정신이 반영된 대성공을 거두자 그 여파를 노렸다. 그러나 더 깊은 영감은 홍콩 밖에서 들여왔다. 삼류 건달들인 소화와 창파의 관계는 마틴 스콜세지의 대표작 〈비열한 거리〉 속 하비 카이텔과 로버트 드니로를 연상시킨다.

유덕화가 맡은 소화는 삼합회 갱단의 삼류 조직원으로 주변의 신임은 두텁지만 내심 갱 생활을 청산하고 싶어 하는 인물이다. 그러나 그는 허세와 원망이 불안정하게 뒤섞인 모양새가 가히 도스토예프스키의 《지하로부터의 수기》에 나오는 지하생활자급인 천방지축 친구 창파(장학우 분)의 보석금을 번번이 내줘야 하는 신세다. 한편 소화는 란타우 섬에서 온 웨이트리스이자 자신의 상냥한 사촌인 아화(장만옥 분)를 사랑하게 된다. 그녀는 그가 갈망하지만 결코 누릴 수 없는 보통 사람의 삶을 상징한다. 소화는 창파를 친동생처럼 여기는 바람에 가차 없이 파멸하게 될 운명이다. 왜 '가차 없이'냐고? 부분적으로는 소화의 성격이 운명을 결정짓기 때문—형제애를 발하는 그의 성격은 삼합회 문법에 따르면 약점이다—이지만, 그의 이야기가 영화의 첫 장면에 이미 예고되어 있기 때문이기도 하다. 즉, 지금까지 충분히 많은 영화를 봐온 우리는 소화가 죽임을 당하는 게 그 자신의 선택이기도 하지만 펄프 픽션 장르의 비정한 논리라는 사실을 알고 있다.

〈열혈남아〉는 확실한 성공작이다. 쿠엔틴 타란티노 감독이 보증했다. 타란티노가 언젠가 내게 말하길 자기가 이 영화를 얼마나 좋아했던지 하비 와인스타인에게 꼭 배급하라고 한 적도 있다나(결국 배급은 안 했지만). 영화는 당연히 홍콩에서 히트했다. 그로부터 25년 후 〈일대종사〉가 나오기 전까지 고향에서는 이 작품이 왕가위의 최고 흥행작이었다. 왜 인기가 있었는지 이해하는 건 어렵지 않다. 왕가위는 감정을 제대로 끌어낸다. 거물처럼 보이고 싶은 창파의 뜨겁고도 어리석은 욕망부터 소화가 죽어가는 장면에서 유덕화의 눈에 비친 완전히 소진된 표정까지, 영화를 보는 우리는 모든 걸 생생하게 느낀다. 처음부터 왕가위는 최고의 연기를 어떻게 배우들에게서 끌어낼지 알고 있었다. 여기서 그는 유덕화의 눈에 익은 아슬아슬한 공허감과 장만옥의 다정함을 솜씨 좋게 대조시킨다. 그는 장만옥에게서 어떤 감독도 알아보지 못한 깊이와 재능을 찾아냈다. 그리고 이 영화는 그녀를 배우로 인정받게 해줬다. 영화는 처음부터 끝까지 장학우가 연기하는 창파의 히스테리급 불안과 변덕으로 요동친다. 놀라운 기교와 열정으로 로버트 드니로를 소화하는 그는 왕가위의 작품을 통틀어 가장 연극적이고 메소드적인 연기를 보여준다.

〈비열한 거리〉는 스콜세지가 천식을 앓던 꼬마였을 때 자기가 살던 뉴욕 리틀 이탈리아의 아파트 창문 너머로 목격한 인생—무섭고 위험하고 스릴 넘치는 거리의 삶—을 토대로 만든 판타지다. 〈열혈남아〉의

배경도, 밤일하는 여인들이 미 해군 병사들을 집으로 데려오는 걸 본 왕가위의 어린 시절 속 카오룽의 상스럽고 비열한 거리에서 멀지 않은 곳이다. 그래서 물었다. 스콜세지처럼 당신도 길거리의 거친 사내들을 지켜보고 상상의 나래를 펼친 적이 있냐고. 〈열혈남아〉를 만드는 데 그 상황이 영감을 준 거냐고.
"아뇨."
그가 놀라며 흥미롭다는 투로 대답한다. 마치 이러는 것 같다. 당신네 평론가들의 그런 웃기지도 않는 생각은 어디서 샘솟는 거요?

6

〈열혈남아〉의 영어 제목 〈슬픔이 지나갈 때면As Tears Go By〉은 말할 필요도 없이 록 그룹 롤링 스톤즈The Rolling Stones의 동명 노래에서 따온 것이다. 나름 연관이 있는 제목이다. 그래도 애초의 광둥어 제목인 〈왕 자이오 카멘〉 혹은 〈몽콕 카르멘〉만큼 동서양이 충돌하고 중의적인 효과가 나는 특별함은 안 느껴진다. 두 광둥어 제목은 이야기가 카오룽의 어느 특정 지역(몽콕)에서 벌어진다는 점과 비제의 오페라 〈카르멘〉(이 자체도 프로스페르 메리메의 중편 소설에서 착안한 거지만)을 암시해, 이 영화가 다른 갱스터물들과 다르다는 것을 드러낸다. 왕가위는 아화를 향한 소화의 비극적인 사랑에서 이야기의 중심을 찾음으로써 범죄 장르를 비틀어 로맨틱한 연애 이야기에 자리를 내준다.
당시 왕가위는 그저 갱스터물이 범람하던 시절에 그 장르를 깔끔하게 다듬는 방식을 탐색 중이었는지도 모른다. 그러나 그는 영화마다 꼭 되돌아오는 빠져나갈 수 없는 '사랑의 갈망', 더 심오하게는 '사랑의 상실'이란 주제를 이때부터 추구하고 있었다. 왕가위 버전의 사랑의 갈망과 상실의 세상은 놓친 기회, 부재중 연락, 지나치는 야간 지하철로 이루어진 우주다. 젊든 늙었든, 결혼했든 미혼이든, 이성애자든 동성애자든, 그의 캐릭터들은 하나같이 레너드 코헨의 노래 가사 '사랑에는 치료제가 없다'[2]는 게 사실임을 깨닫는다. 저 가사를 이 책의 제목으로 붙여도 될 정도다.
이 주제에 집착하는 왕가위를 보고, 그가 몸소 사랑의 고통을 겪었기에 그런 작품이 나오는 게 아니냐고 할 수도 있다. 왜 그렇지 않은가. 자신의 어린 신부 버지니아의 죽음을 애도한 에드거 앨런 포, 젤다와 폭풍우 같은 감정선을 내달린 F. 스콧 피츠제럴드, 어떤 감정이든 거기에 여자가 빠지지 않는 우디 앨런처럼 말이다. 허나 현실의 왕가위는 본인이 예외임을 입증한다. 그는 아내 에스터와 행복한 결혼생활 중이고 최근 버클리의 캘리포니아 대학교에 과학도로 진학한 아들 칭도 두었다. 부부는 카오룽의 한 가게에서 청바지 판매원으로 만난 이후 쭉 함께였다. 당시 그는 19세 그녀는 17세. 거의 40년의 세월을 함께한 셈이다. 언젠가 내가 물었다.
"궁금해서 그러는데 어째서 불행한 사랑 이야기만 만드는 겁니까? 당신 사랑은 안 그러면서."
그가 잠시 생각한다. 그러다 마침내 대답한다.
"내 사랑이 안 그래서일지도 모르죠. 살아보지 못한 인생을 생각하는 게 훨씬 재밌잖아요. 실컷 상상할 수 있으니까."

7

그의 아내 에스터를 만나보지 않고는 왕가위를 완전히 이해할 수 없다. 본명이 찬예창인 그녀는 작은 체구의 매력적인 상하이 출신 여성으로, 감탄이 나올 정도로 솔직하고 남편처럼 주변 사람의 동정을 예리하게 포착하는 능력이 있다. 그녀를 만난 적은 많지만 이 책에 쓸 인터뷰를 시작하고자 홍콩에서 만났을 때 그녀는 날 보자마자 이렇게 말했다.

"웃는 모습을 보니 좋네요. 지난번에 만났을 때 당신 표정이 너무 안 좋아서 비보라도 전할 줄 알았거든요."

사실 그땐 화가 났었다. 그날 밤 왕가위가 있는 베벌리 힐즈의 호텔까지 꼬박 한 시간을 운전해서 갔는데 그는 40분이나 늦게 나왔다. 약속 시간도 자기가 정했으면서. 이 지각생과 함께 책을 쓰며 내가 지금 대체 어떤(밑 빠진 독에 시간 붓는) 소용돌이 속으로 끌려가고 있는지 가늠할 수가 없었다. 이 의문에 대한 답은 아마 에스터가 제일 잘 알지 않을까.

두 사람은 40년 가까이 같이 살고 있고 왕가위가 촬영장이나 사무실에 있지 않을 때는 에스터와 함께 집에 있을 가능성이 크다. 영화를 만들며 나가 있는 동안 그녀에게 소홀했다는 생각 때문이다. 두 사람의 움직임을 보면 서로에게서 안정감을 느낀다는 걸 알 수 있다. 둘은 사랑스러운 한 쌍이다. 왕가위는 아내의 이런저런 요구를 기사도에 가까운 태도로 들어주고 에스터는 아무도 신경 안 쓰는 사소한 것들로 남편과 장난스럽게 다툰다. 그녀는 왕가위 영화 중 무엇을 제일 좋아하느냐는 내 물음에 단번에 〈일대종사〉라고 대답하는 충성심도 있다. 영화감독이라면 누구나 정답이라고 인정할 대답이다. 아군이라면 반드시 그들의 최신작을 좋아해야만 한다.

그들의 만남은 1970년대 카오룽을 배경으로 한 가상의 왕가위 영화 중 한 장면 같다. 두 사람은 청바지 가게에서 여름 아르바이트를 같이했다. 매일 열 시간씩 옆에서 일하다 서로 끌린다는 사실은 알았지만 아무 진전도 없었다. 에스터는 왕가위가 자신의 전화번호를 물어봐주길 기다렸으나—그냥 말해주기엔 자존심이 상했으므로—왕가위는 그녀의 기대를 계속 저버렸다. 그 시절에도 그는 지각생이었던 거다. 그러다 같이 일하는 마지막 날, 드디어 그가 전화번호를 물었다. 그녀는 이렇게 대답했다.

"좋아. 하지만 총 여섯 자리 숫자 중 다섯 개만 알려줄 거야. 나한테 전화하고 싶음 나머지 한 자리 정도는 스스로 노력해줘."

그녀는 전화를 목 빠지게 기다렸지만 왕가위는 3일 후에야 전화했다. 왜 3일이나 걸렸냐고 그녀가 묻자 세 번째 시도했을 때 제대로 된 전화번호를 맞췄기 때문이라는 대답이 돌아왔다.

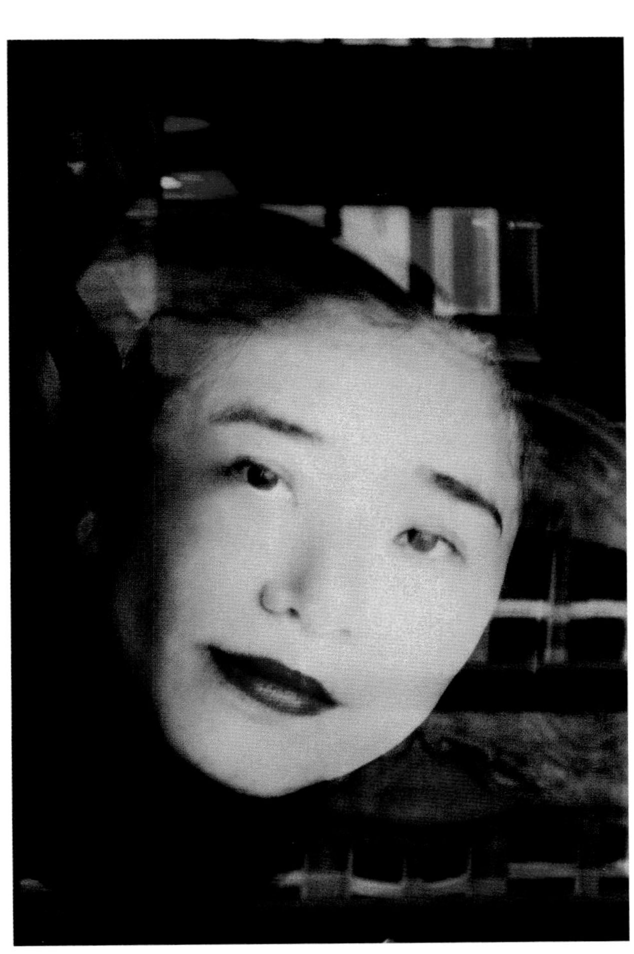

"저이가 그래도 애는 썼잖아요. 그리고 〈열혈남아〉에서 장만옥이 유덕화의 유리잔을 숨기는 장면에서도 그 아이디어를 써줬고요."

커플이 되고서도 왕가위가 데뷔작을 완성할 때까지 두 사람은 10년 이상 결혼하지 않았다.

"그걸 찍은 후 결혼하기로 결정했어요. 촬영 들어가기 전에 혼인신고부터 해놓고, 영화를 완성한 후에 뉴욕에서 식을 올렸습니다. 제가 영화 후반 작업을 하는 동안 그녀가 뉴욕으로 먼저 가서 결혼식 준비를 했죠. 전 영화가 개봉된 후에 미국으로 날아가 그다음 날 뉴저지에 있는 장인어른 댁에서 식을 올렸고요. 집 옆의 호숫가에서 피로연이 열렸습니다. 진짜 멋진 순간이었죠."

그때쯤 에스터는 오랜 시간 동안 남편이 만들기를 학수고대했던 첫 영화를 드디어 보았다. 차이나타운에 있는 로즈메리 극장이었다. 이곳은 몇 년 후에 쿠엔틴 타란티노가 하비 와인스타인과 우마 서먼을 데리고 〈중경삼림〉을 보러갔던 극장이다. 왕가위는 "그 장소 덕분에 영화가 좋은 기운을 받은 거 같다"고 말한다.

"주인이 문을 닫기로 결정했을 때는 슬펐습니다."

에스터는 남편이 그동안 변한 게 없다고 말한다. 여전히 자상하고 비현실적일 만큼 침착하다고. 길어지는 영화 촬영 일정, 간이 쪼그라드는 흥행 실패와 가슴 짜릿한 흥행 성공, 아들 칭을 키우는 일 등 그 모든 세월을 지나는 동안, 그녀는 늘 그의 닻이자 돛이었다. 2013년 여름 왕가위는 나에게 감독을 그만둘까 생각 중이라며 아들 칭이 대학 때문에 집을 떠났으니 아내 곁에 많이 있어 주고 싶어서라고 했다. 그는 아내가 그걸 원한다고 확신했다. 그로부터 1년 후에 이 말을 에스터에게 전하자 그녀가 미소를 지었다.

"그건 그때고요. 세상이 얼마나 확확 바뀌는데."

8

〈열혈남아〉가 얼마나 큰 성공을 거뒀던지, 이후 그가 계속 상업적인 노선을 추구했다면 지금쯤 우리는 왕가위를 전혀 다른 사람으로 알고 있을 것이다. 혹시 아나. 그도 다른 동포 영화인들인 오우삼, 성룡, 진가신 등과 나란히 90년대 할리우드에서 활동하며 키아누 리브스와 위노나 라이더(왕가위는 항상 예쁘고 잘생긴 배우를 좋아했다) 같은 배우를 데리고 더 많은 제작비를 들여 더 지루한 영화들— 이를테면 〈트라이베카삼림〉이니 〈화양연화 액션판〉이니 하는 것들—을 찍다가 결국 (홍콩의 나머지 분야와 곧 전 세계가 그랬듯이 영화계도) 중국 본토로 눈을 돌리게 되는 중국 반환 이후의 홍콩 땅으로 돌아갔을지도. 하지만 당연히 그는 그러지 않았다. 〈열혈남아〉에서부터 벌써 그가 갱스터 영화의 정형화된 제약을 초월하고자 애쓰는 게 보인다. 영화를 찍으면서 동시에 시나리오를 매일 써가는, 지금은 그의 규칙이자 저주가 된 파격적인 방식으로 작품을 만들어갔을 뿐 아니라, 스타일 면에서도 깜짝 놀랄 능력을 과시했던 것이다. 이런 환경에서 어느 정도의 신빙성은 유지하면서—왕가위 영화 중 이 작품의 배우들 옷이 제일 수수하다—그는 계속해서 리얼리즘에서 벗어난다. 장면들은 차가움과 따뜻함의 시각적 비유인 파란색과 빨간색으로 가득 찬다. 격한 감정의 순간에 화면은 더 빨개진다. 그는 소화가 란타우 섬으로 아화를 만나러 간 부분을, 솔직히 유치하지만 여전히 강렬한 〈당신은 나를 깜짝 놀라게 하네요Take My Breath Away〉의 기나긴 뮤직비디오 장면들로 만들었다. 이 노래는 〈열혈남아〉보다 2년 전에 나온 토니 스콧 감독 영화 〈탑 건〉의 사랑의 테마였는데 왕가위는 자기 영화에서 광둥어 리메이크 버전을 썼다.

가장 왕가위 식 오리지널이었던 것은, 빠르고 본능적이고 노골적인 오우삼의 방식과는 판이한 액션 시퀀스를 연출했다는 사실이다. 그는 초당 12프레임으로 촬영한 다음 더블 프린팅 과정을 통해 길게 늘이는 방법을 썼다. 왕가위는 일상화된 액션신을 거리 싸움의 표현주의로 탈바꿈시켰다. 매 주먹질과 도약마다 LSD에 취했을 때 보이는 것처럼 빛의 꼬리를 남기는 액션은 시적인 경지에 이른다.

"그 친구 흐릿한 거 너무 좋아해요." 왕가위와 다년간 같이 일한 디자이너이자 의상 담당 겸 편집자인 장숙평이 이렇게 말하며 웃는다.

격투신은 흐릿했지만 왕가위의 야망은 뚜렷했다. 소화가 조직폭력배 인생을 청산하지 못한 것처럼 그도 갱스터 영화의 굴레를 벗어던지진 못했어도, 그가 이 소재를 사방에 폭죽처럼 터뜨리고 싶어 한다는 건 진즉에 감지됐다. 영화 도입부에 등장하는 TV 화면들부터, 마음을 뒤흔드는 스타일로 소화의 죽음을 포착한 장면까지 그는 홍콩 상업 영화의 기정사실들을 뛰어넘고자 했다. 그러면서 스스로를 자신의 진정한 예술적 자아, WKW라는 사인을 남기는 감독으로 변모시키기 시작했다.

"그때 당신의 야망은 어느 정도였습니까?" 언젠가 내가 물었다.

"세상에서 제일 위대한 영화감독이 되고 싶었죠."

9

1950년대 후반과 60년대의 뉴웨이브 전성기 — 미켈란젤로 안토니오니, 알랭 레네, 장 뤽 고다르, 오시마 나기사 등 우리가 일반적으로 생각하는 내러티브를 다양한 방식으로 실험한 감독들이 부상했던—가 지난 후, 감독들과 대중 모두 의욕이 많이 꺾였다. 영화가 이전의 모습, 즉 이야기 전달 장치라는 기초로 돌아간 것이다. 하지만 왕가위는 그런 식의 이야기 전달에 관심이 없었다. 그 점은 그의 제작 방식과 완성된 영화에서 분명히 드러난다.

〈열혈남아〉 촬영 첫날, 왕가위는 중요한 진실을 하나 깨닫는다. 자신은 완성된 시나리오와 명확하게 계획된 촬영 일정에 따라 움직이는 감독이 못 된다는 것을. 대신 그는 그날 이후 쭉 고수하게 될 방법을 처음 썼다. 이야기의 뼈대 — 〈열혈남아〉의 경우 상당히 세세했고 〈해피 투게더〉 때는 거의 없다시피 한 — 를 출발점으로 해서 각 영화의 시나리오를 촬영과 동시에 매일 써나갔던 것이다. 내러티브에 전개 요소가 보이거나 배우들에게서 예상치 못했던 자질을 포착하거나 처음에 나왔던 문제점을 보완하려는 의도로 스토리라인을 바꾸는 일도 자주 있었다. "엑스트라의 연기도 다 봐주시면 좋겠습니다." 언젠가 영화에서 삭제된 장면을 DVD판에 실었던 이야기를 하다가 그가 한 말이다. "영화가 취할 수 있었던 모든 가능성, 모든 다른 방향을 여러분도 볼 수 있게요." 왕가위의 이런 '일부러 계획 안 함', '봐가면서 만들 용의 있음'의 태도에 알프레드 히치콕이나 로베르 브레송 같은 감독은 아마 학을 뗐으리라.

왕가위의 접근 방식은 그의 감성과도 잘 맞는다. 그의 영화는 사회적 이슈에 대한 것도, 지적 정신세계를 탐험하는 것도, 등장인물의 심리를 분석하는 것도 아니고, 대부분의 영화처럼 직설적으로 설명하지도 않는다. 그는 '모든 영화가 서론, 본론, 결론으로 이루어져 있지만 꼭 그 순서일 필요는 없다'는 고다르의 명언을 가슴에 새긴 듯하다. 그의 영화 플롯은 양식화된 패턴을 따르지 않는다. 대신 시적인 질서로 조직된다. 그래서 분위기이자 이미지이며 특정한 각도에서 대상을 보는 행위가 된다. 그의 마음은 이런저런 에피소드, 일그러진 시간 감각, 어떤 우연, 시점의 이동 그리고 마주보는 이원주의를 향해 돌진한다. 그의 작품에는 연인, 이중 정체성을 가진 인물(〈동사서독〉에서 임청하의 이중인격이 가장 노골적이었다), 그도 아니면 전에 연기했던 역할의 다른 버전을 맡은 것처럼 보이는 배우들이 계속해서 등장한다. 〈중경삼림〉과 〈타락천사〉의 경우 내러티브상으로 두 개의 이야기를 하나로 묶은 영화였을 뿐 아니라, 이 두 편이 묶여 하나의 큰 이야기를 이루는 구조이기도 했다.

왕가위의 영화에는 고다르나 안토니오니 정도의 난해함은 아닐지라도 파악하기 힘든 부분이 분명 있다. 아무리 봐도 이야기는 단순한데 소위 드라마라 불리는 부분에는 별 의미가 없다. 대신 어울리는 이미지, 감정을 드러내는 후광, 특전 같은 순간 — 낯선 사람과 부딪히는 여인이라든가, 남자 얼굴에 떨어지는 폭포수의 물보라, 계단에서 넘어지는 젊은 여자를 붙잡아주는 무술 선생처럼—이 있다.

버지니아 울프가 그랬던 것처럼 왕가위는 사소해도 좋으니 일상의 한계를 벗어날 만큼 생생하고 기억에 남을 만큼 강력한 계시의 순간을 오매불망 기다리며 시간의 파도를 타는 사람이다.

그의 작품이 고고하고 고상하다는 뜻은 아니다. 어렸을 때 왕가위는 할리우드의 허황된 이야기나 쇼브라더스에서 만든 작품을 좋아했던 영화광 어머니와 함께 매일 영화를 보러 갔다. 그때 본 〈닥터 지바고〉는 그의 기억에 영롱하게 남아 있다. 이 경험은 그의 취향을 결정했다. 그는 자신이 만들고 싶은 영화, 현실보다 웅장하고 황홀한 세상을 소환하는 영화가 어떤 건지 깨달았다. 하지만 그는 예술영화를 만든다는 의견에는 반대한다. 예술영화란 말 부터가 영화제 변두리나 아직도 세상이 〈줄 앤 짐〉 같은 영화를 만들어주길 바라는 노인네들의 먼지 덮인 예술영화 전용관 냄새를 풍긴다. 물론 왕가위가 솜씨 좋단 평가를 원하지 않는 건 아니다. 단지 난해하거나 허세 부리거나 마니아 관객을 노린 영화를 만들려고 한 적은 없다는 뜻이다. 그는 영화가 매혹적이어야 한다고 생각한다.

10 왕가위는 홍콩 감독으로 알려졌지만 반은 맞고 반은 틀린 말이다. 홍콩에서 자랐지만 완벽하게 그 문화권 출신은 아니다. 그는 상하이에서 태어나 상하이 말을 썼고 다섯 살 때인 1963년에 부모와 함께 광둥어를 쓰는 홍콩으로 넘어왔다(그의 형과 누나는 본토에 남았다). 이는 그의 영화에 나오는 인물들이 외롭고 정처 없이 느껴지는 부분적인 이유를 설명해주는 경험이다. 일 때문에 여행할 때를 제외하면 왕가위는 계속 홍콩에 살고 있지만 그의 감성은 이 도시의 상하이 하위문화에 뿌리를 둔다. 완곡하고 세련되고 화려하고 시옷 발음이 유별난 사투리를 쓰며, 중국 남부의 상스러움과는 무관하다는 우월의식이 있는 문화다. 오늘날까지 그는 상하이에 연고를 둔 사람들을 위한 단체 '홍콩 내 저장 장쑤 상하이 향우회'의 일원이다. 이 모임에서 1960년대 자신의 어린 시절을 이야기할 때 그는 행복하다.

그가 '펠리니스럽다[3]'고 묘사하는 어린 시절 기억은 그의 마음 깊은 곳에서 무언가를 끌어올린다. 느슨하게 연결된 3부작 〈아비정전〉, 〈화양연화〉, 〈2046〉의 분위기를 조성하는 데 그가 많은 애정과 열정을 쏟은 이유이기도 하다.

동시에 소란함과 자신만만함과 전속력으로 움직이는 생동감, 다시 말해 홍콩이란 곳을 빼놓고 왕가위를 상상하는 건 불가능하다. 조용하고 조심스럽게 자신을 조절하는 그의 스타일이 홍콩을 표현한다기보다는 홍콩에 대한 보호막처럼 보이긴 해도—부산떠는 버릇이나 꽥꽥거리는 광둥어는 그의 것이 아니다—왕가위의 영화에는 이 도시의 급박한 리듬, 잠들지 않는 에너지, 영원히 끝나지 않을 것 같은 덧없는 느낌이 스며 있다. 그렇다고 지금 홍콩에 가면 그의 영화에서 봤던 도시를 만나게 된다는 말은 아니다. 로케이션 장소 일부는 지금도 남아 있지만—경이로운 센트럴 미드 레벨 야외 에스컬레이터도 심지어 타볼 수 있다—〈중경삼림〉에 나왔던 '미드나이트 익스프레스' 스낵바는 세븐일레븐 편의점이 되었고 〈화양연화〉의 '골드핀치 레스토랑'은 문 닫기 일보 직전이다. 영화 속 랜드마크가 남아 있더라도 왕가위 영화 속 홍콩을 만나는 건 불가능하다. 그가 촬영한 홍콩은 다큐멘터리 기록이 아니라 어린 시절 홍콩을 처음 본 남자가 내놓을 법한 것이다. 다시 말해 허름하고 코딱지만 한 아파트와 국숫집, 북적이는 시장과 굉음을 내는 지하철을 실제보다 아름답게 포착한—또렷하게 빛나는 기억의 풍경이자 훌륭하게 재창조된 꿈 같은—장소에 해당하기 때문이다. 저곳들은 왕가위가 스크린에 옮겨놓아야 비로소 마법을 발휘한다. 이탈리아의 언론인 겸 문인인 이탈로 칼비노는 이렇게 쓴 적이 있다. 자신에게 현실적인 건 자신이 지어낸 거라고. 왕가위의 홍콩도 마찬가지다.

11

왕가위의 개인적 면모가 처음 나타난 작품 〈아비정전〉(1990)은 목적도 없고 불만에 찬 젊은이의 이야기이다. '아비정전'은 〈이유 없는 반항〉이 홍콩에 개봉했을 때 중국어 제목으로 쓰였던 제목이다. 왕가위가 어릴 적 살던 상하이 동네를 연상케 하는(여기서 〈아마코드〉[4]의 음악을 사용한 건 우연이 아니다) 이 영화는 과거를 아주 멋지면서도 약간 퇴폐적인 환각으로 불러낸 탓에, 종종 유령 이야기처럼 손에 잡히지 않는 느낌이 든다. 인적이 뜸했던 1960년대 초반 홍콩을 배경으로 사건은 장국영이 연기하는 자기애 충만한 플레이보이 아비를 중심으로 전개된다. 장국영은 매혹적인 미모에 어딘가 나약한 느낌, 심지어 배신의 분위기까지 깃든 배우다. 완벽하게 잘 익은 과일이기에 언제라도 금방 썩기 시작할 수 있는 것처럼. 아비는 자신의 미모를 여자들의 마음을 정복했다 차버리는 데 쓴다. 그는 먼저 스낵바의 카운터에서 일하는 사랑스러운 여자 수리진(장만옥 분)을 유혹한다. 이때 그는 자신의 시계를 1분만 봐달라고 부탁한다. 여자가 그렇게 하자 그가 말한다. "방금 그 1분을 영원히 잊지 못할 거야. 당신 때문에." 그 순간부터 그녀는 그의 손안에 들어온다. 그는 그녀와 재미삼아 연애하다 결국 루루 또는 미미(유가령 분)라 불리는 여자에게 옮겨간다. 그녀는 조용했던 수리진과 반대로 감정이 격렬하게 휘몰아치는 카바레 댄서다. 아비가 여자들의 사랑을 거리낌 없이 무정하게 팽개칠 때도 주변 인물들은 그 사랑을 원한다. 아비의 평생 친구(장학우 분)는 루루를 대책 없이 짝사랑하게 되고 경찰(유덕화 분)은 실연의 괴로움에 빠진 수리진을 돕다가 그녀의 연인이 되길 희망하지만, 그런 일은 일어나지 않는다.

어떤 상황도 아비에겐 중요하지 않았다. 그의 인생은 오스트리아 작가 로베르트 무질이 말한 '대부분 우리는 아직 일어나지 않은 사건의 그림자 속에서 인생 최고의 시간을 보낸다'는 신탁이 맞다는 걸 증명하는 것 같다. 아비에게 일어나지 않은 사건이란 자신을 버린 생모를 만나는 것이다. 그는 제임스 딘을 연상시키는 포토제닉한 분노에 빠져들고, 그런 그가 여자를 유혹하지 않을 때는 숙모(계모)와 싸운다. 무서울 정도로 사람을 조종하는 데 일가견이 있는 이 숙모 역할은 상하이 출신의 가수 겸 배우 반적화가 맡았다. 그녀는 한때 고급 정부였고 지금은 아비의 엄마 노릇을 하면서 그를 숨 막히게 한다. 또한 그의 생모가 어디 있는지 알려주지 않는다. 생모를 찾으려는 아비의 여정은 필리핀—그의 입장에선 집처럼 편하게 지낼 수 없는 미래의 집 후보지—으로 그리고 파멸로 이어진다.

〈아비정전〉은 고민 많고 일탈에 빠지는 젊은이들이 나오는 이른바 '아비'류[5] 영화에 빚진 부분이 있지만 기존의 아비 영화들보다 새롭고 대담한 방향으로 진행된다. 우리가 '요즘 애들'이라 부르는 부류에 도덕적인 잣대를 섣불리 들이대지 않는 이 영화는 안토니아니와 베르톨루치 같은 감독들부터, 다양한 시점을 등장시켜 파편화된 스토리텔링의 가능성을 열어준 아르헨티나 소설가 마누엘 푸익에 이르기까지, 그 모두에게 영향을 받은 범세계주의자 감독의 결과물이다. 평론가 스티븐 테오가 그의 저서 《왕가위》에서 지적했듯 푸익의 《하트브레이크 탱고》—잘생긴 비운의 난봉꾼과 그를 사랑하는 여자가 나오는 소설—가 바로 아비 이야기의 모델이다. 하지만 왕가위는 단순히 인물을 홍콩과 필리핀으로 옮기는 것에 그치지 않는다. 스토리를 자신만의 것으로 만든다. 이 과정을 그는 (그 무엇보다도) 젊음의 불꽃과 불만족, 개인적·문화적 정체성의 갈구—이것은 중국인의 디아스포라와 60년대 동남아시아의 무방비 상태를 담은 그의 첫 영화가 된다—그리고 벗어날 수 없는 시간에 대한 명상으로 바꾸어놓았다. 특히 시간은 영화의 지배적인 두 이미지 사이의 상호작용을 통해 포착된다. 첫째는 아비가 수리진을 만날 때 나오는 시계로, 이 시계로 인해 둘은 쉼 없이 흘러가는 시간이라는 세상으로 빨려 들어간다. 나머지 하나는 황혼 녘의 필리핀 야자수와 바나나 나무숲을 트래킹숏(이동 촬영)으로 잡은 넋이 나가게 아름다운 열대 낙원의 이미지, 황홀하지만 손에 넣을 수 없는 시간 너머의 세상을 연상시키는 푸른색과 녹색의 시야다. 이렇게 유한한 시간과 그 시간이 무의미한 영원한 자연 사이를 자유낙하하면서, 아비는 시간을 죽이고 마침내 영원을 죽이기에 이른다.

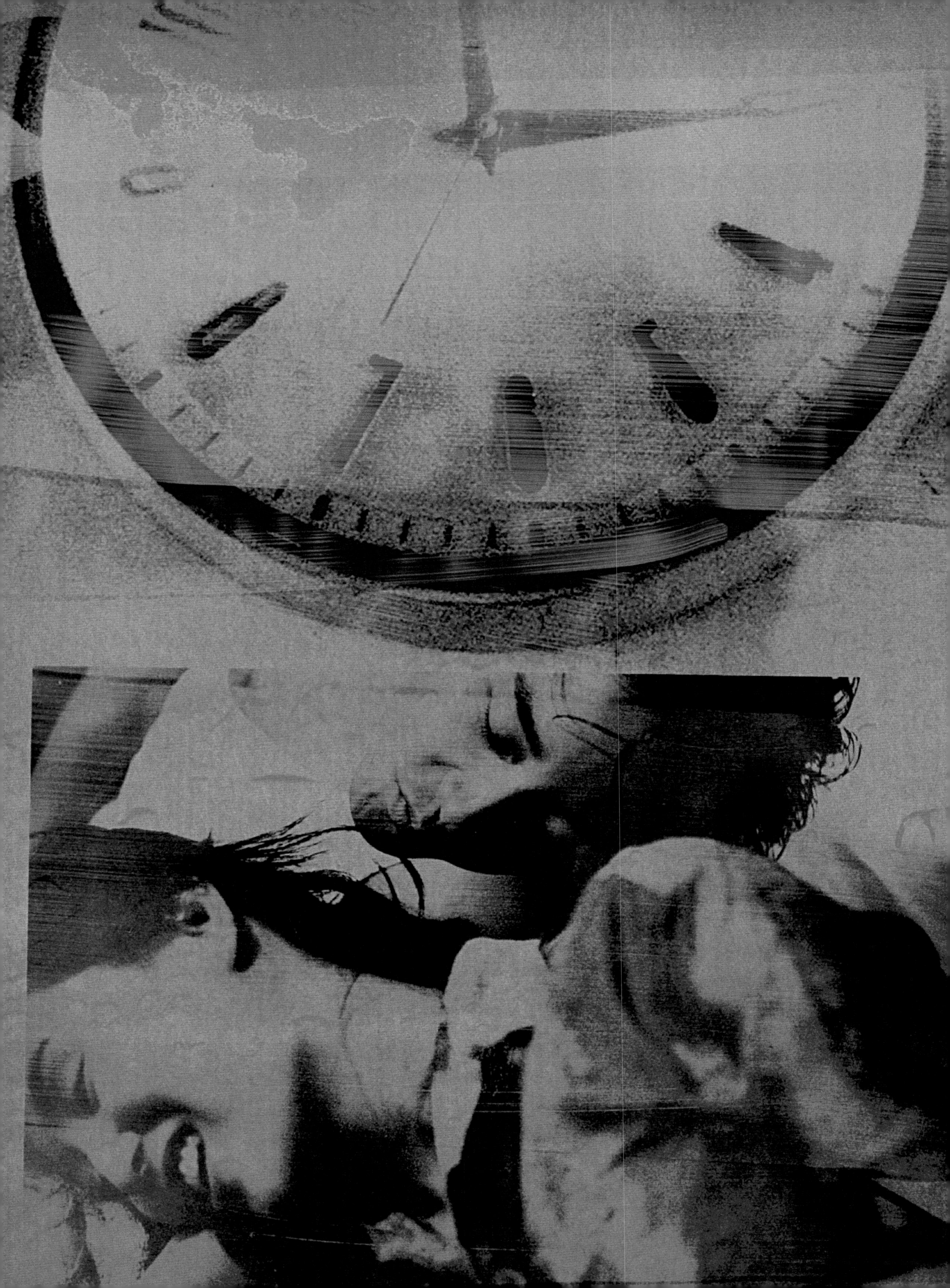

12

멋진 장면들로 가득한 〈아비정전〉은 〈열혈남아〉에서 드러냈던 왕가위의 영화적 자아 WKW가 완전히 모습을 갖췄음을 알리는 작품이다. 〈아비정전〉에서 그는 열광적인 사랑스러움과 내러티브 생략을 구현했다. 그의 중요한 촬영감독이 될 크리스토퍼 도일과 처음 함께한 작품도 이것이었다. 도일은 호주 출신 방랑자[6]로, 눈부신 카메라워크만큼이나 전설적인 애주가이자 바람둥이로도 알려진 인물이다. 디테일이 아름다운 이 영화는 왕가위의 친구이자 뛰어난 미술·의상 디자이너인 장숙평이 앞으로 그와 불가분의 관계가 되리라는 것을 보여주는 첫 작품이다. 내가 왕가위와 영화 이야기를 나눌 때 장숙평을 칭찬하지 않은 적이 없을 정도다. 왕가위, 크리스토퍼 도일, 장숙평은 힘을 합쳐 〈아비정전〉의 홍콩을, 세세한 줄거리는 잊더라도 쓸쓸한 길과 우아한 폐소공포증적 실내 풍경은 잊을 수 없는, 저 녹색으로 물든 세상으로 바꾸어놓는다.

호감이 안 가는 주인공에 해결되지 않는 인간관계까지, 〈아비정전〉은 무모할 정도로 이례적인 영화였다. 이는 홍콩에만 해당되는 게 아니었다. 엔딩 부분은 정말 치명타였다. 마지막 장면에선 적절한 마무리는 커녕 이제까지 한 번도 나오지 않은 인물이 튀어나온다. 극도로 정밀하게 양조위가 연기하는 이 인물은 천천히 그리고 꼼꼼하게 옷을 갖추어 입는다. 뭣 때문에? 알 수 없다. 영화는 거기서 끝난다. 원래 이 장면은 후속편으로 이어지기 위한 도입부로 의도되었지만 볼 때마다 혼란스러움을 낳는다. 이 남자는 누구며 무슨 상황을 앞에 두고 있는 것인가? 지금까지 본 것이 아직 보지도 못한 영화의 서론에 불과하단 말인가? 지금도 이 장면을 보면 언제 밑으로 빠질지 모를 뚜껑에 발을 디디는 느낌이 든다.

이걸 본 관객들이 당황스러워했다고 말하는 건 아마 순화된 표현일 것이다. 홍콩에서 제일 유명하고 매력적인 스타들이 나오는, 로맨스와 액션이 가득한 영화일 거라고 기대한 작품이 이렇게 끝났으니 말이다. 평론가 겸 시나리오 작가인 지미 은가이는 이 영화의 홍콩 시사회에 있었다. 너무 놀라 어안이 벙벙한 사람부터 대놓고 화를 내는 사람까지, 그는 영화를 보던 관객의 반응을 나한테 들려주면서 웃음을 터뜨렸었다. 다른 곳에서도 반응은 같았다. 싱가포르에서는 관객들이 좌석 시트를 찢었고 한국에서는 거의 폭동이 일어났다. 영화는 비싼 실패작이 되었다. 동시에 평단에서는 엄청난 찬사를 받는 수작이 되었다. 〈아비정전〉은 홍콩영화제에서 작품상, 감독상, 남우주연상을 포함한 다섯 개 부문을 수상했고 왕가위 전설의 초석이 되었다.

물론 왕가위가 홍콩영화계 최초의 아티스트라고 주장하면 욕을 먹을 것이다. 어쨌거나 호금전의 〈협녀〉가 1975년에 벌써 칸영화제에서 상을 탔으니 말이다. 잘난 체 하는 속물이 아닌 다음에야 오우삼, 성룡, 홍금보(나중에 왕가위가 〈동사서독〉에서 액션 시퀀스 지도를 그에게 맡기기도 했다) 같은 감독들의 특출한 기교와 독창성을 부인할 이유도 없다. 홍콩 TV계의 창의적 용광로에서 단련된 왕가위는—그는 홍콩 방송국 TVB에서 시나리오 작가로 활동하며 프로그램 제작을 공부했다—서극, 엄호, 허안화, 관금붕 그리고 세상 물정에 밝고 우상 파괴적이며 〈아비정전〉의 대담한 편집으로 자신의 영리함과 무모함을 증명한 담가명 같은 사람들이 주도하는 영화계의 새로운 흐름을 타고 등장했다.

그럼에도 불구하고 왕가위의 두 번째 영화가 대중적 취향과 여타 동료 감독들의 수준을 뛰어넘었다는 데는 이의가 없다. 그의 대담성은 그를 슈퍼스타 감독이 되는 길로 이끌었고 이 스타덤은 그의 주변 지형을 바꾸어놓게 된다. 데이비드 보드웰이 그의 저서 《플래닛 홍콩》에도 썼듯이 '모든 홍콩 감독들은 왕가위의 명성을 견디고 받아들여야 했던' 것이다. 해외에서도 왕가위는 〈아비정전〉으로 국제 영화제 레이더망에 포착되었다. 일부 서양 평론가들과 프로그래머들 입장에서, 브레송과 안토니오니 얘기도 함께 나눌 수 있을뿐더러 〈프로젝트A〉나 〈첩혈쌍웅〉처럼 천박한 제목의 상업물(그러나 대부분의 '진지한' 영화들보다 훨씬 나은 제목임을 알아야 한다) 말고 예술영화를 만든 젊은 홍콩 감독을 발견했다는 건 경사스러운 일이었다.

덕분에 왕가위는 그들에게 성급한 환대를 받은 면이 있다. 헌데 그보다 의미심장한 일은 이 영화로 인해 젊은 중국 및 아시아 감독들과 영화팬들의 태도가 달라졌다는 사실이다. 현대적이며 최첨단인 그의 감각은 미국인들이나 유럽인들에 뒤지지 않았다. 그리고 동남아시아부터 서울에 이르는 에너지를 담아내는 감독을, 드디어 그들도 갖게 된 것이다. 내 아내는 열여덟 살 때 싱가포르에서 이 영화를 봤는데 그의 연출과 영화를 보면 떠오르는, 지금은 사라진 세계에 한결같이 전율을 느낀다고 한다. 〈아비정전〉은 아내가 변함없이 좋아하는 작품이다. 모든 장면들을 다 기억할 텐데도 아내는 내가 원고 작업 때문에 DVD를 다시 틀자 여전히 화면에서 눈을 떼지 못했다.

13

〈아비정전〉은 박스오피스 성적도 나빴지만 홍콩영화계의 기풍을 완전히 무시했다는 이유로 왕가위의 경력을 거의 끝장내버릴 뻔했다. 그는 히트메이커 감독에서 단숨에 제멋대로인 작가로 비난받기 시작했다. 그의 영화는 예술적인 체하고 관객 취향은 고려하지 않는다, 제작비와 시간이 많이 드는 작업으로 돈을 함부로 써서 무책임하다는 평을 들었다. 다른 이들의 거부 반응에 왕가위는 자신을 아웃사이더로 여기기 시작했고, 수많은 찬사를 듣는 지금도 그런 태도는 변하지 않았다.
자신의 경력을 살리기 위해 그는 친구 유진위 감독과 함께 직접 '제트 톤'이라는 이름의 회사를 세웠다. 자신의 재능 말고 왕가위가 이 회사에 기여한 것은 아무도 반박할 수 없는 한 가지 자산, 곧 스타 배우들이 (매니저의 만류에도 불구하고) 그의 영화에 나오고 싶어 한다는 사실이었다. 장국영은 〈아비정전〉에서 자신의 연기에 자부심을 느꼈다. 이 영화로 그는 홍콩영화제에서 남우주연상을 탔다. 그의 연기는 최고였다. 이미 은퇴를 선언했음에도(당시 그는 여차하면 은퇴할 기세였다) 장국영은 왕가위의 다음 작품인 무협 대서사시 〈동사서독〉에 출연하기로 합의했다. 그리고 얼마 안 가 대만의 대스타 임청하를 비롯해 유덕화, 장만옥, 유가령, 장학우 그리고 자주 헛갈리는 두 명의 '토니 렁'[7]인 양가휘(서구에서 장 자크 아노 감독의 〈연인〉으로 잘 알려진)와 양조위(〈화양연화〉를 비롯해서 왕가위 감독과 여섯 편을 함께 작업하는)까지 가세했다. 감독에 대한 좋지 않은 평판에도 불구하고 '제트 톤'은 사전 특별 판매 때 영화 제작비를 조달할 수 있었다. 누구나 원하던 것을 제공한 게 그 비결이었는데, 그건 바로 홍콩 역사상 가장 규모가 크고 호화스러운 캐스팅이었다.
왕가위는 이 배우들에게 어떤 제안을 했던 걸까? 몇 년에 걸쳐 그들과 이야기를 나눴는데 그때마다 돌아온 다양한 대답은 결국 하나였다. 왕가위 영화에 출연하는 건 홍콩영화나 할리우드영화에 출연하는 것과 다르다. 업계 영향을 안 받는다. 억지로 하는 느낌이 없다. 실은 그 반대다. 진행하면서 영화를 발견해나가는 그의 방식—촬영 전에 매일 시나리오를 쓰는—이 배우들에게는 신선하고 색다르며 위험한 일을 하는 즐거움을 준다. "제일 재미있는 경험이었습니다. 매일매일이 신선했어요." 〈마이 블루베리 나이츠〉를 찍었던 주드 로는 그렇게 말했다. 동시에 배우들은 그에게서 안전하다는 느낌을 받는다. 그는 사람을 안심시키는 방법을 알고(나 역시 이 책을 만들면서 수긍하게 된 사실), 배우가 뭘 필요로 하고 원하는지 늘 생각한다. 왕가위만큼 자신의 배우를 매력적으로 보이게 하는 감독은 없다. 자연스러운 연기를 끌어내는 데서도 마찬가지다. 그는 말한다.
"저는 항상 배우들에게 말합니다. '내가 안전망이 돼줄 테니 걱정 말고 뛰어들어라. 그럼 내가 잡아주겠다'라고요."
그들은 그의 말을 믿는다. 장쯔이는 영화 〈2046〉과 〈일대종사〉로 수많은 영화제에서 상을 탔다. 그녀는 이렇게 말했다. 가끔 왕가위가 촬영 테이크를 반복해서 지시해도 그를 100퍼센트 믿고 간다고. 스무 번, 서른 번, 마흔 번 되풀이하다 보면 어느새 자신이 '연기'를 멈추고 그 배역 자체가 되어 있기 때문이라고.

양조위가 샴페인을 마시다 언젠가 이런 말을 했다.
"왕가위 감독은 저에게서 최고를 끌어낼 줄 아는 유일한 인물입니다. 다른 감독들은 날 겁내는 건지, 암튼 심하게 몰아붙이진 않아요. 혹시라도 내가 화낼까봐요. 그런데 그는 상관 안 합니다. 내가 스타란 사실도 개의치 않고요. 그와 일할 때는 맘에 안 드는 게 있어도 군말 않고 해야 돼요. 그리고 그 점이 맘에 듭니다."

14

개인적으로 좋아하는 〈중경삼림〉(1994)은 단순한 수작 정도가 아니다. 지난 50년간 나온 영화 중 가장 기분 좋은 작품 중 하나이자 감독이 자신의 고향에 바치는 서정적인 연애편지이다. 또한 알다가도 모를 연애의 변덕인 동시에 영화를 만드는 순수한 기쁨이다. 〈동사서독〉이 지지부진하게 완성되던 중에 급하게 나온 이 영화는 왕가위의 즉흥적인 접근법을 농축해 보여준다. 마치 고다르와 트뤼포가 60년대 파리를 다루듯 90년대의 홍콩을 다루면서. 내용은 사랑을 고민하는 경찰관들에 관한 두 개의 이야기로, 서로 느슨하게 연결된 두 이야기 중 하나는 카오룽의 밤, 다른 하나는 홍콩 섬 센트럴 지구에 있는 빅토리아 항의 낮이 배경이다. 첫 번째 이야기에서는 젊은 대만 배우 가네시로 다케시[8]가 애인에게 결별 선언을 들은 경관 223을 연기한다. 길에서 범인을 쫓다 그는 우연히 임청하가 맡은 캐릭터를 만난다. 금발 가발을 쓴 그녀는 꼭 〈글로리아〉에 나온 제나 롤런즈의 중국판 같은 모습이다. 정지 화면 위로 223이 말한다. "앞으로 57시간 후면 나는 이 여자와 사랑에 빠질 것이다." 그런데 문제가 있다. 그녀가 마약밀매자이기 때문이다. 두 번째 이야기에서는 왕가위 영화의 단골 배우 양조위가 경관 663[9]을 연기한다. 스튜어디스 여자친구에게 차인 그에게, 식당 '미드나이트 익스프레스'의 카운터 여종업원이 관심을 갖는다. 가수 왕페이가 비현실적일 만큼 매력적으로 연기한 그녀는 보통의 홍콩 여성이라기보다 세상에서 제일 멋진 외계인 같다. 외계 문명이 최고로 귀여운 아가씨를 만들다 살짝 잘못된 느낌이랄까. 페이는 곧 663의 아파트에 몰래 들어가 집을 정리하고 그의 아우라를 만끽한다.

왕가위의 작품 대부분이 그렇듯이 〈중경삼림〉의 줄거리 묘사로는 영화의 텍스처와 재미를 제대로 전달할 수 없다. 223이 통조림 파인애플을 미친 듯 먹는 장면부터, 편의점에서 금발 마약밀매자가 자신이 고용할 인도인 '운반책'들과 벌이는 우스운 티격태격, 663이 장난감 비행기로 여자친구를 유혹하는 장면, 페이가 마마스 앤드 파파스The Mamas And The Papas의 〈캘리포니아 드리밍California Dreamin'〉에 맞춰 무표정한 모습으로 춤추는 장면(아마도 영화에서 제일 즐거움을 주는)까지. 이 영화에는 주연배우들의 근사한 연기로 인해 즐겁게 빠져드는 순간이 넘쳐난다. (특히 〈캘리포니아 드리밍〉은 영화 촬영 전에 왕가위가 촬영감독 크리스토퍼 도일에게 영화 내용을 설명하기 위해 들려준 곡이었다.) 왕가위는 여기서 엉뚱한 연애 욕망과 좌절된 사랑이라는 자신의 취향을 탐닉한다. 그러면서 할리우드 로맨틱 코미디들보다 더 기발한 착상—예를 들어 663이 젖은 편지를 오븐 속 회전 선반에 넣어 말리는 근사한 장면 같은—을 뚝딱 만들어내기도 한다. 훗날 트레이드마크가 되는, 663과 페이가 스낵바에 함께 서 있는 장면의 경우 둘은 정상적인 속도로 움직이지만 거리를 오가는 다른 사람들은 빨리 지나가 형체도 없이 온통 흐릿하다. 이는 한 쌍의 연인에게 그들 주변의 모든 것은 아무 의미 없는 형형색색의 움직임일 뿐이라는 표현이다. 유기적이고 유머가 넘치며 시각적 활력이 펄떡이는 〈중경삼림〉을 보면 왕가위가 즉흥적으로 연출했다는 기분이 든다. 정식 허가를 받지 않고 촬영을 했기에 제작진은 도심을 질주하며 장면을 포착해갔다. 우리가 도일의 근사한 핸드헬드 촬영에 감탄할 때—그를 유명 촬영감독으로 급부상시킨 것도 이 작품이었다—영화는 도시가 주는 마약 같은 쾌감으로 보는 이를 유혹한다.
왕가위는 이 작품에서도 한 가지 일만 하지 않는다. 그는 홍콩을 상징하는 두 장소를 골라 그 초상을 생생하게 담아낸다. 그 결과 이 영화는 좌충우돌 로맨스이면서 동시에 홍콩의 일부를 보존한 기록도 된다. 영화 1부는 청킹맨션을 중심으로 진행된다. 이곳은 파키스탄인 카페 주인과 중국인 노동자와 히말라야인 매춘부가 뒤얽혀 살아가는, 지저분하지만 매혹적인 다국적 소용돌이인 카오룽의 17층짜리 건물이다. 청킹맨션은 이 건물의 역사와 사회학을 다룬 고든 매튜스의 책 제목처럼 '세상 중심에 위치한 게토' 같은 곳이다. 하지만 아버지가 그곳 나이트클럽의 매니저였고 60년대 당시 어린이였던 왕가위가 기억하는 청킹맨션은 놀라운 건축물이었다. 그곳은 거칠고 미심쩍고 끝도 없이 흥미진진해서 한 번 보면 잊지 못할 장소다. 90년대 중반에 어쩌다 그 빌딩을 마주쳤을 때 나는 서로 다른 차원의 현실이 충돌하는 기분이 들었다. 분명 현대의 카사블랑카 거리를 걷고 있는데 정신을 차려보니 '릭의 카페'[10]에 와 있는 기분이었다. 이곳의 공기는 영화 2부에서 경관 663이 캘리포니아를 꿈꾸는 여자를 만나는, 센트럴 지구의 빅토리아 항 너머 란콰이퐁의 그것과는 확연히 다르다. 란콰이퐁은 홍콩 버전의 소호랄까, 각종 시장과 음식점의 밝은 에너지가 넘치고, 즐겁게 체험할 수 있는 세계 일류급 도시 명물인 야외 에스컬레이터도 보유한 곳이다. 이 에스컬레이터는 도심을 가로지르며 한 블록 한 블록씩 계속 올라간다. 영화에서 페이가 인테리어를 바꿔놓던 663의 아파트—그때와 마찬가지로 지금도 크리스토퍼 도일 소유인—도 스치듯 지나친다. 누구든 이 에스컬레이터를 타면 영화에 출연한 느낌이 든다.

왕가위의 단골 테마 중 상당수—다양한 시간의 배치, 운의 작용, 일상의 반복과 중첩—가 등장하는 〈중경삼림〉은 화사한 작품이다. 그러나 홍콩에서 사랑을 찾아 헤매는 젊은 남녀의 밝은 기운을 포착했음에도 이 도시의 시끌벅적한 쾌활함은 안타깝고 아쉬운 느낌으로 화면에 담겼다. 모든 농담에도 불구하고 (심지어 몹시 웃긴데도) 왕가위는 홍콩이, 겉으로 드러난 밝은 얼굴과 외로운 마음속 꿈을 연결하지 못하는 고독한 영혼으로 가득 찬 도시임을 환기시킨다. 등장인물들만큼 개방된 태도를 보이는 이 영화는 몇 번이고 사랑에 빠질 만큼 용감한 자들을 향해 미소를 짓는다.

15

〈중경삼림〉으로 왕가위는 소위 '쿨함'의 국제적 아바타 반열에 올라섰다. 영화계에서 특히 그랬다. 영화학교에서는 이 영화를 보라고 독려했다. 영화감독들은 젊거나 젊지 않거나 다들 이 스타일을 베꼈다. 혹시 〈중경삼림〉이 짝퉁을 최고로 많이 양산한 1990년대 영화가 아니라면 〈펄프 픽션〉에 1위를 뺏겨서일 뿐이다. 타란티노는 왕가위의 유명한 팬 정도를 넘어—유튜브에서 〈중경삼림〉을 놓고 떠드는 영상도 찾아볼 수 있을 정도—아예 자신의 롤링 선더 레이블을 통해 이 영화를 배급까지 했다. 결론적으로 왕가위는 '잘나간다'는 보증서를 받은 거나 마찬가지였고 이런 이미지는 수년 동안 그를 따라다니며 항상 상반된 반응을 이끌어냈다. 좋은 쪽으로는 팝 아이콘으로 비춰져 팬층이 넓어졌고 그 과정에서 많은 아시아계 젊은이들에게 자기 같은 사람도 트렌드의 최첨단에 설 수 있다는 해방감을 선사했다. 왕가위가 유럽에 사는 어떤 중국계 커플(영국 출신 에드윈 막 호-인과 스웨덴 출신 수 만)이 직접 만들어 보낸 웃기고도 감동적인 만화책을 보여준 적이 있는데 왕가위 영화와 성공이 자신들에게 세상을 열어주었다는 내용이었다. 반면 왕가위가 유명해지면서 그가 젊은층에만 지나치게 몰두하거나 심지어 그들에게 영합하려는, 스타일만 번지르르한 별 볼 일 없는 감독이라는 생각 또한 적들 사이에 퍼졌다. 그들은 의무라도 되는 양 MTV 운운하는 비난을 곁들여 그를 배척했다.

공교롭게도 나는 그즈음에 왕가위를 처음 만났다. 그의 영화가 정말 쿨하다고 생각했던 반면 그에게서 눈에 띄는 보헤미안 자질을 느끼지는 못했다. 그는 찰스 부코스키도 마일스 데이비스도 아니었다. 그가 매력적인 젊은 스타들과 작업했고 얄팍하고 트렌디하다고 평가 절하될 수 있는 스타일로 영화를

UNGKING
PRESS

찍은 건 맞다. 하지만 왕가위는 결코 최신 유행이라 부르는 것에 중독된 적이 없다. 그는 다른 예술가들과 어울리는 걸 좋아하지 않는다. 판세가 어떻게 돌아가는지 알고 있어도 그는 본능을 따르고, 자신의 취향을 믿으며, 다른 사람의 아이디어를 채택할 때도 새롭게 부품을 교체해서 자신만의 것으로 바꾸어놓는다. 진짜 쿨하다는 건 태도나 스타일이 아니며 라이프스타일은 더더욱 아니라는 걸 그는 안다. 그건 자신의 감각을 믿는 데 있다.

그런데 무시할 수 없는 주제가 하나 남아 있다.

16

〈일대종사〉 무렵 왕가위가 내게 말했다.

"정말 화나는 게 뭔지 알아요? 인터뷰한다고 자리에 앉으면 제일 처음 듣는 질문이 이거라는 거. '선글라스는 왜 쓰시죠?'"

그가 화내는 게 이해가 간다. 사람들이 그루초 막스의 콧수염에 대해 묻던가? 데이비드 린치에게 그가 입는 흰색 셔츠의 맨 위 단추를 왜 잠그는지 설명하라고 하던가? 아님 마이클 무어한테 그 망할 야구모자는 왜 안 벗느냐고는? 이런 질문엔 공격의 의도가 있다. 말하자면 "그런 허튼 수작은 나한테 안 통합니다"라는 태도다. 하지만 나는 사람들이 왜 그런 질문을 하는지 이해한다. 선글라스는 왕가위의 페르소나를 말할 때 너무도 중요한 요소여서 다들 진심으로 궁금해한다. 내가 왕가위와 아는 사이라고 하면 사람들은 보통 이걸 처음 물어본다. "그 사람, 선글라스를 벗긴 합니까?"

그렇다. 벗는다. 하지만 항상 벗진 않는다. 타란티노 감독이 주최한 〈중경삼림〉의 미국 배급 기념 저녁 식사 자리에서 그를 처음 만났을 때 그는 선글라스를 벗지 않았다. 만나자마자 우린 죽이 잘 맞았다. 나중에 친구들과 따로 만난 자리에서 나는 시커먼 선글라스를 이야기하며 함께 웃기도 했다. '그 사람 진짜 왜 그런다냐?' 하면서. 1995년에 토론토에서 만났을 때도, 그로부터 2년 후 〈해피 투게더〉 첫 상영 후 칸에서 담소를 나눴을 때도 그는 선글라스를 쓰고 있었다. 그러나 후자의 경우 팔레 데 페스티벌 건물 밖 테라스의 화창한 햇빛 속이라 나도 선글라스를 쓴 상태였다. 때로 선글라스는 그냥 선글라스일 뿐이다. 칸의 끔찍한 중국식당에서 친구들과 동료들에게 식사를 대접하는 자리에서야 그는 그걸 벗었다. 이후로 그는 나와 만날 때 공적인 상황이 아니면 선글라스를 벗는다.

이 책을 시작하고서 그걸 물어봐야지 하는 생각이 처음으로 들었다. 그 문제를 꺼내기도 전인 어느 날 기분 좋게 마시고 있는데 도일이 이 화제에 대해 불쑥 이야기를 꺼냈다.

"사람들은 왕가위가 가식적인 놈이라서 선글라스를 쓴다고 생각하지. 물론 가식적인 놈 맞아." 그는 자기 농담에 박장대소를 하더니 말을 이어갔다. "하지만 섬세한 남자야. 예술가라면 누구나 어떤 식으로든 선글라스를 쓴다는 사실을 멍청이들은 이해 못 해. 그게 꼭 안경 형태가 아니더라도 말이야. 이건 두 가지 시각, 주관성과 객관성에 관한 문제거든. 자연인으로서의 눈과 예술가로서의 눈이 있는 거지. 왕가위 이 친구가 선글라스를 쓰면 그땐 다른 사람이 된다는 뜻이야."

며칠 후에 나는 도일의 생각이 맞는지 왕가위에게 물었다. 그는 미소 짓더니 이렇게 대답했다.

"크리스가 근사하게 표현했고 또 그렇게 믿는 모양입니다만, 실은 선글라스를 쓰면 상황에 대응할 시간을 벌 수 있어서예요. 저에게는 일종의 암실 같은 거죠. 어떤 사람은 다른 사람들 앞에서 처신을 잘합니다. 행동도 자연스럽고요. 근데 저는 그런 사람이 못 돼요. 처음부터 그랬죠. 영화 촬영에 들어가면 처리해야 할 게 너무 많아요. 그럴 때 적절하게 대응할 시간을 1, 2초라도 벌어줄 나만의 공간이 필요했습니다. 그러다 이런 식으로 버릇이 된 거고요."

그가 선글라스를 쓰는 시늉을 한다. "이러면 WKW." 다음엔 또 선글라스를 벗는 시늉. "이러면 왕가위죠." 나는 이 섹션을 왕가위의 두 인격을 멋지게 환기시키는 저 표현으로 마무리하고 싶다. 두 인격은 알고 보면 그의 작품에서 반복해서 나타나는 모티브이기도 하다. 그러나 프로이드학파라면 우리 안에 있는 동기란 전부 겹치고, 하나 이상이며, 특정할 수 없는 원인을 통해 결정된다는 사실을 거론할 것이다. 왕가위는 선글라스를 써서 사람들 앞에서 대응할 시간을 번다. 하지만 다른 동기도 있다. 일단 선글라스가 쿨한 감독 이미지의 일부 내지 그의 로고 같은 걸로 굳어졌다면 이후 그걸 벗는 건 어리석은 행동이라는 것. 세계 영화계의 붐비는 지형도에서 그가 각인되도록 도운 고마운 물건을 포기하면 안 된다는 것. 마케터로서 그는 영리하다. 또한 선글라스는 힘을 행사하기도 한다. 예컨대 고속도로 순찰대원이나 혹은 파파 독 뒤발리에 휘하 통통 마쿠트[11] 출신 노인에게 물어보면 그게 무슨 뜻인지 알 것이다. 다른 사람이 내 눈을 볼 수 없다면 그들은 내가 무슨 생각을 하는지 알기 어렵다. 이는 왕가위가 촬영장에서 유용하게 써먹을 수 있는 장점이 되는데 가령 그가 배우를 압박해야겠다고 생각할 때 그렇다. 〈2046〉을 찍을 때 장쯔이는 왕가위의 눈을 한 번도 본 적이 없었다. 이는 우연이 아니었다. 그가 대응할 시간을 버는 것이든 아니면 자신의 생각을 들키지 않으려는 것이든, 선글라스는 어쨌든 통제권을 갖는다.

17

크리스토퍼 도일은 '앞에 오는 것이 그 후에 올 것을 결정한다'고 입버릇처럼 말한다. 〈중경삼림〉이 원하던 성공을 주었기에, 왕가위가 다음에 만든 〈타락천사〉(1995)도 홍콩의 젊은이들이 나오는 로맨스물이라는 사실에 놀라는 사람은 없었다. 그러나 왕가위의 접근법은 밴드 토킹 헤즈Talking Heads의 노래 〈사이코 킬러Psycho Killer〉의 가사 '한번 말하면 됐지, 왜 또 말해?'에 압축되어 있다. 〈중경삼림〉이 홍콩과 연애를 온통 밝고 따뜻한 형태로 전해줬다면 그 후속 편은 한밤의 냉기에 푹 담긴 채로 도착했다. 〈대부 2〉가 〈대부〉에서 감상적인 면을 없앤 심화 버전이었듯이 〈타락천사〉도 앞의 영화를 상기시키지만 어두운 렌즈를 통해 펼쳐진다.

다수의 등장인물과 내레이션 사이를 오가는 이 영화는 다시 한 번 이중구조를 띤다. 그러나 이번에는 주인공이 경찰이 아니라 악당이다. 첫 번째 이야기(원래 〈중경삼림〉의 세 번째 이야기로 설정되었던)는 살인청부업 에이전트(이가흔 분)가 자신의 동업자인 킬러(여명 분)를 짝사랑하는 내용이다. 그녀는 그에게 일거리를 연결해주고, 그가 사는 곳을 청소하고, 그를 상상하며(노골적이진 않더라도 어쨌든 길게) 자위한다. 그녀는 그와 만날 기회를 만들려 하지만 킬러는 인간적인 감정에 취미가 없다. 식당에서 사람들을 쏘든, (막문위가 발랄하게 연기한) 와일드하고 장난스러운 옛 여자친구랑 있든 그는 감정이 없는 공허한 인물이다. 에이전트는 두 번째 이야기의 중심인물인 하지무(다시 한 번 가네시로 다케시 분)와 같은 건물에 산다. 그는 명랑한 전과자로 범법자라기보다 10대 문제 소년처럼 보인다. 밤마다 다른 사람 가게에 들어가 사람들에게 억지로 이발을 받도록 강요하거나 훔친 아이스크림 트럭에서 강제로 아이스크림을 먹이는 등의 장난을 일삼는다. 말을 못 하는 외로운 남자인 하지무는 어떤 아가씨(양채니 분)를 만나 사랑에 빠지지만 그가 맺은 진정한 인간관계는(깨닫기까지 시간이 걸리긴 해도) 그와 같이 살며 집안일을 하는 아버지(진만뢰 분)와의 관계다.

청킹맨션을 등장시킨 것부터 임청하의 가발을 연상시키는 막문위의 금발까지, 〈중경삼림〉을 본 사람이라면 그 영화가 〈타락천사〉에 다양한 형태로 비친다는 걸 알아챈다. 그런 반사상들이 많이 등장하는(왕가위는 이런 걸 좋아한다) 중에도 보는 사람 입장에서 처음 드는 생각은 두 영화가 정말 다르다는 것이다. 우선 〈타락천사〉는 질리도록 관능적인 작품이다. 광각렌즈로 찍어 등장인물 — 그들의 이목구비는 기형적으로

늘어나고 펴진다—뿐 아니라 물리적 공간까지 뒤틀린 형태로 보인다. 사람간의 감정적 거리를 다룬 이 영화에서 그들 사이의 시각적 거리 또한 휘어지는 것이다. 도일의 촬영 덕분에 모든 게 근사하게 나오지만, 잘 빼입은 의상에 생기 없는 표정이 어우러져 패셔니스타 좀비처럼 보이는 에이전트와 킬러의 영혼 없는 미모에 딱 맞는 것은 변질된 아름다움이다. 여명과 이가흔이 예쁘긴 해도 배우로서는 형편없고—특히 여명은 허영심 넘치는 자아도취 연기를 제대로 보여준다—그 텅 빈 느낌은 의도치 않게 영화의 소외감을 강화한다. 지금 이곳은 진짜 인간적 접촉이 사라진 세상이다. 사람들은 얼굴을 맞대고 자신을 표현하지 않는다. 그들의 의사소통은 삐삐, 〈그를 잊으세요Forget Him〉 같은 주크박스 노래, 일본에 있는 어린 아들에게 보내는 아버지의 생일 녹화 테이프처럼 모두 전자기기로 연결된다.

〈타락천사〉는 언제나처럼 프로덕션 디자인과 의상, 헤어스타일까지 담당하는 장숙평이 편집했다. 촬영분을 배열해나가던 그는 영화에 문제가 있다고 왕가위에게 말했다. 차갑고, 비호감이고, 너무 암울하다고. 즉흥 아이디어를 마다하지 않는 왕가위는 영화를 되돌려, 하지무가 자기 아버지가 요리하거나 침대에 누워 있거나 욕실에서 씻는 모습을 비디오로 촬영하는 시퀀스를 추가했다. 이 비디오 일기는 보기에도 즐거울 뿐 아니라(촬영에 귀엽게 반항하는 아빠의 모습이 나온다) 사랑으로 가득하다. 이 시퀀스 덕분에 영화 전체에 대한 우리의 인식과 기억은 완전히 바뀐다. 특히 아버지가 죽은 후 뭔가를 잃자 오히려 그에 대한 사랑이 넘치게 된 아들이 그 테이프를 반복해서 보고 또 보는 장면이 결정적이다. 죽은 아버지의 모습을 포착한 정지 화면은 아마도 왕가위의 모든 작품 중에서 가장 심금을 울리는 이미지일지도 모른다. 왕가위는 자신이 그런 감정을 느끼기라도 하듯 그답지 않게 오랜 시간 이 이미지를 화면에 띄워둔다. 이런 노골적인 태도 덕분에 우리는 대사가 없어도 강렬한 이 영화의 엔딩에 대비할 수 있다. 서로 우연히 만난 에이전트와 하지무는 함께 하지무의 오토바이를 타고 터널 안을 달린다. 그녀는 두 팔로 그를 꼭 안고, 이때 플라잉 피켓츠The Flying Pickets가 리메이크한 〈오직 그대만이Only You〉가 흐른다. 두 사람이 터널을 빠져나올 때 에이전트는 생각한다. 자신이 찾아 헤맸던 건 그저 '따뜻한 한 순간'이었노라고. 그리고 현실을 초월하는 느낌을 표현하는 카메라가 비스듬히 위를 향하며 빌딩들 사이의 하늘을 보여준다. 도시의 우울한 아픔이 담긴 이 장면은 동시대 영화사의 가슴 벅찬 마지막 장면 중 하나다.

18

크리스토퍼 도일의 작품에는 황홀한 장면들이 있다. 왕가위가 〈아비정전〉에 처음 그를 기용했을 당시 이 호주 출신 촬영감독은 학구적이고 신중한 스타일의 조용한 사내였다. 그런데 왕가위와 일하면서 그 안의 뭔가가 깨어났다. 카메라맨으로서 그는 본능적인 인간이 되었다. "나 자신과 영화를 만드는 물리적 현실 사이에 내가 배운 망할 지식을 방해물로 둬선 안 된다는 걸 알게 됐지." 그의 말이다. 또한 그는 자신의 새로운 이미지로 두가풍('바람처럼'이란 뜻)이라는 또 다른 자아를 세심하게 만들기 시작했다. 두가풍은 지나치게 보헤미안적인 스타일로 왕가위와는 정반대다. 도일의 가톨릭 신앙은 사라지지 않고 오히려 죄로 폭발했는데, 그 폭발이 그에겐 분명 특효약이 되었다. 90년대에 그는 전례 없는 인물이었다. 유명 감독만큼 인기를 누리는 촬영감독이었다. 그러지 않을 이유가 없었다. 그는 대단한 촬영감독이었을 뿐만 아니라 기자들이 사랑하는 다채로운 인물, 신랄한 수다와 젊고 섹시한 여자에 대한 끝없는 갈망, 모국 호주에서조차 혀를 내두를 수준의 주량으로 유명한 남자였으니까. 영화제의 점심 자리에 가면 자기 테이블에 동석한 여배우들을 즐겁게 해주는 그가 "여기 술 좀 더!"라고 외치는 소리가 들리곤 했다. 신중한 왕가위보다 귀에 꽂히는 말을 많이 뱉어서였을까. 도일은 너무 유명해진 나머지 실은 〈중경삼림〉과 〈해피 투게더〉 같은 영화를 창조한 진짜 주인공일지도 모른다는 소문이 돌 정도였다.

어찌 보면 인종차별적인 생각(진짜 예술가는 백인이라는)이 스민 소문이었다. 그런데 그 소문은 도일이 만든, 화려하긴 한데 짜증나는 1999년도 감독 데뷔작 〈어웨이 위드 워즈〉를 대중이 접한 순간 흔적도 없이 사라졌다.

도일과 왕가위는 저 전설적인 베르나르도 베르톨루치 감독과 비토리오 스토라로 촬영감독 콤비의 경지에 비할 수 있는 현대 영화사의 결정적인 파트너십을 이뤘던 사람들이다. 둘은 마지막 협업인 〈2046〉에 이를 때까지 15년이 넘는 세월 동안 여덟 편의 영화를 같이 만들었다. 모든 성공에도 불구하고 두 사람의 관계가 늘 좋았던 것은 아니다. 도일은 종종 중요한 장면을 망치는 위험한 인물이었다. 왕가위가 촬영 도중에 기약 없는 휴지기를 가졌을 때 도일은 빈둥거리는 게 싫어 다른 촬영을 맡기도 했다. 그러는 통에 그가 돌아올 때까지는 다른 사람을 써야 했다. 그런데도 왕가위는 왜 그를 해고하지 않았을까? 이에 대해 왕가위는 언젠가 이렇게 말했다.

"재능이 없다면 나도 안 쓰죠. 하지만 난 늘 크리스한테 특별한 게 있다는 걸 알았어요. 그는 영화에서 지금 우리가 뭘 하는 중인지 항상 파악하고 있었습니다. 굳이 말해주지 않아도요. 게다가 자신만의 대단한 미적 감각이 있는 인물이기도 하고."

그가 가끔 궤도를 벗어나는 건 지극히 크리스다운 일이다. "그 사람 천성이 뱃사람이라서." 왕가위가 늘 대는 변명이다. 그 말처럼 도일의 '자유분방'한 에너지에는 뭔가가 있다. 왕가위의 에너지나 장숙평의 에너지와 확연히 다른. 그러면서도 왕가위가 좋아하고 심지어 필요로 하는 뭔가가. 게다가 그는 왕가위 '가족'의 일원이고 가족이라면 누구나 있는 그대로 서로를 받아들이는 법이다.

도일이 2014년 8월에 나와 '줄리엣' 식당에서 만나 한잔하기로 했을 때 왕가위도 잠깐 들르겠다고 했다. 프랑스에서 왕가위가 최고문학예술공로훈장을 받는 자리에 도일이 참석한 후로 두 사람은 1년 이상 못 본 상태였다. 나는 이혼한 지 오래된 커플을 한자리에 불러낸 느낌이 들었다. 무슨 일이 벌어질지 짐작도 안 갔다. 그러나 헝클어진 머리에 헐렁한 반바지, 더 헐렁한 미친놈 같은 상의에 젊은 중국인 감독(그녀는 도일에 대한 다큐멘터리를 만드는 중이라고)의 팔짱을 끼고 현대판 룸펠슈틸츠헨[12]처럼 도일이 등장한 그 순간부터, 방 안은 두 사람의 기쁨으로 가득 찼다. 그들은 함께 만든 작품과 그 과정에서 공유한 경험을 통해 영원히 연결된 사이—미래의 그들의 부고란은 함께 만든 영화 제목들을 제일 먼저 언급하리라—라는 사실을 안다. 그들은 힘겨운 전투를 함께 치른 전사들처럼 포옹했다. 격해지기 쉬운 도일의 뺨에는 눈물이 흘렀고 신중한 성격인 왕가위조차도 감정이 북받친 모습이었다. 그는 예정된 시간보다 몇 시간이나 더

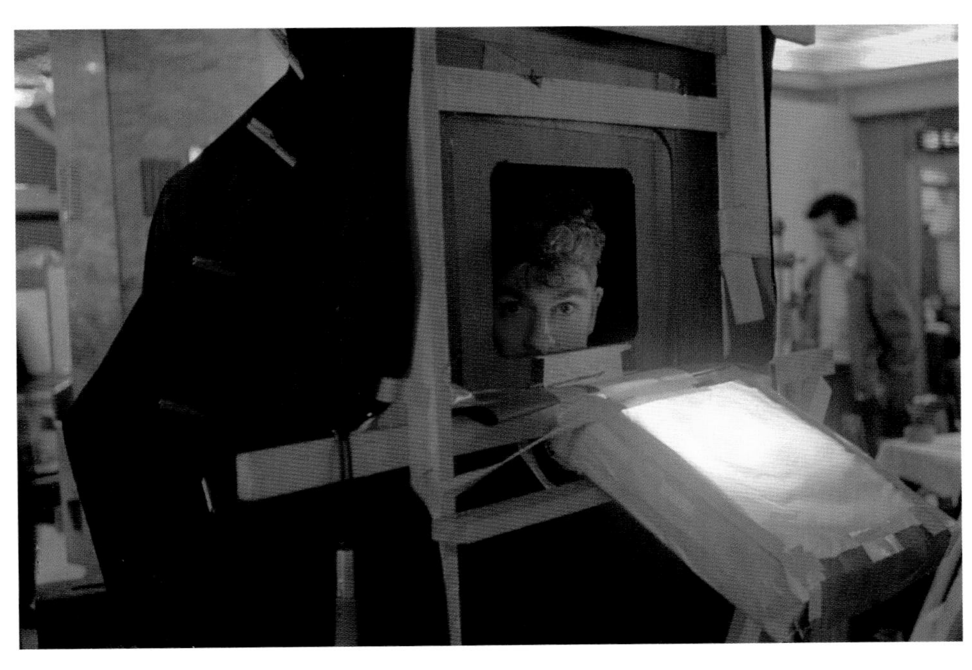

머물며 옛 동지와 함께 웃고 마셨다. 과거 이야기를 하는 게 두 사람은 진심으로 기분 좋은 것 같았다. "좋게 잘 헤어진 이혼이었어. 하지만 결혼생활은 그보다 훨씬 더 좋았다는 것도 기억하는 거지, 우리는." 도일의 말이다.

완고한 아일랜드식 이름을 가진 남자라면 누구나 그렇듯 도일도 상대를 기분 좋게 하는, 제멋대로인 말재주가 있었다. 그래서 자신과 왕가위와 장숙평 사이에서 말 한마디 없이 이루어지는 이심전심 의사소통이 어떤 식인지 상스러운 표현으로 묘사한다.

"끝내주는 섹스 같달까. 하면서 이래라 저래라 시시콜콜 부탁할 필요가 없어. 이미 다 아는 사이니까."

그는 그들이 같이 만든 작품을 심하게 뿌듯해하지만 그렇게 되기까지 감수해야 했던 것들도 숨기지 않는다. 내가 이야기해본 그 어떤 사람보다도 그는 왕가위의 점잖은 태도 뒤에 가려진 냉혹한 예술가의 면모를 많이 귀띔해주었다.

"아직도 내 꿈에 나오는 왕가위와의 일화가 하나 있는데" 하며 그가 왕가위를 쳐다본다.

"우리가 뭔가를 찍고 있는데 그가 이러는 거야. '크리스, 그것밖에 못해요?' 진짜, 이 친구한테서 들어본 말 중에 제일 충격적인 말이었어. 근데 이 친구 말이 맞아. '그래, 나 이것밖에 못해' 아니면 '아니, 내 노력이 부족했나봐' 둘 중 하나일 수밖에 없으니까. 이 말이야말로 누구나 가슴에 새겨야 될 교훈이라고 봐. '크리스, 그것밖에 못 해요?'"

도일이 나를 돌아보며 웃었다. "자네가 쓰는 그 책 제목도 이걸로 가야 돼."

19 WKW 주크박스

왕가위는 주크박스를 사랑하며—영화에도 자주 등장시킨다—더없이 잘 어울린다. 아마 이 시대의 다른 어떤 감독도 기성 음악을 그보다 더 비중 있게, 더 솜씨 있게 혹은 시대착오의 위험을 거의 안 느끼며(요즘 같은 시대엔 주크박스조차도 시대착오적인 물건이다) 쓴 사람은 없다. 왕가위는 취향에 있어서 가톨릭적이고—지난번 그의 사무실에 갔을 때 CD 플레이어에는 한스 짐머가 만든 영화 〈러쉬〉의 영화음악 스코어가 들어 있었다(그의 주장에 따르면 '아주 좋다'나)—다른 데서 빌려오는 걸 마다하지 않는 성향은 수집가에 가깝다. 영화에 리듬을 부여하고, 분위기를 조성하며, 등장인물의 감정을 강조하거나 뒤틀고, 혹은 인물을 관찰하는 데 공감각적인 활기를 주기 위해 그는 음악을 사용한다. 그의 영화는 고전적인 의미에서 멜로드라마틱하다. 즉, 음악(그리스어로 '멜로스')과 드라마가 어우러졌으므로. 왕가위의 팬이라면 누구나 마음속 WKW 주크박스—요즘으로 치면 플레이리스트—속에 자신만의 애청곡을 보유한다. 그중에서도 특히 다음 곡들을 빼고 그의 경력을 상상하기란 불가능하다. 일부는 옛날 곡이고 일부는 영화 자체 원곡이다.

〈당신은 나를 깜짝 놀라게 하네요 Take My Breath Away, **샌디 램〉**

원곡에 많이 못 미치는 광둥어 번안곡이지만 이 노래는 〈열혈남아〉에서 자신의 목적을 위해 뮤직비디오 미학도 갖다 쓰는 왕가위의 의도와 완벽하게 맞아떨어진다. 귀에도 착 감기는 편이다.

〈언제나 내 마음속에 Always in My Heart, **로스 인디오스 타바하라스〉**

그 어떤 곡도 〈아비정전〉의 열대림 장면에 흐르던, 기억을 환기시키고 가슴 따끔한 쾌감을 선사하는 이 기타 연주곡보다 근사하게 열대 지방을 떠오르게 하진 못한다.

〈배신 Perfidia**, 사비에르 쿠가트〉**

이 곡은 왕가위가 너무 좋아해서 〈아비정전〉, 〈화양연화〉, 〈2046〉까지 세 번을 썼는데 자신의 3부작에 일관성을 주기 위해서였다. 왕가위에게 깊은 향수가 어린 곡으로, 어린 시절을 보낸 60년대에 듣던 라틴 음악을 이용한 사례다.

〈캘리포니아 드리밍 California Dreamin'**, 마마스 앤드 파파스〉**

〈중경삼림〉에서 끝도 없이 반복해서 흐르던 곡—왕가위 왈 '70년대 여름날처럼 순수하고 단순한' 노래—으로, 처음엔 왕페이가 흥겹게 춤추는 일종의 농담처럼 시작하다 나중에는 이 세상에 없는 낙원의 상징으로 제시된다.

〈그를 잊으세요 Forget Him**, 관숙이〉**

시대를 초월해 광둥어권 팝에서 제일 유명한 곡 중 하나(원래는 전설적인 등려군이 불렀다). 제목은 〈타락천사〉의 에이전트에게 주는 메시지일 뿐만 아니라 기억함과 기억하지 못함에 대한 왕가위의 집착에 대한 표현이다.

〈오직 그대만이 Only You**, 플라잉 피켓츠〉**

플래터스Platters의 사랑 노래를 다시 부른 이 커버곡으로 〈타락천사〉의 엔딩 장면에는 이 세상을 초월한 멜랑콜리가 흘렀다. 특히 아카펠라 덕분에 콘크리트의 공허 사이로 순수한 인간의 목소리가 들리는 경험을 할 수 있었다.

〈셋을 위한 밀롱가 Milonga for Three**, 아스토르 피아졸라〉**

사랑의 탱고에 관한 초현대적 영화 〈해피 투게더〉의 음악으로, 탱고를 현대화한 위대한 아르헨티나 작곡가 피아졸라보다 적절한 선택은 없을 것이다. 그의 유명한 〈격정 탱고Tango Apasionado〉도 사운드트랙에 실렸으나 지금은 이 곡에 더 그윽한 멜랑콜리가 흐른다.

〈해피 투게더 Happy Together**, 대니 정〉**

터틀스The Turtles가 1967년에 발표한 곡이다. 하지만 홍콩 버전(〈열혈남아〉의 음악을 담당했던 작곡가가 만든)은 귀에 익숙한 원곡을 거칠게 만들어 〈해피 투게더〉에 담긴 홍콩의 중국 반환에 관한 양가감정을 잘 표현했다.

〈유메지의 테마 Yumeji's Theme**, 우메바야시 시게루〉**

지난 25년을 통틀어 제일 훌륭한 영화 주제가일지도 모를 곡. 첫 몇 음만 들어도 단숨에 (완전히 사라진 세상까진 아닐지언정) 영화 전체가 떠오른다. 서로 다른 문화적 요소를 본능적으로 짜 맞추는 왕가위의 솜씨가 뛰어나서, 우메바야시의 연주곡이 실은 이전 영화인 스즈키 세이준의 〈유메지〉의 음악임에도 불구하고 이제는 영원히 〈화양연화〉와 연결되었다.

〈어쩌면, 어쩌면, 어쩌면 Quizás, Quizás, Quizás**, 냇 킹 콜〉**

왕가위의 라틴 애청곡 중 하나. 쿠바의 작곡가 오스발도 파레스의 원곡을 1958년에 리메이크한 버전이다.

영어 제목 〈Perhaps, Perhaps, Perhaps〉로 더 많이 알려졌다. 〈화양연화〉가 보여주는 사랑의 미결정 상태 그리고 인생의 많은 가능성과 불확실성에 대한 왕가위의 감각, 둘 다 말해주는 제목이다.

〈2046, 우메바야시 시게루〉

〈2046〉이 〈화양연화〉보다 더 어둡고 복잡한 영화인 것처럼 우메바야시의 테마(이번에는 이 영화가 오리지널이다)도 유혹적이면서 불길한 낭만으로 차오른다.

〈크리스마스 노래 The Christmas Song**, 냇 킹 콜〉**

크리스마스 노래들이 실은 슬픔에 젖어 있다는 흥미진진한 역설을 보여주는 곡 중 하나. 말하자면 주디 갈랜드가 부른 〈당신도 조촐하고 행복한 크리스마스를 보내시길Have Yourself a Merry Little Christmas〉 같은 노래가 그런 것처럼. 냇 킹 콜의 평온하고 매끄러운 목소리는 아늑하며 친밀감 넘치는 세상을 환기시킨다. 하지만 역설적이게도 청자는 반대로 스크린의 외로움을 떠올리게 된다.

〈콘체르토 알레브타 Concerto Alevta**, 페어 라벤〉**

왕가위의 영화는 파스빈더의 흔적으로 가득하다. 〈그녀의 손길〉[13]—손에 몰두하는 그의 영화 〈롤라〉의 영향이 느껴지는—에서는 아예 파스빈더의 단짝 작곡가를 데려왔다. 그 결과 바이올린이 춤을 추다 열망으로 솟구쳐 오르는 매혹적인 음악이 만들어졌다.

〈이야기 The Story**, 노라 존스〉**

왕가위는 노라 존스의 목소리를 통해 그녀를 알게 되었다. 이 노래는 그녀가 〈마이 블루베리 나이츠〉를 위해 쓴 곡이다. 그녀는 이 곡에서 라운지 가수의 블루스 느낌이 의외로 잘 담긴 목소리를 뽐낼 뿐 아니라 신화적인 수사와 표현들을 다루며 영화의 자의식에 다가가는 가사도 썼다.

〈슬픈 성모 Stabat Mater**, 스테파노 렌티니〉**

왕가위는 이탈리아적인 것, 오페라적인 것에 애착이 있다. 〈일대종사〉에서 그는 〈원스 어폰 어 타임 인 아메리카〉에 쓰인 엔니오 모리코네의 향수를 자극하는 연주곡을 부분적으로 가져옴은 물론, 소프라노와 오케스트라용으로 작곡된 이 오리지널 곡도 사용했다. 양조위와 장쯔이가 섹시하면서도 발레에 가까운 쿵후 대결을 펼치는 장면에 이 음악을 쓰면서 음악은 문화적 기원이 아니라 느낌이라는 사실을 우리에게 주지시킨다.

20

왕가위 영화 중에서도 〈동사서독〉(1994)은 언제나 아웃사이더 같은 존재였다. 애초에 이 영화는 〈아비정전〉으로 침몰 직전에 처한 감독을 살리기 위해 시작되었다. 그렇다고 상업적으로 낮은 수준을 보여주는 우울한 시행착오는 아니었다. 1994년에 첫 번째 버전이 공개됐을 때—〈중경삼림〉이 나온 지 얼마 안 된 때였다—이 영화는 눈부신 바보짓, 즉 예쁜 장면들의 나열이라는 평가가 지배적이었다. 초기 상영 때 영화를 관람한 나는 감탄했지만 당혹스럽기도 했다(대중은 당혹해하고 분개했다). 유명 스타가 잔뜩 나오는 무술 이야기 혹은 무협물로 마케팅된 이 영화는, 장르 영화가 아방가르드 시네마에 가까이 갈 수 있는 최대치를 보여주었다. 로베르 브레송이 말한 '생각을 숨겨놓되 아무도 못 찾을 정도로 숨기면 안 된다'는 우스꽝스러운 지침을 명백히 위반한 사례였다. 이 영화는 표준어권의 중국인들 사이에서 제일 사랑받은 왕가위 작품 중 하나고 우호적인 평론도 많았지만(위말 디사나야케는 《왕가위의 〈동사서독〉》이라는 학술서도 썼다) 홍콩과 동남아시아에서는 반감을 샀다. 서구의 반응도 나을 것이 없었다. 왕가위를 젊음의 로맨티시즘을 기록하는 감독으로 포장하는 데 정신이 팔려 다른 게 나왔다는 사실을 인지하지 못했기 때문에 〈동사서독〉은 완전히 무시당했던 것이다. 왕가위 자신도 만족스럽지 않다고 느껴(음악이 그의 속을 썩였다) 계속해서 영화를 만지작거린 끝에 2008년에 다시 〈동사서독 리덕스〉를 내놓았다. 원래 버전보다 보기 덜 힘들고 내용도 훨씬 명쾌하다. 어느 버전이든 〈동사서독〉은 왕가위의 강력하고 복합적인 영화 중 하나이자 무협영화 역사의 한 기준이다.

영화의 출발은 김용(홍콩 언론인 사량용의 필명)의 1958년작 인기 소설 《사조영웅전》이다. 중국계 관객들에게 김용은 〈반지의 제왕〉이나 〈왕좌의 게임〉이 서구에서 누리는 것 만큼이나 인기있는 작품의 원작자다. 당시는 무협영화 붐이 다시 일어나던 때로, 영화가 성공을 못한다면 그게 이상할 만큼 왕가위는 완벽한 소재를 손에 넣은 것 같았다. 하지만 그는 소설을 그대로 스크린에 옮기는 감독이 아니다. 〈동사서독〉에서 그는 과감한 동시에 관객을 낯설게 하는 몇 가지 조치를 취한다. 원작의 유명한 에피소드를 없애고 자신이 만들어낸 새로운 인물을 추가한 것이다. 제일 중요한 두 주인공 — 착한 황약사('동사'로 알려진 인물)와 악당 구양봉('서독'으로 알려진 인물) — 의 이야기를 원작대로 풀어가는 대신 그들의 어린 시절을 바탕으로 한 이야기를 창작했다. 한술 더 떠 그는 그들의 본질마저 바꿔놓았다. 주인공 영웅은 비중이 약해진 반면 악당인 구양봉은 연민의 시선으로 그려진다. 비유하자면 젊은 간달프를 위선적인 이기주의자로, 젊은 골룸을 악운을 겪었지만 괜찮은 청년으로 묘사하는 톨킨 각색 작품을 만든 것과 같다.

장국영이 연기하는 구양봉은 거절이 두려워 포기한 진정한 사랑(장만옥 분)을 지금껏 잊지 못하고 고통받는 무술의 고수다. 오지(고비 사막에서 촬영했다)에 있는 꽤 아늑한 오두막집에 사는 그는 돈을 받고 사람을 죽이는 일을 하면서 돈밖에 모르는 사람이 되었다. 영화 속 에피소드들이 전개되면서 그는 사연이 있는 남녀들의 연이은 방문을 받는다. 모든 걸 잊게 해준다는 술을 마시는 과거 구양봉의 친구 황약사(양가휘 분), 칼을 휘두르는 귀족으로 두 가지 상반된 인격을 소유한 모용언·모용연(임청하 분), 아내(유가령 분)가 황약사를 사랑해서 자살 충동에 휩싸인 눈이 안 보이는 검객(양조위 분), 살해당한 남동생의 복수를 꿈꾸는 젊은 여자(양채니 분), 구양봉의 만류에도 불구하고, 돈을 안 받고도 기꺼이 싸워주는 낙천적인 전사 홍칠(장학우 분) 등이 그들이다. 이들의 공통점은 마음속의 불타는 집착 — 격정, 거절, 배신 — 에 갇혀 있거나 휘둘리고 있다는 사실이다. 왕가위가 실감나게 쓴 대사를 구양봉이 현자인 양 낭독할 때조차도 우리는 그 역시 집착하는 사람 특유의 자기기만에 빠져 있음을 알게 된다.

이토록 많은 이야기가 얽힌 영화는 본격 서사시는 고사하고 전형적인 무협물이라고도 할 수 없는 상태였다. 영화의 비범한 외양부터 그 점은 명백하다. 반은 환각 같고 반은 중국 회화 같은 크리스토퍼 도일의 숨 막히게 아름다운 거친 사막 영상, 고대 농민을 테마로 한 이세이 미야케의 패션 컬렉션 같은 장숙평의 강렬한 의상, 인물의 얼굴을 자주 가려서 누가 누군지 구별하기 힘든 길게 늘어뜨린 머리칼까지 모두 범상치 않았다. 그토록 많은 스타들이 안 꾸민 모습으로 나오는 경우도 드물었다.

그런 대담함은 제대로 된 영웅도 없고 액션에 진지한 흥미 따위 드러내지 않는 파편화된 줄거리에서도 포착된다. 허우 샤오셴 감독의 〈자객 섭은낭〉(2015)과 더불어 이 영화는 가장 내면적이고 추상적인 무협물 중 하나이다. 불경 내용을 인용하는 것만 봐도 알 수 있다. 다수의 등장인물들이 겨우 분발해서 싸우고자 할 때도 왕가위는 폭력에 집중하는 걸 거부한다. 그는 우리를 자극하려고도 흥분시키려고도 하지 않는다. (쿵후 영화 팬들이 대부분 격분했음은 안 봐도 뻔하다.) 액션을 위한 액션은 따분하게 생각했던 왕가위는 대결 장면을

시와 감정으로 채우는 방법을 모색했다. 이는 거의 장님이 다 된 검객이 도적떼와 벌이는 자살에 가까운 싸움 장면에서 명백하게 드러난다. 이 장면에 쓰인 느린 이미지들을 보다 보면 남자의 검과 그의 영혼 모두가 갈수록 무거워지는 게 느껴진다.

왕가위의 작품이 갖는 역설 중 하나가 관능적이면서 추상적이란 사실이다. 무술영화는 고사하고 영화 전체를 통틀어서도 〈동사서독〉을 볼 때처럼 놀라는 경우는 별로 없다. 특히 모용연이 구양봉을 찾아오는 장면에 나오는, 뱅글뱅글 도는 새장을 뚫고 들어오는 빛의 이미지가 그렇다. 그 장면의 아름다움 자체도 매혹적이지만 자세히 보면 그것이 실제로 새장에 갇힌 새라는 점도 놓치면 안 된다. 육체적인 끌림 — 언제나 그렇듯 왕가위는 사랑하는 연인들을 소홀히 하는 법이 없다 — 에도 불구하고 등장인물들 역시 모두 갇힌 상태이다. 이것은 단순히 그들의 집착 때문에 그렇게 된 게 아니다. 영화 속 불경 인용구들이 말해주듯 그들은 인간 현실의 필수 속성, 즉 시간과 공간의 움직임에 붙잡혀버린 것이다. 무술 이야기는 거의 영웅의 승리에 관한 내용이다. 하지만 이 작품에서 승리하는 것은 황무지, 즉 구양봉을 비롯한 다른 인물들이 있기 전부터 존재해왔고 앞으로도 영겁만큼 더 오래 존재할, 저 혼을 빼놓는 땅이다. 인간이란 그저 스쳐 지나는 존재다. 평론가 데이비드 톰슨이 안토니오니 감독의 〈여행자〉를 두고 쓴 글에서 몇 마디 빌리자면 〈동사서독〉에서 사막은 곧 철학이다.

21

왕가위를 베낀 유명한 영화 중 하나가 〈사랑도 통역이 되나요?〉라는 게 좀 얄궂은데, 수많은 팬들은 그의 작품을 번역을 통해 새롭게 발견했기 때문이다.[14] 우리처럼 중국어를 모르는 사람들을 위해 영화에 붙인 재치 있는 영어 제목들은 국제적 영화감독으로서 그의 위치를 더욱 부각시킨다. 잘 알려진 미국 팝송 타이틀에서 그대로 따온 경우가 아닐 때도 제목들은 서구 팝 음악의 느낌을 준다. 당연히 이 영어 버전들은 원래 제목이 아니거나 심지어 똑같은 의미의 번역도 아니다. 글자 그대로 옮겨진 제목으로 왕가위 작품을, 특히 그의 명성을 이룩한 일곱 편을 처음 접할 때, 그의 감수성이 얼마나 다르게 — 그리고 얼마나 낯설게 — 느껴질지 생각해보라.

열혈남아	Mongkok Carmen 몽콕의 카르멘	AS TEARS GO BY[15] 슬픔이 지나갈 때면
아비정전	The Story of an Ah Fei 아페이 이야기	DAYS OF BEING WILD 질풍노도의 나날
중경삼림	Chungking Forest 청킹 숲	CHUNGKING EXPRESS 청킹 급행
타락천사	Fallen Angels 타락한 천사들	FALLEN ANGELS 타락한 천사들
동사서독	Evil East, Malicious West 사악한 동쪽, 악랄한 서쪽	ASHES OF TIME 시간의 재
해피 투게더	Spring Light Piercing In 봄 햇살이 뚫고 들어오다	HAPPY TOGETHER[16] 함께 행복하길
화양연화	Kind of Like the Most Beautiful Times 가장 아름다운 시절처럼	IN THE MOOD FOR LOVE[17] 사랑할 기분
2046	2046 2046	2046 2046
에로스	Eros 에로스	THE HAND 손
마이 블루베리 나이츠	My Blueberry Nights 나의 블루베리 밤들	MY BLUEBERRY NIGHTS 나의 블루베리 밤들
일대종사	The Grandmaster 대가	THE GRANDMASTER 대가

이것들은 단지 영어로 옮긴 제목일 뿐이다.
아래가 실제 중국어 제목들이다.

열혈남아	旺角卡門	Wang jaio kamen 왕 자이오 카먼
아비정전	阿飛正傳	A fei zheng zhuan 아 페이 정 쥐안
중경삼림	重慶森林	Chong qing sen lim 충 칭 센 림
타락천사	墮落天使	Duo luo tian shi 뒤 뤄 텐 시
동사서독	東邪西毒	Dong xie xi du 둥 셰 시 두
해피 투게더	春光乍洩	Chun quang zha xie 춘 촹 자 셰
화양연화	花樣年華	Hua yang nian hua 화 양 녠 화
2046	2046 2046	2046 2046
에로스	愛神 – 手	Ai shen – “Shou” 아이 선 – “서우”
마이 블루베리 나이츠	藍莓之夜	Lan mei zhi ye 란 메이 지 예
일대종사	一代宗師	Yi dai zong shi 이 다이 쭝 시

22

보르헤스는 카프카에 관해 쓴 자신의 에세이에서 모든 작가들은 자신이 추종하려는 사람 때문에 결과적으로 자신만의 선구자를 만들게 된다고 말했다. 이는 모든 예술가들에게 적용되는 이야기다. 왕가위의 주요 선구자 중 하나가 아르헨티나 출신의 게이 소설가 마누엘 푸익이다. 그도 왕가위처럼 영화에 푹 빠져 어린 시절을 보낸 인물이었다. (공교롭게도 보르헤스는 동성애공포증 때문에 푸익을 무시했다.) 〈아비정전〉에서 드러나듯 푸익의 소설은 왕가위의 스토리텔링 기법에 영향을 줬다. 또한 남회귀선 아래쪽 삶에 대한 백일몽도 꾸게 했다. 그가 1997년 홍콩의 중국 반환 준비 기간 중에 홍콩을 떠나는 게이 커플 이야기 〈해피 투게더〉를 만들기로 했을 때 영화의 촬영지가 아르헨티나가 되는 것은 어쩌면 당연했다. 영화가 1997년 칸영화제에서 처음 선보였을 때, 대화는 예상대로 동성애 테마에 집중됐다. 〈브로크백 마운틴〉이 게이 러브스토리를 주류 영화계에 끌고 들어오기 10년도 전에 나온 〈해피 투게더〉는 서구인들이 처음 접하는 중국 동성애 영화였다. 그뿐 아니라 두 주연배우 장국영과 양조위는 아시아의 톱스타들이었다. (가령 〈뱀파이어와의 인터뷰〉에서 브래드 피트가 톰 크루즈 몸 위에 올라탔다고 가정할 때 미국에서 일었을 파장을 상상해보라.) 왕가위는 이런 캐스팅이 가져올 화제성을 분명히 인식하고 있었다. 영화 제작 발표를 위해 그는 기자회견을 열었고 이 자리에서 장국영과 양조위는 탱고를 췄다. 그러나 지금 영화를 봐도 놀라운 건 동성애에 관한 지극히 사실적인 태도다. 허나 이것도 외부인의 시각으로 볼 때 놀라웠다는 거지, 내부인의 시각에서는 놀랄 게 없었다. 왕가위의 절친한 친구들과 오래 일한 동료 중 많은 수가 게이이며 그들은 왕가위가 자신들을 불편해하지 않아서 자신들도 그와 일하는 게 전혀 불편하지 않았다고 말한다.

성적인 기호보다 인간 개인에 대해 파고드는 〈해피 투게더〉는 또 한 번 실패한 로맨스를 다룬다. 이야기는 침착하고 근본적으로 예의 바른 (그러나 그 상태가 늘 유지되지는 않는) 아휘(양조위 분)와 매혹적이지만 믿음이 안 가는, 매번 아휘를 버리고 떠났다가 "다시 시작하자"며 찾아오는 보영(장국영 분) 사이의 불행한 관계를 중심으로 전개된다. 육체적으로는 분명 잘 맞지만 현실적으로 그들에겐 되는 일이 없다. 이구아수 폭포로 가려던 시도도 재앙으로 끝나는데, 그 상징이 그들이 갖고 있는 조잡한 스탠드 조명의 폭포 그림이 담긴 전등갓이다. 답이 안 나오는 악순환에 갇혀 그들은 사랑을 나누고, 말다툼을 하고, 헤어진다. 아휘가 탱고 바의 문지기로 취직하자 보영은 다른 남자 품에 안겨 나타난다. 보영이 심하게 맞은 몰골로 아휘의 아파트로 찾아왔을 때 아휘는 그를 잡아두기 위해 몰래 그의 여권을 숨긴다. 보영 때문에 지칠 대로 지친 아휘는 우울 속으로 점차 빠져든다. 그러다 그는 대만에서 온 홍안의 장(장첸 분)을 만나게 된다. 장은 아르헨티나의 최남단에 있는, 슬픔을 두고 떠나올 수 있는 곳이라 알려진 우수아이아에 갈 계획이었다.

낸 골딘의 사진이 떠오르는 아휘의 아파트 내부 침실(이자 전쟁터)의 소우주적인 공간부터 영화 전체의 빼어난 촬영분 가운데 절정에 해당하는 압도적인 이구아수 폭포 헬리콥터 촬영까지, 〈해피 투게더〉는—이에 필적하는 예는 많지만—아마 왕가위 영화 중 시각적으로 가장 역동적인 작품일 것이다. 내용이 진행되는 동안 영화는 부에노스아이레스를 마법에 걸린 도시로 바꾸어놓는다. 비는 구슬픈 거리를 촉촉이 적시고 택시는 보석처럼 불빛이 반짝이는 심야의 광장 주위를 우아하게 돈다. 도시의 빨간색, 노란색, 녹색 버스들마저도 장숙평이 무대 디자인과 의상에 사용한 색감을 떠올리게 한다. 이 모든 것들이 너무도 눈부셔서 왕가위가 이전보다 높아진 새로운 수준의 친밀감과 감정을 담아 작업하고 있음을 알아차리는 데 시간이 걸릴지도 모른다. 스스로 유혹적인 존재로 만드는 불가해한 매력—그의 감언이설과 꼬드김과 성적 유혹은 천부적이다—과 자신은 물론 모두에게 위험한 존재가 되는 무모한 충동성, 이 둘을 다 잡아내는 장국영은 변덕스러운 보영의 캐릭터를 연기하기에 최적인 배우다. 처음으로 영화계에 유의미한 족적을 남기게 될 배역을 맡은 양조위는 심지어 장국영 이상이다. 그의 연기는 비밀스러운 표정과 시선이 뭔지를 망라한 백과사전으로, 그나 왕가위가 전에 가보지 못한 수준까지 우리를 깊이 끌어들인다. 그리고 이는 〈화양연화〉와 〈2046〉에서 그가 보여줄 극도의 미묘하고 섬세한 표현의 원형이 된다. 양조위는 이성애자 배우로서 동성애자 역을 했다는 점을 인정받았지만 〈해피 투게더〉가 보여준 것은 그런 용기보다 훨씬 중요한 것이었다. 바로 이 영화부터 양조위는 강렬하고 가슴 저미는 감정을 표현하는 배우로 알려지게 된다. 왕가위에게 〈해피 투게더〉는 그때까지 중 가장 성숙한 작품으로, 귀엽거나 엉뚱한 면을 이전보다 자제했다. 극단적인 사춘기 열정을 더 날카롭게 파헤쳤고 성적인 결속을 날것으로 거칠게 시각화했다. 왕가위는 아스토르 피아졸라 음악의 선율에 푹 빠져, 땅 끝에 선 느낌이 드는 곳까지 길을 떠나 거기서 진정한 실연 탱고를 만들어냈다.

23

WKW GPS

상하이를 떠나 세계 최고 수준의 교차로 도시 중 하나인 홍콩으로 이주했을 당시, 왕가위의 나이는 다섯 살이었다. 그는 완전히 익숙하지도, 완전히 낯설지도 않은 광둥어권 문화 속에서(새로운 상하이를 만드는 수준까진 아니더라도) 새로운 인생을 개척하려던 상하이 이주민 공동체 안에서 성장했다. 대놓고 주장한 적 한번 없이, 왕가위가 영화계에서 중국인 디아스포라를 다룬 훌륭한 기록자이자 시인이 된 것은 작은 기적이다. 그의 영화는 자신의(혹은 자기 부모나 조부모의) 고국 땅을 떠나 집이 될 다른 곳을 찾아 나선 많은 중국 사람을 대변하고 또 그들에게 말을 건다.

왕가위의 경력은 중국인이 자기들밖에 모르는 편협한 중화주의에 사로잡혔다는 고정관념이 틀렸음을 보여준다. 그의 영화는 예컨대 미국영화에서는 흔히 볼 수 없는 더 넓은 세상을 향한 개방적인 태도로 가득 차 있다. 얼마나 세계적인지 〈중경삼림〉의 스낵바 여종업원—이 역을 맡은 왕페이는 베이징에서 건너온 진짜 이주자였다—이 갑자기 스튜어디스가 돼서 캘리포니아로 떠날 만큼 그의 영화에는 글로벌한 가능성이 흘러넘친다. 60년대 식민지 시절 홍콩을 다룬 세 편의 영화에서 왕가위는 사회적 이동이 손쉬웠던 유동적인 분위기를 되살린다. 지금 볼 때 이는 더더욱 마법 같다. 왜냐하면 핸드폰도 인터넷도 없던 그 시절에는 새로운 나라를 찾아가는 것 자체가 개척이었기 때문이다. 〈아비정전〉에서 장국영은 엄마를 찾으려고 필리핀에 갔다가 마닐라에 있는 차이나타운으로 흘러들어가, 한때 홍콩의 경찰이었다가 지금은 선원이 된(왕가위의 아버지가 수년 동안 배에서 일했다) 유덕화를 만난다. 〈화양연화〉에서는 양조위가 맡은 광둥어 기자 주모운이 상하이 출신 이웃들과 함께 홍콩의 아파트에 살다가 싱가포르(소위 동남아 중국인에 대해 홍콩이 갖고 있는 열대 지방 환상이 시작된 지점으로, 한때는 말라야란 이름으로 불리기도 했다)로 건너가고, 마지막은 앙코르와트까지 이어진다. 〈2046〉에서는 주모운이 싱가포르에 사는 중국 본토 출신 도박사(공리 분)와의 연애를 끝내고 홍콩으로 돌아가 어느 젊은 여자(왕페이 분)와 가까워지지만 그녀는 자신의 약혼자와 함께 일본으로 떠난다. 〈일대종사〉에서는 역사의 비정한 흐름 때문에 엽문이 고향 나라와 고향 도시 모두에서 쫓겨나 홍콩에 정착하게 된다. 이곳에서 그는 이소룡 같은 제자를 키워내는데 이소룡은 또 미국 샌프란시스코 태생이었다.

이 모든 동선은 언어에 반영된다. 왕가위 작품에서 놀라운 자질 혹은 반복되는 주제는 한 장면 안에서 사람들이 자연스럽게 서로 다른 언어로 말한다는 것이다. 이런 이질감은 〈중경삼림〉에서 가네시로 다케시가 맡은 경찰관 역이 임청하를 꼬시려고 표준중국어, 광둥어, 영어, 일본어로 말하는 장면처럼 때에 따라 극대화된다. 왕가위는 이를 자신이 속한 환경에서는 당연한 걸로 취급한다.

떠돈다는 것의 외로움과 찬란함은 〈해피 투게더〉의 아휘에게서 보다 더 감동적으로 그 실체를 드러낸다. 자신을 반겨주지 않는 도시 부에노스아이레스에서 사랑을 잃고 혼자가 된 그는 자신보다 앞선 수많은

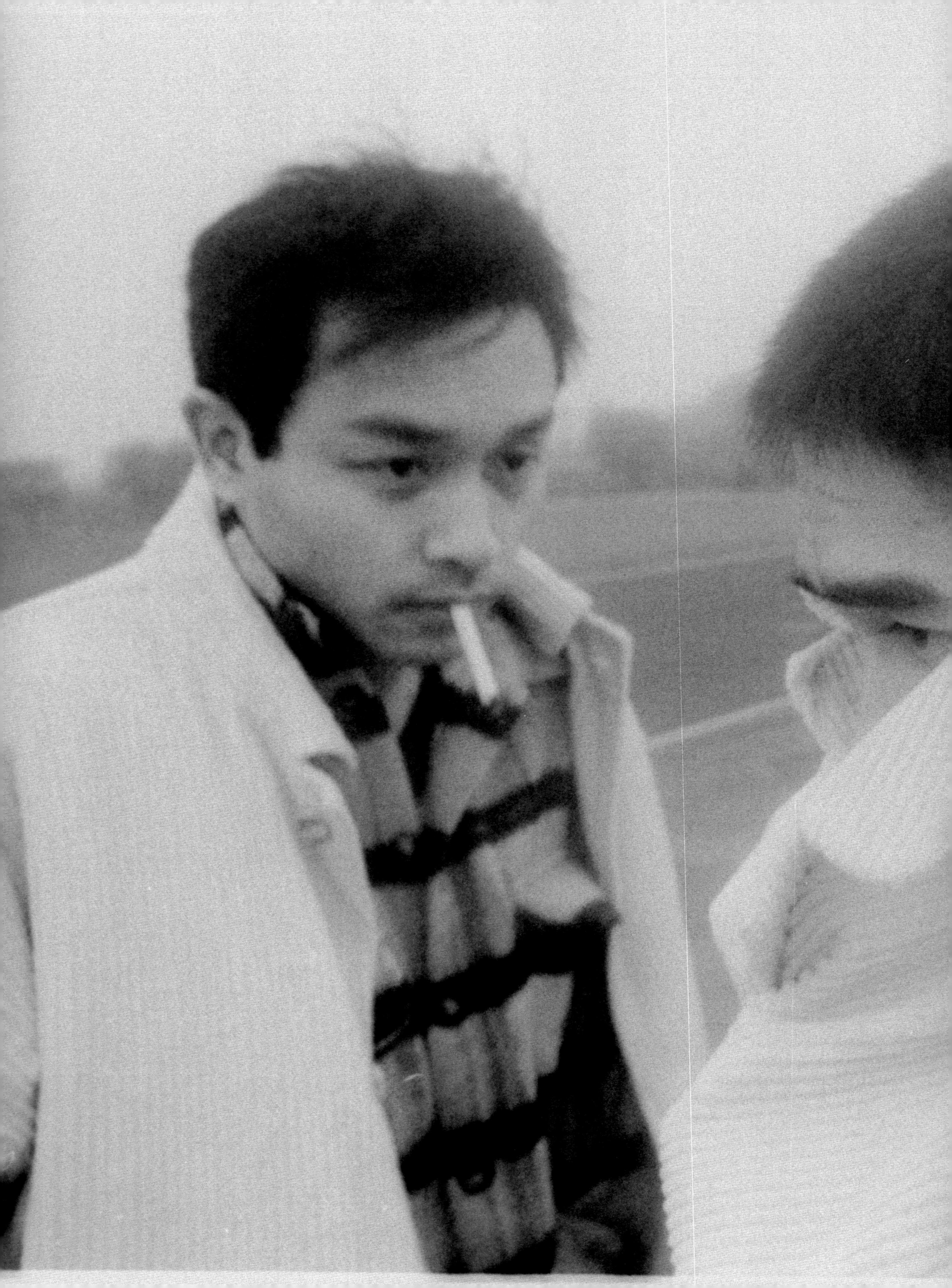

중국인 망명자, 이민자, (그리고 이 영화를 만들던 왕가위 자신을 포함한) 여행자들이 했던 행동을 결국 하게 된다. 고전적이고, 없는 데가 없으며, 디아스포라의 피난처라 할 중국식당에서 그도 마음의 안식처를 찾았던 것이다. 그는 주방 일을 구해 장과 함께 근무하고 친숙한 문화와의 결속 안에서 복잡했던 마음도 정리한다. 아휘는 돈을 조금 모았고 마침내 이구아수 폭포로 가서 황홀한 경험을 한 다음, 세상의 반을 다시 돌아와 디아스포라의 수도인 타이베이로 간다. 홍콩이 여전히 자신의 진짜 고향이라 해도 그는 홍콩으로 귀향하지 않는다. 그곳은 이제 중국의 일부가 되기 직전이었다.

24

왕가위가 언젠가 이런 말을 했었다. “제 영화는 전부 홍콩에 대한 겁니다. 설사 아르헨티나가 배경이라 해도 말이죠.” 서구의 많은 사람들이 〈해피 투게더〉를 사랑 이야기로 본 반면 그의 동포들은 그보다 더 시의적절하고 유의미한 것으로 봤다. 즉, 왕가위가 홍콩의 중국 반환을 두고 고심한 것이라고. 영화의 홍콩 개봉이 그 역사적인 권력 이동 한 달 전에 이루어진 게 우연이 아니다라는 것을 그들은 알았다. 홍콩 여권이 찍힌 장면으로 시작해서 양조위가 홍콩이 아닌 타이베이의 기차에 탄 장면으로 끝나는 것도 우연이 아니었다. 그 기차는 대니 정이 다시 부른 팝송 〈해피 투게더Happy Together〉가 사운드트랙으로 흐르는 동안 불확실한 미래를 향해 달려간다. 저 제목은 성공적인 합병의 예언일 수도, 쓰라린 반어법의 일격일 수도 있었다. 심지어 영화의 결정적 이미지인 이구아수 폭포를 따라 내려가는 물줄기를 찍은 항공 촬영 장면에조차도 다른 방향으로 해석될 수 있는 정치적 함의가 곁들여졌다. 손에 땀을 쥐게 하는 장관인 동시에 말할 것도 없이 위험한—고소공포증이 있는 크리스토퍼 도일이 몸소 헬리콥터에 매달려 촬영했다—이 장면에서 폭포에 합류하는 굉음의 물줄기들은 가차 없이 휘몰아치는 합병의 힘을 표현한다. 이는 그것이 엄청난 능력의 상징이거나 모든 걸 파괴할 추락의 중력이 될 수 있다는 뜻이었다. 이런 간접성과 양면성은 왕가위 영화의 전형이다.

왕가위는 전통적인 의미에서의 이념과는 상관없는 감독이다. 〈2046〉의 칸영화제 기자회견장에서 그는 이렇게 말했다. “정치적인 내용이 들어간 영화를 만드는 건 제가 원하는 게 아닙니다.” 거창한 선언 같은 건 몹시 싫어하는 신중한 그는 메시지를 주장하는 영화를 만들지 않으며 정치적 연설을 하거나 바리케이드를 치는 타입은 더더욱 아니다. 지난 20년 동안 중국의 부상은 세계 최고의 화두였지만—홍콩보다 이 점을 뼈저리게 체감한 곳도 없다—왕가위의 작품은 모택동주의 시절이든, 등소평이 발판을 다진 지금의 초자본주의적 모델이든 혁명 후 중국에 대해서는 눈에 띄게 무관심하다(〈해피 투게더〉에서 아휘가 보는 뉴스에 등소평의 죽음이 보도되긴 한다). 그가 정치적 이슈를 외면한다는 게 아니라 자기 생각(이념적 입장보다 직관인)을 작품의 복잡한 구조 안에 함께 짜 넣는다는 뜻이다. 그를 작품에 정치적 생각을 넣는 사회주의적 급진파로 생각하고 싶어 하는 팬들 사이에서 특히 그는 풍부한 해석을 낳는 감독이 되었다. 그들은 이렇게 말할 것이다. 〈중경삼림〉에서 663의 아파트에 있는 물건 장면들은 일찍이 마르크스가 상품의 물신숭배라 부른 것에 대한 논평이라고. 〈타락천사〉에 어둡게 담긴 홍콩의 모습은 자본의 사악한 힘을 표현한 것이라고. 〈일대종사〉에서 엽문이 과자를 부수는 장면은 사실 홍콩이 중국과의 관계를 부수고 떨어져 나와야 한다는 의견을 비유적으로(그리고 배반적으로) 시사한 것이라고. 왕가위는 이 중 어떤 해석에도 동의하지 않지만—내가 물어봤었다—그의 영화에 담긴 복잡한 내부 역학이 그 정도이기에 지적인 논쟁이 가능한 것이다. 결국 텍스트의 의미는 원래 의도했던 방향보다 넓게 확장된다. 그래도 이런 복잡한 내부 역학 자체가 그의 정치적 견해에 더 맞는지도 모른다. 노골적으로 드러나지 않는다는 점에서—이미지에 비친 반사상, 균열, 모순, 애증, 표면 아래 잠긴 것들을 통해서—그의 영화는 소비자본주의의 피할 수 없는 슬로건 마케팅과 전체주의의 강요된 도그마 모두에 반대하고 또 그 바깥에 선다.

25

왕가위의 미덕에 인내심은 포함되지 않는다. 그는 '지루한' 거라면 뭐든 피하려고 기를 쓴다. 지루하단 말을 그는 끝도 없이 입에 올린다. 그에게 인터뷰는 지루하다. 일과 관련한 회의도 지루하다. 그에게는 대부분의 영화가 지루하며 긴 영화들이 특히 그렇다. 심지어 그는 털게를 먹는 것도 지루하다고 하는데 털게는 상하이 별미로 껍데기에서 살을 발라 먹어야 한다. "저이는 인내심이 너무 없다니까요." 어느 날 밤 식탁에 앉아 게걸스럽게 털게를 탐닉하고 있는 에스터와 나와는 달리, 먹기 덜 번거로운 메뉴를 기다리던 왕가위를 보고 에스터가 웃음을 터뜨리며 한 말이다. 혹시 이런 태도가 전염되는지도 모를 일이다. 지루함을 증오하는 대열에 그의 오랜 협력자 장숙평과 촬영감독 크리스토퍼 도일도 가세하기 때문이다. 장숙평은 자기가 지겹다고 생각하는 대상 앞에서는 조용히 집중하는 타입이 아니며, 도일은 한시도 가만 못 있는 사람이라 촬영 중간에 틈이 생기면 종적을 감추며 늘 뭔가를 하고 있어야만 하는 사람이다. 지루함의 공포에 극도로 떨고 있을 때 왕가위와 그 친구들은 맹렬히 일하는 영화인들이라기보다 에벌린 워의 초창기 소설에 나오는 옥스퍼드 출신 도련님들에 더 가까울 때가 많다. 이런 태도가 왕가위 집단의 영화 제작 방식을 만들었다. 그들은 늘 뭔가 새로운 시도를 하고 싶어 한다 — 아르헨티나나 만주에서 촬영한다든가, 〈타락천사〉를 광각렌즈로 찍는다든가, 허공을 날아다니고 360도 돌려차기를 하는 것보다 연기를 하는 게 더 익숙한 배우들과 굳이 무협영화를 만든다든가 등등. 〈아비정전〉에는 왜 그리 녹색이 많았을까? 도일은 이렇게 말했다.

"왜냐하면 후지(필름)는 파랗고 코닥(필름)은 빨개서[18] 우리는 다른 걸 시도해보고 싶었거든. 신기한 걸 만들어본다는 흥분이 안 가본 곳을 가게 만드는 이유로는 최고지."

이걸 보여주는 제일 좋은 예는 왕가위가 1990년대 후반에 시작한 프로젝트 〈음식에 관한 이야기〉이다. 이것은 양조위와 장만옥을 주연으로 한 로맨틱한 세 편의 이야기로 이야기마다 다른 시대가 설정됐다. 왕가위는 90년대 후반, 홍콩 한 식당의 밤을 배경으로 첫 번째 이야기를 촬영했다. 그런데 결과가 괜찮았음에도 어쩐지 흥이 나지 않았다 — 모든 게 너무 익숙했다. 그는 자신과 도일, 장숙평이 영화에서 작업해왔던 방식이 지루해졌음을 깨달았다. 그들 모두 완벽하게 그 방법을 이해하고 있어서 더 이상 발견의 기쁨이 없었다. "당시 우린 촬영하기로 한 방에 들어가면 어디서 카메라가 돌지 바로 알았죠." 그래서 그는 그 촬영분을 버리고 한 번도 해본 적이 없는 방식으로 찍기로 결심했다. 지루함의 1승이었다. 그 결과 나온 것이 가장 유명한 작품 〈화양연화〉이다. 이 영화는 영화잡지 〈사이트 앤드 사운드〉가 10년 주기로 세계 평론가들을 대상으로 조사하는 앙케트 2012년 행사 때 시대를 초월한 명작 24위에 올랐다.

26

왕가위의 영화는 하나하나마다 특유의 정서적인 분위기, 뚜렷한 감정적 날카로움이 있다. 그중에서도 가장 기억에 남는 것은 그가 60년대 홍콩을 배경으로 만든 3부작 중 두 번째 작품 〈화양연화〉(2000)다. 밤의 아파트 복도와 어둑한 거리, 숨어 있는 시선과 눈부신 치파오, 미끄러지듯 움직이는 카메라워크와 정교한 멜랑콜리가 음악 속으로 빨려 들어가는 영화로, 여기서 장만옥이 계단을 올라가는 이미지는 우리의 문화적 기억에 뚜렷이 자취를 남겼다. 그와 같은 밀도의 상상력이 가능했던 이유 중 하나는 그 영화가 애정을 담아 홍콩을 재창조하기 — 그리고 반짝반짝 윤을 내기 — 때문이다. 그 홍콩이란, 영화에 그린 것과 같은 건물에서 어린 시절을 보낸 상하이인으로서 왕가위의 기억에 영원히 각인된 홍콩이다. 로맨틱 테마 면에서 그의 가장 사적인 작품은 아닐지라도 이 영화가 마법처럼 소환한 홍콩을 보자면 — 실제로 많은 부분이 방콕에서 촬영되긴 했지만 — 이는 아마도 그에게 가장 소중한 작품일지 모른다.

줄거리는 비교적 단순한데, 그러면서도 불가사의하다. 작가인 주모운(양조위 분)과 회사의 총괄비서인 진 부인, 이 두 유부남 유부녀 사이의 이야기로 장만옥이 연기하는 진 부인의 본명은 얄궂게도 〈아비정전〉에서 그녀가 맡았던 캐릭터(수리진)와 같다. 그 두 사람은 마작을 좋아하는 활달한 상하이 출신 중년 여성 손 부인(노래 실력이 끝내주는 가수 반적화 분)의 셋집 아파트에 같은 날짜에 이사 온 이웃 사이이다. 둘의 첫 만남은 예의바르다 못해 정중하다. 하지만 얼마 안 가 주모운과 진 부인은 자신들의 배우자가 불륜을 저지르는 게 아닐까 의심하고 결국은 그들이 불륜을 저지르고 있다는 사실을 깨닫는다. 이런 묘한 분위기에 예기치 않게 휘말리면서 주모운과 진 부인은 다른 사람들 눈을 의식할 필요가 없는 아파트 밖에서 만나기 시작한다. 그는 그녀를 '골드핀치 레스토랑'에 초대해 저녁 식사를 하고 의미심장한 숫자 2046호를 단 호텔방에서 그녀는 그가 공상과학소설 쓰는 것을 돕는다. 둘은 각자의 배우자들을 상상하며 그들처럼 연기해보기도 한다. 그들은 사랑에 빠져들지만 둘의 관계는 육체적으로 순결한 동시에 자기 부정을 벗어나지 못하고("우린 그들처럼 되지 않을 거야"란 대사처럼), 또 앞으로 뭘 해야 할지도 모른다. 그들이 사는 세상에서 간통이 희귀한 일은 아니지만 — 진 부인은 자기 상사의 애인 관리를 도와야 하는 실정이다 — 당시는 더 점잖은 시절이었다. 눈부시게 절제된 연기를 보이는 양조위와 장만옥(특히 이 캐릭터는 장만옥의 아이콘이 된다)은 과거의 유물이 된 낭만적 관계와 툭하면 절망적인 결과를 향해 가는 운명에 대한 왕가위의 매혹을 최고로 표현한 인물이 되었다.

일부 평론가들은 영화가 단순하다고 불평하는데 줄거리만 보면 맞는 말이다. 그러나 플롯만 보면 중요한 걸 놓치는 셈이다. 이 영화에 로맨틱 멜로드라마 혹은 이른바 여자들 영화 특유의 고전적인 수법이 있기는 하다. 일반적이라고 할 수 없는 억압된 주인공 커플에 관객이 자신을 동일시하고 공감하기를 바라는 영화인 것도 맞다. 반면 예컨대 막스 오필스의 〈마담 드…〉만큼의 복잡함이나 풍부한 톤은 없다. 그러나 스타일·양식미를 끌어올려 뮤지컬이나 심지어 댄스영화 같은 느낌을 주는 이 영화에서 그 단순성은 의도된 것이다. (2010년에 상하이 발레단은 실제로 〈화양연화〉를 춤으로 각색해 무대에 올렸다.) 안 그래도 스타일 — 왕가위는 스타일이 영화의 장식이 아니라 내용이라 본다 — 에 집중하기로 유명한 왕가위의 경력에서 〈화양연화〉는 가장 자의식적인 동시에 지나간 시절의 영광에 대해 노골적인 향수를 보여주는 영화다. 장숙평은 프레임마다 심혈을 기울여 디자인했다. 파스빈더의 〈불안은 영혼을 잠식한다〉를 떠올리게 하는 녹색 전등갓부터 '골드핀치 레스토랑'의 나뭇잎 무늬 벽지, 진 부인의 완벽한 헤어스타일(장만옥은 매일 몇 시간씩 공들여 머리를 펴고 세팅했다), 매번 다르게 입고 나와 단아함의 경지를 경신하는 치파오까지, 모두가 그런 노력의 소산이다. 〈중경삼림〉 이후 자신들을 유명하게 만든 핸드헬드 촬영을 버린 왕가위는 이번엔 트래킹 촬영으로 카메라를 미끄러지게 했고, 그 결과 비좁은 아파트 건물 안에서 놀랍도록 훌륭한 동선의 시퀀스가 탄생했다. 극적인 폭발보다 주인공들의 이미지가 더 중심이 된다. 금빛으로 물든 장만옥의 가면처럼 완벽한 아름다움, 갈구하는 마음이 보이는 양조위의 사소하고 사적인 표정들이 그것이다. 주모운과 진 부인이 길에서 만났을 때 시간이 뒤틀려 느리게 움직이는 장면처럼 〈화양연화〉는 부드러운 각성의 순간들로 이루어진 영화다.

TV 시리즈 〈매드맨〉을 만든 매슈 와이너의 말에 따르면 그는 이 영화의 모든 장면들이 인상적인 나머지, 자기 프로그램의 주인공 돈 드레이퍼가 등장하는 오프닝 — 시청자를 등지고 앉아 술을 마시는 — 을 〈화양연화〉에 양조위가 나왔던 장면을 빌려와 만들었다고 한다. 그는 "시대극을 어떻게 만들어야 하는지,

벽지가 떨어져나가고 거리의 쓰레기가 벽을 타고 흘러내리는 현실에서 어떻게 관능을 창조할지 가르쳐주는 기준점"이라고 이 영화를 평한다. 특히 의상을 통해 이야기를 전달하는 왕가위의 방식에 놀랐다고 한다. "의상은 항상 현실에 근거하면서도—캐릭터의 경제적 상황이 반영된 게 옷이거든요—그걸 입은 사람이 되고 싶어 하는 인물을 보여줍니다. 왕가위 작품의 경우는 감독이 잘 입힌 게 아니라 캐릭터 자신이 스스로 잘 입었다는 느낌을 주죠. 차려입으면 사람이 얼마나 달라 보이는지 말해준달까요. 하지만 이는 또한 입는 것과 벗는 것 사이의 관계를 말해주는 것이기도 합니다—그 옷을 벗을 때 그들이 또 얼마나 달라 보이는지 생각하면요." 현대 영화 중 아마도 패션을 가장 훌륭하게 다룬 이 영화에서 왕가위가 불러낸 홍콩은 우리를 애달픈 아름다움에 휩싸이게 한다. 때에 따라 이 아름다움은 그것이 찬미하는 열정의 목을 조르는 것 같기도 하다. 몸에 착 달라붙은 치파오가 입은 사람의 생기를 빨아들일 수도 있는 것이다. 결국 주모운이 야자수로 상징되는 유유자적한 남양 지방의 자유로운 분위기를 가진 싱가포르로 급히 떠나며 진 부인과의 답이 없어 보이는 연애에서 도망치는 건 놀랄 일이 아니다. 누가 봐도 단순한 이 영화가 이렇듯 시야의 지평을 극단적으로 확장하며 끝나는 건 전형적인 왕가위 스타일이다. 샤를 드골이 나오는 뉴스 장면 때문에 그 내용이 식민주의 맥락에 놓이더라도, 주모운이 앙코르와트를 방문하는 순간 우리는 깨닫는다. 이루어지지 못한 사랑 이야기 속 그와 진 부인도, 결국 그 불후의 폐허 유적지에 돌 부조로 새겨진 인간사, 그 거대하고 신비한 범주의 일부라는 것을.

27

왕가위가 절대적으로 존경하는—혹시 조금이라도 부러워하는—사람이 있다면 그건 그의 미술감독이자 의상 디자이너 겸 헤어와 메이크업 아티스트이고 또한 영화 편집자, 까마득한 시절부터 왕가위의 제일 친한 친구이고 또 제일 중요한 협력자인 장숙평이다. 왕가위는 그를 '내 영화의 수호천사'라 부른다. 왕가위가 작가였던 시절, 그와 장숙평은 함께 술을 마시며 밤새 영화 이야기를 나누곤 했다—어떤 작품이 좋은 작품인지, 어떤 영화인이 맘에 드는지, 어떤 영화를 만들고 싶은지 등을. 둘이 얼마나 잘 맞는지 바즈 루어만 감독과 그의 훌륭한 미술감독인 아내 캐서린 마틴 커플을 방불케 할 만큼 둘은 떼려야 뗄 수 없는 사이다. 장숙평의 취향을 전적으로 신뢰하는 왕가위는 주요 작품을 늘 함께 작업해왔다. 메트로폴리탄 미술관 산하 코스튬 인스티튜트가 2015년에 패션쇼 〈거울을 통해 본 중국〉의 예술 감독을 왕가위에게 맡기고 그 패션쇼를 개장하기 며칠 전 밤, 그들이 전시 공간에서 이야기를 나누는 모습이 내 눈에 띈 것은 당연한 일이었다. 장숙평은 창의적이고 꼼꼼한 예술가다. 〈아비정전〉에서 옷의 맵시를 위해 생리용 속옷을 고집한 것도, 〈중경삼림〉에서 임청하에게 금발 가발과 빨간 선글라스를 씌운 것도, 〈화양연화〉의 감각적인 60년대 환경을 디자인한 것도, 〈타락천사〉의 원래 촬영분이 인간미 없고 비호감이라고 말할 용기와 영향력이 있던 사람도 모두 그였다. "그 친구는 나보다 더 골칫덩어리예요." 과거 장숙평의 완벽주의 때문에 촬영 스케줄이 장기간 연기됐던 적이 여러 번이라며 왕가위가 애정 어린 목소리로 해준 말이다.

왕가위의 측근 중에서도—다른 감독과도 작업하긴 하지만—가장 수줍음이 많은 장숙평은 사진 찍히는 것도 인터뷰도 좋아하지 않는다. 하지만 그에게는 주변 사람들로 하여금 다가오고 싶게 만드는 조용한 카리스마가 있다. 그는 뭔가 비밀을 알고 있거나 지키고 있는 듯한 분위기를 지닌 사람이다. 그래서인지 스타들이 그에게 끌리고 왕가위 촬영장의 누구나 그에게 속내를 털어놓는다. 코즈웨이 베이의 유럽 스타일 레스토랑 '클래시파이드'에서 그를 만나 왕가위와의 파트너십에 대해 이야기를 나누기로 했을 때, 그는 쾌활했지만 한편으론 불안해하기도 했다. 담배를 핑계 삼아 걸핏하면 밖으로 나갔기 때문이다. 왕가위가 그랬던 것처럼 그도 나한테 말하길 자기들은 서로를 잘 알아서 해야 할 일에 대해 절대로, 단 한 번도 의논해본 적이 없다고 했다. 왕가위가 새 영화에 대한 자신의 아이디어를 장숙평에게 전달하면 장숙평은 그 외의 지시는 전혀 안 받은(못 받은) 채로 그 영화의 분위기, 의상, 헤어스타일, 전반적 외양을 창조하기 위한 작업에 돌입한다. 주어진 예산을 제외하면 그가 자신의 일을 멋들어지게 만드는 데는 제약이 없다.

"왕가위가 아이디어를 말하면 저는 아무 생각도 하지 않습니다. 영감이 오기를 기다리며 걸어 다니죠. 저도 왕가위와 비슷합니다. 그냥 기다리거든요. 줄곧 기다리는 거죠. 출발점이 될 곳을 찾아야 해서 그렇습니다. 그게 잡지 표지가 될 수도 있고 한 벌의 재킷이 될 수도 있고—근데 옷이 출발점이 될 때가 많아요. 상황에 따라 다르지만. 그러다 임자를 만나면 영화에 딱 맞을 거라는 감이 옵니다. 이유는 몰라요. 〈해피 투게더〉 때는 그게 장국영이 입고 나왔던 갈색과 노란색의 스웨터 그리고 브라질 어느 공항에서 봤던 벽지였습니다. 어느 공항이었는지 기억이 안 나는데 어쨌든 그 벽지를 사진으로 찍었고 그걸 영화에 집어넣었죠."

그의 선택에 왕가위는 항상 동의할까? "늘 거의 근접하게, 정도?" 그러더니 웃기 시작한다.

"〈타락천사〉 때가 생각나요. 이가흔이 신을 진짜 기묘하게 생긴 녹색 신발을 산 적이 있어요. 왕가위가 보더니 '지금 농담해?' 그러더군요. 그리곤 그 신발은 안 찍어요. 그 친구 마음에 안 들면 바로 알 수 있습니다. 시시콜콜 말하는 법 없이 촬영에서 빼버리거든요."

보통은 왕가위가 촬영에 포함시키고, 그 결과 스크린에 담긴 것들로 인해 장숙평은 현대 영화계의 위대한 디자이너 중 한 사람이라는—예산이 허락할 경우에는 가장 위대한 디자이너가 되겠지만—국제적 명성을 얻었다. 〈중경삼림〉으로 크리스토퍼 도일이 스타가 됐다면 장숙평은 〈화양연화〉 후에 마침내 인정을 받았다. 15년이 지난 지금도 〈보그〉의 내 동료들은 그가 장만옥을 위해 디자인했던 스무 벌 이상의 깃 높은 치파오에 대해 열광적인 칭찬을 늘어놓는다. 이 영화에서 보여준 그의 솜씨 덕분에 메트로폴리탄 패션쇼 자체가 가능했던 것 아니겠느냐고 내가 말하자 그가 한숨을 쉬었다.

"이렇게 세월이 흘렀는데 아직도 〈화양연화〉 타령이라니. 사실 그 시절 여자들은 치파오를 입는 게 지극히 평범한 일상이었어요. 우리 어머니도 치파오를 매일 입으셨고요. 그땐 누구나 자기 집으로 재단사를 부르던 시절이었습니다. 왕가위도 저도 그게 큰 이슈가 될 줄은 몰랐어요. 옷이 그렇게 특별하다고는 생각하지

못 했는데 칸영화제에서 공개하자마자 옷이 아름답다며 난리더군요. 마치 우리가 미처 모르고 있던 진가를 자기네 서양 관객들이 찾아냈다고 생각하는 것처럼." 그가 황당하다는 듯한 미소를 보였다.

왕가위처럼 장숙평도 상서로운 우연과 마술적 사고에 엄청난 믿음을 갖고 있다. '간절히 생각하면 바라던 게 결국은 찾아온다'고 그는 주장한다. "정말 옵니다. 〈아비정전〉 때 옛날식 냉장고를 찾아다녔는데 정말 찾기 어려운 모델이었거든요. 그런데 계속 생각하고 또 생각했더니 우리 비서가 하나를 찾아냈어요.

뭐든 마음속에 있다면 언젠가는 찾아오게 돼 있습니다. 〈해피 투게더〉 때는 아르헨티나에서 크리스와 함께 폭포를 촬영하러 갔는데 그 당시 폭포수가 정말 엄청난 양이었습니다. 찍은 걸 보여줬더니 환상적이라며 다들 만족해했죠. 나중에 왕가위가 폭포를 한 번 더 찍어왔으면 좋겠다고 해서 다시 갔더니 그때는 물이 거의 없었어요. 알고 보니 우리가 처음 폭포를 찍었을 때 그전 일주일 동안 계속 비가 왔다더군요.

그런 환상적인 장면을 얻은 건 순전히 운이 좋았던 거죠. 왕가위와 나는 항상 이 말을 믿어요.

'받아들여라, 그럼 올 것이다.'"

28 —— 〈화양연화〉의 엔딩 장면에 대해 왕가위에게 물었을 때 그가 애초 구상했던 내용과 실제 영화로 공개된 내용이 너무 달라 나는 그만 충격을 받았다. 관객들은 양조위가 연기한 주모운의 진심 어린 신사다움과 과묵함을 높이 사는데 정작 왕가위는 그를 다소 야비한 남자로 만들 생각이었던 거다. 장만옥이 맡은 진 부인을 애타게 그리워하는 대신, 그는 그녀에 대한 비뚤어진 복수로 싱가포르에서 그녀를 침대로 끌어들일 작정이었다—어떻게 감히 자기가 내 아내보다 우월하다는 생각을 할 수 있지! 그런 발로에서.

물론 이렇게 갔으면 주모운에 대한 인식은 나빠졌을 것이다. 내 생각에 영화 성적도 안 좋았을 것이다.

하지만 이 잔인한 유혹은 영화에서 절대 일어나지 않는데, 그 이유는 우리가 보통 예술적 '비전'이라고 생각하는 것과는 상관이 없다. 왕가위는 원래 구상한 유혹 장면—그가 좋아하는 파스빈더의 특징인 원초적 인간성이 반영된—을 당연히 포함시킬 작정이었다. 그러나 제작 과정이 길어져 칸영화제 출품 마감 시한을 못 맞출 것 같자 그는 즉흥적으로 엔딩을 준비했다. 우리가 아는 앙코르와트에서의 형이상학적인 마지막 장면이 그것이다.

이 변화가 제멋대로란 느낌을 지울 수 없지만—영화가 영화제에 꼭 상영되어야 한다는 이유로 주모운의 캐릭터가 홀랑 바뀐다?—사실 그의 영화가 그랬던 적은 한두 번이 아니다. 그의 영화 DVD의 '부가 영상'은 방금 본 영화 내용과 맞지 않는 진귀한 삭제 장면 모음을 제공한다. 예를 들어 〈해피 투게더〉 DVD에는 아휘가 관숙이가 연기한 중국인 관광객과 함께하는 장면이 있다. 〈화양연화〉의 보너스 영상에는 실제 영화가 끝난 시점에서 수년이 지나 1970년대에 홍콩으로 돌아온, 우습게 콧수염을 기른 주모운이 떡하니 나온다.

어느 날 밤, 왕가위가 이렇게 설명했다.

"주의 깊게 보면 모든 이야기가 다양한 방향으로 진행될 수 있다는 게 보일 겁니다. 다양한 방향 각각에 그만큼 다양한 방향의 가능성이 더해지는 거구요."

그가 이렇게 말했을 때 나는 보르헤스의 단편소설 《끝없이 두 갈래로 갈라지는 길들이 있는 정원》을 떠올렸다. 여기에는 전설적인 중국의 미로 설계자 겸 소설가의 이야기가 나오는데 소설가로서 그가 꿈꾸는 필생의 역작은 독자가 모든 사건의 가능한 결과를 전부 볼 수 있는, 즉 모든 길의 모든 갈래를 따라가는 소설적 세상을 창조하는 것이었다. 비록 왕가위가 말한 가능성이 그 정도로 비현실적일 만큼 야심만만하지는 않다. 그래도 자기 영화를 새로운 내러티브 갈림길로 데려갈 수도 있고 안 데려갈 수도 있는—그도 미리 알 순 없다—촬영을 계속하는 건 사실이다. 장숙평은 그 필름들까지 전부 편집해둔다고

말했다. 왕가위가 언제 영화에 쓴다고 할지 모르기 때문에.

물론 감독이 영화 내용에 변화를 시도하는 건 드문 일이 아니다. 중간 시사회 때 테스트 관객의 반응을 거치며 이미 죽은 많은 배역들이 개봉일에 맞춰 다시 살아났고 종종 그 반대로 죽임을 당하기도 했으니까. 다만 왕가위의 특별한 점이라면, 그에게 영화 제작 과정이란 실제 카메라를 돌리기 전 머릿속에서 영화를 다 찍었던 히치콕처럼 완성된 아이디어를 스크린에 옮기는 시도가 아니라는 것이다. 혹은 완벽하게 쓰인 드라마를 가리키는 프랑스인들의 용어 피어스 비엉 페트pièce bien faite, 즉 잘 만들어진 연극[19]의 영화 버전을 만들려고 혈안이 돼 있는 것도 아니다. 대신 그는 의도하지 않은 뜻밖의 행운을 전폭적으로 믿는 편이다. 건축가보다 탐험가에 가까운 그는 작품마다 매번 영화를 발견하는 길을 떠나는 셈이다.

그 긴 여정은 반짝 스치는 어떤 발상(예컨대 '부에노스아이레스에 있는 게이 홍콩인들' 식의)이거나, 갑자기 떠오른 여배우의 얼굴(예컨대 니콜 키드먼의 얼굴 때문에 구상한, 그러나 만들지 못한 백인 러시아 스파이에 관한 영화 〈상하이에서 온 여인〉 같은)과 같은 계기와 함께 시작하게 된다. 이런 접근은 확실히 장점이 있지만—그의 작품들은 생명체처럼 빛을 낸다—균형이 안 맞을 때도 많다. 고다르나 테렌스 맬릭이 그런 것처럼 혼자 뚝 떨어지거나, 무턱대고 충돌하거나, 뜬금없이 튀어나오는 부분들(〈아비정전〉 엔딩에서 양조위가 갑자기 등장했던 것처럼)이 있다.

언젠가 그에게, 그가 영화를 만드는 방식이 괴짜 백만장자가 자기 입맛대로 저택 짓는 스타일을 연상시킨다고 한 적이 있다. 말하자면 건물 뒤에다 방을 추가하고 어디로도 이어지지 않는 문을 달고 본채에서 이상한 각도로 박공지붕을 올리는 식으로.

"아닙니다. 그런 비유가 아니고, 이게 맞아요." 그는 종이를 꺼내 재빨리 나무 한 그루를 그렸다. "정원에 나무를 이렇게 심습니다. 심어놓고 내 정원의 완벽한 나무가 됐으면 하죠. 그런데 그 뒤에 무슨 일이 생깁니다. 거센 바람이 불어와 가지를 부러뜨린다든가—〈해피 투게더〉를 찍고 있을 때 장국영이 사정상 일찍 떠나야 했던 것처럼—하는. 그럼 이건 원래 바라던 모습의 나무가 아닌데 하면서 정원의 균형을 위해 여기에 관목을 하나 더 심습니다." 그는 나무 오른쪽에 덤불을 하나 슥슥 그려 넣었다. "그런데 어찌된 셈인지 원하는 만큼 잘 자라지 않아요. 그래서 여기 또 저기에 꽃을 심죠. 하지만 둘 중 하나만 잘 피는 통에 다른 하나는 뽑아냅니다. 이런 과정을 계속 반복하는 거예요. 그러다 어느 순간이 되면 멈춥니다. 운이 좋다면 이때 보이는 결과가 아름답겠죠. 처음에 생각한 모습은 아니지만 어쨌든 아름다운 정원이 완성되는 겁니다."

29

〈2046〉이 2004년 칸에 처음 모습을 드러낼 당시 영화는 이미 제멋대로인 프로젝트라는 악명이 퍼진 상태였다. 계속 일정이 미뤄지고 만드는 데 몇 년이나 걸리다 보니, 유명 중국 배우들이 값비싼 방콕 호텔 방에서 무료하게 대기하는 동안 왕가위는 소위 '영감'을 찾아 여기저기 떠돌아다닌다는 소문이 퍼졌다. 허세 가득한 예술가로 풍자 대상이 된 것이다. 그 정도도 성에 안 찬다는 듯 칸영화제 상영 일자까지 미뤄야 했는데 이 스케줄 변경에 드디어 영화제의 전통적 지지자들은 폭발하고 말았다. 허영 가득한 홍콩 보따리장수가 감히 세계 최고의 영화제를 기다리게 해?! 그런데 감독의 오만과 말도 안 되는 행동에도 불구하고 〈2046〉은 황홀한 작품이었다. 장려함이 때에 따라 과하기는 해도 영화는 왕가위 작품의 정점을 찍는다. 당시 그는 나한테 '압축 요약'이라고 표현했다. 풍성하고 방대한 〈화양연화〉의 자기 반추적인 이 속편 영화는 로맨틱 멜로드라마, 공상과학소설, 홍콩의 미래에 대한 짓궂은 논평을 섞은 오페라 같은 작품이다. 이 영화가 만약 전작보다 사랑을 덜 받는다면 그건 이 영화가 스케일이 더 크고,

더 어둡고, 더 지저분하기 때문이다. 〈2046〉의 장점은 훨씬 깊은 인상을 우리에게 남긴다.

양조위는 옛날 영화 스타 스타일로 멋지게 변신하여 작가 주모운으로 다시 돌아온다. 다만 불륜 아내에게 상처받고 가질 수 없는 사랑에 울던, 앙코르와트의 구멍에 속삭이던 그 남자가 아니다. 이제는 멋지게 콧수염을 기른, 전형적인 험프리 보가트나 클라크 게이블 주연 영화에서 볼 수 있는 사랑에 상처 입은 남자주인공 특유의 냉소주의를 두른 모습이다. 진 부인을 잃은 후(장만옥은 간략한 회상신에만 나온다) 그는 쉽게 여자를 사귀는 호색한이 되었다. 우리는 그가 싱가포르에서, 공리가 훌륭하게 연기한, 진 부인과 이름이 같은(역시 수리진이란 이름으로 왕가위의 중복 스타일이 적용된다) 도박사와 한때 사귀었다는 사실을 알게 된다. 하지만 그는 진 부인을 잊을 수 없다. 홍콩으로 돌아온 그는 그녀가 자신의 소설 작업을 도와주었던 호텔로 다시 가본다. 원래 묵었던 방 2046호를 빌릴 수 없어 옆방인 2047호에 묵은 그는 이후 2046호에 들어오는 여자들과 일련의 만남을 갖게 된다. 그는 〈아비정전〉에서 아비의 애인이었던 절망에 빠진 루루(유가령 분)를 도와준다. 또 일본인 남자(기무라 타쿠야 분)를 사랑하지만 아버지가 결혼을 허락하지 않는, 호텔 주인의 딸 왕징원(왕페이 분)과 정신적 교감을 나눈다. 제일 근사한 장면은 그가 사랑스러운 고급 콜걸 바이 링의 마음을 얻은 후 버리는 과정인데, 장쯔이가 깊이 있게 그녀를 표현한다. 영화 연기를 배우는 학생이라면 '골드핀치 레스토랑' 마지막 저녁 식사 장면에서 장쯔이와 양조위의 감정선을 연구해야 한다(〈화양연화〉에서 주모운과 진 부인이 앉았던 자리 반대쪽에 이들을 앉게 한 왕가위의 주도면밀함도 기억해야 한다). 그 장면을 능가할 연기는 아마 없을 것이다.

이 사랑 이야기로도 충분치 않다는 듯, 왕가위는 두 번째 현실 층을 엮는다. 주모운이 자신의 공상과학소설 《2046》에 창조한 가상의 세계가 그것이다. 이 세계는 왕징원과 그녀의 일본인 남자친구의 실제 관계를 토대로 한 것이다. 높이 솟은 고층 건물과 바닥을 알 수 없는 고독으로 이뤄진 반짝이는 디스토피아적 세상—이 설정은 고다르의 〈알파빌〉이 영감을 주었다고 왕가위는 말한다—을 배경으로, 사건은 아무것도 변하지 않는 마법 같은 도시 2046으로 향하는 최첨단 기차에서 진행된다. 단 한 사람만이 2046에 가본 적이 있는데 그는 탁(혹은 '타쿠', 기무라 타쿠야 분)으로, 그 도시에서 필생의 사랑을 잃었다. 정처 없는 기억들에 사로잡혀 기차에 오른 그는 안드로이드 승무원 중 하나와 사랑에 빠진다. 현실 세계와 평행을 이루는 이 세계에서도 왕페이가 안드로이드를 연기한다. 주모운이 지금 사는 홍콩처럼 그가 창조한 미래 역시 실패한 사랑과 벗어날 수 없는 기억의 장소다. 그 말은 이 역시 그 자신의 이야기란 뜻이다(그리고 60년대가 상상한 미래의 모습도 언뜻 번뜩인다). 이게 이 작품의 주된 관심사다. 유가령과 왕페이가 실제 눈물을 흘릴 수 있는 매력적인 안드로이드를 연기하긴 하지만 공상과학물로서는 미래주의적 장면들이 딱히 호감도 안 가고 만족스럽지도 않다. 기무라의 연기가 단조로운 것은 물론, 도시 2046의 모습을 공들여 찍었으나 영화에 쓰지 않았기 때문에 우리로선 그 빈자리만 느껴질 뿐이다. 빈 가지가 너무나 많은 나무를 바라보는 것과 비슷하달까.

왕가위는 2046이란 숫자를 아무 생각 없이 고른 게 아니다. 2046년은 홍콩의 중국 반환 후 50년 동안 지속되는 과도기의 마지막 해인데 이 50년 동안은 중국이 '한 국가에 두 체제'를 허락한다고 약속한 바 있다. 그 말은 홍콩이 완전히 통합되기 전까지 자치국 비슷한 상태를 유지한다는 뜻이다. 그렇다고 이 상징적인 날짜가 노골적인 정치적 의도의 발로는 아니다. 스티븐 테오가 지적하듯 남주인공 양조위가 홍콩 출신인 반면 여배우들은 중국 본토 태생이지만, 그 의미를 어떻게 논리적으로 분석해야 하는지는 알기 어렵다. 미래 도시 2046이 이를테면 중국 독재를 형상화한 거란 의견은 보이지 않는다.

이 영화에 정치적 테마가 있다면 주모운 자신의 이야기에 있다. 즉, 과거의 기억에서 빠져나오지 못한 대가라는 것이다. 〈2046〉은 변화에 관한 영화다. 주모운은 진 부인을 뒤로 하고, 왕페이가 그에게 말하는

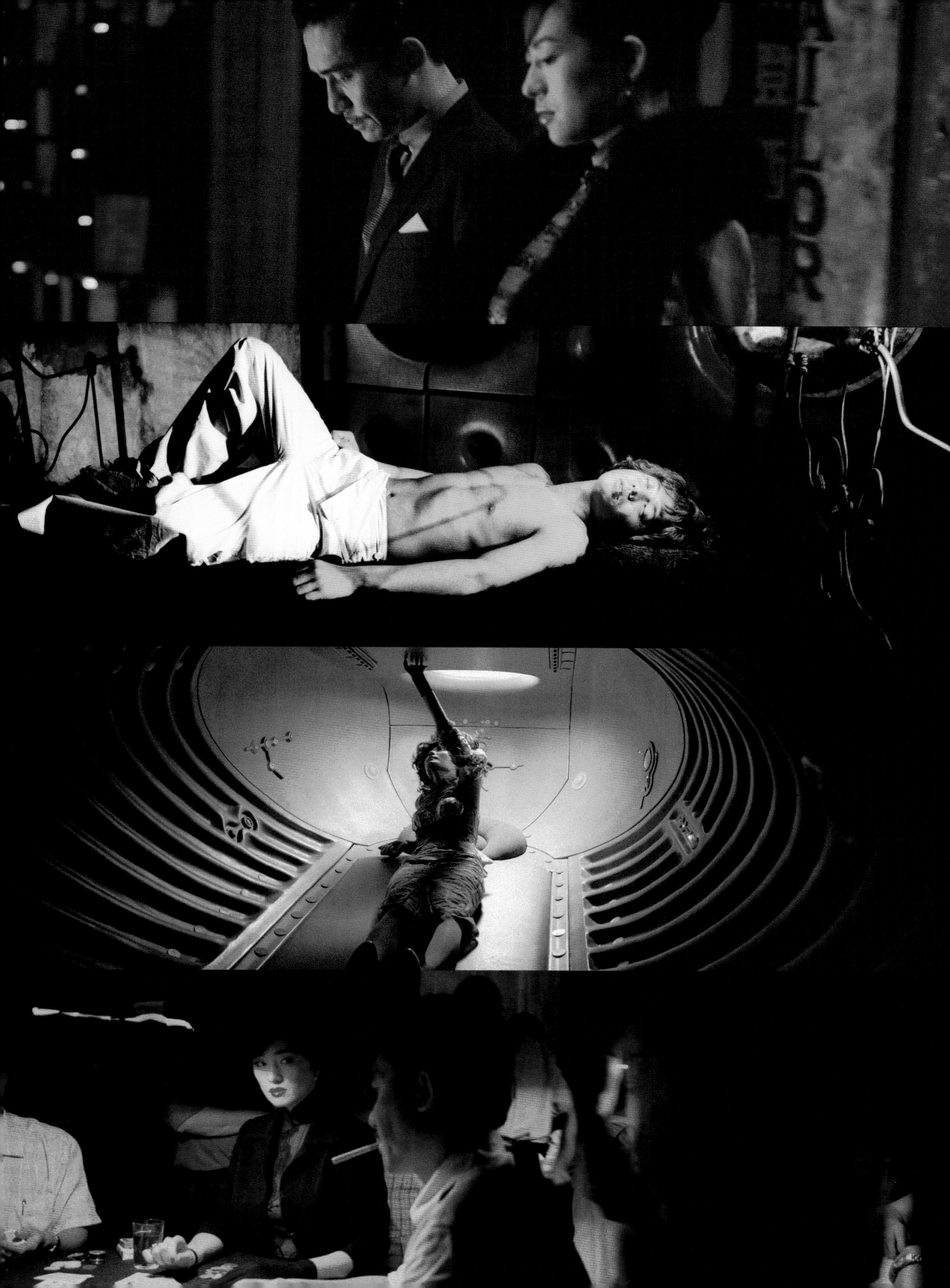

것처럼 2047을 향해 가야 한다. 홍콩은 중국 반환 이전의 모습으로 돌아갈 순 없다는 사실을 깨달아야 한다. 이렇게 쓰고 나니 영화가 도식적이고 피도 눈물도 없는 것처럼 여겨질지 모르겠다. 그런데 사실 〈2046〉에는 군침 도는 재료들이 넘친다. 늘 그렇듯 눈이 호강하는 장숙평의 미술, 크리스토퍼 도일의 기가 막힌 촬영(이것이 그와의 마지막 협업이다), 풍성한 로맨티시즘을 담은 우메바야시 시게루부터, 우울한 크리스마스 시즌에도 용케 감동적으로 모닥불 속의 밤을 노래한 냇 킹 콜[20]에 이르는 고급스런 음악까지. 양조위, 공리, 장쯔이가 보여주는 최상급 연기는 말할 것도 없다. 사랑 이야기와 가슴 아릿한 기억들의 끝없는 증식은 또 어떤가. 왕가위의 이전 영화들을 연상시키는 연쇄적 이미지와 내적 리듬은 또 어떻고. 〈2046〉은 분주한 영화다. 그러나 분주함 가운데서도 왕가위가 반복하는 생각이 드러난다. 계속 들썩이는 그의 스타일과 그가 만드는 캐릭터들에 비해, 그가 생각하는 진정한 행복은 차분한 순간에 머문다는 것. 주모운이 '최고의 여름'이라 말하는 건 왕징원과 함께 — 잠을 잔 게 아니라 — 글을 쓴 추억이었고, 이런 생각은 〈해피 투게더〉에서 보영이 아파 둘 다 호텔 방에서 지내야 했던 때보다 자신들이 더 행복한 적은 없었다고 아휘가 말하는 부분을 연상시킨다. 왕가위에게 최고의 행복이란 복잡한 일상이나 열정적인 사랑의 불꽃에서 진짜 감정이 솟아나는 그 '찰나'에 예고 없이 찾아오는 것 같다. 〈타락천사〉에서 가네시로 다케시가 자신이 찍은 비디오테이프를 보면서, 애정 어린 말투로 "멍청한 놈"이라고 혼잣말을 하는 아버지를 쳐다보는 장면보다 더 마음을 움직이는 순간이 있을까?

30 — 장숙평에 따르면 왕가위 영화에 이 세 가지는 꼭 나온다고 한다: 비, 주크박스, 시계. 그중에서도 시계는 벗어날 수 없는 수준이다. 왕가위의 개인적 감각이 발휘된 첫 영화 〈아비정전〉에서 아비가 수리진에게 1960년 4월의 이 1분을 영원히 기억하게 될 거라고 말하는 장면부터, 최근작 〈일대종사〉의 클라이맥스에서 최후의 결전이 벌어지기 전까지 남은 시간을 세는 철도역 플랫폼의 시계까지, 시계의 똑딱거림은 어김없이 눈에 띈다. 어디에나 있는 시계가 그의 영화에서 시의적절한 이유는 왕가위의 작품들이 시간 그 자체, 심리적 개념, 영화적 장치 등 시간의 다양한 모습에 사로잡혀 있기 때문이다. 그는 시간을 빨리 돌리거나 천천히 늘인다. 일정 시간을 되풀이하다가 협곡을 따라 굴러떨어지는 아련한 외침처럼 작은 메아리와 함께 현재로 돌아오게도 만든다. 그는 과거, 현재, 미래 사이를 사방치기하듯 돌아다닌다. 쉬지 않는 시간의 흐름을 인지하는 그의 인물들은 그로 인해 초래된 인간적 결과 — 기억과 향수, 망각과 망각하지 않음의 상호작용 — 에 휩쓸린 인생을 살게 된다. 그들은 되찾을 수 없는 것을 되찾으려는 희망, 그의 지론에 따르면 우리 인생 대부분을 정의하는 그 희망으로 끊임없이 뒤를 돌아본다. "왜 예전처럼 안 된다는 건가요?" 〈2046〉이 끝날 즈음 장쯔이가 양조위에게 묻는데 사실 왕가위 영화의 모든 남주인공 혹은 여주인공들이 할 법한 질문이다. 한 가지 위안이라면 그 질문이 가차 없는 진실의 순간, 시간의 흐름을 멈추진 못해도 만회할 수 있는 덧없는 아름다움의 순간에 등장한다는 정도랄까.

60년대 홍콩에 대한 애정 — 패션, 대중음악, 실내장식 — 때문에 왕가위는 과거지향주의자로 인식된다. 어떤 면에서 이는 사실이다. 이 책의 인터뷰 때문에 그가 코즈웨이 베이에 있는 추억의 '골드핀치 레스토랑'으로 나를 안내했을 때나, 그의 모든 영화에 영감을 준 홍콩식 〈아마코드〉라 할 만한 어린 시절의 생생한 기억을 신나게 늘어놓을 때, 그는 최고로 행복해 보였다. 그러나 자기가 어렸을 때 봤던 스타일에 열광하는 것과 그 세계에서 벗어나기 싫다는 생각은 전혀 다른 문제다. 왕가위의 노스탤지어는 순진하지 않다. 그는 몸에 딱 맞는 치파오와 사비에르 쿠가트의 라틴 리듬을 사랑하지만 60년대의 홍콩이 지금보다 좋다거나 편했다는 환상을 갖고 있진 않다. 〈화양연화〉가 그 시절이 얼마나 감옥 같을 수 있는지를 보여준다면 〈2046〉은 돌아갈 수 없는 과거의 기억 속에 갇히는 건 위험하다고 말하는 영화다. 왕가위는 시간이 계속 앞으로 간다는 사실을 그리고 싫든 좋든 우리도 그래야 한다는 걸 안다.

이것은 슬픔과 후회와 멜랑콜리가 배어든 진실이다. 왕가위의 시계가 설득력이 있는 것은 그것이 왕가위 불변의 테마 중 하나인 덧없는 찰나의 진실, 벗어날 수 없는 상실감으로 우리를 끌어들이기 때문이다. 물론 어떤 면에서 이는 인간의 조건이다. 모든 건 지나가기 마련이고 사람은 모두 죽는다 등등처럼 다 아는 사실이다. 그렇지만 머릿속에 붙잡아두기 힘든 사실이기도 하다. 자신의 작품에서 왕가위는 그 사실을 항상 염두에 둔다. 제일 기발하고 사랑이 넘치고 빛날 때도 그의 영화에는 세상이, 그리고 우리가 사랑하는 것들이, 영원히 반복해서 우리를 떠날 거라는 인식이 침투해 있다.

31 WKW 메뉴

유통기한이 지난 파인애플 통조림부터 〈화양연화〉에서 상하이 출신 손 부인이 철따라 만들어 내놓는 만두까지 왕가위의 작품에는 늘 음식이 넘쳐났다. 〈열혈남아〉에서 장학우가 연기한, 어묵 가게에서 일하는 창파처럼 일부 배역은 음식을 팔았다. 또 일부는 〈중경삼림〉에서 양조위가 연기한 경관 663에게 셰프 샐러드를 건네주던 왕페이처럼 음식을 서빙했다. 어떨 땐 〈해피 투게더〉에서 양조위가 맡은 중국식당에서 설거지하던 아휘처럼 그릇에서 음식을 씻어내기도 했다. 〈화양연화〉에서 양조위의 주모운과 장만옥의 진 부인 사이의 로맨스는 완탕면을 사러갈 때 두 사람이 만난다는 사실이 풍미를 더했다. 〈마이 블루베리 나이츠〉는 아예 제목 자체가 음식 이름이다.

음식 장면으로 유명하다 보니 왕가위가 미식가까진 아니더라도 대식가라는 추측이 있다. 내가 가끔 그와 저녁을 같이 한다는 사실을 알면 사람들은 항상 이렇게 말한다. "한 상 잘 받았겠다." 그랬으면 좋겠지만 이는 사실이 아니다. 알고 지낸 몇 년 동안 그와 진짜 환상적인 식사를 한 적이 있다. '홍콩 내 저장 장쑤 상하이 향우회 식당'에서 오리구이, 목 구스[21], 털게가 나온 푸짐한 만찬 때처럼. 하지만 왕가위는 식도락가가 아니다. 맨해튼에 올 때 그가 묵는 호텔 1층에는 데이비드 장이 운영하는 창의적인 동서양 퓨전 레스토랑이 있는데, 그는 미국 셰프계의 왕가위(혹은 쿠엔틴 타란티노)라 불릴 법한 인물이다. 하지만 무슨 상관이랴. 왕가위는 길 건너에 있는 '조스 상하이' 식당의 미드타운 분점에서 파는 그저 그런 샤오룽바오[22]와 떡과 너무 단 소스의 생선구이를 더 좋아하는데. 이건 왕가위가 모험심이 부족해서가 아니라 — 도쿄에서 돼지 음부 요리를 대접받은 이야기를 즐겁게 하는 사람이다 — 인기 있거나 유행하는 레스토랑을 선호하지 않기 때문이다.

그는 일본 음식도 좋아하지만 기본 세팅은 중국식이다. 칸에서 우리가 함께 먹었던 몇 번의 끔찍한 식사가 '르 로얄 밤부'[23] 같은 이름의 레스토랑이었을 정도로 그렇다. 홍콩에서 처음으로 그를 만났던 몇 번은 '진짜' 그 지역 음식을 먹고 싶다고 그에게 말했다. 그는 나의 우습고 관광객스러운 열망에 답해, 한번 당해보라는 식으로 장난을 치기도 했는데, 예를 들면 이런 식이다. 어느 날 밤엔 그가 저녁을 사준다며 나가서 한사코 나에게 직접 주문하라고 우겼다. 그렇게 해서 나온 게 걸쭉한 수프에 잠긴 닭 콩팥 요리 하나, 그리고 기절초풍하게도 미지근한 돼지 피를 채운 여물통처럼 보이는 그릇에 〈2001: 스페이스 오디세이〉의 모놀리스만 한 두부 조각들이 자리 잡은 요리가 또 하나였다. "난 먹어본 거라서." 그는 이렇게 말하고 느긋하게 앉아 내가 힘겹게 핏덩이를 삼키는 걸 지켜보았다. (그런데 닭 콩팥 요리는 맛있었다.) 하다못해 이 책을 마무리하는 마지막 인터뷰 날에도 그는 광둥요리의 별미인 돼지 허파 수프를 시켜주면서 좋아했다.

허파 요리를 먹고 있을 때 그가 말했다.

"저녁 식사란 친밀한 행위죠. 누구든 커피나 음료를 마시러 갈 수 있지만 누군가와 저녁을 먹는 일은 상대가 동의해야 이뤄집니다. 그건 달라요. 의미가 있는 거죠. 먹는 걸 보면 그 사람을 진짜 알게 됩니다."

내가 일찍 깨달아야 했던 사실이 있다. 왕가위가 자기 영화에 그렇게 많은 음식을 등장시키는 게 음식 자체에 꽂혀서가 아니라 음식—그리고 먹는다는 행위—의 지극히 평범한 현실성이 프루스트식 노스탤지어[24]부터 유혹적인 열정, 상사병의 폭음/폭식과 같은 수많은 의미들을 보여줄 수 있기 때문이었다는 것을. 지루하고 의미가 없다는 이유로 영화에 섹스 장면이나 액션 장면을 넣어야 할 필요를 못 느끼는 그는 이른바 음식 포르노에도 역시 관심이 없다. 그가 단지 관객의 침샘을 자극할 목적으로 요리를 등장시키진 않는다는 뜻이다. 왕가위의 영화에 나오는 인물들은 끊임없이 뭔가를 먹고 있는 것처럼 보이지만, 그건 예외 없이 그가 실제로 중요하게 다루는 대상—즉, 감정—을 표현하는 데 도움이 되기 때문이다.

32

왕가위의 가장 완벽한 작품을 꼽으라면 아마 〈그녀의 손길〉일 것이다. 위대한 미켈란젤로 안토니오니와 함께 만든 2004년도 3부작 옴니버스 영화 〈에로스〉 중 한 편으로, 안토니오니에게 경의를 표하는 의미로 참여한 43분짜리 영화다. 이 영화는 〈2046〉을 만들던 중 잠깐 쉬면서 72시간 동안 잠도 안 자고 찍었다. 티 하나 없이 완성된 이 멜로드라마에는 하나의 아이디어, 무관한 요소의 배제, 흠잡을 데 없이 측정된 감정 등이 모파상 단편 수준으로 압축되어 있다. 〈2046〉과 같은 시기의 이 이야기는 그의 60년대 3부작을 화려하게 마무리한다.

장첸이 맡은 역할 장은 홍콩의 견습 양복재단사다. 약삭빠른 사장은 아름다운 고급 창녀 후아 양(아름다운 여배우 공리가 연기한다)이 사는 아파트로 그를 심부름 보낸다. 들어오라고 할 때까지 밖에서 기다리는 동안 그는 그녀가 자신의 '남자친구들' 중 한 명과 섹스하는 소리를 듣게 된다. 드디어 황송하게도 그녀가 장을 만나주기로 했을 때 그녀는 그가 성적으로 흥분한 걸 알아채고 무슨 이유에선지—그냥 충동적으로든, 데리고 놀고 싶어서든, 젊고 잘생긴 모습 때문이든—손으로 그를 만족시킨다. 그렇게 해서 심혈을 기울여 그녀의 옷을 재단하는 헌신적인 장—그는 자신이 만든 그녀의 환상에 푹 빠져 있다—과 그에게 소리를 지르거나 자신의 다른 애인들과 그를 동석시키는 것에 거리낌이 없는 후아 양의 기나긴 관계가 시작된다. 세월이 흘러 그녀가 부자 고객도 잃고 거처도 싼 데로 옮기고 돈을 못 내 쌓인 의상비 청구서와 함께 시들어갈 때도, 장은 그녀에게, 더 정확히 말해 자신의 환상 속 그녀에게 감동적일 만큼 충실한 관계로 남는다.

〈그녀의 손길〉과 파스빈더의 〈롤라〉는 닮은 점이 뚜렷하고 심지어 〈롤라〉의 음악을 담당했던 페어 라벤의 음악까지 썼음에도 왕가위는 〈그녀의 손길〉에 직접적인 영감을 준 것은 2003년에 홍콩을 큰 충격에 빠뜨렸던 사스SARS 유행이었다고 말한다. 당시 모르는 사람과 접촉하는 것은 위험한 일이었다. 감염될지도 모르기 때문이었다. 장은 후아 양의 손에 의해 사실상 '감염'되지만—이 질병은 사랑이다—이를 다루는 왕가위의 태도는 금욕적이다. 영화에서 제일 관능적인 순간은 장이 손으로 후아 양의 몸 치수를 재고 천의 마름질을 검사하며 재단사로서의 본업을 행할 때이다. 크리스토퍼 도일은 이 과정을 페티시적인 시선으로 담아낸다. 왕가위는 노골적인 성 묘사를 상스러울 뿐 아니라 심리적으로도 잘못됐다고 생각하고 기피하는데 이런 역발상은 그의 전형적인 수법이다. 그의 말에 따르면 에로티시즘의 진정한 근원은 육체가 아니라 우리가 사랑하고 욕망하는 사람을 대상으로 하는 꿈에 있다. 그렇다면 꿈꾸기에 적합한, 고다르

식으로 말하면 영화계의 진리로 여겨질 여배우가 공리 말고 또 있을까. 자신의 출연작 사상 최고이자 가장 깊이 감응된 연기를 보여주는 이 영화에서 그녀는 후아 양이 도도한 섹시함에서 비극적인 신랄함으로 추락해가는 과정을 느끼게 해준다. 하지만 그 와중에도 그녀의 매혹은 조금도 줄어들지 않는다—장이 왜 그녀에게 끌리는지 이해가 갈 만큼. 또한 할리우드가 여성 캐릭터들의 존재를 잊어버린 이 시대에 왕가위는 그녀들을 공개하는 데 여념이 없다는 사실도 깨닫게 된다. 여배우를 다루는 데 있어 그보다 더 능란한 감독은 없다. 장만옥, 유가령, 왕페이, 임청하, 장쯔이, 공리—모두 그와 작업했을 때보다 더 사랑스럽고 기교적으로 뛰어난 적이 없었다. 그에겐 누군가의 말처럼, 특별한 손길이 있다.

33

왕가위의 핵심 동료들은 유명한데 한 사람만 예외다. 바로 제작자인 팽기화(재키)다. 활력 넘치는 그녀는 아마 왕가위의 아내 에스터를 제외하면 그와 제일 많은 시간을 함께 보내는 사람일 것이다. 항상 부산하고, 항상 웃고, 담배와 와인을 즐기는 그녀는 왕가위 팀에서도 제일 재미있는 사람일 뿐만 아니라 값을 매길 수 없을 만큼 소중한 멤버다. 그녀는 해야 되는 일을 해내는 방법을 안다. 그리고 왕가위는 그 태도를 존경한다. 힘든 일이 아니라 즐거운 일처럼 하기 때문이다.

"영화 하나를 위해 준비하는 과정은 정말 힘듭니다. 그래서 많은 사람들이 도중에 우울감에 빠지죠. 하지만 재키는 늘 활동적이고 명랑해요. 그게 그녀의 특별한 점이죠. 그녀는 앞으로 해야 할 일이 얼마나 어려울지 정확히 이해하고, 그 상황에 대해 늘 긍정적인 사람입니다."

25년이 지났는데도 그녀는 왕가위를 처음 알게 된 순간을 기억한다. 그녀가 말단 제작보조로 일을 막 시작했을 때였다. "몽콕으로 〈열혈남아〉 심야상영을 보러 갔었어요." 사이버포트에 차린 '제트 톤'의 새 사무실 옥상에서 어느 날 밤 그녀가 해준 이야기다.

"영화가 너무 좋아서 몽콕에서 침사추이까지 걸어갔다 다시 돌아올 정도였죠. 홍콩에서 영화를 그런 식으로 만드는 감독은 처음이었어요. 그때 생각했습니다. '이 사람과 일하고 싶다'고."

그녀는 운이 좋았다. 〈아비정전〉 제작팀 대다수가 도중에 일을 그만뒀을 때 — 왕가위의 요구를 도저히 맞출 수 없어서였다고 — 그녀는 촬영 장소 확보를 돕는 제작보조 일을 얻었다. 그리고 왕가위의 오른팔이 될 능력을 즉각 보여주었다. 왕가위는 무슨 일이 있어도 홍콩의 명물 중 하나인 '퀸즈 카페'에서 촬영하고 싶어 했는데 누구도 섭외에 성공하지 못했다.

"그때 제가 했던 일이 제 보조랑 거길 가서 점심과 저녁을 두 달 동안 매일 먹은 거예요. 그러다 거기 있는 사람을 다 알게 됐고 그렇게 친해져서 가게 매니저한테 혹시 주인을 만날 수 있을지 물었죠. 모두가 친절하게 협조해줬고 결국 그 장소를 빌렸어요! 그 집 음식을 얼마나 질리도록 먹었던지 정말 말도 못 한다니까요."

그녀는 웃으며 고개를 절레절레 흔들었다.

그때부터 그녀는 왕가위가 원하는 것을 조달했다. 〈아비정전〉을 찍을 때 필리핀에서 미처 치르지 못한 대금이 남아 담보 대신 마닐라에 혼자 남았던 것도 팽기화였다. 〈해피 투게더〉를 찍을 때 부에노스아이레스에서 삼합회를 돈으로 무마한 것도 팽기화였다. ("홍콩에서 많이 해본 일이라서"라고 그녀가 웃으며 말했다.) 만주의 겨울 냉기 속에서 〈일대종사〉를 찍을 때 추위라면 질색하는 무술감독 원화평을 위해 전기 보온 부츠를 구해온 것도 팽기화였다. 왕가위가 앙코르와트에서의 촬영 허가를 간절히 원하고 있었을 때도 — 이전까지 아무도 거기서 영화를 찍은 적이 없었으므로—그가 캄보디아로 보낸 사람은 당연히 팽기화였다. 휴일을 낀 주말이었음에도 허가 서류와 함께 시엠립에서 〈화양연화〉의 마지막 장면을 그렇게 확보해준 것도 팽기화였다. “그 일을 내가 해냈다는 걸 되새길 때마다 얼마나 기분 좋은지.” 15년이 지났는데도 그녀는 여전히 흐뭇해한다.

걸핏하면 일정을 지연하고 연출을 즉흥적으로 하고 제작을 중단하고 마감 기한을 못 맞추는 영화감독과 일하는 것이 얼마나 좌절감이 드는 일인지 알고 싶다면 그녀와 이야기하라는 말을 들은 적이 있다. 그러나 내가 이 소재를 꺼내자 그녀는 아무 이야기도 하지 않았다. 그리고 이렇게 말한다. 왕가위 영화에 참여하는 사람은 누구나 자신의 역할이 뭔지 알고 있다고. 매 영화마다 어떤 게 정상이고 보통인지 나름의 기준이 만들어졌고 이제는 그런 왕가위의 기준을 다들 납득한다고. 내가 또 물어볼까 싶었는지 그녀가 충성스러운 어조로 덧붙였다.

“우리는 각자 맡은 일들을 합니다. 그걸 하나로 합치는 사람은 왕가위고요.”

왕가위 입장에서는 불가능하다고 할 일조차 기어코 해내는 그녀의 능력을 아무리 칭찬해도 부족하다.

“재키는 인내심을 가진 유일한 인물입니다. 크리스토퍼 도일, 장숙평 그리고 저를 상대하는 건 가히 악몽이죠. 생각해보세요. 한 촬영지에서 다른 장소로 이동하는데 우리 셋을 한 버스에 태워가는 게 당신 임무라면 어떨지. 장숙평은 느릿느릿 굼뜨고, 저는 뭔가 떠들고 있을 거고, 크리스는 막판에 ‘전화 한 통 해야 되는데’라든가 ‘나 화장실 가야 돼’ 이런 소리나 하겠죠. 아무도 이 셋을 동시에 버스로 가게 못해요. 그게 그녀가 해야 되는 일이고요—우릴 버스에 태우는 거. 그런데 재키는 해냅니다.”

34

2014년 여름, 나는 뉴욕에서 왕가위를 위해 어떤 일을 해준, 그를 과하게 존경하는 젊은 중국계 미국인 친구와 이야기를 나눈 적이 있다. 그는 처음 왕가위 감독을 만날 때 예술가처럼 생겼겠거니 예상했는데 막상 만나고 보니 ‘중국인 사업가’ 같더란 말을 했다.

그 생각은 틀리지 않다. 왕가위는 지금처럼 극단적으로 양분된 영화업계에서 독립영화인으로 성공하려면 어떻게 해야 하는가에 대한 연구 사례다. 몇 편 안 되는 블록버스터물이 수백만 달러를 쓸어 담을 때에도 수익은 고사하고 상영이라도 하기 위해 고군분투하는, 작은 영화들이 부지기수인 세상이다. 이상적인 세상이라면 왕가위는 자기가 좋아하는 일에만 집중할 테지만 현실에서는 그도 사업가가 되어야 했다.

게다가 사업 감각도 좋은데—어떤 배급 담당자 왈 “너무 좋다”나—내가 이 말만 꺼내면 그는 발끈한다. 마치 상업적 성공까지 예술의 일부로 치부하려는 무라카미 다카시[25] 같은 인물로 매도하지 말라는 것처럼. 사실 나는 저 말을 칭찬으로 한 것이다. 왕가위가 얼마나 잘해왔냐면 25년 동안 개인적인 이상을 추구한 것—만들고 싶은 영화를 자기가 좋아하는 방식으로 자기 스케줄에 따라 만들었으니—은 물론, 독립 후 자신이 제작한 영화 여덟 편의 판권까지 소유하고 있다. 이는 스스로 획득한 자유로서, 같은 길을 앞서간 고다르를 비롯해 오직 소수의 감독들만이 누리는 복이다. 비결을 묻자 그는 대답한다. “모질어야죠.”

한때 내가 장숙평에게 엄청난 재능이 있는데 왜 감독이 안 됐냐고 물어본 적이 있다. 그러자 “책임지는 게 싫어서”라는 대답이 돌아왔다. “왕가위가 하는 일들을 저는 안 하고 싶거든요.” 여기서 그 일들이란 자신의 영화제작사 ‘제트 톤 필름’을 세운 것도 모자라 장첸과 양조위 등의 배우를 거느린 연예기획사 ‘프로젝트 하우스’를 직접 경영하는 것을 말한다. 또 2014년 중국의 거대 기업 알리바바와 계약을 맺은 것처럼 돈이 되는 시장에서 돈을 벌어들이는 것을 말한다. 자신의 작품을 손수 판매하고 마케팅하는 것, 예컨대 탁월한 솜씨로 스페셜 에디션 DVD와 부클릿을 고안해내는 것을 말하기도 한다. 특히 일본

시장용으로 제작한 제품은 거의 영화적 마약 수준이다. 〈일대종사〉의 경우는 판매할 시장에 따라 다르게 편집해서 내보냈다. 그와 같은 사업적 결정에 많은 팬들과 평론가들은 놀라지만 — 유일한 최종판은 하나만 있어야 되는 거 아니냐며 — 그리 완벽치 않다고 생각하는 영화들을 계속 만지작거리는 왕가위는 태연하기만 하다. 왕가위는 25명의 직원을 책임지고 있는데 그중 몇 명은 그와 20년 동안 같이 일하면서 자신들의 생계를 왕가위 손에 맡기고 있다. 또 그만의 스타일로 DJ 섀도DJ Shadow의 〈6일Six Days〉 같은 뮤직비디오 그리고 디올, 랑콤, BMW 같은 브랜드의 광고를 찍어 회사의 자금 흐름을 유지해야 한다.
왕가위가 만든 광고 중 일부는 너무 인기를 얻어서 — 예를 들면 디자이너 키쿠치 타케오의 의뢰로 만든 놀라운 www.tk.1996@7'55"hk.net 광고 같은 것 — 나는 불편하기도 했다. 마치 왕가위 안티들의 주장을 입증하듯 그 영상들은 그의 스타일이 얼마나 쉽게 상업주의로 빠질 수 있는지 보여주기 때문이다.
물론 소비주의가 세상을 지배하는 지금, 영화감독이 광고를 만드는 것에 엄숙한 자세를 취하는 건 이미 늦은 감이 있다. 마틴 스콜세지, 데이비드 린치, 데이비드 핀처, 웨스 앤더슨, 클린트 이스트우드, 스파이크 리도 모두 광고를 찍었다 — 펠리니, 베리만은 말할 것도 없고 자본주의의 골칫거리 고다르도 찍었다.
왕가위는 광고를 찍으며 상대적으로 편하게 번 돈을 상업적이지 않은 영화를 위한 자금으로 쓴다. 그리고 이건 그에게 고민할 문제가 아니다.
"브랜드들은 제 이름만 원하는 겁니다. 자동차든 핸드백이든 화면에 보여주기만 하면 저들은 제가 뭘 하는지 간섭 안 하거든요."
왕가위가 대표로 있는 주요 브랜드라면 당연히 영화감독으로서의 왕가위, WKW다. 혹자는 그의 유명세 덕분에 영화 제작 자금이 바로 모일 거라 생각할지 모르지만 실은 매 순간이 위기다. 특히 예술영화 시장이 계속해서 작아지고 있고 요동하기 때문에 더 그렇다. 지난 10년 사이에 왕가위는 자신의 범위를 확장하기 위해, 미국에서 찍은 영화 〈마이 블루베리 나이츠〉와 중국 본토에서 찍은(그래선지 그곳 관객들 덕분에 왕가위 최고의 흥행작이 된) 무술영화 〈일대종사〉를 만들었다. 〈일대종사〉를 미국에서 배급한 회사는 왕가위가 그 인내심을 높이 사는 하비 와인스타인이 대표로 있는 와인스타인 컴퍼니("하비를 마음대로 험담하라고 해요, 어쨌든 그는 정말 열심히 일하는 사람입니다") 그리고 왕가위가 존경하는 창업주 메건 엘리슨의 회사인 안나푸르나 픽처스였다. "메건은 자기가 보고 싶은 영화라면 마음을 다해 지지하는 사람이죠." 그는 여기까지 말하더니 한숨을 푹 쉰다. 영화계의 나머지도 그러면 얼마나 좋을까, 하는 것처럼.

35 —— 〈마이 블루베리 나이츠〉는 몇 가지 이유로 왕가위의 경력에서 예외적인 작품이다. 영어로 만들어진 유일한 영화고 미국에서 촬영됐으며 그의 열혈 팬들조차 성공작이라고 보지 않는다는 점에서 그렇다. "그 영화를 왜 그렇게 싫어하는 겁니까?" 어느 밤 코즈웨이 베이에서 한잔하다가 그가 물었다.
나는 조심조심 설명해보려고 했다. 그 영화를 싫어하는 게 아니라 그냥 단지…… 실망스럽다. 주연을 맡은 노라 존스는 여배우 같지 않다. 영화 제목은 미국인이 듣기에 오그라들도록 점잖고 예쁘다. 내용을 이루는 러브스토리는 20년 전에 만든 청춘물을 재탕한 것 같다. 이 모든 걸 말하는 동안 왕가위는 말없이 이따금 고개를 끄덕였다. 그는 자기 영화에 대한 비판적 의견을 그 자리에서 반박하지 않고 잠자코 들을 줄 아는 몇 안 되는 감독이다. 단점을 고칠 방법이라며 일부 영화제 단골 진상들처럼 주제넘게 충고하지 않는다면 말이다. "그렇군요. 알겠습니다." 내가 이야기를 마치자 그가 말했다. 그런 다음 내가 이 영화 이야기를 꺼낼 때마다 하는 농담을 덧붙였다.
"근데 러시아에서는 제 영화 중 이게 제일 유명한 거 아시죠?"

〈마이 블루베리 나이츠〉는 미국에 현혹되어 미국에 대한 영화를 만들지 않고는 못 배겼던 많은 외국 출신 감독들의 불운한 전통에 속하는 작품이다. 그런 영화들로만 채워진 서브 장르 하나가 있을 정도인데 대부분이 기가 막히게 작가주의적이며 뒤죽박죽이다. 안토니오니의 〈자브리스키 포인트〉, 브루노 뒤몽의 〈트웬티나인 팜스〉, 피터 고타르의 〈저스트 라이크 아메리카〉, 에밀 쿠스트리차의 〈애리조나 드림〉, 파올로 소렌티노의 〈아버지를 위한 노래〉(세계 최초의 홀로코스트 로드무비 코미디, 들소까지 출연!) 그리고 서부의 기념비적인 거대 스케일을 어찌나 찬양했던지 쪼끄만 유럽 땅 사람들이 칸영화제에서 황금종려상까지 던져준 빔 벤더스의 〈파리, 텍사스〉 등이 거기 속한다. 이 영화들의 공통점은 미국을 신화화하는 데 사로잡혀서 정작 미국은 안 보인다는 것이다. 〈마이 블루베리 나이츠〉도 마찬가지인데, 다만 이 영화만의 방식으로 그렇다.

왕가위의 완성되지 못한 프로젝트 〈음식에 관한 이야기〉를 떠올리게 하는 이 영화는 홍콩 아이디어를 미국에 옮겨 심은 것이다. 노라 존스가 연기하는 엘리자베스는 젊은 뉴요커 아가씨로, 영국 출신 제레미(주드 로 분)가 운영하는 식당을 좋아한다. 어느 날 제레미는 엘리자베스에게 그녀의 남자친구가 바람 피운다는 사실을 알린다. 그녀는 그날 가게에 머무르며 블루베리 파이를 먹고 제레미와 이야기를 나누고 그러다 나중에는 자신의 아파트 열쇠를 제레미 가게의 그릇에 넣는다. 이 그릇은 — 이 부분이 100퍼센트 왕가위식 장치다 — 지금은 떠나지만 언젠가 돌아와서 놓고 간 것들을 달라고 할지도 모를 손님들을 위해 제레미가 준비한 것이다. 한 치 앞을 알 수 없는 사랑의 동선을 이해해보고자 엘리자베스는 여행길에 오르고 가는 길 중간중간에 제레미에게 엽서를 보낸다. 처음으로 의미 있는 정류소가 되는 멤피스에서 그녀는 바텐더로 일하며 술주정뱅이 경찰 아니(데이비드 스트라탄 분)와 안절부절못하는, 그의 소원해진 아내 수 린(레이첼 와이즈 분) 사이의 격렬한 관계를 목격하게 된다. 엘리자베스는 다시 서쪽으로 향하다 네바다에서 포커를 치는 레슬리(나탈리 포트만 분)와 친해진다. 레슬리는 자신의 사랑 문제로 인해 복잡한 아버지와의 관계에까지 직면하는 인물이다. 그 모든 만남 뒤 엘리자베스는 맨해튼으로 돌아오고, 거기서(또 한 번 왕가위식 반전을 따라) 자신이 여행하며 줄곧 찾아다녔던 남자가 실은 저 카운터 너머에 있었다는 사실을 깨닫는다.

〈마이 블루베리 나이츠〉가 누구 작품인지 모르고 본다면 아마 재능 있는 젊은 미국인 감독이 왕가위를 흉내내려다 매력적으로 실패했다고 생각할 수도 있겠다. 주드 로가 연기한 잘생긴 남자 주인공, 나탈리 포트만의 흥미로운 연기, 레이첼 와이즈의 열정적인 변신 그리고 다리우스 콘지의 아름답지만 아름다움에 함몰된 촬영까지, 알고 보면 다 담긴 영화다. 하지만 왕가위 자신이 〈2046〉이 나온 지 3년 만의 신작으로 만든 이 영화는 WKW의 하위권에 자리 잡는다. 여배우를 다루는 그의 마법의 손길도 노라 존스에겐 먹히지 않는데 그녀의 에너지가 영화에 안 맞기 때문이다. 파니 브라이스[26]의 유명한 대사를 비틀어 표현하자면 그녀는 노래할 땐 스타지만 연기할 땐 그렇지가 않다. 설상가상, 영어로 된 시나리오(소설가 로렌스 블록과 공동으로 쓴)는 순진함이 거슬릴 정도다. 중국어를 다루는 왕가위의 솜씨가 뛰어나 대사의 억양이 완벽하게 다가왔던 〈중경삼림〉 같은 작품에서는 보이지 않았던 약점이다.

이렇게 지적해도 그의 처음 아이디어에는 흥미로운 흔적이 있었다. 자신이 미국 신화를 다루고 있음을 잘 알고 있던 왕가위는 미국의 도로를 따라가는 엘리자베스의 여행이 미국적 수사법을 통해 보여지는 일종의 유사 신화적 여정이 되기를 의도했다. 이에 따르면 출발점인 뉴욕 로워 이스트사이드의 카페는 홍콩을 연상시키는 동시에 (내 상상으로는) 짐 자무시의 초창기 제스처, 그리고 멤피스는 왕가위가 좋아하는 극작가 테네시 윌리엄스의 격정적인 감정을 형상화했다. 라스베이거스는 그가 좋아하는 영화 중 하나인 〈신시내티 키드〉에서 큰돈이 오가는 환경을 보여준다. 그리고 제작비 문제로 촬영하지 못한 마지막 시퀀스에서는 엘리자베스가 로버트 알트만을 상징하는 로스앤젤레스를 방문한다. 이 로스앤젤레스 시퀀스가

포함됐더라면 영화의 구조나 왕가위의 신화적 배치를 이해하기 쉬웠을지 모른다. 헌데 그 시퀀스가 없어서 그의 의도 중 많은 부분이 사라졌고 어쩔 수 없이 이전까지 수도 없이 다뤄졌던 감정만 되풀이해 보여준다. 노라 존스가 영화 주제가로 부르는 다음 가사처럼.

이야기는 전에 다 들어봤던 내용
세상일이란 게 다 그런가 봐요.

36

왕가위가 세련된 국제적 영화감독으로서 이름을 알려왔기에 가끔 그가 얼마나 중국 문화에 깊이 뿌리를 두고 있는 인물인지 잊게 된다. 이런 뿌리는 2013년 영화인 〈일대종사〉, 모든 무술영화 중 서구화된 부분이 제일 적은 이 영화에서 뚜렷하게 드러난다. 홍콩에서 동네의 쿵후 도장을 들여다보곤 했던 왕가위의 어린 시절 기억이 반영된 이 영화는 이소룡의 스승으로 유명한 영춘권 문파의 무술 사범 엽문의 일대기다. 서구에서는 반응이 엇갈렸으나 내 중국인 친구들은 이 영화를 왕가위의 최고작이자 심오한 작품 중 하나로 본다.

과묵한 태도를 유지하는 양조위가 엽문 역으로 나온다. 그는 남쪽 포산시 부유한 가정 출신으로 영춘권의 정신수양법을 단련하는 데 일생을 바친 사람이다. 일본군이 중국의 북동쪽 만주에 쳐들어왔을 무렵 은퇴를 앞둔 북쪽의 일대종사[27] 궁보산(왕경상 분)은 무술애호가들이 즐겨 찾는 금루라는 유곽에서 남쪽의 맞수와 만나기 위해 포산으로 온다. 이 공식 회동에는 궁보산이 젊은 남쪽 젊은이의 도전을 받는 상황이 포함되어 있었는데, 이 젊은이가 엽문이었다. 오랜 격투 끝에 마침내 엽문이 승리하는데 이는 궁보산의 딸 궁이(장쯔이 분)의 분노를 일으킨다. 궁이는 궁보산의 친딸이자 자연 상속인—오직 그녀만이 아버지의 살수 기술 '궁가 64수'의 모든 비밀을 알고 있다—이지만, 여자이기 때문에 공식적으로 아버지의 뒤를 이을 수 없었다. 그래도 가문의 명예를 되찾기 위해 그녀는 엽문에게 대결을 요청한다. 누구나 알 수 있듯 그 둘은 사랑에 빠질 운명이다. 그리고 왕가위 영화를 본 적 있는 사람이라면 누구나 알 수 있듯, 그들의 사랑은 상실과 후회와 슬픔으로 채워질 운명이다. 두 사람은 커다란 역사의 수레바퀴—구체적으로 1930년대와 40년대의 전쟁과 혁명—와 궁이의 불꽃 같은 성정에 막혀 이어지지 못한다. 아버지의 후계자이자 파렴치한 형의권 고수로, 비열한 외모에 걸맞는 인생을 사는 마삼(맥스 장 분)이 아버지를 배신하자 그녀는 그에게 복수하는 데 모든 걸 바친다.

표면적으로 〈일대종사〉는 〈닥터 지바고〉의 전통을 잇는 흥미진진한 대서사시 멜로드라마처럼 보인다—역사적 범주, 이국적 장소, 이별한 연인, 심지어 눈 내리는 풍경까지 그렇다. 그러나 왕가위는 관습적 드라마 스토리텔링에는 관심이 없다. 무슨 일이 일어났는지 들려주는 내레이션 정도만 있고 액션은 휙휙 건너뛴다. 화면에 등장한 인물들은 엽문과 싸우다 말고 퇴장한다. 다른 감독이라면(대놓고 쥐어짜는 정도는 아니더라도) 충분히 담아낼 격한 순간들—예를 들어 제2차 세계대전 중에 엽문이 가족을 잃을 때—도 이 영화는 쳐다보기만 한다. 요약하면 보통의 무술 대하드라마 영화 혹은 전기영화를 채울 대부분의 내용이 〈일대종사〉에서는 의도적으로 빠져 있다. 〈동사서독〉이 그랬던 것처럼 〈일대종사〉는 그 모든 화려한 광채에도 불구하고, 다른 걸 계속 깎아내는 방식으로 본질을 향해 다가가는 영화다. 그리고 〈동사서독〉이 그랬던 것처럼 〈일대종사〉는 다수의 관객과 평론가들, 특히 서구의 관객과 평론가들을 혼란에 빠뜨리고 그들로 하여금 드라마적 활기가 없는 작품이라 믿게 만들었다. 엽문의 인생에 대한 왕가위의 접근 방법은 흔치 않았기에 그런 당혹감은 이해할 만하다. 이는 예술이 불꽃인 동시에 수학이라는 보르헤스의 말을 떠올리게 한다.

첫 장면부터 영화는 볼거리가 화려하게 넘쳐난다. 고대 만주 사찰, 장숙평이 만든 정교한 금루 세트 및 정교한 의상을 입은 손님들, 망명자 카페와 감질나는 싸구려 네온사인의 50년대 홍콩 등등. (그렇다, 이것도 중국인 디아스포라 이야기다.) 왕가위의 시각적 위풍당당함은 액션을 지배하는 세 번의 눈부신 주요 시퀀스에서 그 절정에 이른다. 우선 영화는 매끈하게 재단된 옷과 흰색 모자를 쓴 우아한 엽문이, 밤에 춤을 추듯 은빛 비가 내리는 회청색 보도 위에서 싸움을 벌이는 장면으로 근사하게 시작된다. 이어서 금루에서 엽문과 궁이가 만나는데 이 싸움은 화려한 방들을 가로지르고 난간 위를 뛰어넘는 대결로 시작했다가 나중엔 로맨틱한 감정으로 채워진다. 세 번째 훌륭한 액션신은 끝부분에 나온다. 긴 기차가 끝도 없이 지나가고 눈발이 휘날리는 가운데 기차역 플랫폼 위에서 최후의 결전을 펼치는 궁이와 마삼의 싸움이다. 왕가위는 이런 액션의 힘 — 가슴을 때리는 발차기, 턱을 날리는 주먹 — 을 분명히 보여줄 때조차도 싸우는 자들의 신체적 우아함을 강조한다. 〈화양연화〉가 뮤지컬이었던 것처럼 〈일대종사〉는 거의 댄스영화로 보일 정도다. 무술감독 원화평이 창의적으로 연출한 덕분에 무술이 이 영화에서보다 더 발레처럼 보인 적은 없었다. 여기서 무술은 사람을 때리는 방법이 아니라 하나의 예술이다.

이 모든 시각적 화려함(필립 르 수르가 환상적으로 촬영했다)이 〈일대종사〉의 불꽃이라면, 수학은 왕가위가 의도한 영화의 기본 아이디어에 있다. 즉, 전통을 살아내는 두 가지 방식의 충돌이 그것이다. 엽문을 영웅으로 만드는 것은 매사에 그가 쿵후의 올바른 길을 따른다는 사실이다. 그는 영춘권의 사범이 되어 영춘권의 수련법을 기릴 뿐만 아니라 진정한 일대종사가 되기 위해 해야 하는 일까지 해낸다. 즉, 자신이 전수받은 유산을 후세에 전하는 것이다. 심지어 사생활을 희생해서까지 그렇게 한다. 그렇기에 감정이 전달되는 양조위의 용의주도한 연기에도 불구하고 자신의 모든 것을 무술에 바치겠다는 엽문의 고집은 이해하기 힘들다. 그의 인생에는 인간미가 없다. 이쯤 되면 왕가위가 왜 궁이라는 허구의 인물을 만들었는지 이해가 갈 것이다. 장쯔이의 통렬한 연기에서 나오는 궁이는 인간적 경지의 분노와 곤경에 허물어지는 캐릭터다. 엽문이 무술의 초월적 영광을 위해 모든 걸 포기하는 사람이라면 그녀는 요란하게 고동치는 이 영화의 심장이다. 그녀는 가문의 명예와 복수를 위해 모든 걸 — 행복, 무술, 사랑조차도 — 포기한다. 그의 영화에서는 자주 있는 일이이지만, 여기서도 여주인공이 남주인공보다 생생하게 표현된다.

영화가 시작할 때 엽문은 쿵후라는 말의 한자를 묘사하며 이렇게 말한다. "쿵후는 글자다. 글자는 가로획과 세로획이다. 실수하면 가로획처럼 눕게 된다. 세로획처럼 서 있는 최후의 한 사람, 그가 승자다."

영화 마지막에 궁이는 가로획이 되고 엽문은 여전히 서 있다. 그녀 가문의 무술권법은 대가 끊겼지만 그는 계속 세로획이 되어 살아간다. 비록 왕가위는 스스로 정신적인 면에서 궁이 쪽에 더 가깝다고 말하지만 그럼에도 〈일대종사〉는 변화하는 시대에서 중요한 가치들이 사라지지 않도록 지켜낸 엽문의 승리를 기린다. 너무도 많은 중국의 과거가 경제적 번영의 소용돌이 속에서 사라졌다. 그런 시기에 등장한 이 영화는, 사회적인 동시에 정신적인, 더 큰 의미를 획득한다. 처음엔 무술 대하사극처럼 시작한 이야기가 점점 넓어져 나중엔 변화 앞에 선 문화적 전통의 보존(과 상실)이라는 큰 이야기로 진짜 모습을 드러낸다.

37

왕가위 영화들은 풍부하고 다채로운 주제들—시간, 기억, 유배, 실연, 홍콩의 각기 다른 얼굴들—을 모두 엮는다. 하지만 내가 그의 작품을 왜 그리도 사랑하는지 말해보려니 아름다움으로 시작해 마지막은 감정으로 끝맺게 된다. 아름다움과 감정 같은 특질은 한때 영화적 경험, 즉 우리로 하여금 자신의 처지를 잊고 각자의 현실보다 황홀한 세상으로 가게 해주는 행위의 핵심이었다.

추한 컴퓨터 그래픽 특수효과와 못생긴 '인디' 리얼리즘, 진심이 느껴지는 우아함보다 신경과민적인 리얼함을 더 쳐주는 연기, 육체적 사랑보다 비인간적인 폭력—시인 윌리엄 매튜스는 영화에 대해 '총은 남자의 장신구'라 묘사한 바 있다—그리고 여성을 주변인으로 만들어버리는 남성의 내러티브에 집중하는 요즘 현대 영화에선 그런 것들이 사라지고 없다. 그런데 왕가위의 영화는 이 모든 것과 반대다. 심지어 쿵후영화인 〈일대종사〉에조차 아편 중독으로 황폐해진 궁이(물론 그녀는 더할 나위 없이 빛난다)가 마침내 엽문에게 늘 그를 사랑했다고 고백하는 장면이 나올 정도다. 할리우드 황금기의 감독이 그랬던 것처럼 왕가위는 영화배우가 발휘하는 로맨틱한 매력을 이해하고, 그 아우라를 화면에 포착하는 방법을 안다. 그러면서도 영화란 궁극적으로 플롯이나 대화가 아니라 시와 진실과 감정의 덧없는 순간들을 잡아내며 말로 표현할 수 없는 것을 표현하는 것—〈춘광사설〉처럼 봄 햇살이 뚫고 들어와 평범한 것을 아름답게 바꾸어놓는—이란 진보적인 믿음 또한 갖고 있다.

광고의 얄팍한 눈요기식 예쁨, 진정한 예술은 부르주아 감성을 공격해야 한다는, 이제는 실종된 아방가르드식 믿음, 이런 것들 때문에 아름다움에 회의적이거나 심지어 아름다움을 의심하는 요즘 세상에 왕가위는 기가 막히게 아름다운 영화를 만든다. 이 때문에 그를 비방하는 사람들은 그의 스타일을 '눈으로 먹는 사탕'이라 불렀다. 그런데 이런 태도는 금욕적—영화가 즐거움을 주는 과자와 같다는 게 비난받을 일인가?—인 동시에 그의 작품에 내용이 없다는 비뚤어진 판단이었다. 사실 그는 깃털이 아니라 새처럼 가벼워야 한다는 폴 발레리의 격언을 따를 뿐이다. 자신의 진지함을 장황하게 거론하는 법 없이 왕가위는 아름다움의 새로운 스타일—왕페이의 코믹한 행동이 보여주는 유쾌한 포스트 뉴웨이브풍의 서정, 지저분하지만 근사한 부에노스아이레스의 탱고가 새겨진 우수, 찬란한 홍콩을 위해 우아하게 연출된 향수—을 찾아 영원히 헤매는 사람이다. 그는 결코 위엄을 부리지 않는다. 그저 갈망으로 채워진 아름다움 안에서 뭔가 생생한 것이나 아이디어, 감정, 우리를 뜨겁게 할 초월성이 깃든 반짝임을 찾아다닌다. 그에게 아름다움이란 감정을 막는 벽이 아니라 감정이 입는 옷이다. 그가 자신의 배우들에게 한결같이 집중하는 것을 보면 알 수 있다. 그는 자신의 스타일로 그들의 인간미를 가리지 않는다.

어느 날 밤, 우리는 로스앤젤레스에서 옛날 영화 특유의 꿈결 같은 장면이 주는 즐거움에 대해 이야기를 나누고 있었다. 그때 나는 그의 영화에 나오는 사람들이 하나같이 아름답게 찍히는 게 너무 신기했다고 말했다. 그러자 그가 말했다.

"아시겠지만 아름다운 걸 좋아해서 그렇게 찍는 게 아닙니다. 그들을 사랑하기 때문에 그렇게 찍는 겁니다."

여섯 개의 대화

존 파워스 그리고 왕가위

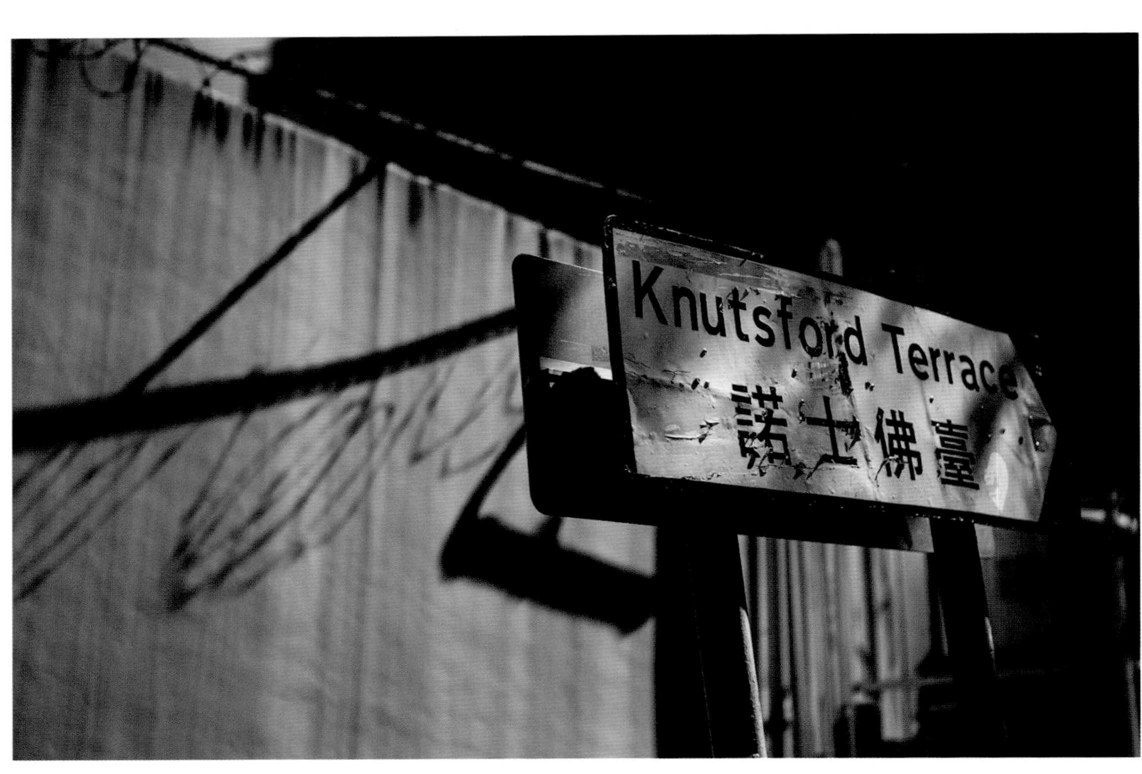
Knutsford Terrace
諾士佛臺

몹시 더웠던 어느 오후, 왕가위는 자신이 자란 거리를 구경시켜주었다: 홍콩의 카오룽 구역, 침사추이의 너츠포드 테라스. 그가 꼬마였을 때 놀곤 했던 홍콩 천문대가 남쪽으로 그림자를 드리운, 비교적 조용한 두 블록의 보행자 거리다. 그가 소년이었던 1960년대와 70년대의 이 동네는 그의 기억과 영화를 가득 채우게 될 사람들과 향신료, 문화와 분위기가 뒤섞인 용광로였다. 그때 이곳은 홍콩으로 온 다양한 이주민들이 자리 잡은 주택가로, 왕가위의 이웃들은 막 상하이에서 도착한, 일부는 가난하고 일부는 부자인 이민자들이었다. 또 영화배우들, 작가들, 밤일하는 여인들, 재단사들, 인도인 상점주들, 필리핀 뮤지션들도 있었다. 심지어 백인 러시아 망명자들이 테라스에 나와 술을 마시던 여관도 있었다.

근처에 '런던'과 '프린세스'라는 극장 두 개가 있었는데 거기서 왕가위는 어머니와 함께 혹은 혼자 영화를 보았고, 또 그의 아버지가 일했던 '베이사이드'라는 고급 나이트클럽도 이 근처에 있었다. 그가 다니던 학교는 아파트 바로 옆 건물이었다. 어머니가 자주 들르던 가게들도 비교적 가까이 있었다. 한 사람의 인생이 반경 몇 블록 안에 다 있었다고 그는 표현했다. 그 너머의 세상은 상상력의 몫이었다.

오늘날 너츠포드 테라스는 활발한 밤 문화로 알려졌는데 홍콩의 대부분이 그렇듯 빠르게 현대화가 진행되었다. 거리를 따라가다 보면 서른 군데가 넘는 술집과 '뭉크', '블랙 스텀프', '더 솔티드 피그', '마마 바하마스 카리브 바' 같은 글로벌한 식당들을 만나게 된다. 너츠포드 테라스 2번지에 있던 그의 어린 시절 집은 없어졌다. 이곳에는 지금 '파파라치'라는, 한때 이곳에 살았던 세계적인 영화감독에게 아이러니한 윙크를 보내는 귀여운 이름의 이탈리안 레스토랑이 자리 잡고 있다.

이곳이 변했어도 왕가위는 자신의 옛 동네를 생생하게 기억한다. 건물들을 가리키며 함께 걷던 그는 자신이 다니던 옛 학교와 그 시절 자신이 악몽을 꾸었던 꺼진 콘크리트 바닥이 있던 곳, 골목길 옆에 있던 지하 배수로 등을 나에게 안내했다.

"우리는 여기부터 건물 파이프를 타고 기어 올라가곤 했어요. 강해 보이기 위한 무모한 짓 중 하나였지. 약간은 신나고 또 위험한."

태양은 이글거렸고 우리는 2번지 길 아래쪽에 자리한 2층 식당에 들어갔다. '너츠포드 스테이크, 춉 앤드 오이스터 바'의 내부는 유리와 반짝반짝 윤이 나는 나무 소재로 되어 있었다.

"옛날에 살았던 동네를 보니 감회가 어때요?"

"몇 년 전에 처음으로 다시 찾았을 때 보고 좋다고 생각했어요. 활력도 넘치고. 젊은 사람들이 좋아하겠다고."

"그렇긴 한데, 이렇게 변한 게 울적하다는 느낌은 안 들던가요?"

그는 고개를 젓는다.

"옛날 동네가 새로운 에너지와 새로운 형태를 갖는 게 더 낫죠. 유령동네가 되는 것보다."

"이런 모습의 너츠포드 테라스를 찍으면 재미있겠구나, 그런 생각은 안 드시고요?"

"네, 안 들어요."

거기서부터 우리는 대화를 하기 시작했다. 그가 확실히 재미있다고 생각하는 것들에 관해. 그가 전에는 한 번도 이야기한 적 없는 것들에 관해.

첫 번째
대화

상하이의 피 홍콩의 살

이상하네요. 우리가 알고 지낸 지 20년이나 됐는데 감독님이 어디 출신인지 아는 게 거의 없다는 게. 그럼, 간단한 것부터 질문하겠습니다. 감독님은 스스로 홍콩 사람이라고 생각하십니까?

이 얘긴 내일 하면 안 될까요? (웃음) 살짝 복잡해서.

좋습니다. 처음부터 순서대로 해보죠. 상하이에서 태어나긴 했지만 어렸을 때 홍콩으로 건너왔습니다. 1963년, 맞습니까?

네. 다섯 살 때.

부모님은 왜 상하이를 떠나신 건가요?

실은 상하이를 떠나신 게 두 번이었어요. 첫 번째는 1951년에 형이 태어나고 나서였는데, 그다음 누나가 태어나면서 어머니가 상하이로 돌아오셨죠. 아버지는 원래 하시던 먼 바다로 나가는 일을 다시 하시게 됐어요. 나중에 아버지는 당신이 회사를 다닌 경력이 있고 영어를 할 줄 아니까 홍콩에 정착해야겠다고 결심하셨습니다. 북유럽 화물 회사에서 재고, 식품, 상품, 식사 부문을 맡은 경험이 있으셨거든요. 홍콩에 관광객들이 많았던 그때 당시 아버지가 유명 중식당에 일을 구하셨어요. 1962년 말에는 어머니도 합류하셨고, 우리 세 사람은 침사추이에 살았습니다.

그때도 이민자들이 홍콩에 대거 유입됐던 시기인가요?

큰 규모의 홍콩 이민은 두 번 있었어요. 1949년에 본토의 국공내전이 끝난 후에 한 번 그리고 1959년에 대기근이 있었을 때 또 한 번.

85

부모님이 감독님만 데려오셨는데, 형과 누나는 어떻게 됐습니까?

아이는 한 명만 데려올 수 있다는 조항 때문에 어쩔 수 없었습니다. 부모님은 다시 상하이로 가서 형과 누나까지 데려오실 생각이었죠. 하지만, 문화대혁명이 발발하면서 중국과 홍콩 국경이 닫히게 되자 형과 누나는 본토에 남아 친척들과 함께 발이 묶였어요. 그 후 10년 가까이 얼굴을 못 보고 지냈습니다.

상하이에 대한 기억은?

별로 없어요. 우리가 살던 아파트와 주변 길 정도? 엘리베이터 없는 5층 아파트 꼭대기 층에 살았는데 화이하이로路에 있는 서양식 건물이었습니다. 전에는 조퍼가街라고 불렸던 곳이었고. 어머니는 전구 만드는 공장에서 일하셨어요. 매일 출근하실 때마다 저를 할머니 댁에 맡기고 나가셨죠. 두 집 사이 거리가 10분에서 15분 정도였거든요. 길 양쪽으로 가로수가 늘어서 있고 바람에 잎들이 바스락거리는 소리가 들리는 좋은 곳이었습니다. 근처에 상하이 관현악단이 연습하는 장소가 있어서 가끔 어머니가 퇴근 후 저를 데리러 오실 때 음악 소리도 들리고 그랬죠. 겨울이면 가로수들이 하얗게 변신했는데, 얼지 말라고 사람들이 뿌리 부근에 석회를 뿌려놔서 그랬던 기억이 납니다. 나중에 1920년대의 어느 상하이 작가가 쓴 걸 보니 그 모습이 캉캉 춤추는 아가씨들 다리 같다고 했더군요. 공공 샤워장도 생각납니다. 당시에는 실내에 배관 시설을 갖춘 집이 없었거든요. 샤워장은 수증기가 꽉 차서 아무것도 안 보였지만 누나들 킥킥거리는 소리는 들리더라고요.

사셨던 동네는 어떤 곳이었는지?

원래 프랑스인 거류지였던 동네로, 외할아버지 댁이 있던 구역과 가까운 데 살았습니다. 외할아버지 성씨가 고 씨였는데 거류지 안에 있는 정원은 전부 외할아버지가 설계하셨죠. 외할아버진 엄한 분이셨고 주변 평판도 좋았습니다. 아들 셋, 딸 셋을 두셨는데 교육에 상당한 열의가 있으셨지요. 장남이셨던 큰외삼촌은 그 덕에 학력도 높았고 프랑스어가 유창해서 프랑스 경찰의 통역으로 일할 정도였어요. 그래도 집안에서 무슨 일이든 최종 결정권을 갖는 건 늘 외할아버지셨습니다.

손주들도 많이 보셨는데, 저와 같은 세대인 사촌이 스무 명도 넘어요. 모두가 같은 구역 안에 살았고요. 한 집 안에 여러 별채가 있는 구조였고, 그 별채마다 전면에 아름다운 등나무가 있는 정원이 있었어요. 저녁때가 되면 아이들만 따로 모여 한 상, 어른들은 어른들대로 한 상을 받아 식사를 했습니다. 외할아버지는 혼자 드셨죠. 굉장히 차가운 느낌이랄까, 다른 어떤 사람도 겸상을 하지 못했거든요. 심지어 당시 40대였던 큰외삼촌조차도요.

엄청 무서운 분 같은데요? 외할아버님이.

전 한 번도 뵌 적이 없어요. 제가 태어나기 전에 돌아가셨으니까. 주로 어머니가 해주신 이야기로 알게 됐는데, 어머닌 늘 외할아버지 이야기를 좋게 하셨어요. 어머닌 1933년생이시라 중국에서 1940년대에 학생 시절을 보내셨어요. 전통적인 중국식 가정교육을 받았으면서도 당시 기준으로 봤을 땐 신식 여성이셨죠. 춤추는 것도 좋아하고 사람들도 잘 사귀고 그랬거든요. 외가댁 가족들 중에 그런 스타일은 어머니가 유일했어요. 비록 반항적이고 외할아버지 말씀도 많이 거역했지만 어머니는 외할아버지가 특히 아끼는 딸이었습니다.

외할아버지가 나이가 드시면서 단것을 좋아하셨는데 체통 때문에 차마 다른 사람한테 단것이 먹고 싶다고 말씀을 못 하셨던 모양입니다. 그런데 어머니가 용케 알아채고 밖에 나가 과자를 사온 다음, 매일 할아버지가 산책을 나가실 때—늘 이렇게 걸으셨는데 (왕가위는 일어서서 뒷짐 지고 걷는 시늉을 한다)—과자 몇 개를 손수건에 싸서 할아버지 손에 쥐여드렸대요. 두 분 다 말 한마디 안 나눈 채로요. 사이가 먼 듯해도 실은 이심전심인 이런 관계가 중국에서는 드물지 않았습니다. 제가 〈일대종사〉에서 궁이와 그 아버지의 관계를 설정할 때 가져온 것도 그거였고요.

어머님은 아버님을 어떻게 만나셨답니까?

어머니도 어쩌다 아버지랑 결혼하게 됐는지 도통 모르겠다고 하시더라고요. 살아온 배경이 달라도 너무 달랐다면서. 친할아버지는 아버지가 세 살 때 돌아가셔서 아버진 아주 어릴 때부터 앞가림을 하셔야 했다고 합니다. 두 분이 처음 만나셨을 때 아버진 근무 중인 화물선의 2등 승무원 직함을 달고 있었는데 그게 장교급에 해당합니다. 제 생각에도 젊었을 적 아버지는 꽤 괜찮아 보였을 것 같아요. 키도 크고 선원 유니폼을 갖춰 입어서 그럴듯해 보이지 않았을까 싶거든요. 당시 어머니를 따라다니는 남자들도 많았지만 정작 어머닌 세상 여기저기를 돌아다니고 또래의 다른 남자들이 모르는 걸 아는 이 남자한테 끌렸던 거죠.

듣다 보면 어머님 쪽이 더 교양 있는 배경을 갖고 계신 듯한데.

이렇게 설명하고 싶어요. 어머니가 풍족한 대가족 출신이라 그렇다고요. 많은 기회를 얻으면서 눈앞의 현실에 아등바등하지 않아도 되는 인생의 자유를 누린 분이시죠. 어머닌 음악이나 영화 등 관심사도 다양했고 외할아버지랑 외할머니 덕분에 요리 솜씨도 좋고 스타일도 아주 좋으셨어요. 반면 아버진 정반대셨습니다. 열두 살 때 출가해서 누군가의 도제가 됐고 뭐든지 스스로 익혀서 살아가셨으니까. 현실적인 사고방식이 지배하는 분이었습니다. 먹고사는 것 말곤 아무 관심도 없는 사람이었다는 게 아니라, 그런 관심사는 우선순위가 아니었단 뜻이에요. 아버진 규율이 잘 잡혀 있고 단정한 분이셨습니다. 저는 아버지가 돌아가신 후 유품을 정리하다 얼마나 깔끔하고 정리정돈을 잘하는 분이셨는지 실감하게 됐습니다. 배를 타는 동안 썼던 일기도 다 있었고, 다니던 식당의 카드랑 영수증까지 다 갖고 계셨더라고요. 각기 다른 항구에서 어머니한테 보냈던 편지에도 중간에 없어질까 봐 하나하나 번호를 매기셨고 서류, 출입증, 조합카드 같은 것도 파일 단위로 나왔습니다. 심지어 저의 홍콩 입국허가증까지 갖고 계셨더라니까요!

아버지가 배를 타는 선원이라 친해지기 힘들었다는 느낌은 없었는지?

다섯 살 전까지는 아버지에 대해 거의 몰랐어요. 거의 남이나 마찬가지였죠. 늘 바다에 나가 있다가 1년에 한 번 집에 오셨거든요. 집에 오실 땐 베레모를 쓰고 파이프를 문 모습이었어요. 작은 선물도 갖고 오셨고 또 커다란 더플백 안에 통조림이랑 설탕을 한가득 가져오셨습니다. 당시 중국에선 배급제를 시행할 때라 그런 게 아주 귀했죠. 우리 가족이 홍콩에 건너와서 자리를 잡은 후에야 아버지를 조금씩 알게 됐어요. 중국에서 다른 이민자들도 많이 들어오던 때라 홍콩 집값이 정말 비쌌습니다. 다른 집처럼 우리 집도 돈을 아끼려고 세 들어 살던 아파트의 방 두 개를 다시 세 주고, 우리 가족은 안방만 썼거든요. 거실은 세입자들과 공동으로 쓰고요. 그때쯤엔 더 이상 선원이 아니었지만 그래도 아버지는 그 시절 물건을 안 버리고 간직하셨죠. 예를 들면 방 한가운데를 차지하고 있던 커다란 스테인리스 책상이 그랬습니다. 덕분에 집은 아버지의 부속 사무실 같았고 저는 아버지의 유일한 부하 직원이었죠. (웃음) 나중에 아버지는 홍콩에서 제일 유명한 나이트클럽 지배인이 되셔서 새벽 세 시까지 일하고 다시 오후에 일어나 출근하는 생활을 하셨어요. 출근하시기 전에 제가 매일 아버지 구두를 닦아놔야 했죠.

나이트클럽 이름이?

'베이사이드Bayside'. 부유한 필리핀 출신 가족이 경영하는 서양식 나이트클럽이었어요. 청킹맨션 지하 1층에 있어서 나중에 거기서 〈중경삼림〉을 찍었죠. 당시 그 지역 최고의 라이브 밴드가 공연했고 영화배우와 연예인들 사이에서 제일 인기 좋은 밤업소였습니다. 비틀즈가 홍콩에 왔을 때도 거기서 기자회견을 했으니까.

홍콩에 처음 왔을 때 부모님이 힘들어하셨나요?

도착했을 때 두 분 다 건강하셨고 아무 문제가 없었습니다. 다만 여기에 아는 친지가 아무도 없다는 것과 여기 사투리를 모른다는 것만 빼면요. 상하이에 살 때는 사촌, 외삼촌, 외숙모들이 전부 있어서 하루 일과를 마치면 보통 외할아버지 댁에 다 모였거든요. 어머니가 일을 마치고 오시면 우리도 거기서 저녁 먹고 집으로 돌아왔고. 그렇게 늘 북적북적하다가 여기 오니 갑자기 어머니랑 저 둘뿐인 거예요. 아버지도 밤에 일하시고 낮에는 들어와 주무셨으니. 그땐 그게 참 싫었어요.

그 무렵부터 영화를 보러 다니기 시작하신 겁니까?

그 시절 침사추이는 영화관 천지였어요. 자주 다녔던 영화관 이름도 다 기억합니다. 할리우드영화를 상영했던 '더 프린세스', 유럽영화는 '더 샌즈', 주로 표준중국어로 만들어졌던 쇼 브라더스 제작 영화는 '더 런던' 등등. 그때는 영화관에 커튼이 있었어요. 커튼이 스르륵 올라가면서 화면이 드러나던 순간의 기대감과 흥분은 지금도 생각이 나요.

제일 처음 본 영화가 뭔지 기억하세요?

네, 홍콩에 온 지 이틀째 되던 날 본 건데, 광둥어로 만들어진 흑백 스릴러 영화였습니다. 화면에 나온 여자 나체를 본 게 그때가 처음이었어요. 다 벗은 건 아니고, 속옷을 입은 섹시한 어떤 여자가 살해당하는 장면이 나오더라고요.

내용은 재미있던가요?

영화란 걸 본 게 아예 그때가 처음이어서. 상하이에 살 때는 영화관에 가본 적이 없었거든요. 하지만 홍콩에 와서는 거의 매일 갔습니다. 심지어 제가 초등학교에 입학한 후에도 어머니는 방과 후면 제가 먹을 점심을 싸서 저를 데리고 바로 영화관으로 가셨을 정도로. (웃음) 어머니는 젊으실 적에 할리우드 영화를 꾸준히 보셨고 클라크 게이블, 에롤 플린의 대단한 팬이셨어요. 좋아하는 스타는 〈애수〉에 나온 로버트 테일러였고. 1949년 이후 중국에서는 모든 서양 영화가 금지됐기 때문에 다시 볼 수 있는 기회가 오자 옛날 취미를 되살리셨죠. 외가 식구들과 형, 누나를 본토에 두고 왔다는 사실 때문에라도 영화는 어머니에게 도피처가 되어주었습니다. 얼마 지나지 않아 어머니는 새로운 세대의 영화배우들도 좋아하기 시작했는데 대부분 남자배우들이었어요. 윌리엄 홀든, 스티브 맥퀸, 알랭 들롱 같은, 잘생긴 남자배우를 좋아하셨어요. 존 웨인은 어머니 눈에 전혀 들질 못했죠.

존 웨인은 어머니가 보시기에 충분히 섹시하지 않았다는 뜻인가요?

그 사람은 지루하대요.

어머님은 낭만적인 연애물을 좋아하신 건가요?

취향이 폭넓은 편이셨어요. 코미디, 무협물 심지어 흡혈귀영화도 좋아하셨으니까! 〈드라큘라〉 역을 도맡았던 크리스토퍼 리를 정말 재미있어 하셨어요. 저한텐 완전히 악몽이었는데도. (웃음) 어머니랑 둘이서 영화를 수백 편은 봤을 거예요. 영화 만드는 일에 있어 제일 큰 영향을 미친 사람이 누군지 말해보라면, 그때마다 늘 어머니라고 대답하는 이유가 그겁니다. 저한테 영화를 소개한 분이 어머니이시니까요. 그분이 저의 영화학교였죠.

우리가 지금 앉아 있는 곳이 어렸을 적 감독님이 살았던 동네인 침사추이의 너츠포드 테라스가 내려다보이는 술집입니다. 말씀하신 것처럼 그때 다니던 학교도 지척에 있고요.

내 말이. 학교가 집 바로 옆에 있다고 상상해보시라니까. (웃음) 그때는 학교 수업이 오전에만 있었어요. 다른 친구들은 방과 후에 끼리끼리 몰려다니며 놀았는데 전 안 그랬어요. 수업이 끝나면 창밖으로 어머니 얼굴이 보였으니까.

그땐 주로 뭐 하고 지냈습니까?

보통은 라디오를 듣거나 책을 읽었습니다. 홍콩에 TV가 나오기 훨씬 전이었고, 너츠포드 테라스에서 애들이 할 게 별로 없었거든요. 매일 아버지가 일어나시면 처음 하시는 일이 신문 읽으시는 거였어요. 아버지가 늦게 일어나셨기 때문에 제가 항상 먼저 읽었지만. 아버지는 전통에 집착하는 분이 아니셨는데도 늘 저한테 신신당부하셨어요. "이 고전들은 꼭 읽어야 된다. 중국 고전들 말이다." 그러시면서 저한테 네 권을 갖다 주셨죠.

제가 몰라서 그러는데, 그 네 권이 뭡니까?

《서유기》, 《홍루몽》, 《수호전》, 《삼국지연의》.

그중 특히 좋아한 게 있다면?

《홍루몽》은 너무 어려웠어요. 그땐 《삼국지》가 훨씬 재밌었죠. 읽고 또 읽고. 지금 생각해보면 아버지가 그 고전들을 읽으라고 하신 게 다행이다 싶어요. 우리 문화의 DNA 같은 거니까. 이 책들을 모르면 중국인 사고방식을 이해하기 힘들겁니다. 몇 년 후에는 저도 아버지가 그러셨던 것처럼 아들에게 같은 책들을 사다줬는데, 그 녀석은 《해리포터》를 더 좋아하더군요. (웃음) 언젠가

I.D. 81

IMMIGRATION DEPARTMENT HONG KONG
ENTRY PERMIT

P 08667

Date 22 NOV 1952 19......

Single entry to Hong Kong from KIANGSU, CHINA

/have been approved for

Mr/Mrs./Miss KO MAN CHUN & ONE CHILD

This permit is only valid for a period of three months from the above date.

This entry permit must be surrendered to the Immigration Officer on arrival at Hong Kong.

For official use

Entry

FEE PAID $20.00

Shroff ....

Date ....

Signed ....
for Director of Immigration.

친구 하나가 《삼국지》를 비디오게임으로 만든 걸 갖고 있었는데 저한테 그 게임을 추천했을 때 저는 그게 뭐하는 짓인가 싶었거든요? 근데 웬걸, 막상 해 보니까 자리에 앉아 그만둘 때까지 48시간을 잠도 안 자고 매달린 거야. 에스터는 내가 미친 게 틀림없다고 한 소리했지! (웃음) 게임 중간에 어떻게 저장하는지 몰라서 도저히 멈출 수가 없더라고요. 거기서 조금만 더 했으면 진짜 중국 전체가 내 손에 들어오는 거였는데!

그 밖에 또 읽은 것들이라면?

그땐 아직 형과 누나가 상하이에 살고 있을 때였고, 그들과 소통할 방법이 편지밖에 없었어요. 아버지는 항상 형과 누나와 연락을 유지하라고 권하셨고, 형이랑 누나는 편지에서 늘 어떤 책을 읽었는지 썼어요. 그때 중국에선 서양 고전들이 대부분 금지였는데 그 와중에도 (찰스) 디킨스나 (오노레 드) 발자크 그리고 러시아 대가들의 작품은 예외였거든요. 그래서 저도 그 책을 봐야겠단 생각이 들었습니다. 제가 아는 누구도 읽은 적 없는 책들이었는데, 너무 읽고 싶어서라기보다 그냥 호기심에 봤어요. 게다가 재미있다 싶은 부분에만 집중하고 그 외 대부분은 건너뛰었죠. 그런 식이었는데도 어느덧 독서에 재미를 붙여서 결국 지금처럼 종류 불문하고 손대는 건 전부 읽어 들이는 버릇이 들었습니다. 그러다 동질감을 느끼는 책들로 다자이 오사무, 레이먼드 카버 그리고 남미 문학가들의 작품들을 발견하기 시작했고요.

어렸을 때 본 침사추이는 어땠습니까? 활기가 넘치고 그랬나요?

그 옛날 침사추이는 오늘날 소호 같은 곳이었습니다. 곳곳이 나이트클럽이라 24시간 시끌벅적했거든요. 또 모름지기 나이트클럽이 있는 곳이면 어디나 갖가지 종류의 흥미진진한 인생사가 흘러넘치기 마련이고. 제 기억으론 그런 곳이 새벽 세 시쯤에 문을 닫았는데 자정 이후로는 술을 못 팔게 돼있었거든요? 차만 팔 수 있었어요. 그래서 술집마다 그 시간이면 찻주전자 안에 술을 담았죠. 한국이나 베트남에서 복무한 미 해군이나 해병대원한테 물어보세요. 그 시절 이야기 재밌는 거 많이 해줄 겁니다.

감독님은 찻주전자 안에 든 술을 마셔봤는지?

그땐 너무 어렸고, 마셔도 되는 나이가 될 때까지 그 법이 지속되지도 않았어요. 나야 아쉬울 따름이고. (웃음)

〈아비정전〉, 〈화양연화〉, 〈2046〉 이렇게 세 편은 60년대 홍콩을 배경으로 만드신 건데, 말하자면 그때가 감독님한테는 화려한 시절로 여겨지는 건가요?

홍콩은 말하자면 1958년 이후부터 흥하기 시작했습니다. 전쟁을 겪으면서 전보다 훨씬 많은 해군들이 이곳에 왔죠. 그들이 여기서 휴가를 보내면서 음악, 술, 미국 대중문화가 함께 퍼졌습니다. 우리는 그 현상을 '제7함대신드롬'이라고 불렀는데 미 해군 제7함대가 홍콩을 비롯해 동남아시아 대부분 지역과 한국, 일본까지 커버하는 부대였거든요. 무라카미 하루키 초기 소설 일부에서도 이런 요소를 쉽게 찾아볼 수 있죠. 한 달에 한 번, 침사추이는 선원들로 만원이었습니다. 길에도, 가게에도, 심지어 우리 집에도요! 당시 우리 집 세입자 중 두 명이 밤일하는 여성이었는데 언젠가 한번은 그녀들이 우리 집에서 자기 '남자친구들'을 위해 크리스마스 파티를 연 적이 있었어요. 작은 전구들을 단 가짜 크리스마스트리로 우리 집을 장식하고 거실은 선원 남자친구들이 가져온 술과 칠면조, 풍선으로 가득했죠. 나 같은 꼬마가 겪기엔 꽤나 초현실적인 경험이었달까.

자라면서 거리에서 해군 병사들을 물리도록 봐왔을 텐데 무섭던가요, 재밌던가요?

아무렇지도 않았어요. 철새 떼가 옮겨 다니듯이 때 되면 정기적으로 동네에 출몰하는 사람들이라서. 〈월드 오브 수지 웡[28]〉의 카오룽 버전 같은 동네에서 컸기 때문에 미니스커트나 하이힐, 마스카라는 이미 친숙했습니다. 〈아비정전〉의 유가령 같은 여성들이 늘 주변에 있었고요. 펠리니 영화에 친밀감을 느끼는 것도 그 때문입니다. 그 세계를 알아서죠. 제 어린 시절은 일종의 〈달콤한 인생: 홍콩 스타일〉 같았습니다. 사납고 섹시하고 강하지만 한편으로는 연약하고 아주 다정하기도 한 이 여자들을 전 다 알고 있었어요.

그런 환경이 신나진 않던가요?

별로요. 그땐 너무 어렸고 다들 절 꼬마로만 대하기도 했고. 근데 여자들만 있었던 건 아녜요. 주변 이웃들은 그들에게 편의점 같은 역할을 했습니다. 한밤의 유흥, 음식, 심지어 옷까지 군인들이 필요한 모든 걸 이웃들이 공급했거든요. 예컨대 가끔 보면 우리 옆집에 사는 재단사네 문밖으로 선원들이 줄을 설 때가 있었어요. 양복을 한 벌씩 맞추고 싶어서요. 완성해서 배달까지 보통 48시간이 걸리는 집이었는데, 손님이 급하다 그러면 50프로 추가금을 더 받는 조건으로 24시간 내 배달 서비스를 해줬죠. 그런데 정말 거짓말 같이 단 한 번도 마감을 어긴 적이 없는 겁니다. 나중에 알고 보니 마감 시간이 촉박하다 싶을 경우 그 양반이 아예 바느질을 생략하기도 했더라고요. 바늘이 아니라 풀로 붙여서 옷을 만들었던 거지! (웃음) 그 지경이었는데도 불만을 표시한 손님이 한 명도 없었다는 말에 얼마나 놀랐는지. 그때까지 수년 동안 반품된 양복이 한 벌도 없었고 항의한 손님도 전혀 없었대요. 진짜 단 한 번도! 놀랍지 않습니까? 저는 늘 그 선원들이 양복을 한 번도 세탁한 적이 없거나 '사이공에는 비가 안 오나 보다'라고 생각했어요. 덕분에 풀 바른 양복의 비밀이 절대 새어나가지 않았겠거니, 하고.

너츠포드 테라스에 살면서 지루할 일은 없었겠군요.

너츠포드 테라스는 밤과 낮이 달랐습니다. 낮엔 조용하죠. 슬슬 날이 저물어 갈 때쯤 드라마가 펼쳐집니다. 그때 아버지는 나이트클럽에 근무 중이셨죠. 보통은 새벽 세 시에 귀가하셨고, 어머니가 늦은 저녁 식사를 차려드렸어요. 그런데 가끔 아버지 친구분들이 퇴근 후에 카드놀이를 하자고 불러낼 때가 있었어요. 그래서 그날 끗발이 좋았다, 그러면 아버진 딤섬을 사들고 새벽이 밝기 전에 들어오셨죠. 그 시간이 지나도 안 돌아오셨다면 그땐 큰일이 났을 수도 있다는 뜻이었고. 그럴 땐 어머니가 아버지를 찾으러 나가셨습니다. 당시는 보통의 여염집 여자가 카드게임하는 장소를 찾아간다는 건 상당한 모험인 시절이었는데, 대부분의 경우는 몇 시간 후에 어머니가 아버지와 함께 돌아오셨어요. 그땐 어머니 손에 딤섬이 들려 있었죠. 제가 크자 어머니가 갖가지 카드게임을 가르쳐주셨습니다. 일반적인 카드, 중국식 도미노 게임이라 할 수 있는 파이고우 그리고 외할아버지한테 전수받은 스타일의 마작 등등. 외할아버지가 어머니께 일러준 교훈 한 가지도 그때 같이 전해주셨죠. 훌륭한 도박사는 언제 그만둬야 할지 안다는 것.

외할아버님이 도박에 재주가 있으셨습니까?

당신이 하시는 게임에 한해서 확실히 그러셨다고 봐요. 중국속담에 이런 게 있습니다. '누군가의 됨됨이를 파악하려면 그 사람이 어떤 스타일로 (도박) 게임하는지를 봐라.' 당시에는 사업 파트너나 남편감, 사윗감을 결정할 때 이 말을 적용하는 일이 흔했어요. 어머니가 언젠가 아버지랑 데이트하던 시절 음력설에 있었던 이야기를 해주셨는데, 외할아버지가 그날 점심 먹으러 오라고 아버지를 초대하셨답니다. 그리고 그 자리에 모인 사람들이 재미로 파이고우 게임을 하게 됐고 판돈도 크지 않았어요. 그런데 도중에 외할아버지가 아버지한테 당신 칩을 다 주고 판에서 빠져나오신 거예요. 아버진 그때 도박에 맛을 들이신 게 분명합니다. 막판까지 남아 계시던 아버지는 외할아버지가 주신 칩 대부분을 잃으셨죠. 나중에 외할아버지가 어머니를 한쪽으로 부르셔서 "도박하는 사람에는 두 부류가 있다. 하나는 돈을 따는 사람들이고 또 하나는 그냥 도박이 하고 싶어서 하는 사람들이다" 하고 일러주셨대요. 그러면서 이렇게 경고하셨답니다. "네 새 남자친구는 도박 쪽으론 형편없는 녀석이다. 헤어지는 게 좋겠어." 아버지 말씀이 아무래도 맞는 것 같다고 어머닌 매번 놓치시

곤 했죠. (웃음) 어머니 덕분에 저도 도박사의 인생에 늘 환상 같은 걸 품게 됐어요. 그래서 제 영화에도 도박사 캐릭터가 자주 나오게 된 것 같고.

외할아버님이 어머님께 큰 영향을 끼치신 것 같네요.

그분은 기본적으로 어머니를 아들처럼 훈육하셨죠. 어머니가 아들로 태어났으면 성공했을 거라고 입버릇처럼 말씀하셨어요. 어머니도 외할아버지를 하나의 역할 모델로 생각하셨고요. 가끔 어머닌 저에게 뭔가를 가르쳐야 할 때 그분을 염두에 두고 말씀하셨습니다. 이런 식이었죠. "네가 남자가 되고 싶다면 마땅히 이렇게 해야지. 그게 남자거든."

우리가 상하이에 살던 시절에는 음식이 배급제였고 그나마 먹을 수 있는 것들도 영양상으로 좋은 편이 못 됐습니다. 어머니가 간염으로 쓰러져서 병원에 입원했던 적이 있었어요. 우리는 병문안을 갔죠. 그때 전 그 냄새를 맡았습니다. 밥 위에 얹은 가로 세로 5센티미터 크기의 돼지고기로 만든 브레이즈드 포크와 소스의 냄새를. 환자들은 잘 먹어야 해서 받으신 식사였는데 그때껏 제가 본 중에 제일 큰 고기였어요. 그런데 어머니는 그마저도 안 드시고 우리한테 양보하셨죠. 그때가 제 인생 최고로 맛있는 식사였습니다.

어머님이 참 인자하셨네요.

홍콩에 살 때 어머니가 집안 살림을 다 하셨어요. 언제나 도움을 주는 분이라 세입자들 사이에서도 인기가 많았어요. 따뜻하고 다정하고 세세한 것들까지 챙기셨죠. 언젠가는 세입자 중 한 명이 밤일하는 여자였습니다. 이게 60년대 일인데, 그 여자는 매력적인 외모에 항상 잘 차려입었어요. 배가 들어오면 그녀는 일찍 일을 나가 바에서 제일 처음 마주친 술 취한 병사를 골라 우리 집에 데려다놨습니다. 그리고 그 친구의 돈과 여권을 챙긴 후, 다음 목표를 찾으러 다시 나갔죠. 그 딱한 친구들은 보통 해군에 막 들어온 신참들이었어요. 나이도 어렸고 순진한 시골 총각들이 대부분이었습니다. 여자도 술도 서툴 수밖에 없었죠. 아침에 일어나 보니 돈도 없고, 여권도 없고, 아는 사람도 없고. 얼마 안 돼 여자가 돌아와 말할 수 없이 다정하게 굴다가 밤이 되면 또 나가버리고. 먹지도 못하고 여자가 돌아올 때까지 무작정 기다려야 하는 어린 친구들을 어머니는 안쓰럽게 생각하셨죠. 그래서 어떨 땐 만들어놓은 국수를 그 애들 먹으라고 차려주기도 하셨습니다. 나중에 홍콩에 또 오게 되면 그중 몇은 어머니를 보러오기도 했어요. 어머니는 친절한 분이셨고 그들을 친구처럼 대하셨죠. "내 아들이 그런 상황이라고 생각하면 나라도 누가 그 애를 돌봐주길 바라지 않겠니." 이게 어머니 말씀이었습니다.

살면서 행복하셨던 것 같나요, 어머님이?

젊었을 땐 발랄하고 행복한 분이셨지만 나중엔 본토에 아이들을 두고 왔다는 사실 때문에 가슴이 찢어지도록 아파하셨죠. 형과 누나한테 몇 시간씩 편지를 쓰시곤 했어요. 문화대혁명 시절엔 중국 본토의 물자 공급 상황이 형편없어서 우리가 기름, 옷, 책, 그 외의 많은 걸 보내줘야만 했습니다. 게다가 상하이의 외가댁 규모가 좀 큽니까. 사촌들도 똑같은 것들을 필요로 했기에 그것까지 다 책임지셨죠. 어머닌 마작으로 가욋돈을 좀 버셨어요. 마작을 정말 잘하셨거든요. 우리 집에선 24시간 내내 마작이었습니다. 아침에 일어나면 다들 마작을 하고 있고 제가 학교에서 돌아와도 계속 마작을 하고 있었어요. 제가 잠자리에 들 때까지도 끝날 줄을 몰랐고. 하지만 어머니께는 그게 돈보다도 당신 뜻대로 안 되는 불가항력적인 상황을 잊는 방편이었을 겁니다.

아버님은 어떠셨습니까?

아버지는 항상 앞을 바라보는 분이셨죠. 지나간 일은 어쩔 수 없다며 늘 바쁘게 사셨어요. 쉬는 날에는 공구함을 갖고 이것저것 고치셨고. 십 년을 배에서 보내다 보니 공구 다루는 법을 잘 아셨고 거의 장인급 기술자셨습니다. 어머니랑 저는 조수 역할을 했고요. (웃음) 아버진 당신 공구함에 대단한 긍지를 갖고 계셨고 소중히 다루셨습니다. 저한테도 공구 자랑하기를 좋아하셔서 어떻게 쓰는 건지 가르쳐주셨는데, 전 싫더라고요. 아버진 제가 당신처럼 규율이 잘 잡힌 성실 근면한 남자가 되길 바라셨죠. 뭐든 제시간, 제자리에 딱딱 있어야 직성이 풀리는 분이시라서. 〈아비정전〉에서 양조위 캐릭터가 모든 걸 제자리에 두는 장면이 있잖아요. 그게 우리 아버집니다. 제가 호주머니에 돈을 한 무더기 쑤셔 넣는 폼이 꼭 엉성한 뱃사람 같다고 어찌나 놀리시던지.

감독님이 일하는 방식을 보면 어머니를 닮으신 것 같아요.

저도 그렇게 생각합니다. 그런데 작년에 아들이 룸메이트와 같이 입주한 아파트 여기저길 수리하는 걸 도와달라고 제게 부탁했을 때 처음 한 일이 공구함을 사준 겁니다! (웃음) 그제야 제가 아버지한테 어떤 영향을 받았는지 알겠더라고요. 커다란 스테인리스 책상을 집 안에 둔다는 게 가당키나 한 생각이냐며 꺼리던 제가, 정신 차리고 보니 사무실을 비롯해 일하는 곳이면 어디나 책과 시나리오와 파일들이 가지런히 정리된 커다란 탁자를 하나씩 두고 있는 거예요. 이런 것만 제외하면 어머니에게 받은 영향이 훨씬 크죠.

추측컨대 실제로도 그분과 가까우셨을 거고요.

어머니를 정말 좋아하고 따랐습니다. 어렸을 땐 아버지가 멀게 느껴졌고 또 아주 엄하셨는데, 어떤 면에서는 독재자 같기도 했죠. 어머니만이 저의 동지였고요. 하지만 어렸을 때 얘깁니다. 그래픽 아트를 전공하면서 대학에 다닐 때 담배를 피우기 시작했는데 그때는 그런 게 쿨하다고 하던 시절이었거든요. 그런데 아버지가 처음 저한테 담배 한 대 달라고 하셨던 때가 기억납니다. 그 순간부터 모든 게 달라졌죠. 그 순간이 더 빨리 왔다면 얼마나 좋았을까. 아버지도 은퇴하시고 저도 작가가 된 후에야 소위 부자간의 정을 다질 기회가 생기더군요.

고전을 읽으라고 권하셨던 분이니, 자식이 작가가 됐다고 하면 뿌듯해하셨을 것 같은데.

아뇨. 아버진 이 일을 좋아하지 않으셨습니다. "안 돼 안 돼, 그런 건 진짜 직업이 아니야. 호텔 같은 데서 일을 해야지." 이게 아버지 생각이었죠. 당시 저는 머리도 길고 청바지도 딱 붙게 입고 다녔으니 그런 말씀을 하신 것도 무리는 아니었습니다. 방송국에 들어가자 한시름 놓으시더군요. 얘가 완전 헛짓만 한 건 아니었고 쓸모가 있긴 하구나 처음으로 느끼셨던 모양이에요. 아버지가 돌아가신 후, 저는 카멜 담뱃갑 포장지를 잘라 펼친 종이에 쓰인 온전한 한 편의 시나리오를 발견했습니다. 아버진 그런 걸 쓰셨으면서도 저한테 한 번도 말씀을 안 하셨어요. 제 영화에 대해서도 이러쿵저러쿵 평가가 없으셨고. 아버지는 그런 분이었습니다. 무뚝뚝하고 감정을 드러내지 않는.

어렸을 때 아버진 늘 제가 당신 분야에서 일하길 바라셨습니다. 어느 해 여름엔 아버지가 매니저로 있는 완차이의 한 커피숍에서 아르바이트를 하는데 거기 직원 중 하나가 제가 매니저 아들이라고 매일 어찌나 괴롭히던지. 당시 아버지는 밤 근무를 하셨는데 어느 날은 출근하셔서 그 친구를 뒷문으로 데리고 가 싸움을 거셨나 봐요. 흠씬 두들겨 패줬지만 아버지도 눈에 한 방 맞으셨죠. 며칠 동안 선글라스를 쓰고 일하시면서도, 어찌 된 사연인지는 저한테 한 번도 말씀해주지 않으셨어요.

그래도 어머니는 감독님의 지금 모습에 기뻐하셨을 텐데요. 매일 감독님을 데

리고 영화를 보러 갔고, 정원을 설계하는 아버지 밑에서 자란, 미적 감각이 풍부한 환경 출신이시잖아요.

어머닌 제가 만든 영화를 보시기 전에 돌아가셨습니다. 만약 살아 계셨다면 제 영화를 분명 좋아하셨을 겁니다. 전 어머니 취향을 알거든요. 어머니와 함께 마지막으로 본 영화는 〈죠스〉였습니다. 스타 페리 옆에 있는 '오션 시네마'에서 봤고 보고 나와서 어머닐 근처의 커피숍으로 모시고 갔어요. 당시 어머니 건강이 별로 안 좋았지만 그래도 당신께는 즐거운 오후 한때였습니다. 〈레이더스〉 1탄이 홍콩에 개봉했을 때는 어렵게 표를 구해 아버지께 드리면서 어머니랑 함께 가시라고 했죠. 그날 밤에 저는 일을 해야 해서 못 갔지만 분명 어머니가 좋아하실 걸 알았거든요.

감독님이 만든 첫 영화는 갱에 관한 얘깁니다. 크면서 그런 갱 타입 사람을 실제 만나거나 주변에서 본 적 있습니까?

아뇨. 처음엔 영화에서 본 게 다고 나중에 영화업계에서 일하기 시작하면서 진짜 폭력배들을 알게 됐습니다. 어렸을 때 제가 알던 사람들은 이웃들뿐이었어요. 재단사, 선원, 밤일하는 여자들. 거기에 글 쓰는 작가도 있었죠. 우리 건물에는 두 명의 작가가 살았는데, 그중 한 명은 〈화양연화〉의 양조위처럼 신문사 편집자였습니다. 돈을 더 벌려고 칼럼을 쓰는 그런. 온갖 무협 이야기란 이야기는 내가 그 사람한테서 다 들었어요. 나중엔 양조위 역할의 모델로 삼기도 했죠. 잘생긴 것만 빼고.

감독님의 어린 시절 이야기를 듣다 보니 만드신 영화 중 적어도 세 편의 근거는 그 시절에서 온 것 같아요.

갱들은 빼고요. 그 사람들은 다 다른 방에 있었으니까. 방금 말했듯 작가의 방에서는 무협을 알게 됐고.

그게 〈동사서독〉과 〈일대종사〉가 됐겠군요.

양복재단사도 있었죠. 그건 〈에로스〉가 됐고요. 너츠포드 테라스에 인도인 커뮤니티가 크게 형성돼 있어서 인도 사람들도 많이 알고 지냈어요. 인도인들에 둘러싸여 자란 그 경험은 나중에 〈중경삼림〉에 들어갔죠. 우리 가족이 처음 여기 이사 왔을 때 근처에 주로 러시아 백인들만 상대하는 숙소가 있었는데, 그때 공주들과 백작부인들이 취해서 테라스에 나와 있는 걸 본 적도 있어요. 그리고 그건 〈상하이에서 온 여인〉이 됐습니다. 킴벌리 로드를 따라서는 무술을 가르치는 도장들이 있었는데 그건 〈일대종사〉에 반영됐고. 도장 아래로는 이발소와 상하이풍 식당들이 있었습니다. 주변엔 유명한 작가들, 은퇴한 영화배우들도 살았고. 말 그대로 거기 전부 있었어요. 첫 네 편의 영화는 어린 시절 동네에서 대부분 촬영했습니다.

각 영화는 그 시절 기억에서 혹은 제가 모은 여러 가지 기억에서 시작됐습니다. 어찌 보면 저의 회고록 같다고 할 수 있죠. 그러다 보니 오류도 있고 왜곡도 있기 마련입니다. 어떤 사람은 한 감독의 작품 세계를 분석하거나 이해하기 위한 최고의 방법이 그 사람의 어린 시절을 연구하는 거라고 하던데, 어떨 땐 그게 잘 맞지만 항상 그렇진 않아요. 자신의 과거를 회상하다 보면 늘 사실과 허구 사이에 애매하게 걸치게 되니까.

세상은 감독님을 홍콩 출신으로 보지만 실제론 상하이 지역사회라는 특수한 문화권에서 성장하셨죠. 상하이 말이 모국어고, 부인인 에스터도, 제일 오랜 친구이자 중요한 동업자 장숙평도 상하이 출신입니다. 이 정도면 그곳에 확실히 유별난 친밀감을 느끼시는 거, 맞죠?

저로선 자연스러운 겁니다. 그땐 홍콩 원주민들 사이에서 상하이 지역사회 출신이 누군지 식별해낼 수 있는 시절이었어요. 달라도 너무 달랐거든요. 먹는 음식도 다르고, 취향도 다르고, 심지어 가는 극장도 달랐습니다. 상하이 사람들은 언제나 자기들이 더 세련됐다고 생각하는 반면 홍콩광둥어권 원주민들은 상하이 사람들이 과시하기 좋아한다고 생각하죠. 얄팍하고 믿을 수 없고 실제보다 잘난 체하길 좋아한다고.

이런 말을 들은 적이 있는데. 상하이 사람들이 더 고상하다는.
그렇죠.

상하이 사람들의 거짓말은 홍콩 사람들과는 차원이 다르다던데요.
상하이는 1920년대에 중국에서 제일 번영한 국제도시였습니다. 1949년 이후 상하이 출신의 부자 사업가들이 홍콩으로 많이 들어와서 섬유, 부동산, 은행업, 증권업에 종사했습니다. 그 사람들은 작은 동네였던 홍콩 안에 상하이를 아예 다시 세우려고 했던 거죠. 그들의 영향은 정말 컸습니다. 그 무렵 원래 살던 홍콩인들은 견실한 사람들이어서 10달러를 수중에 갖고 있다면 그중 5달러만 쓰는 그런 사람들이었거든요? 근데 상하이 사람들은 달랐습니다. 그들은 10달러가 있으면 이렇게 말합니다. "지금 100달러가 있어. 그전에 수백 달러는 벌써 썼고." (웃음) 빚내서 투자하는 사업 방식은 전부터 있었지만 상하이 사업가들 덕분에 새삼 인기가 폭발했고, 그 결과 시장이 팽창하다가 끝내 1952년에 폭락해버렸죠. 그 결과 많은 이들이 파산했고요. 그때부터 홍콩 원주민들에게 상하이 사람들이 믿음이 안 가고 큰소리치기 좋아하는 가짜라는 인상이 박힌 겁니다. 그 시절엔 그런 차이점이 뚜렷했어요. 쇼 브라더스 제작사는 표준중국어를 써서, 홍콩에 살지만 홍콩광둥어를 쓰지 않는 이민자들을 위한 영화를 만들었습니다. 그들 영화는 세련되고 고급스러웠던 반면, 홍콩 지역 제작물들은 저예산의 월극[29]이나 희극이었고 그게 다였어요. 제가 어렸을 때는 상하이 사람들이 홍콩 원주민들보다 스스로 더 세련됐다는 자각이 있다는 게 누가 봐도 느껴졌습니다.

중국 사람들이 이런 말을 하더라고요. 홍콩의 많은 감독들 중에서도 특히 지금 우리가 왕가위 영화로 알고 있는 그런 영화를 만들 사람은 누가 봐도 감독님일 게 뻔하다는.
내 영화에 상하이 느낌이 그만큼 넘친다는 뜻인가?

그 사람들은 좋은 쪽으로 말한 게 아니었는데.
아, 알겠다. 겉만 번지르르하고 내용이 없다는 거죠? 어쩌겠습니까. 다들 잘난 평론가들이시라. (웃음)

상하이 이야기로 잠깐 돌아와보죠. 감독님 가족이 떠난 후에 남은 문중 마을 사람들은 괜찮았습니까?
나중에 아주 힘들어졌습니다. 우선 1966년에 문화대혁명이 일어나 대학과 학교들이 폐교됐고 1968년엔 상산하향운동이 일어났거든요. 도시에 사람이 몰려서 일자리가 부족하다 보니, 나라에서 학생들한테 궁벽한 시골로 내려가라고 독려했던 운동이었습니다. 나라 안의 불평등 요소를 그런 식으로 해소해보려는 노력이었달까. 공식적으로는 강요된 게 아니라 지원자를 받는 형식이었지만 그 판국에 감히 안 가겠다 말할 수 있는 사람이 누가 있었겠습니까. 애국심 없다고 찍힐 게 뻔한데. 한참 후에 누나가 형을 배웅하러 기차역에 갔다가 목격했던 전형적인 장면을 회상해서 들려주더군요. 학교를 갓 졸업해서 의욕 넘치는 젊은이들, 그들의 헌신적인 참여를 기리는 군악대 음악과 북소리, 거기에 한 번도 자식을 떠나보낸 적 없는 어머니들의 눈물범벅까지 섞여 그야

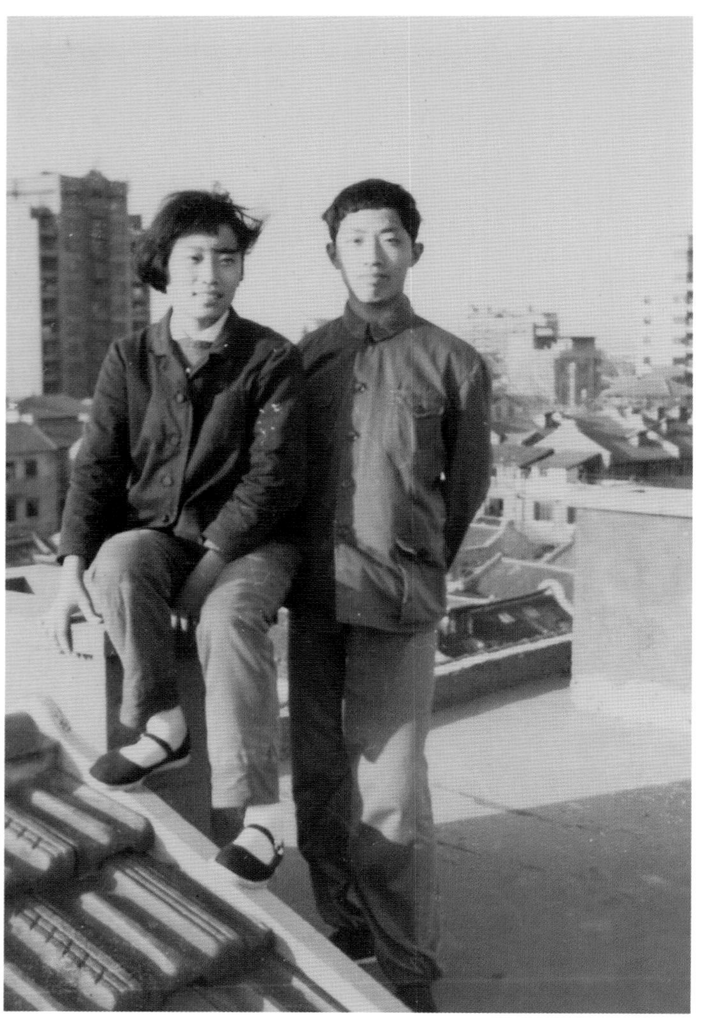

말로 장관이었답니다. 그러다 기적 소리가 마침내 삐익 하고 울리면 그 격앙된 감정들이 최고조에 이르는 거죠. 거의 대서사시급 비극의 한 장면이었습니다.

그들의 야심찬 패기도 몽골 오지에 도착하는 순간 싹 사라졌겠죠.
도시와는 천양지차였을 테니까요. 특히 베이징과 상하이 출신들은 충격이 컸을 겁니다. 그곳에는 아무것도 없어요. 마을들은 개발이 안 된 상태였으니까. 그런 곳에 고급 화장지 같은 게 있을 리 없잖아요. 도시에서 온 수많은 여학생들 심정이 어땠을지 상상해보세요.

감독님이 이 이야기를 영화로 만드실 생각은 없죠?
없어요. 제가 직접 본 게 아니라서.

이런 소재를 다룬 영화가 많진 않았는데, 안 그렇습니까?
별로 없었죠. 지금 중국 지도층에 있는 사람들 중 많은 수가 우리 형과 같은 세대예요. 그들은 고교 졸업 이후의 교육을 금지당한 세대였습니다. 1977년에야 등소평이 해당 정책을 중단하고 학생들을 대학으로 돌려보내기 시작했죠. 운 좋은 극소수만이 지난 세월을 벌충할 기회를 얻었는데 그럴 경우 그 사람 인생은 확 바뀌었어요.

장이머우 감독을 비롯한 중국 5세대 감독들이 그런 경우 아닌가요?
맞습니다. 영화학교에 들어갔을 때 그 사람 나이가 30대였던 것도 그 때문이었죠. 우리 형은 그 사람만큼 운이 좋진 않았습니다. 유능하고 꽤 수준이 있었는데도. 형은 축구를 잘했고 상하이 팀에서도 눈독을 들였지만, 부모가 중국을 버렸다는 출신 성분 탓에 그 기회를 잡을 수 없었어요. 노래도 정말 잘

불러서 음악학교에서도 오라고 했는데 역시 같은 이유로 입학을 최종 거절당했습니다.

처음엔 고교 졸업 후에도 계속 상하이에 살 수 있다는 허가를 얻는 행운을 누렸지만 그것도 잠시, 2년 후에 누나가 졸업하자 당국에선 누나가 몽골로 배치되는 조건으로 형의 상하이 거주를 허가했습니다. 형은 "여동생은 몽골에서 못 삽니다. 그 애는 상하이에 있어야 돼요" 하더니 자기가 대신 내려갔습니다. 그 결과 형의 인생은 돌이킬 수 없게 되었죠.

형님이 그때 이야기를 한 적이 있나요?

처음엔 안후이 성에, 나중엔 장시 성에 배치됐던 형은 그 시절 이야기도 해주고 그때 찍은 사진도 보여줬습니다. 〈붉은 수수밭〉에 나오는 장원과 비슷하게 대머리에다 살집도 있었는데, 반바지를 입었더군요. 먹을 게 아무것도 없어서 사람들은 움직이는 거라면 뱀이든 쥐든 뭐든지 먹었다고 합니다. 형이 했던 일 가운데 수박을 시내로 싣고 가는 게 있었는데, 반나절은 꼬박 걸어야 했죠. 한번은 그렇게 길을 가는데 반대쪽에서 오는 늑대 한 마리를 마주쳤대요. 근데 둘은 서로를 곁눈질하면서 각자 가던 길을 갔답니다. 형한테는 그런 에피소드가 부지기수로 많았어요.

홍콩으로 간 감독님에 대해 형과 누나는 어떻게 생각했나요? 그들에 비하면 편한 삶을 살았을 텐데. 물론 그게 감독님 잘못은 아니지만, 형과 누나 입장에선 원망스러울 수도 있잖아요?

그렇게 생각하지 않았어요. 제가 내린 결정이 아니었으니까요. 말년에 아버지가 말씀하시길, 정말 힘든 결정이었다고 하시더군요. 당시 어머니가 데리고 나올 수 있는 아이가 한 명뿐이었기에 아버진 맨 처음 누구를 홍콩으로 데려와야 할지, 맏이로 할지 막내로 할지 택해야만 했습니다. 문화대혁명이 일어나리라곤 생각도 못 하셨던 아버지는 막내인 저를 데려오기로 하셨고요. 왜냐하면 형은 당시 열네 살이라 그 정도면 자신과 누나를 당분간은 돌볼 수 있는 나이라고 생각하셨던 거죠. 몇 달만 기다리면 다시 형과 누나를 데려올 수 있을 거라고 철석같이 믿으셨는데 결국 그러지 못했습니다. 이 때문에 저도 죄책감이 많이 들어요.

형과 누나는 지금 어떻게 사시나요?

형은 2015년 여름에 편안히 눈을 감았습니다. 결혼은 안 하셨고요.

형은 여동생을 대신해서 험한 곳을 자청할 만큼 영웅적인 분이셨죠. 누나는요?

누나는 결혼해서 아이가 하나 있어요. 90년대 초반에 매형과 함께 홍콩에 오기도 했습니다. 하지만 나중에 상하이가 더 좋다는 결론을 내리고 다시 돌아가 둘이서 인테리어 디자인 사업을 시작했어요. 형이 누나 옆집에 살아서 누나가 형을 많이 신경 써줬습니다. 자길 위해 희생한 과거가 있어서 누나는 형한테 더 잘해주지 못해 안달했죠.

이런 일들이 감독님의 영화에 어떻게 드러납니까? 감독님이 만든 영화 중에 이런 종류의 죄책감을 다룬 게 있는지 생각 중입니다만.

한 번도 다룬 적 없어요. 그냥 놔두는 편이 나을 과거예요. 이걸 써먹어보겠단 생각은 없습니다. 그분들을 조금이라도 당황스럽게 할 일은 안 하는 게 맞다고 봅니다.

지금은 감독님도 가정을 꾸리셨죠. 아내도 있고, 버클리 대학에서 공학을 공부하는 아들 칭도 있고요. 아내인 에스터를 만났을 당시 감독님은 학생이었습니다. 그녀를 만나면서 감독님 인생이 완전히 바뀌었는데 당시에도 그렇게 느껴지던가요?

아내를 만난 게 열아홉 살이었어요. 당시 저는 그래픽 전공 대학생이었고 여름 동안 청바지를 파는 아르바이트를 했죠. 거기서 에스터를 만났습니다. 잘 지내긴 했지만 한눈에 반했다든가 그런 건 아니었어요. 처음에 그녀는 약간 진지한 타입이었는데, 본성은 그렇지 않거든요. 그게 자기 첫 직장이라 가능한 한 프로답게 보이고 싶어 그랬던 거죠. 하지만 저한텐 특별한 여자로 느껴졌습니다. 우리가 일하던 가게가 엄청 큰 백화점 건물의 지하에 있었고 매일같이 수백 명의 사람들이 오가는 곳이었지만, 그녀만이 제 눈에 들어왔어요. 가까이 있고 싶은 유일한 사람이었죠. 그녀는 자기가 속한 세상보다 더 빛을 발하는 사람이었습니다. 지금도 그 느낌은 변하지 않았어요. 그녀는 제가 만나본 중에 제일 화사한 사람이에요. 화사하다는 건 저 같은 사람은 들어볼 수 없는 말이죠. 그래서 우리 둘은 잘 맞는 한 쌍 같습니다.

감독님이 딱히 어둡진 않은데요.

굳이 말하자면 화사함과 어둠 사이에 있달까. (웃음) 대부분은 그 중간입니다만.

그럼 지금처럼 인터뷰를 하는 경우는 어떻습니까? 어두워지지 않으려고 일부러 애쓰는 겁니까, 아니면 평소 모습입니까?

평소 모습입니다. 하지만 이런 질문들에 대답하는 상황 자체를 안 만나고 싶은 게 솔직한 심정이죠. 그럴 수만 있다면 저는 관찰자가 되는 게 낫지, 관찰당하는 쪽은 되고 싶지 않아요.

에스터 이야기로 돌아와서, 그녀도 감독님이 특별하다 싶었대요. 다른 것보다 같이 일하는 마지막 날에야 자기 전화번호를 물었다는 게.

그게 이상할 게 뭐 있나. 전 "연락하고 지내자" 그랬고, 그래서 그녀가 전화번호를 준 거고, 그게 단데. 근데 당시 홍콩 전화번호는 여섯 자리였는데 그녀가 다섯 자리만 알려주는 거예요. 나머지 하나는 직접 맞춰야 된다 이거였죠. 어렵진 않았지만 그녀가 무슨 의도로 그랬는지는 눈치 챘습니다. 노력하는 성의를 보이라는 거죠.

그녀 주장에 따르면 〈열혈남아〉에서 장만옥이 유덕화의 술잔 하나를 숨겨놓고 그게 필요해지면 자기한테 전화를 해야 할 거라고 말하는 재치 있는 로맨스신도, 방금 말씀하신 전화번호 에피소드에서 온 거라던데.

딱 보면 연관 있다는 게 느껴지죠.

에스터 말로는 감독님 영화에 나오는 여자들은 모두 그녀라 그러신다면서요?

사실입니다. 빔 벤더스가 언젠가 자기 영화 대부분이 개인적일지언정 결코 사적이진 않다고 말한 적이 있는데, 에스터로선 제 영화를 보는 게 사적인 경험이 됩니다. 〈열혈남아〉가 나왔을 때 아내는 가족을 다 데리고 그 영화를 보러 갔다가, 시작한 지 10분 만에 혼자 떨어져 다른 자리에서 끝까지 봤죠. 몇 년 동안 그녀는 제 영화를 볼 때 조용히 집중하면서 봅니다. 그러다 어떤 한 순간, 한 동작, 어디서 들어본 것 같은 대사를 마주치면 저를 돌아보고 이렇게 말합니다. "저거 나지? 여기다 갖다 썼네?"

제대로 된 짝을 찾기 전까지는 많은 여자를 거치기 마련이라고 하는 사람도 있는데 그런 면에서 나는 행운아지요. 많은 여자에 해당하는 단 한 사람이 곁에 있으니까요. 그렇다고 제가 선보이는 여성 캐릭터 전부가 에스터를 모델로 했다는 뜻은 아닙니다. 그들 속에 에스터의 흔적이 잠깐씩 스친다는 거지. 그녀가 촬영장에 오는 일은 거의 없지만 그녀는 제 곁을 떠난 적이 없어요.

WKW 제작 영화에서 화면에 처음 항상 그녀 이름이 나오는 것도 그런 이유입니다. 이건 '우리' 영화니까요.

프로이드 쪽으로 가고 싶진 않습니다만, 혹시 그녀한테 감독님 어머니 같은 데가 있나요?

그런 면이 있긴 하죠. 둘 다 대단한 여성들이거든요. 아내로서도 훌륭하고 아이 입장에서도 엄마가 그 정도면 최고의 복이고. 하지만 제 기억 속에 어머니가 과거의 향수로 아련하고 슬프게 남아 있다면 에스터는 늘 긍정적이고 낙천적이죠. 어머니가 달이라면 에스터는 늘 빛나는 태양입니다. 결혼 전에 언젠가 그녀가 우리 집에서 하룻밤 같이 지낸 적이 있었는데, 그때 그녀가 자는 모습을 봤던 게 기억납니다. 에스터가 자는 걸 보면 항상 제일 좋은 꿈을 꾸고 있는 것 같거든요. 그때 생각했죠. "매일 아침 일어났을 때 이 사람이 내 옆에 있으면 좋겠다"고.

감독님이 만든 영화를 어머니가 못 보신 게 정말 안타깝네요.

어머니가 돌아가셨을 때 저는 아직 작가였습니다. 그때는 영화 시나리오를 쓸 때 팀을 짜서 했어요. 한 방에 작가 대여섯 명이 모여서 했는데 쓰는 게 코미디다. 그러면 개그를 짜내야 했죠. 그러면 그 개그를 다른 팀원이 원고에 반영해서 넣었고. 하지만 저는 혼자 일하는 게 좋았습니다. 원고를 갖고 여섯 달 정도 잠수를 탔죠. 사람들한테 전화가 오기 시작하면 어머니도 걱정하셨어요. "너 그러다 잘리겠다." 그럼 저는 "알아요. 내일까지 완성하면 돼." 그러면서 매일 밖으로 나가 지금 우리처럼 식당이나 커피숍으로 가서 뭔가 써보려고 했습니다. 그때는 커피숍이 조용해서 점원들 방해 안 받고 하루 종일 죽치고 있을 수 있었거든요. 요샌 그런 데가 없지만. 그런 커피숍 진짜 어디 없나요! 하지만 제가 말한 내일은 좀처럼 쉽게 오지 않았고 완성될 때쯤엔 그 대본은 아무도 원하지 않는 상태가 돼 있었습니다. 사람들은 저를 지각의 대가라 부르기 시작했죠.

그 별명이 진짜라는 걸 저도 보증하는 바입니다만, 처음부터 그런 악명은 치명적인데 어떻게 극복하신 겁니까? 지각은 하더라도 내용은 정말 좋다는 호평으로 덮은 겁니까?

영화업계에서 시나리오 작가가 되려면 두 가지 기술이 필요합니다. 광고와 집필. 저는 아마 광고를 잘했던 것 같아요. 그 덕분에 지금까지 버텨왔고.

소설을 좋아하시잖아요. 직접 써보실 생각은 없습니까?

없어요. 끝이 안 날 걸 아니까. 어쨌거나 읽는 것과 쓰는 건 완전히 다른 분야입니다. 쓴다는 건 아이디어와 기술이 있어야 되고 무엇보다도 자신을 다잡아야 합니다. 아무것도 없는 백지에 첫 단어를 끄집어내는 고통은 엄청나죠. 코너에 몰리는 기분과 비슷할 정도로. 거참 얼마나 당황스러운지. 그래서 제가 훌륭한 작가들을 존경하는 겁니다. 참 쉬워 보이잖아요? 적어도 제가 볼 때는 그렇거든요. 헌데 내가 쓴다 상상하면 완전 지옥이야. 게다가 도와줄 사람도 하나 없이 나뿐이라는 것도 잘 알고. 이런 식으로 고독한 싸움이 며칠, 몇 달, 심지어 몇 년씩이나 계속된다고 생각해보세요. 왜 영화 만드는 쪽을 더 좋아하는지 이해하실 겁니다. 적어도 이 업계에선 나 혼자만 고통스러운 건 아니거든!

그럴지도 모르지만 전 감독님이 훌륭한 시나리오 작가란 소릴 항상 들어왔는데요.

시나리오를 쓰면서 감독도 겸하는 경우, 보는 사람 입장에선 이 두 영역을 확실히 구분하기가 힘들어서 그래요. 덕분에 전 시나리오 작가 쪽 경력으론 보람 있었단 말을 좀처럼 못하겠어요. 생각해보세요. 지금껏 수십 년 동안 촬영 전에, 촬영 중에, 촬영 후에도 그렇게 미친놈처럼 써댔는데도 사람들은 여전히 절더러 대본 없이 찍는 감독이라 그러잖습니까!

그래도 경력 초기에 작가로 일하면서 배운 게 많습니다. 감독의 심리를 이해하게 됐으니까요. 대본을 보고 이렇게 말하는 감독들이 있어요. "생각은 좋은데 말이야, 지금 찍을 시간이 없어. 이건 다음에 시도해보자고." 이 말이 진심일 때도 있지만 보통은 거절하기 미안하니까 대는 핑계거든요. 그가 말하는 다음 기회는 절대 안 옵니다. 시나리오 읽을 때랑 그걸 시각화하는 것 사이엔 늘 틈이 벌어집니다. 저도 시나리오를 쓸 때는 좋을 거라 예상하다가도 완성된 영화를 보면 "상상했던 것과 좀 다른데" 이러니까. 유일한 예외가 담가명과 일할 때였습니다. 우린 함께 〈최후승리〉란 영화를 만들었습니다. 담가명은 자신의 영화 하나하나를 자신의 '첫 장미이자 마지막 장미'로 대하는 사람이에요. 저 표현은 그가 존경하는 장 뤽 고다르의 대사에서 따온 겁니다. 담가명은 절대 '다음번'을 기다리지 않았습니다. 그냥 해버렸지. 처음부터 좋았던 〈최후승리〉의 시나리오를, 그가 더 좋게 만든 겁니다.

이 초창기에 감독님은 장숙평에게서 공모자의 자질을 보신 것 같습니다. 처음부터 그는 감독님의 가장 중요한 협력자였는데요, 그가 없었다면 감독님의 경력도 지금과 상당히 달라졌겠죠. 가끔 저는 장숙평이 감독님의 제2의 배우자라 생각하기도 합니다만.

〈최후승리〉를 쓰던 무렵 담가명을 통해 장숙평을 만났습니다. 장숙평은 담가명 영화 중 하나(《열화청춘》)를 통해 알려졌는데 우리 둘은 말이 잘 통했죠. 그 시절 우린 매일 밤 함께 술 마시고 영화에 대해 이야기하며 보냈습니다. 하도 그래서 혹시라도 우리한테 주어진 대화량을 벌써 다 써버렸을까 봐 걱정돼요. 그는 절 너무 잘 알고 저도 그를 너무 잘 알아서 구태여 대화를 나눌 필요가 없거든요. 말로 하는 것 이상의 의사소통이 가능한 사이가 됐어요.

감독님이 담가명의 영향을 받은 건 자명한데요, 다른 홍콩 감독들 이야기도 해보죠. 처음 이 분야에서 일할 때, 어떤 감독을 존경했습니까?

전 어렸을 때 장르물에 탐닉했어요. 감독에 눈길이 가기 시작한 건 그로부터 한참 후였습니다. 제가 좋아하는 영화를 만든 감독들은 많아요. 초기에는 호금전과 이한상이었죠. 홍콩으로 이민 온 감독 첫 세대에 해당하는 사람들입니다. 그들 영화 대부분은 중국 본토 연극의 영향을 받았고, 표준중국어로 돼 있었어요. 저와 같은 배경을 가진 사람들한테 어필했죠. 그들 작품 전부가 완벽하다고 할 순 없지만 대부분은 독특하고 다른 영화들보다 세련됐었어요. 홍금보와 유가량도 좋아했습니다. 무협 배경을 통해 특별한 진정성을 획득한 2세대 감독들 중에서도 알짜죠. 현재 활동하는 인물들 중에 특별히 좋아하는 사람이라면 둘이 있습니다. 서극은 항상 날 놀라게 만들어요. 다른 한 사람은 바로 맥당웅. 만든 영화는 두 편뿐이지만 그 사람이 만든 걸 보면 그 두 편이 오리지널이란 걸 알 수 있습니다. 어디서 참조했구나 싶은 부분이 하나도 없어요. 서극도 오리지널인 사람이고요. 비록 아이디어는 여기저기서 가져오는지 몰라도 그걸 다루는 방식은 자기만의 것이거든요.

전반적으로 〈영웅본색〉을 연상시키는 감독님의 첫 영화는 갱영화였습니다. 여기에 대해선 나중에 더 이야기를 할 거고요, 지금은 다른 걸 물어보죠. 몇 년 동안 대화를 나누면서 감독님이 '홍콩 감독'이란 꼬리표가 붙는 것에 대해 저항한다는 느낌을 받았습니다. 처음부터 자신을 그보다는 더 넓은 뭔가로 보는 것 같다는.

기본적으로 제 영화는 어디서 찍었든 상관없이, 전부 홍콩에 대한 겁니다. 그리고 홍콩영화신의 일부임을 자랑스럽게 생각하고요. 하지만 제 작품에 맞든

안 맞든, 그 어떤 형태의 꼬리표도 저는 좋아하지 않습니다. 결국 영화는 영화입니다. 중요한 건 영화지 그 출신지가 아니에요. 제가 어렸을 땐 '월드 시네마'란 개념은 있지도 않았습니다. 그냥 오시마 나기사, 오즈 야스지로, 구로사와 아키라의 작품을 보고, 사티야지트 레이, 미켈란젤로 안토니오니, 프랑수아 트뤼포의 영화를 봤던 거예요. 정말 좋아했던 영화들이었고, 두드러진 걸작들이었습니다. 보면 소름이 돋았죠. 거기가 제가 속하고 싶었던 세상이었습니다.

감독님이 속한 세상이라고 하니까 말인데요, 아까 했던 질문을 다시 해보겠습니다. 감독님은 자신을 홍콩 사람이라고 생각하십니까?

이 질문을 1997년 전에 받았다면 저는 중국인이라고 했을 겁니다. 아버지는 우리가 중국에서 왔음을 늘 강조하셨고, 저도 홍콩은 중국의 일부라고 항상 이해했으니까. 그런데 얄궂게도 홍콩 반환이 이뤄진 후부턴 어딜 가도 우리는 확실히 홍콩 사람이구나, 하고 끝없이 자각하게 돼요. 심지어 중국 본토에 가도 우리는 홍콩 감독으로 소개됩니다. (웃음) 제가 '한 나라 두 정부' 정책 덕을 이런 식으로 보는 게 아닌가 싶기도 해요.

두 번째
대화

〈열혈남아〉
〈아비정전〉

즉흥 연출의 시작

갱스터물 〈열혈남아〉로 감독 경력을 시작하셨죠. 쿠엔틴 타란티노 같은 사람이야 장르물의 팬이라지만 감독님은 그 분야에 딱히 끌린다고 할 타입은 아닌 것 같은데.

아니죠. 하지만 당시는 〈영웅본색〉이 나온 후의 세상이었습니다. 맨 처음 그 영화를 보러 갔던 때가 생각나요. 일행이랑 다 같이 심야상영을 보러 갔는데, 영화가 히트할 거란 생각은 했지만 그 정도로 크게 터질 줄은 몰랐어요. 그런데 그날 밤 다들 진짜 뿅 간 겁니다. 상영이 끝나자 남자 관객들 대다수가 마치 자기가 주윤발인 것처럼, 갱인 것처럼 잔뜩 몰입한 상태로 극장을 나오는 모습이 아주 가관이었어요. 주윤발은 단숨에 홍콩의 아이콘이 됐습니다. 영화에서 그가 레인코트를 입자 다들 그렇게 입었고 심지어 중국에서도 그 차림이 유행했어요. 선글라스랑 이쑤시개까지 다. 그게 멋있는 시절이었습니다. 그래서 갱영화를 만들어야 하는 시대였고요.

스토리는 어떻게 구상하셨죠?

〈열혈남아〉는 당시 '홍콩의 고다르'라 불리던 담가명과 함께 일하다가 나온 작품입니다. 그는 외국에서 공부한 뒤 새로운 생각을 갖고 귀국한, 홍콩 대표 뉴웨이브 감독 중 한 명이었습니다. 영화 스타일이 신선했죠. 당시엔 한 방에 작가들이 여러 명 모여 작업하던 시절이었는데 담가명은 사무실 환경을 못 견뎌 했어요. 그래서 우린 사무실이 아니라 센트럴 지구에 있는 커피숍에서 매일 만나 몇 시간이고 함께 보냈습니다. 그는 프로젝트, 인생, 자기가 좋다고 생각하는 영화들에 대해 이야기했죠. 보통 감독들처럼 플롯과 캐릭터를 말하는 대신 구조와 형태를 늘 강조했는데, 그게 저한텐 새로웠습니다.

당시 제가 계약돼 있던 회사가 그에게 영화 한 편을 의뢰하자 그가 저더러 시나리오를 써달라더군요. 제작자들은 인기 있는 장르인 코미디나 갱영화 둘 중 하나를 만들라고 제안했는데, 담가명은 두 가지 다 못 담을 거 뭐 있냐며 갱들이 나오는 블랙코미디를 생각해낸 거지! 〈영웅본색〉은 이미 히트를 칠대로 친 상태였어요. 평론가들은 이 영화가 1997년에 홍콩이 맞게 될지도 모를 운명을 은유한 거라고 했습니다. 하지만 담가명은 오우삼의 영역에 들어가기보다 새로운 아이디어를 시도하고 싶어 했습니다. 그의 아이디어는 단순했어요. 〈아푸 3부작〉과 〈비열한 거리〉의 만남 정도?

사티야지트 레이와 마틴 스콜세지라. 기묘한 만남인데요.

그는 소재로 삼류 깡패 둘만 있으면 3부작은 거뜬히 나온다고 생각했어요. 처음은 그들의 10대 시절로, 두 번째는 그들의 20대, 마지막은 30대 후반이나 40대로. 영웅 이야기는 이미 만들어졌잖아요? 승자인 위대한 영웅 대신 이 두 사람은 패자입니다. 성공하지 못하고 환멸에 빠지는 영웅들이죠.

담가명은 갱단이나 조직에 대해서는 아는 게 없었기 때문에 전체적인 골격을 짜는 걸 맡았습니다. 그리고 저한테 나머지 이야기를 채우라고 했죠. 왜냐하면 전 그 무렵에 그쪽 세계를 제법 많이 알게 된 상황이었거든요. 항상 촬영장엔 그쪽 세계랑 연결된 사람이 꼭 한 명씩 있었어요. 그 사람들하고 시간을 자주 보내기도 했고. 그중엔 이런 사람도 있었어요. 잘생긴 스턴트맨으로 배우가 되고 싶어 했는데, 매일 밤 항상 이런 말로 하루를 마무리했어요. "술 마시는 것도 오늘이 마지막이야, 내일은 완전히 달라질 거라고." 하지만 다음 날이 돼도 여전히 "술 마시는 것도 오늘이 마지막이야, 내일은 완전히 달라질 거라고" 타령이었죠.

매일같이 밤만 되면 이게 그의 마지막 대사였습니다. (웃음) 담가명에게 그 친구라면 흥미로운 캐릭터가 될 것 같다고 말했더니 그도 동의하더군요. 그때만 해도 우리는 이 3부작을 〈오늘이 마지막 날〉이란 제목으로 부르고 싶었는데 제작자들이 안 좋아하더라고요. 관객이 포스터에 쓰인 제목만 보고 오늘

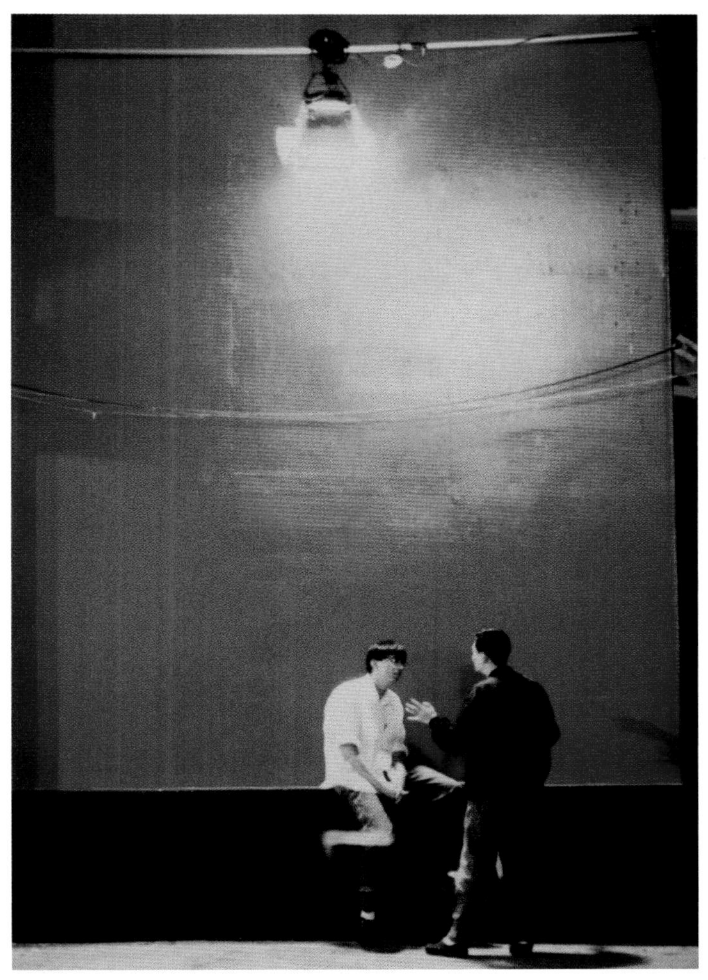

이 상영 마지막 날이구나 하고 오해하면 어떡하냐는 거죠. 대신 그들이 결정한 제목이 〈최후승리〉였습니다.

그게 말씀하신 3부작 중 세 번째 이야기였죠. 그러다 〈열혈남아〉는 어떻게 만들어지게 됐습니까?

〈최후승리〉는 좋은 평가를 받았지만 흥행 면에서 〈영웅본색〉에 못 미쳤어요. 관객들은 확실히 패배자보다는 영웅을 좋아했고, 이 시리즈의 나머지를 찍을 기회는 더 이상 없어 보였습니다. 그런데 1년 후에 제가 등광영이 새로 세운 '인-기어'라는 회사에 작가로 들어가게 됐어요. 전에 등광영은 갱영화를 여러 편 제작해서 성공한 적이 있고, 주윤발이 나오기 전까지 그 자신이 갱 역할로 이름을 날린 배우였습니다. 2년이 지나자 그가 묻더군요. "너 감독 되고 싶어?" 전 "물론이죠" 했죠. 몽콕을 배경으로 남자 경찰관과 정체를 알 수 없는 어떤 여자에 관한 이야기를 영화로 만들어보고 싶다고 했습니다. 비제의 〈카르멘〉스러운 스타일로.

아, 그래서 〈열혈남아〉의 광둥어 제목이 무슨 뜻인지 제가 도통 이해를 못했던 거군요. '몽콕의 카르멘'이었던 건데. 그런데 또 줄거리는 그거랑 상관없는.

그렇습니다. 등광영도 오케이해서 이 프로젝트를 시작한다고 발표까지 했어요. 그러다 어느 날 밤 그가 희소식을 전했습니다. 유덕화와 출연 계약을 맺었다고. 하지만 경찰관 이야기가 아니라 갱영화라야 한다는 조건을 붙이더군요. 담가명과 제가 만들었던 3부작에 대해 알고 있던 그는 두 깡패의 20대 시절을 다루는 두 번째 이야기를 만드는 게 어떻겠냐고 권했습니다. 그렇게 완성된 게 〈열혈남아〉였죠. 담가명에게 영화 편집을 부탁한 것도 그 때문이었습니다. 그는 이미 줄거리를 다 알고 있었으니까.

몇 년간 시나리오를 쓰다가 감독을 해보니 어떻던가요, 예상대로였습니까?

담가명과 오랜 시간 같이 일했기 때문에 처음엔 〈최후승리〉를 찍던 그의 방식을 모델로 삼았습니다. 그는 나더러 촬영계획표를 쓰라고 하더군요. 그는 촬영계획표 만드는 데 며칠을 할애하고 현장에서도 잘 준비된 상태를 유지하는 감독이거든요. 히치콕처럼요. 저도 〈열혈남아〉를 시작하면서 제가 그렇게 될 줄 알았어요. 완성된 시나리오에 촬영계획표까지 완벽하게 갖춰진 그런 감독. (웃음) 그런데 세트에 의상에 렌즈에 심지어 엑스트라 수까지 감독이 개입해야 되는 일이 너무 많은 겁니다. 보통 글 쓰는 작업은 조용한 밤에 했어요. 특히 밤 열두 시가 지난 후에. 〈열혈남아〉 찍을 때 촬영 첫날 스케줄이 아침 여덟 시부터 시작이었는데 너무 피곤한 거예요. 그래서 "촬영계획표는 잠깐 눈 좀 붙였다가 다섯 시에 일어나서 써야지" 했는데 일어나니 벌써 여덟 시가 된 겁니다. 현장에 도착하니 배우들이고 스태프고 전부 다 와 있고. 그래서 장숙평한테 말했죠. "나 촬영계획표 아직 못 썼어." 장숙평이 저를 째려보더니, "그럼 와이드숏부터 찍자고 지시해" 하더군요. 이 바닥에서는 저보다 선배이니, 와이드숏 촬영 준비에 시간이 걸린다는 걸 그 친구는 아는 겁니다. 그래서 현장이 준비되는 동안 저는 뒷문으로 몰래 빠져나가 다른 데서 열심히 계획표를 써내려갔어요. 그러니까 처음부터 확실히 깨달은 거지, 난 히치콕이 못 된다는 걸.

그런 사실을 다른 사람들은 어떻게 받아들이던가요?

다들 놀라 자빠졌죠. 여기 완전 대책 없는 상태로 현장에 오는 초짜 감독이 있네, 돌았나 봐, 이런 식. 하지만 첫 몇 장면을 찍고 나선 안정됐습니다. 그날 점심시간 후에 제가 현장 프로세스에 벌써 적응하고 있다고 자각했던 기억이 납니다. '좋아, 어떻게 하는지 알겠어'라는 확신이 들었으니까. 아시겠지만 제가 시나리오 쓰는 스타일이 진짜 직접적이고 간단합니다. 디테일이 많은 건 싫어서요. 그렇게 되면 전체 속도가 방해를 받거든요. 전 모든 걸 단순하게 그리고 장면에 맞게 담으려고 합니다. 연기, 대사, 분위기 — 촬영계획표에 필요한 요소 딱 그 정도만. 지금은 실제 촬영계획표를 작성하는 일이 드물고 계획을 짜는 행위 자체에 믿음도 없어요. 원칙적으로 영화는 촬영하는 첫날부터 어차피 계속 굴러가게 되는 시스템이고, 실제 촬영 현장에는 늘 무질서, 혼돈, 예상치 못한 문제들이 있기 마련이거든요. 촬영장에서 완벽한 날이란 드물기 때문에 그 사실부터 받아들이는 게 최우선입니다.

그날은 첫날이었는데 걱정은 안 됐습니까? 신인 감독인데 시나리오도 없이 일한다는 게.

중요한 건 제가 작가였다는 겁니다. 제가 시나리오였던 거죠. 저는 배우들한테 뭘 하라고, 뭘 말하라고, 심지어 어떻게 말하라고 지시할 수가 있었어요. 마음속으로 이미 내용을 알고 있으니까. 고쳐야 될 상황이 오면 직접 고쳤습니다. 배우 대사가 너무 길다, 이 장면은 답이 안 나온다, 현장이 준비가 안 돼 있다 등등 뭐든지 해당되면 다. 저는 늘 시나리오를 고쳤고 그러다 보니 촬영 중에 밤마다 미친 듯이 쓰고 있었어요. 스트레스가 어마어마했습니다. 만들기 시작한 지 2주 만에 완전히 만신창이가 됐죠. 눈이 얼마나 뻑뻑하던지. 전 생각할 공간이 필요했습니다. 우린 일종의 모험을 하는 중이었기 때문에 겁을 먹어선 안 됐거든요. 그래서 그때부터 선글라스를 쓰기 시작했습니다.

배우 캐스팅이 정말 화려했죠. 유덕화는 비운의 주인공 소화, 장학우는 그의 미친 친구 창파 그리고 장만옥은 소화가 사랑을 느끼게 되는 순수한 여성 아화로. 장학우와 장만옥은 어떻게 캐스팅된 겁니까?

장만옥은 신인이었어요. 영국에서 자랐는데 외모 덕분에 미인대회에서 발탁된 케이스였죠. 모델도 하고, 광고도 찍고, TV에도 나오고 했는데 연기 수업을 제대로 받은 적은 없었습니다. 사람들한테 인기는 있었지만 그녀를 진지한 배우로 생각하는 사람은 드물었어요. 장학우는 제가 썼던 한 코미디에 출연하면서 같이 일한 적이 있었는데 창파 역을 맡기에 딱이라는 생각이 들었죠.

정말 그랬어요. 놀라운 자기혐오에다 '센' 캐릭터라 이 영화에서 최고가 아니었나 싶어요. 거의 드니로급으로.

그에게 딱 맞는 역이었죠. 그는 노래자랑대회 우승자 출신 가수였고 그렇게 시작해 인기 절정이었다가, 성공에 서투른 탓에 음주 문제나 기타 말썽을 일으키면서 평판이 나빠졌습니다. 내리막길을 걷고 있었죠. 그러다 이 영화가 그의 인기를 되살린 돌파구가 됐습니다. 지금도 사람들이 길에서 그를 만나면 창파라고 부를 정도로. (웃음)

장만옥은 어때요? 다른 감독들이 못 알아본 가치가 보였다거나 그런 이유로 뽑은 건지?

남자든 여자든 제가 배우를 캐스팅하는 방식은 순전히 본능적입니다. 그들이 가진 뭔가가 저한테 영감을 줘야 돼요. 〈열혈남아〉의 경우 장만옥의 얼굴을 봤을 때 이런 생각이 들었습니다. "깡패들 세상과는 이 얼마나 다른 얼굴인가. 좋은 조합이 되겠어."

맞아요, 그녀 얼굴엔 뭔가 순진한 느낌이 있죠. 연기도 처음부터 잘하던가요?

네. 신인배우들이 대부분 그렇듯이, 장만옥도 자신을 증명하고 싶어서 열심히 했습니다. 근데 가끔은 너무 지나쳤어요. 촬영 초반에 이런 말을 했던 게 기억나네요. 그녀가 유덕화랑 점심을 같이 먹는 장면이었는데 제가 계속 이랬습니다. "그러지 말고 먹으라니까요." 그녀는 자기가 그렇게 했답니다. 그래서 말했죠. "아니, 당신이 한 건 먹는 연기라고." 이 말에 그녀 연기는 더 어색해졌고. 첫 이틀은 정말 지옥이었어요. 그러다 어느 날 제가 물었습니다. "당신이 만약 지금 아화 같은 상황이라면 어떻게 하겠어요?" 그녀가 이것저것 대답을 하길래 제가 직접 보여달라고 했고, 그때 그녀가 보여준 움직임이 괜찮아 보였어요. 그녀는 자기 몸을 잘 표현하는 배우입니다. 제가 걸음걸이를 정말 좋아하는 사람이 둘이 있는데 한 명이 왕페이, 다른 한 명이 장만옥이에요 — 그녀한텐 "그대로 계속 걸어요"라고 말하고 싶어진달까. 그때 그녀가 걸어 다니며 보여주는 사소한 움직임이 대사보다 더 많은 걸 말해주더군요. 그때부터 처음 써놨던 페이지들을 다 버렸습니다. 대사를 더 짧게 만들고 배역을 그녀에 맞게 고쳤죠. 그랬더니 그녀더러 다른 사람이 되라고 말할 필요가 없어졌습니다. 그녀도 그 역에 완벽한 배우가 됐고요. 이 경험으로 뭔가를 깨우치게 됐고 그 이후로 이 경험은 유용하게 쓰이고 있습니다.

그 후로 저도 그녀의 리듬을 잡아내게 됐고 그녀도 제 리듬이 어떤 건지 알게 됐습니다. 그녀가 유덕화를 란타우 섬에서 만나 하룻밤을 같이 보내는 장면이 있죠. 거기서 우선, 유덕화가 위층으로 올라가 자기 방으로 들어가면서 프레임에서 사라집니다. 장만옥도 그 뒤를 따라 들어가게 돼 있었는데 처음엔 그녀가 바로 올라가버리는 겁니다 — 탁, 탁, 탁, 거침없는 걸음으로. 제가 그랬죠. "잠깐. 당신은 지금 마음이 불편해. 그러니까 갈등이 있어야죠 — 올라갈지 말지 하는. 몸으로 그런 망설임이 표현돼야 합니다. 거기서 잠깐 멈춘 다음, 결심을 하고, 그런 다음에 올라가요." 그녀가 몇 번 더 시도했지만 여전히 안 맞았습니다. 보니까 어디서 멈춰야 될지 모르는 거예요. 그래서 그녀에게 프레임을 보여주고, 어디서 멈출지 그리고 프레임 안에서 왜 굳이 그 위치여야 하는지 이해시켰습니다. 그날 이후 그녀는 촬영에 들어가기 전에 꼭 프레임을 확인한 다음 연기를 시작하는 버릇이 생겼어요.

유덕화에 대해 물어볼게요. 25년이 지났는데도 그는 여전히 슈퍼스타입니다.

나는 그를 정말 좋아하고 그와 함께 일했던 때도 참 즐거웠어요. 그 시대 사람들 중에 제일 열심히 활동하는 배우였고 지금도 그렇습니다. 처음에 그는 아주 유명한 배우가 됐고 그다음엔 아주 유명한 가수가 됐죠. 그런 다음엔 영화 제작에도 손을 댔고, 동시에 잘 굴러가는 팬클럽도 직접 운영했고. 그는 진정한 연예인이고, 자기 이미지에 맞게 현실을 살아가는 일이 전혀 괴롭지 않은 타입이에요.

음, 이 질문을 어떻게 말해야 될지 잘 모르겠는데, 감독님은 그가 연기를 잘 한다고 보십니까?

네. 하지만 거물급 스타들은 성공의 희생양이 되기도 하죠. 유덕화도 그때부터 엄청난 압박을 받으며 일했어요. 제 것 말고도 동시에 진행하고 있는 영화가 다섯 편이나 됐으니까. 모르긴 해도 우리 촬영장에 도착했을 때 그전에 아마 20시간은 딴 걸 찍고 온 상태였을 겁니다. 우리가 조명을 설치하는 동안 그는 쪽잠을 잤죠. 배우로서 그가 연기한 배역들도 사실상 똑같은 인물이었습니다. 그는 어떻게 표현해야 효과적일지 정확히 알고 있었습니다. 어떻게 서 있고, 어떻게 웃고, 어떻게 걸어야 할지를. 사람들이 자기한테 뭘 바라는지 아는 거죠. 그들이 돈 내고 보러 오는 게 그거였으니까. 영화 속 캐릭터가 아니라 스타 유덕화를.

그리고 감독님은 그가 그러지 못하게 해야 했고요.

맞습니다.

과정이 어땠습니까? 힘들었나요?

그는 그 버릇을 떼어내기 엄청 힘들어했어요. 몇 년 동안 담배 피워온 사람한테 끊으라고 하는 느낌? 담배 한 개비가 없어 뭔가 허전하고, 그래서 불안해지는 격이었죠. 그래서 저는 그가 딴 데 정신이 팔리게끔 다른 대상을 제시하곤 했어요. 이다음 영화인 〈아비정전〉에서 그는 경찰을 연기합니다. 영화에서 장만옥을 처음 마주치는 장면을 찍던 첫날, 저는 그에게 오렌지를 하나 쥐여 줬어요. 그걸로 그는 더 이상 유덕화가 아니었습니다. 그는 경찰이었고, 양손에 과즙을 잔뜩 묻혀가며 열심히 오렌지를 먹다가, 자포자기한 여성의 예기치 못한 기습을 받죠. 좀 우스꽝스러워도 훈훈한 장면입니다. 아주 인간적이고 기억에 남는 그런.

그도 감독님과 일하는 걸 좋아했나요?

처음엔 다른 영화랑 똑같이 취급하더군요. 그러다 나중엔 그가 우리 영화에 시간을 더 많이 할애한다는 걸 알게 됐습니다. 당연히 다른 영화사들이 불평하기 시작했죠. 그쪽은 더 유명한 감독들에 더 큰 영화사들이었거든요. 저는 초짜 신인 감독이었고. 재미있는 건 당시 같은 시기에 나온 유덕화나 장만옥 출연작들을 보면 그들이 〈열혈남아〉에 나올 때랑 진짜 비슷해 보인다는 겁니다. 그건 우리가 — 장숙평과 제가 — 그들을 어떤 모습으로 설정할지 우리 영화부터 정하게 해달라고 요청했기 때문입니다. 자연히 다른 영화들은 다 그 뒤를 따를 수밖에 없었고요. (웃음) 유덕화, 장만옥, 장학우와 함께 경력을 시작한 저는 행운아였습니다. 그들은 배우가 아니라 10대 아이돌로 캐스팅된 거여서 이 첫 작품에서 우리는 친밀하게 작업했거든요. 유덕화도 저도 그땐 젊어서 즐겁게 지냈습니다. 특히 〈열혈남아〉는 그에게 하나의 모델이 됐어요. 그 이후 다른 영화들에서 그가 그런 역할을 몇 번이고 다시 맡는 걸 보셨을 겁니다. 소화는 그의 대표적인 캐릭터가 됐죠. 그에게는 정말 성공적인 배역이었습니다.

그와 왜 더 일하지 않으셨는지?

리듬이 달라서죠. 그가 고속 차선을 직선으로 내달리는 터보 엔진 차였다면, 전 그냥 지상 도로를 이리저리 돌아다니는 차였거든요. 그는 그때 이후 100편도 넘는 영화에 출연했는데 전 10편밖에 못 만든 걸 보면 뭐. 가끔 그가 나온 영화를 볼 때가 있는데, 제가 알고 있는 미소와 걸음걸이의 흔적은 느껴지지만 지금은 그때보다 더 섬세해졌어요. 혹시 우리가 가는 길이 겹치고 속도도 맞는다면 다시 같이 일할 기회가 올지도 모르죠.

영화에서 창파는 자기파괴적이고 말썽에 휘말리는 인물입니다. 어떤 사람들은 유덕화가 맡은 소화가 그를 말썽에서 꺼내주는 짓을 계속하진 않을 거라 주장하던데.

이유가 뭐죠?

소화가 계속 "그만두라"고 해도 창파는 말을 안 들으니까요. 둘이 함께 죽는 한이 있어도 절대로. 아까 감독님이 말해준, 변할 거라 약속해놓고 맨날 같은 실수를 반복하던 그 스턴트맨처럼.

그게 당연한 건데. 둘은 같이 자란 사이잖아요. 제일 친한 친구고 형제 같은 사이고 도울 수만 있다면 무슨 짓이든 할 그런 사이.

하지만 관객은 그 둘이 어려서부터 같이 자랐는지 어쨌는지 모르잖아요.

하지만 〈비열한 거리〉를 보십시오. 하비 카이텔이 드니로를 위해 왜 그 모든 걸 감수했겠습니까?

그야 예수 콤플렉스가 있었으니까.

그건 스콜세지가 이탈리아 사람이라서 그래요. 이쪽 세계에서는, 삼합회원들 사이에는 의리라고 하는 게 있습니다. 그들만의 예법이죠. 그에 따르면 그들은 형제입니다.

창파는, 즉 가족이다?

그렇죠. 그리고 가족은 돌보는 게 맞고.

이 영화는 — 그리고 감독님의 경력도 — 왼쪽에는 홍콩 거리가, 오른쪽에는 하늘을 흘러가는 구름 장면을 내보내는 TV 화면에 그 홍콩 거리가 되비친 모습이 담긴 장면으로 시작합니다. 장숙평은 이게 의도적인 연출이라고 하던데 왜 그런 장면으로 시작하신 겁니까?

그 장면을 의도하진 않았어요. 우연히 건진 겁니다. 장학우가 갑자기 튀어나와 몽콕 거리를 냅다 뛰어가던 장면 기억하시죠? 몽콕은 홍콩에서 제일 붐비는 구역이라 거기서 촬영 허가를 받는 건 불가능하고 그렇게 많은 엑스트라를 쓰는 것도 불가능해요. 그래도 우리는 모험을 해야 했습니다. 그래서 은행 강도처럼 플랜을 짰습니다. 카메라를 배치하는 데만 이틀이 걸렸고 한 번에 오케이가 나야 했죠. (웃음) 전 그런 극적인 드라마가 좋습니다. 그럴 때 팀 전체가 바짝 몰입하고 신난 상태가 되거든요. 어쨌든 모든 준비는 다 됐습니다. 하지만 거리가 붐빌 때까지 기다려야 했어요. 그때 거기 TV로 이루어진 벽 — 홍콩을 신주쿠처럼 보이게 하려고 설치한 — 이 있고, 마침 나오는 장면이 구름이라는 걸 알아챘죠. "저거 잘 어울리겠는데" 하고 생각했습니다. 왜냐하면 영화 밖의 세상에서도 알아볼 표식이 있어야 되거든요. 이건 구조상 중요한 문젭니다. 제 영화들은 대부분 이 표식을 갖고 있습니다. 〈아비정전〉에서는 숲이 있었고 〈해피 투게더〉에선 폭포가 있었죠. 〈화양연화〉에서는 그 골목들이 있었습니다. 제 영화는 관계와 분위기와 감정에 대한 이야기이고 그것들은 영화 안에서 늘 변합니다. 하지만 숲, 사막, 폭포, 이런 요소들은 변하지 않는 상수가 되죠. 변하는 것과 변하지 않는 것을 나란히 두는 게 좋아요.

전형적인 범죄영화 같은데도 저는 감독님이 장르적 제약에 갇히지 않으려고 안간힘을 쓰는 게 느껴졌습니다. 감독님을 유명하게 해줄 스타일을 벌써 추구하고 계셨던 거죠. 예를 들면 속도에 일부러 손을 대서 액션 장면을 흐릿하게 만든 거요. 대부분의 갱영화는 폭력을 똑똑히 목격하길 바라는데 감독님은 안 그럽니다. 왜죠?

〈영웅본색〉 이후로 갱영화는 슬로모션 투성이가 됐죠. 보통 영화 필름은 1초당 24프레임 속도로 찍히고 속도를 아주 높이면 100프레임이 됩니다. 오우삼 감독은 50프레임으로 찍죠. 하지만 전 반대쪽 극단으로 가보고 싶어서 12프레임으로 찍은 다음 그걸 이중 인화합니다. 그러면 뭔가 다르고 이상한 슬로모션 효과가 나요. 〈열혈남아〉 시절에 술집 싸움을 많이 목격했는데 싸움이 벌어지고 나서야 '아, 싸움이 있었구나' 싶지 벌어지는 와중에는 정신이 없고 눈앞에 보이는 장면도 툭툭 끊어지는 그런 느낌이거든요. 저는 '이게 바로 원했던 효과다' 싶었습니다. 주로 일본 만화가 그러듯이 움직임이 극대화된 효과요. 모든 게 느려지지만 흐릿한 이미지 때문에 비현실적으로 다가오는, 어떻게 보면 매혹적이죠.

장숙평이 그러던데요. "왕가위는 흐릿한 걸 너무 좋아한다"고. 감독님이 비 오는 장면 찍는 걸 그렇게 좋아하는 이유도 그거라고.

길에서 일하다 보면 — 길에서 일하는 걸 안 좋아해도 어쩔 수 없이 해야 하는 상황에서 — 숨기고 가려야 할 것들이 많습니다. 가릴 수 있는 제일 좋은 방법이 뭘까요? 흐릿하게 만들거나 심하게 왜곡해야겠죠.

그런데 그 효과가 상당히 아름다워요.

그렇죠. 〈열혈남아〉가 나온 후론 다들 그 방법을 쓰기 시작했으니. 그건 경제적인 방법이기도 했습니다. 그 시절에는 새 필름의 감광도가 아주 낮았어요. 그래서 빠른 속도로 찍을 경우 빛이 많이 필요했죠. 하지만 12프레임으로 찍으면 빛이 많이 없는 환경에서도 찍은 화면의 품질이 좋게 나왔어요. 덕분에 새 필름도 많이 아낄 수 있었고.

소화가 장만옥 배역을 만나는 란타우 섬의 긴 시퀀스 이야기를 좀 해도 될까요? 그 부분을 놀랍도록 늘어지게 긴 〈Take My Breath Away〉의 뮤직비디오처럼 만드셨잖습니까. 일부 평론가들이 그게 영화의 나머지 부분과 동떨어진다고 불평하는 걸 들은 적이 있어서요.

전 유덕화와 장만옥의 관계를 〈네 멋대로 해라〉 속 장-폴 벨몽도와 진 세버그 같은 걸로 봤습니다. 그리고 그때 〈탑 건〉이 상영 중이었고 영화 속 사랑의 테마인 〈Take My Breath Away〉가 안 들리는 곳이 없었죠. 담가명이 이거 괜찮은 우연 아니냐며 샌디 램이 부른 버전을 고다르에 바치는 오마주처럼 쓰자고[30] 제안하더군요. 영화를 보면 담가명의 영향이 다른 데서도 나타납니다. 이를테면 빨간색과 파란색 같은 거. 그 둘은 담가명의 색입니다. 그의 트레이드마크죠. 저는 그와 함께 스토리를 만들었고 그래서 그를 상징하는 뭔가가 영화 안에 있어야 된다고 생각했어요.

짐 자무시도 있지 않습니까, 그 안에? 전 플롯에서도 느껴지고 심지어 몇 장면에서도 그런 게 보이던데요.

짐 자무시의 〈천국보다 낯선〉을 봤을 때 깊은 인상을 받았습니다. 스토리텔링이 경제적인 영화죠. 거기엔 연기도, 대사도 없이 한 사람의 평소 모습만 보여줍니다. 우리는 그의 루틴, 즉 그가 반복하는 일정한 행동을 통해 그를 알게 됩니다. 그러니까 그가 그때는 이렇게 하고 이때는 또 저렇게 하고 하는 식으로. 그 루틴에서 잔잔한 서글픔이 배어나는데 그게 영화 첫 부분에서 유덕화 배역에 잘 맞을 거라고 생각했습니다. 제가 알던 폭력단 사람들은 자기만의 정해진 일과가 있었어요. 한낮에 일어나 체육관에 가서 운동하고 잡담 나누고. 그들에게 아침 시간은 먹다 남은 음식이랄까, 아무 일도 안 일어나는 심심한 시간이죠. 밤이야말로 하루 중 알맹이, 메인 코스였어요. 그때야 모든 게 살아나기 시작하고 역동적이고 극적이었으니까. 밤이 되면 그들은 정글에 있었습니다.

이 영화가 뭐에 대한 얘긴지, 평론가가 되는 위험을 감수하고 한말씀해주신다면?

언젠가 펠리니가 인터뷰에서 한 말이 생각나네요. "내가 뭘 말하고 싶었던 건지 나도 모른다. 심지어 지금도 모른다. 만약 알게 된다면 영화를 안 찍을 것이다. 혹은 모르기 때문에 나는 영화를 찍는 것이다." 〈열혈남아〉의 경우 뭘 다루고 싶은 건지 저도 정말 몰랐습니다. 에너지만 넘치고 아이디어도 너무 많았거든요. 어떤 아이디어가 떠오르면 그때마다 그 방향으로 일단 가봅니다. 뭐가 진짜고 뭐가 가짠지 판별하고자 하면서 어떤 느낌이나 감정을 찾아보려는 시도랄까. 저는 영화가 어떻게 끝날지 전혀 모르는 상태로 영화를 찍는 법을 늘 고수했습니다. 그냥 나가떨어질 때까지 찍고 싶었고 — 정말 그렇게 하니 흡족하더군요! (웃음) 지나고 보니 와닿는 건 그게 제 첫 영화였고 첫 경험이었단 사실입니다. 이전까지 한 번도 고속도로를 달려본 적 없는 10대가, 지금은 페라리 운전석에 앉아 그 차의 속도와 힘에 파묻힌 채 다른 차를 추월하고 차선도 바꿔가며 신나게 질주하는 그런 경험이었죠. 내가 또 시나리오 없이 찍는 감독이니까, 지도도 안 보고 운전하는 것 같았을 거고.

영화는 대성공이었고 상이란 상은 다 탔죠 — 배우들도 전부 시상식 후보 지명을 받았고요. 그런 과거가 세월이 흐른 지금 돌아봐도 만족스러우신지?

네. 처음엔 "이거 잘 안 되겠다" 싶은 생각도 들었지만 곧 "이걸 하려고 태어났구나" 믿기 시작했어요. 계속 진행하면 할수록 제 안에 뭔가가 있고 이게 잘될 거라는 확신이 더 들기 시작했죠. 저에게 딱 맞았고 일하는 게 즐거웠습니다. 앞으로 내가 더럽게 잘되겠구나. 지금 내가 뭔가 남다른 걸 만들고 있구나. 그걸 알았죠. 영화가 완성된 후 걱정이 안 되더라고요. 내가 입증했으니까. 아직도 사람들이 저한테 그럽니다. "〈열혈남아〉 같은 영화를 만드셔야지. 그게 얼마나 재밌고 얼마나 로맨틱했는데." 지금도 사람들이 그렇게 말한다니까요 — 상상이 가시냐고. (웃음) 한동안 그 영화를 다시 보는 일은 없었지만 제일 힘들었던 몇몇 시기에 그 영화를 떠올린 적은 있어요 — 그걸 만들던 당시 얼마나 짜릿했고 얼마나 순수했던가 하고. 저한텐 그 영화가 순수한 영화 제작의 본보기였고 지금도 그렇습니다. 하지만 더 이상 순수하지도 않고 그때의 흥분이 여운만 남은 지금 그런 영화를 다시 만들기는 힘들죠.

그리고 이 영화를 만들고 난 후에 에스터와 결혼하셨죠?

그 무렵 에스터와 전 10년 이상을 함께 산 상태였어요. 촬영에 들어가기 전에 이미 홍콩에서 혼인신고를 마쳤고 영화를 완성하면 그때 뉴욕에서 식을 올릴 계획이었습니다. 결혼식 준비를 위해 그녀가 먼저 건너갔고 개봉 다음 날에 결혼식을 올린 다음 호숫가에서 피로연을 열었죠. 저에게는 첫 영화와 가족이 동시에 생긴 거죠. 그날 저는 세상에서 제일 행복한 남자였습니다.

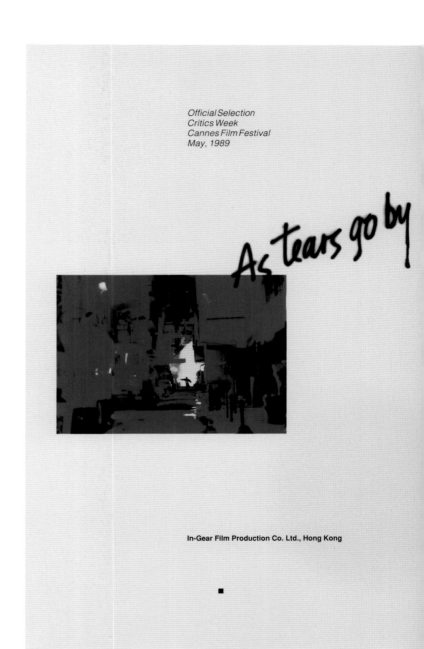

黒街で傷だらけになり、女は危険

〈아비정전〉은 감독님의 개성이 드러난 첫 영화입니다. "저번 영화가 성공했으니까 이젠 진짜 원하는 걸 찍을 수 있어" 이렇게 생각하셨나요, 아니면 히트작을 또 하나 만든다고 생각하셨나요?

만들 때는 그게 히트작이 될지 어떨지 고려한 바가 없어요. 그건 〈열혈남아〉 때도 마찬가지였고. 전 그저 "영화만 좋으면 사람들이 싫어할 이유가 뭐 있겠어?" 그렇게만 생각했지. 하지만 결과적으로 영화는 그해의 가장 큰 논란거리가 됐고 이후로도 몇 년 동안 그 꼴을 못 면했어요. 그걸 보면 제가 얼마나 순진했는지 알 수 있죠.

그래도 당시 홍콩에서 만들어지던 영화하고는 완전히 다른 걸 만들고 있다는 자각이 분명히 있으셨을 텐데요.

의도는 그랬습니다. 다르게 만들 생각이었고 그렇게 만들었죠. 이야기를 풀어내는 방식만이 아니라 영화의 비주얼도요. 원래는 시네마스코프 화면에 동시녹음으로 찍고 싶었습니다. 근 30년 동안 홍콩에선 아무도, 1950년대 초의 쇼 브라더스 제작사 이후로 아무도 그렇게 찍는 사람이 없었거든요. 하지만 두 가지를 동시에 진행하는 건 비용이 많이 들었고 너무 복잡한 일이었습니다. 제작자였던 등광영은 둘 중 하나만 하라고 하더군요. 그래서 빵 반쪽이라도 아예 없는 것보단 낫다는 속담에 따라 동시녹음을 선택했습니다. 배우들은 전부 놀랐죠. "대사도 말하고 마이크도 착용하고, 거기다 퇴장할 때 세트를 확실히 나가야 된다고?"

겁내던가요?

아뇨. 다들 의욕적이었어요. 하지만 동시에 압박감도 느꼈습니다. 작가를 하던 시절에는 현장에서 대사 한 줄이 안 맞아서 고쳐야겠다 싶은 경우엔 일단 배우들한테 "하나-둘-셋-넷-다섯-여섯-일곱"이라 하라고 했습니다. 나중에 고쳐 넣어야 하는 대사가 일곱 단어짜리란 걸 알 수 있게요. 그런데 이제 대사를 실제로 말해야 했습니다. 〈아비정전〉은 모두에게 새로운 경지였고 그래서 특유의 분위기가 만들어졌어요.

이 영화를 만들게 된 계기는 뭡니까?

80년대에 복고 분위기가 정말 많아지기 시작했어요. 프랜시스 포드 코폴라 감독이 〈아웃사이더〉와 〈럼블피시〉를 만든 때죠. 그리고 〈백 투 더 퓨처〉도 있었고. 60년대를 되돌아보면서 영감을 얻는 게 유행처럼 느껴졌습니다. 케네디 대통령과 달 탐험 시절로 회귀하는 듯한. 그땐 사람들이 미래를 기다리던 시절이었죠. 하지만 80년대 말이 되자 미래는 불확실해졌습니다. 우리는 달이 아니라 이 땅에서 벌어지는 일들에 더 마음을 쓰게 됐죠. 그래서 저는 60년대에 대한 영화를 만들고 싶어졌어요.

그 시절의 기억 중 강렬한 하나는 1966년 폭동입니다. 그때 전 겨우 아홉 살이었는데 폭파 협박 때문에 야간 통행금지가 있었고 학교 수업도 중단됐고 그랬죠. 이것 때문에 인생이 바뀐 사람들도 많았겠지만 아직 어렸던 저로선 그저 노는 날이 늘어난 것뿐이었습니다. 하지만 밖에선 세상이 변하고 있었어요. 벌써 반식민주의 정서가 팽배했고 중국문화혁명이 막 시작될 참이었죠. 이때를 기점으로 홍콩을 잠시 머물다 가는 경유지라 봤던 기성세대와 홍콩을 고향으로 생각하는 젊은 세대 사이에 벽이 생겼습니다. 우리가 영화를 만들던 무렵은 6월 4일 천안문사태가 일어난 후였고 그래서 본토 반환이 이루어지고 난 뒤 홍콩의 운명이 어떻게 될지 알 수 없는 상황이었습니다. 맨 처음 만들고 싶었던 내용은 폭동 자체에 대한 것이었습니다—어떤 경찰관과 한 여자에 관한 이야기로. 그런데 본격적으로 구조를 만들다 보니 이야기가 그 이상이어야겠다는 생각이 계속 들었습니다. 그냥 폭동만 다뤄선 안 되겠다. 왜냐하면 폭동은 단순한 하나의 사건일 뿐이니까. 이건 자기 정체성을 찾으러 나선 사람들의 이야기라야 했습니다.

이런 시대물을 찍으려면 돈이 많이 들죠. 그래서 저는 코폴라가 했던 방법을 써보기로 하고 두 편으로 영화를 쪼갰습니다. 그 둘이 서로 연속으로 이어지도록. 첫 이야기는 폭동이 있기 전인 1960년을, 그다음 이야기는 폭동 직후인 1966년을 배경으로 했습니다. 그가 그랬던 것처럼 저도 제일 잘나가는 10대 아이돌 스타로 이루어진 꿈의 출연진을 불러 모았어요. 그들을 두 그룹으로 나눴습니다. 한쪽은 상하이 출신 지역사회를 대표하는 장국영, 장만옥, 유가령. 다른 그룹은 홍콩 토착 거주민들인 유덕화, 양조위, 장학우로. 줄거리는 그들이 자기 정체성을 찾아나가는 과정으로 이뤄질 예정이었습니다. 당시 한창 남미문학에 빠져 있던 때라 가브리엘 가르시아 마르케스의 소설 《콜레라 시대의 사랑》에서 영감을 가져왔죠. 저에게 장국영의 배역은 콜레라처럼 두 여자의 인생을 바꿔버리는 전염병 같은 인물이었습니다. 이야기는 그를 만나기 전과 후 그녀들의 시각에서 서술됩니다. 첫 번째 편에서 한 여자는 자신의 과거를 잊길 거부합니다. 두 번째 편에서 다른 또 한 여자는 과거를 기억하길 거부하고요.

감독님이 그토록 좋아하는 남미소설이란 게 대체 어떻길래? 마누엘 푸익과 가르시아 마르케스를 자주 언급하시는데.

중국문학에선 모든 게 '무엇'—지금 벌어지고 있는 사건—에 관해서고 '어떻게'에 대한 건 별로 없습니다. 남미소설에서 배운 건 작가들이 이야기를 전달하는 방식입니다. '어떻게'도 '무엇'만큼 똑같이 중요하기 때문이죠. 사실 '어떻게'는 '무엇'이 되는 방법을 알아낼 수 있습니다. 어떻게든요. 그런 걸 하고 싶었어요. 중국영화를 위한 완전 새로운 스토리텔링 방식을.

는 두 번 다시 그런 제안을 하지 않았죠.

그런 기억들이 영화에 많이 나옵니다. 〈아비정전〉이 왜 그리 녹색 천지냐고 사람들이 묻는데 그건 우리가 살던 아파트가 녹색이었기 때문입니다. 너츠포드 테라스 주변에 나무가 많았기 때문에 그 빛을 기억하고 있어요. 심지어 길에 있는 벤치도 녹색이었죠. 모든 게 녹색이었어요. 그 시절엔 그 색이 그만큼 인기였습니다.

세심하게 디자인된 작품입니다 — 장면들이 머리에서 떠나지 않을 만큼. 똑같이 아파트를 찍어도 〈열혈남아〉의 소화가 살던 곳처럼 우중충하지가 않아요.

그야 몽콕 건달들이 아니라 상하이 이민자 사회를 다루고 있었으니까!

장숙평도 상하이 출신이죠. 그 점이 그의 프로덕션 디자인에도 반영됩니까?

물론. 이 영화는 우리 둘에게 개인적인 의미가 커요. 반적화와 장국영의 이야기 — 그리고 영화에 비치는 반적화의 아파트 모습도 — 는 장숙평의 집을 토대로 한 겁니다. 그가 연출한 반적화의 패션도 그의 어머님이랑 비슷해요.

감독님 어머님은 그렇게 안 입으셨어요?

어쩌다 한 번씩. 손님이 오시거나 굳이 예를 갖춰야 되는 상황일 때만.

장숙평 쪽이 감독님보다 더 부자였나요?

그럼요. 그 친구 배경이 더 좋아요.

다양한 시점을 담고 싶었다는 거군요.

그렇죠. 《하트브레이크 탱고》에서 푸익은 서로 다른 인물의 시점들을 통해 이야기를 전달하는데, 그게 심지어 시간순도 아닙니다. 마구잡이인 것처럼 느껴져도 알고 보면 직소 퍼즐의 조각들 같은 거라 다 맞춰놓고 보면 전체 그림이 보여요. 다양한 시점을 모아놓으면 이건 우리가 제어할 수 없다는, 인간의 영역 밖이라는 숙명 혹은 운명을 느끼게 돼요. 그게 인생이죠. 그게 이 영화에서 말하고 싶었던 정확한 주제였습니다.

어린 시절을 돌이키는 이야기를 할 거라면 고전적인 방식도 있잖아요. 귀엽고 똑똑한 꼬마 소년이 침사추이에서 커가면서 주변을 관찰하는 이야기라든가.

장국영과 장만옥과 유가령과 양조위가 맡은 역들 — 영화에 나오는 인물들 전부 — 은 '딱' 제가 아주 어렸을 때 만났던 사람들 같습니다. 우리가 살던 아파트에서 장국영이 맡은 배역 같은 어떤 남자에게 셋방을 준 적이 있는데 그 사람 여자친구 중 한 명이 영화 속 장만옥 같았어요. 맨날 아파트 밖에 앉아 있었는데 어떨 땐 동이 틀 때까지 그러고 있었죠. 어머니가 그녀 걱정을 하자 그녀는 이렇게 말하더군요. "전 그이를 기다려야 해요. 그이를 기다려야 된다고요."

그이는 보나마나 장국영만큼 매정한 남자겠죠?

아무렴요. 그는 아주 잘생겼고 마초였고 나중에 홍콩에서 잘나가는 건달이 됐죠. 모르는 사람이 없는 유명인이 됐어요. 하지만 그때만 해도 웨이터에 불과했습니다. 좀 전에도 말했지만 그는 마초였고 집세를 제때 내는 법이 없었어요. 한 번은 우리 어머니께 이런 제안을 하더군요. "그 돈 걸고 게임 한번 해봅시다." 그래서 두 분이서 모종의 주사위 게임을 벌였고, 그는 한 푼도 안 내거나 혹은 두 배로 낼 수도 있었습니다. 하지만 어머니가 이기셨고 이후 그

영화의 중국어 제목이 〈아비정전(아비의 이야기)〉인데, 중국에선 〈이유 없는 반항〉도 이 제목으로 번역됐었죠. 감독님은 왜 이 제목을 택했습니까?

'아비'란 표현은 60년대 특유의 것이에요. 〈이유 없는 반항〉과 〈웨스트사이드 스토리〉에서는 그 말이 대표적인 표현입니다. 당신이 만약 누군가를 아비라 부른다면 그건, 당신이 60년대를 특정하여 모종의 서구화된 태도와 사고방식을 가진 젊은이를 지칭하고 있다는 뜻입니다. 1974년에 처음으로 중국 본토에 간 적이 있는데, 그때 평범한 청바지 차림이었는데도 거기 사람들은 저를 다른 별에서 온 외계인인 양 쳐다보더군요. 아비란 이름은 홍콩 거리에서 흔히 마주치는 보통의 부류가 아니라 의식적으로 서구 스타일을 추종하는 청년이라는 인상을 부여합니다.

장국영이 맡은 아비도 서구 스타일을 추종하는 청년이죠.

물론입니다. 옷 입는 것, 멋 내는 것 — 셔츠와 헤어스타일 등등 영락없죠. (이러면서 왕가위는 머리카락을 뒤로 빗어 넘기는 시늉을 한다.) 영화에서 그의 첫 행동은 코카콜라를 사는 것입니다. 팬암 가방[31]도 멨죠. 걸음걸이도 그렇습니다. 구두 뒷굽에 징도 박았고.

장국영 이야기를 해볼까요. 영화에서 생모를 찾으려 혈안이 된 버릇없는 난봉꾼 역을 끝내주게 소화했죠. 〈열혈남아〉에 나온 배우들이 그랬던 것처럼 그도 이전까진 사람들이 배우로서 진지하게 생각하지 않았던 케이스였던 것 같은데.

그때만 해도 장국영은 대중가수였어요. 그 사람 알고 보면 걸어온 길이 참 요지경이지. 노래자랑대회로 경력을 시작했는데 사람들이 대놓고 싫어했어요. 가식적이고 자아도취가 심하다나. 첫 콘서트 때 모자를 쓰고 나왔는데 공연 도중에 객석을 향해 그 모자를 던졌거든요? 근데 객석에서 그걸 되던졌어요.

그 정도였습니다. 그 후로도 몇 년을 더 보낸 후에야 마침내 그는 슈퍼스타가 됐고, 그걸 계기로 영화계에서도 성공을 했죠. 〈영웅본색〉 이후로는 그의 배우 경력도 날개를 달게 됐고요.

본 촬영 일주일 전에 저는 출연진 모두와 장비까지 갖추고 '퀸즈 카페'에서 본격적인 총 리허설을 진행했습니다. 동시녹음 때문에 모두가 긴장할 게 뻔해서 그에 대비한 거였죠. 현장녹음을 안 한 지가 오래돼서 매 촬영 숏마다 사전에 준비해야 될 게 아주 많았습니다. 배우 앞에서 시작 슬레이트라도 칠라치면 그 때문에 다들 더 혼비백산해서 집중력이 흐트러지기 일쑤였죠. 그래서 예행연습을 해두면 그들의 긴장을 풀어줄 수 있겠거니, 그렇게 생각했는데 오산이었어요. 정반대 효과가 났습니다. 이것 때문에 긴장이 더 배가된 겁니다. 첫 희생자는 가엾은 장학우였어요. 그는 커다란 스테이크를 먹으면서 대사를 해야 했는데 대사를 제대로 하질 못했고, 그렇게 스무 번째 테이크까지 가다가 결국 포기했습니다. 그때쯤엔 배가 너무 불러 뭘 할 수 있는 상태가 아니었거든요. 장국영은 겉으로는 침착해 보였는데 대사를 말할 때 보니 손을 떨더라고요.

다 끝난 뒤 모두가 쉴 수 있게 평범한 저녁 식사 자리를 마련했어요. 거기서 장국영을 따로 불러 이렇게 말했습니다. "당신은 스타예요. 스타는 배우와 다릅니다. 스타는 이런 사람이죠. '아무래도 좋아, 하지만 일단 내가 촬영 현장에 나타나면 다 나를 주목해야 해. 내가 이 세상의 중심이야.' 그런데 오늘 당신은 그걸 못 보여줬어요. 하지만 당신이 그렇게 되고 싶어 한다는 걸, 또 꼭 그렇게 될 거라고 믿는다는 걸 저는 압니다. 그러니 앞으로는 현장에서 항상 그런 느낌을 내게 전달해야 합니다. 당신이 이 쇼의 주인공이라는 자신감을 가져야 해요." 그러자 그가 대답하더군요. "무슨 말인지 알겠습니다." 곧 그는 그 대답이 빈말이 아니라는 걸 보여줬죠.

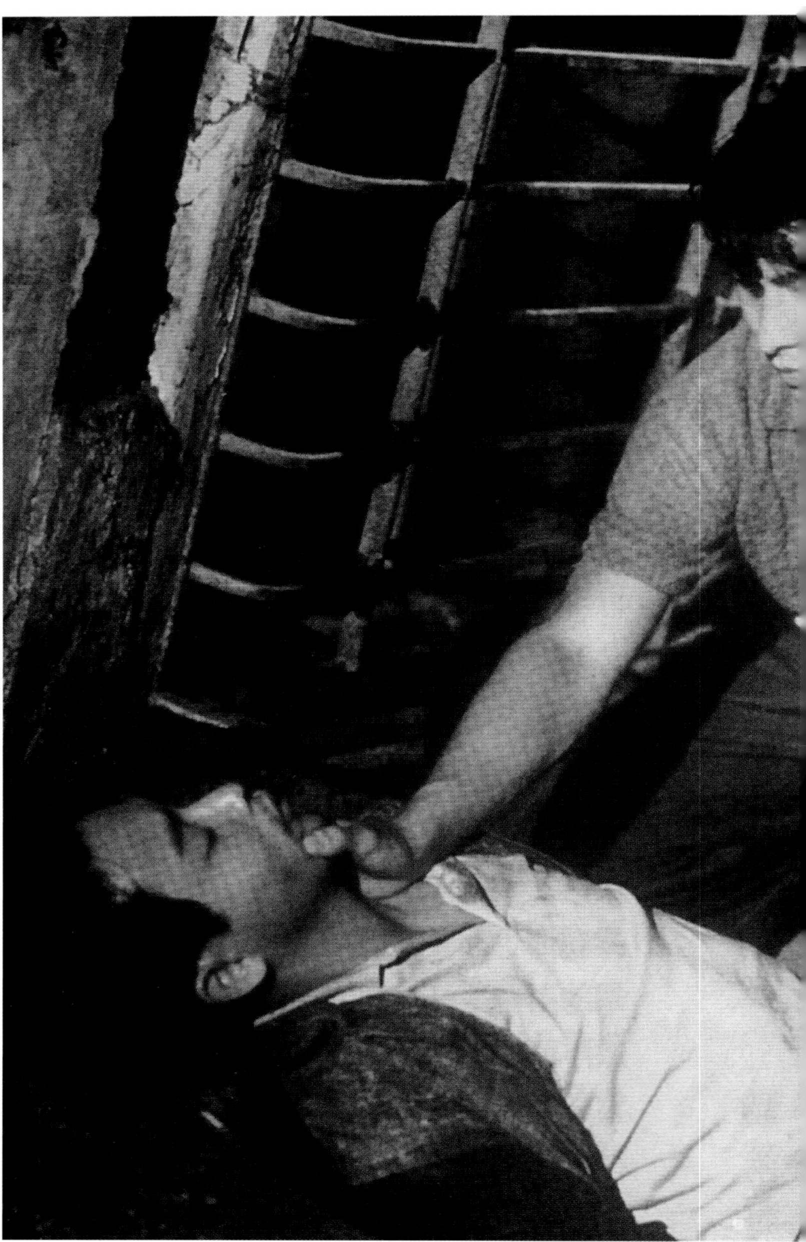

유덕화랑 비교하면 어땠나요?

그전까지 두 사람은 함께 일해본 적이 없었습니다. 당시 기준으로 볼 때 이 영화는 거의 톰 크루즈와 브래드 피트를 동시에 캐스팅한 수준이었습니다—그것도 둘 다 한창때에. 두 사람은 서로를 정중하게 대했지만 미묘한 경쟁심이 느껴졌죠. 처음 몇 주 동안은 두 사람 다 잘했는데 시간이 가면서 차이가 나기 시작했습니다. 우선 장국영은 한 번에 한 영화만 찍었습니다. 그는 유덕화한테 이런 말을 했죠. "넌 진짜 열심히 일하는 사람이야. 나는 한 영화밖에 집중을 못하겠어. 이렇게 해야 좋은 연기가 나온다고 믿어서." 하지만 유덕화는 거절을 못하는 사람이라 한 번에 다섯 편씩 동시에 찍어야 하는 입장이었습니다. 그러다 보니 우리는 장국영과 더 많은 시간을 보내게 됐고 유덕화도 관심이 장국영으로 옮겨간다는 걸 느끼게 되었죠.

장국영이 더 나았군요.

그가 더 몰입했거든요. 하지만 그 역시 같은 문제가 있었습니다. 장국영 걸음, 장국영 미소, 장국영 고개 돌리기를 하고 있었으니까. 모두 아는 그 첫 장면을 촬영 첫날에 찍었는데 저는 그의 걸음걸이부터 손댔어요. 배우들과 일할 때 항상 거기서부터 시작하거든요. 그럼 그들은 이렇게 하소연합니다. "일주일을 그냥 걷기만 했네! 왜죠?" "왜냐하면 이 영화에 맞는 분위기와 리듬을 당신이 찾아야 되니까. 나로선 이게 영화 속 그 인물이 걷는 거란 확신이 들어야 돼요. 당신이 걷는 건 안 봐도 돼. 이 인물이 걷는 걸 보고 싶다고."

이 영화는 제작 과정이, 그러니까 굳이 표현하자면, '평탄치 않았다'는 걸로도 유명했잖아요.

내게는 아이디어가 있었습니다. 구조도 만들어놨습니다. 촬영하면서 시나리오

를 쓸 계획도 세워놨죠. 모든 준비가 돼 있었습니다. 평소대로 우리는 이야기를 각각의 촬영지에 맞춰 분해한 다음, 촬영지별로 다시 순서를 배열하는 걸로 스케줄을 짰습니다. 그렇게 하면 저는 촬영장에서 모든 장면마다 시나리오를 쓸 수 있었어요. 장숙평과 그의 팀도 우리가 앞쪽 촬영을 진행하는 동안 그다음 촬영 세트를 준비할 시간을 벌 수 있었고. 그런데 세트 하나 준비하는 데 장숙평이 그렇게 시간을 오래 들일 거라고는 예상을 못한 겁니다. 빨리빨리 진행될 거라 생각했는데 그가 세트 만드는 걸 보니 앞이 캄캄하더군요. "제길, 스케줄 짠 거 다 버려야겠어." 그렇게 저는 모든 걸 다시 구성해야 했습니다.

장숙평처럼 하는 게 정답이었나요? 지금 이 영화를 보면 프로덕션 디자인 덕분에 독자적인 별세계가 느껴지는데.

이 영화는 그 친구한테 개인적으로 중요한 의미가 있었어요. 그래서 디테일 하나하나가 제대로 살아 있는지 확실히 하고 싶어 했죠. 저는 그런 태도를 존중했습니다. 배우들이 "머리 분장하는 데 여덟 시간이나 걸리는 건 미친 짓"이라며 불평할 때도 저는 이랬습니다. "장숙평이 그만큼 든다고 하면 그런 줄 알아야지." 그가 신경 쓰는 문제는 저도 신경 쓰게 됐어요. 그건 결국 영화를 위해서란 걸 알았으니까요. 그와 나의 알량한 힘겨루기가 아니라.

감독님이 그토록 정신없이 임기응변을 해야 했다고 하니 궁금해지는 게 있습니다. 영화가 장국영이 매점으로 걸어가 장만옥한테 말을 거는 장면으로 시작할 거란 걸, 감독님은 처음부터 알았습니까?

네.

그럼 아마도 영화에서 가장 유명한 장면일, 황혼의 정글을 트래킹숏으로 잡은 그 장면은요?

그 장면은 막판에 찍은 건데, 필리핀에 갔을 때였습니다. 그게 촬영의 제일 마지막 부분이라 우린 기차에 탄 상태였죠. 영화는 2주 후면 홍콩에서 개봉될 예정이었고 담가명은 홍콩에 남아 우리가 찍은 홍콩 촬영분 편집에 이미 돌입한 상황이었습니다. 등광영이 저에게 말했습니다. "무슨 일이 있어도 영화를 끝내. 두 편 중 앞 편을 꼭 내놔야 해. 곧 연중 최고 대목인 크리스마스고, 극장이 전부 우리 땜에 줄 서 있다고. 해외에서도 전부 동시개봉할 거란 말이야."

2주밖에 안 남았는데 그때까지 필리핀 촬영을 하나도 안 찍으셨다고요?

네. 그래서 등광영이 라인 프로듀서와 함께 돈 가방을 들고 먼저 필리핀으로 갔어요. 우리는 그보다 일주일 뒤에 갔고. 나중에 사람들이 이랬습니다. "필리핀 촬영에 동행 안 했으면 이 영화에 대해 말을 마. 미친 짓도 그런 미친 짓이 없었어." 사실입니다. 그때 팀이 세 개가 있었어요. 우선 액션 팀. "액션도 꼭 들어가야 돼. 액션영화로 판매했단 말이야. 〈열혈남아〉처럼 돼야 돼." 등광영이 이렇게 말해서 저는 액션 시퀀스를 넣었습니다. 그리고 두 번째 팀이 세트 하나를 맡고 세 번째 팀이 다른 세트 하나를 맡았죠. 우리는 기차역과 기차 안에서 촬영을 했는데 외관들이 오래돼 보여서 꼭 그 시절 느낌이 났거든요—하지만 새로 세트를 준비할 필요가 없다는 이유가 제일 컸습니다.

우리가 처음 마닐라에 도착한 날 밤, 못지않게 낡은 느낌이 나는 차이나타운의 호텔을 촬영 준비시키는데 전화를 받았습니다. "지금 기차역으로 와줘야겠어." "대체 왜?" 이유는 등광영이 거기서 몇 장면 찍고 싶어서 다른 촬영팀이랑 같이 갔는데, 장숙평이 막 출발하려는 기차 맨 앞을 가로막고 서 있단 겁니다. 사람들은 주위에 둘러서서 구경하지, 증기 연기는 사방에 자욱하지, 기적 소리는 빼액빽 울리지, 근데 장숙평은 "안 돼. 이러면 안 맞아. 칠을 다시 해야겠어." 이러고 있는 겁니다. 한시가 급했지만 등광영은 장숙평을 무척 아꼈기 때문에 그의 청천벽력 같은 말에 난감해하더군요. "그렇다고 내가 걔를 죽이겠냐 어쩌겠냐? 시키는 대로 해야지 뭐." 배우들도 이미 와 있었기 때문에 제가 그랬습니다. "제가 어떻게 해볼게요."
마닐라에서 일주일 동안 세 팀과 함께 저는 24시간 내내 촬영을 했습니다. 트레일러가 한 대 있어서 한 장소에서 촬영이 끝나면 그때마다 그들이 저를 그 트레일러에 태워 다음 장소로 이동하는 식이었습니다. 트레일러라고는 하지만 실제론 미니 버스였는데 거기서 제가 기절하듯 두 시간쯤 곯아떨어졌다 일어나면, 다시 촬영을 시작했죠.

필리핀 로케 장면들이 그토록 몽롱한 느낌이 드는 것도 무리가 아니네요.
초현실적이었죠. 촬영 중 한 번은 장국영 엄마 집으로 설정된 곳에 갔는데 원래는 완전 스페인풍의 커다란 저택이어야 했거든요? 사진만 보고 고른 거긴 했는데—암튼 그때 봤을 땐 분명 밖에 엄청 큰 정문도 있고 위풍당당했어요. "오케이, 좋아, 이거면 되겠어." 트레일러에 쓰러져 자고 있다가 사람들이 깨워서 일어났더니 문제의 그곳에 도착했더라고요. 근데 정문이 요만한 거예요. (왕가위는 땅에서 150센티미터쯤 되는 지점에 손을 들어 보인다.) 완전 미니 사이즈야! 제가 그랬죠. "말도 안 돼, 엄청 큰 저택이어야 되는데." 그러자 사람들이 그러더군요. "사진 보여드렸잖아요. 그거 보시고 고르셨으면서." 사진에는 참조할 만한 다른 요소가 찍히지 않아서 제가 착각했던 겁니다. 정문은 작았는데도 제 상상 속에선 엄청 이만했다고. 크리스를 돌아보고 물었습니다. "이 웬수 같은 문을 사진처럼 웅장하게 보이게 할 수 있을까요?" 원래 그림은 장국영이 이 커다란 정문 앞에 서 있는 장면이었습니다. 하지만 장국영이 실제 그 문 앞에 서자 높이가 얼추 비슷하지 뭡니까! 그렇게 찍을 순 없었습니다—우스꽝스러울 게 뻔했어요. 그래서 정문에서 멀리 떨어진 지점에서 장국영을 찍고, 장국영 엄마를 찍고, 그다음 장국영이 떠나가는 모습을 찍었습니다. 그때는 정말 빨리빨리 판단을 내려야 했고 그렇게 했어요.

듣기엔 사실 좀 재밌는 얘긴데요? 〈이것이 스파이널 탭이다〉에 나오는 스톤헨지 장면[32] 처럼.
저로선 악몽이었어요. 사진만 보고 촬영지를 선택한 걸로도 모자라 차 한 잔으로 엄마 역도 뽑았거든. 이 필리핀 분량의 전체 포인트는 장국영이 스페인 혈통을 지닌 아름다운 필리핀 귀족 귀부인이라 믿고 있는 자신의 친엄마를 찾는 것이었습니다. 그래서 마닐라에 도착한 첫날 밤에 엄마 역을 캐스팅해야 했죠. 중국영화 제작팀이 필리핀에 오는 건 당시로선 대단한 사건이었습니다. 저는 이렇게 요구했어요. "일류 여배우, 고상한 여배우로 불러주세요. 왜냐하면 이 엄마는 아주 부유한 집안 출신이거든요." 그렇게 엄마 역 캐스팅이 시작됐지만 그때 아직 그녀의 대사는 쓰기 전이라 다시 이렇게 조건을 달았습니다. "대사는 없음. 화장 안 한 얼굴로 오라고 하세요. 민낯으로. 그리고 찻잔하고 차 숟갈, 찻주전자 좀 구해주시고요. 그거면 됩니다. 지원자들한테 내가 보는 앞에서 차 한 잔을 마시면 된다고 전해주세요." 그녀들이 연기를 할 줄 아는지 아닌지는 혹시 모르더라도, 차를 마시는 걸 보면 적어도 누가 우아한지 알 수 있었으니까요. 내가 엄마 역을 그렇게 뽑았어요, 글쎄! (웃음)

이 영화로 감독님은 중국인 디아스포라를 처음으로 다루게 됩니다. 이번 경우는 왜 필리핀이었던 겁니까?
제가 어렸을 때 필리핀 뮤지션들이 인기가 있었어요. 여자들 특히 수지 웡과 같은 직업군의 그녀들이 열광했죠. 그들은 잘생겼고 여자를 잘 다뤘습니다. 두 번째 이유라면 앞에서 언급했듯 아버지가 일하시던 나이트클럽 소유주가 필리핀 부자 가족이었습니다. 그 사람들은 자신들이 스페인 혈통이라 주장하면서 배경에 관한 놀라운 이야기를 늘 해줬거든요. 그다음으로는 제 친구가 있네요. 어딜 봐도 영락없는 중국인인데 딱 한 가지, 머리가 곱슬머리인 겁니다. 그 친구가 이래요. 자기 혈통이 스페인인일지도 모른다고. 왜냐하면 증조부모님이 한때 필리핀에서 사셨는데 둘 중 한 분이 스페인 사람과 외도를 했을 수도 있다나! 저에겐 그 이야기가 초현실적으로 들렸고 스페인인에서 중국인으로 이어지는 그 연결고리에 확 사로잡혔죠. 이거 완전 마누엘 푸익 아닙니까! 저에게 이 영화는 필리핀 이야기가 아닙니다. 이건 스페인에 관한 겁니다. 이 영화는 저에게 영향을 준 모든 남미작가들에게 바치는 트리뷰트였습니다.[33]

그래서 필리핀을 택하셨다?
제 어린 시절 중에 필리핀이 차지하는 부분이 있는데 그게 스페인으로도 연결된 거죠. 저한텐 다 말이 되는데.

그럼 열대림 장면에 흐르던 로스 인디오스 타바하라스의 훌륭한 음악은 어떻습니까? 그 곡이 없었으면 영화가 지금처럼 마법을 부리지 못했을 겁니다.
60년대 초에 동네에 음반점이 하나 있었어요. 당시 거기서 미군들과 미 해병들을 겨냥해서 미국 팝송이랑 음악을 하루 종일 틀었는데 단골 곡 중 하나가 〈언제나 내 마음속에〉였습니다. 작업 후반에 등광영이 작곡가를 데려올 시간도 없고 남은 예산도 없으니 기성 음악을 쓰라고 하더군요. 그래서 아버지 나이트클럽의 밴드가 연주한 빅밴드 버전의 필리핀 곡들 모음 같은 걸 가져와 썼습니다. 그러다 제가 이런 음악을 찾는다는 말을 반적화가 듣게 됐고, 60년대 초반에 유명한 카바레 가수였던 그녀는 맘보의 왕이라 불리는 사비에르 쿠가트를 추천해줬어요. 들어보니 정말 좋았습니다. 영상과 한 몸처럼 잘 어울렸고 덕분에 영화가 춤을 추기 시작했죠!

이제 그 경이로운 열대림 장면 이야기를 해주실 차례입니다.
기차 촬영분의 마지막 날 스케줄 때 찍었어요. 한밤중이었고 스태프 모두가 마닐라로 돌아가는 기차에 타고 가던 중이었어요. 저한텐 중요한 장면, 장국영이 죽임을 당하는 장면 하나가 남아 있었습니다. 그리고 동이 틀 때 밀림을 통과해 지나가는 기차를 공중에서 찍으려고 헬리콥터가 대기 중인 상태였죠.
아주 긴 밤이었습니다. 장국영은 지친 상태였고 유덕화는 〈열혈남아〉에서처럼 다시 멋진 유덕화가 되려고 용을 쓰고 있었죠. "넌 지금 선원이 된 전직 경찰인 거야"라고 끊임없이 주지시켜야 했을 정도로. 우리가 알기로 기차는 밀림을 통과하기까지 약 두 시간, 그런 다음 마닐라까지 또 한 시간을 더 가야 하는 상황이었습니다. 그리고 밀림 진입 전에 역에 한 번 내려서 암살자가 기차에 타는 장면을 찍을 계획이었어요. 헌데 어느 순간 기차 승무원 한 사람이 이렇게 소리치는 겁니다. "더 이상 역 정차 없습니다!" 정신 차리고 보니 기차가 벌써 밀림 안에 들어와 있는 거야! 밀림 들어가기 전에 정차하기로 했던 역이 예고도 없이 취소된 거예요! 이 말 그대로 영화에도 썼다니까 내가.
다들 혼비백산, 난리가 났습니다. 저는 크리스와 머리를 맞대고 장면 디테일을 줄여나가기 시작했어요. 암살자 승차 장면 취소. 바로 객실로 들어와 장국영을 코앞에서 쏘는 걸로. "근데 얘가 대체 어떻게 들어왔다는 거죠?"라고 물으니까 크리스가 그러더군요. "알 게 뭐야!"
우리 둘은 해당 장면이 뼈대만 남을 때까지 다 쳐냈어요. 소품 담당들이 암살자 역과 장국영한테 특수효과 장치를 다는 동안 저는 다시 한 번 장국영, 유덕화와 대사를 체크하면서 설명했습니다. 지금 단 한 번의 마스터숏[34]을 찍을 기회밖에 없다, 그러니까 진짜 잘해야 된다고. "딱 한 시간이야. 그 안에 이 장면을 건져야 해. 안 그럼 영화의 엔딩은 영영 못 구해." 두 배우 다 이게 얼마

나 중요한지 깨닫고 확실히 각성하더군요. 덕분에 그 장면을 찍을 때 장국영은 훌륭한 연기를 보여줬고 유덕화도 다시 선원이 됐습니다. 어떻게 하면 자기가 잘 나올까 노심초사하며 〈열혈남아〉 재탕하던 짓을 관두고, 그는 자기 본능을 따라갔죠. 그 결과 기차가 밀림을 빠져나오기 전에 해당 장면을 건졌습니다.
동이 터오는 게 보였습니다. 전부 녹초가 됐죠. 스태프 대부분이 그때쯤엔 곯아떨어진 상태였습니다. 그런데 헬리콥터가 공중 촬영을 하는 동안, 크리스가 카메라를 집어 들고 후다닥 달려가더니 핸드헬드로 밀림을 찍더군요. 그는 초당 50프레임으로 설정한 뒤 필름이 다 돌아갈 때까지 그렇게 찍었습니다. 저는 홍콩에 돌아오기 전까진 그 필름을 볼 기회가 없다가 나중에 보고서 얼마나 감동을 받았던지 헬리콥터 촬영분이 하나도 생각이 안 날 정도였습니다. 너무도 아름답고 꿈결 같아서, 장국영 역할이 맞는 마지막 순간의 핵심을 완벽히 포착하고 있었어요—'새'가 영원히 간직하게 될 마지막 잔상을요. 크리스가 그런 사람입니다. 모두가 죽어 있을 때조차 당신이 예상하지 못한 마법 같은 뭔가를 찾아주는 사람.

생 고생담을 그렇게 신나게 말씀하시는 걸 들으니 감독님은 극적인 드라마를 좋아하시는 게 분명합니다. 그런 상황이면 감독님 안에 숨어 있던 즐거운 기운이 막 솟아나나 봐요.

어쩐지 그럴 때 최고가 나오니까요. 기차가 마침내 마닐라 역에 도착하자 불쌍한 장국영은 뒤집어 쓴 피를 지우지도 못하고 공항으로 내달려야 했어요. 옷을 갈아입거나 작별 인사를 할 시간조차 없었죠. 사람들은 장비와 짐을 싸기 시작했지만 저에게는 철수하기 전에 찍어야 될 장면이 하나 더 남아 있었습니다. 친엄마가 아들을 간호사에게 넘겨주는 장면. 잠깐 나오는 장면이라 굳이 계획을 짜지도 않았기에 전 그냥 360도 원형 트랙에 올린 스테디캠 한 대만 세팅해서 모든 걸 커버했습니다. 그게 전체를 마무리하는 최종 촬영이었고 결과도 잘 나왔죠.
나중에 장숙평과 잠시 만났는데 그도 많이 지친 상태더군요. 그 친구는 5일 동안 잠을 못 잤고 저는 몸무게가 15킬로나 빠졌습니다. 그때가 "뭔가 해냈구나" 하고 실감한 순간이었습니다. 정말 좋았어요. 그때쯤 영화의 첫 70분 분량인 담가명의 편집본이 도착해 있어서 호텔로 돌아와 같이 한 방에서 아침 식사를 했습니다. 그리고 편집본을 보고 정말 행복했습니다. 장숙평이 이러더군요. "대단해. 이번 건 우리가 뿌듯해해도 되겠어."

그로부터 2주 후로 넘어와보죠. 어떤 자선쇼에 상영하기 위해 감독님은 여전히, 최후의 순간까지 영화 후반 작업을 하고 있습니다. 저녁 8시에 틀기로 했는데 그날 아침까지도 작업 중이시죠. 완성은 됩니까?

상영 다섯 시간 전에 최종 믹스를 끝냈습니다만, 기술부에서 마그네틱테이프를 옵티컬트랙으로 바꾸는 데 약 두 시간 그리고 공식 첫 상영에 쓸 좋은 카피본을 뜨는 데 또 두 시간을 달라고 했습니다. 상영관에 도착했을 때 저는 첫 한 시간 분량만 확보돼 있다는 말을 들었습니다. 그 시절에는 영화 프린트가 개당 10여 분 정도 단위의 필름 타래인 릴reel 형태로 전달됐거든요. 그렇다면 나머지 릴 세 개는 지금 오고 있는 중이거나 아직 기술부에서 처리 중이란 뜻이었죠. 등광영이 무대에 올라 이렇게 말했습니다. "마지막 20~30분 분량이 지금 오고 있는 중인데 혹시라도 제시간에 못 맞추면 노래와 춤 공연으로 시간을 때울 수도 있음을 알려드립니다." 그는 미리 양해를 구하려고 한 말이었겠지만 필름은 실상 제때 도착했습니다.

이 영화 제작자라 그랬던가요, 등광영이? 그 사람은 영화를 본 상태였는지?

아뇨.

그럼 누가 봤습니까?

저랑 담가명 빼곤 아무도. 장숙평은 필리핀에서 저와 함께 첫 70분짜리 편집본을 본 게 다였고요.

그렇게 첫 상영이 시작됩니다. 감독님은 그 자리에 계셨죠. 그리고 영화가 만족스러우셨다고요.

네, 하지만 다른 반응도 느껴졌죠.

언제쯤부터?

초반부터요. 영화 시작 때는 다들 좋은 분위기였고, 특히 처음 10분 동안이 그랬습니다. 장만옥과 장국영이 나와 서로 마음을 떠보는데 꽤 귀여운 장면이 잖아요. 그런데 나중엔 불편한 기운이 느껴졌습니다—사람들이 슬슬 안절부절못하기 시작했거든. (웃음) 영화가 끝나고 불이 들어왔을 때 아주 조용했고, 그건 누가 봐도 좋은 침묵이 아니었습니다. 밖으로 나왔을 때 영화 주제가를 부른 매염방과 우연히 마주쳤어요. 노래는 영화 맨 마지막에야 흘렀더랬죠. 그녀가 이러더군요. "내 노래가 정말 늦게 나오네요." 그게 다였습니다. 아무도 저에게 말을 안 걸었어요. 다들 어떤 반응을 보여야 할지 몰랐습니다. 담배를 피우며 밖에 나와 있는데 진짜 조용했어요. 제 옆에 아무도 안 오려고 했습니다. 마침내 오우삼이 저한테 한마디 하더군요. "전 마음에 들었어요. 좋은 영화입니다." 아마 제 편을 들어주고 싶어 그런 말을 했겠거니 했어요.
그다음 날, 영화는 스캔들이 됐습니다. 등광영한테서는 아무 연락도 없었고요. 그도 엄청 충격을 받은 것 같았습니다. 에스터와 식당에 갔는데 우리 주변에 앉은 사람들이 영화에 악평을 해댔어요. 우리 부부는 밥을 다 못 먹고 식당을 나왔습니다.

〈아비정전〉은 양조위 캐릭터—아직 우리가 만나보지도 못한!—가 외출 준비를 하는 시퀀스로 마무리됩니다. 그렇게 끝나도 좋습니까? 구조상 그 분량이 없어야 영화가 완벽하게 균형 잡힐 텐데요.

다른 나라들과 맺은 배급 계약 조항 때문에 양조위가 꼭 들어가야만 했습니다. 그가 맡은 배역이 후편 영화에만 등장한다 해도 어쩔 수 없는 일이었어요. 담가명이 그렇게 편집한 후 말했습니다. "양조위가 들어갈 수 있는 데가 맨 끝밖에 없어. 그래야 내용이 말이 되거든. 이러면 이 인물한테 강한 인상이 남고 이 남자가 앞으로 나올 후편이 다들 궁금해질 테니까." 참고로 말씀드리면 그때까지만 해도 후편 영화가 무산될 거란 생각은 못 했거든요. 그러면서 그가 덧붙였습니다. "근데 뚝 끊기긴 해." 저는 "좋아요, 그렇게 갑시다" 했고요. 영화가 나온 후, 대부분의 사람들이 우리가 그 부분을 빼야 했다고 했습니다. 너무 뚝 끊기거나 혹은 너무 감질난다는 이유로. 후자의 경우 양조위를 더 보고 싶은데 그 맘도 몰라주고 영화가 매정하게 끝나버린다는 거죠. 이것도 비유처럼 느껴졌어요. 인생이란 게 그런 거잖아요. 맘대로 안 되고.

그래도 역시, 지금 다시 봐도 그 엔딩은 이상하고 대담해요.

아주 대담하죠.

안 그래도 이 영화가 심히 마음에 안 드는데 설상가상 이런 엔딩까지 참고 봐야 하는 사람 기분은 과연 어땠을까, 저는 그저 상상만 해볼 뿐입니다만.

(웃음) 사람들이 진짜 빡치긴 했어. 당시 거센 반응들도 내 생각엔 그 마지막 장면 때문이었던 것 같아요. 아마 이런 기분이었겠죠. "지금 뭐하자는 거냐?"

"이딴 영화 만든 것도 모자라 우리한테 덤비냐 지금?" 그게 아주 훌륭한 장면에 해당하기 때문에 더 그랬어요. 감독님은 이 영화에 회의적이었던 적이 한번도 없었나요?
없었습니다.

이 영화가 수작이라는 의견을 늘 고수하셨다?
네. 하지만 이 영화 때문에 정말 정말 힘들어질 거란 것도 알았어요. 대부분의 사람들, 심지어 친구들도 걱정했었죠. 이건 자살행위라고.

〈열혈남아〉 이후 제일 촉망받는 감독이 됐는데 지금 이건 대체 뭐? 이런 느낌?
그래도 등광영은 점잖게 절 대해줬습니다. "후편에서는 꼭 더 대중적이고 더 많은 액션을 보여줘야 돼." 이 정도였지 험한 말은 절대 하지 않았어요. 하지만 후편이 영영 제작될 수 없다는 걸 전 알았습니다.

홍콩에서 이런 영화를 전에 만든 사람이 있습니까?
아뇨. 전혀.

그럼 감독님이 한 짓은 〈열혈남아 2〉를 만들려다 평범한 졸작을 내놓은 것보다 사실상 더 나쁜 거였겠군요.
그렇죠.

다른 감독이 지지를 표명한 적은?
평론가들은 좋아했어요. 그들의 태도는 보통 이런 식이었습니다. "그는 상당히 재능이 있다. 그의 책임은 아니다. 그가 예산을 맘대로 할 수 있는 입장이 아니었다. 그는 자신을 위한 영화를 만들었다." 그 시절에 그런 평을 듣는다는 건 감독 경력이 끝났다는 뜻이었습니다.

하지만 감독님의 경력은 이후에도 계속됐죠.
그랬죠. 하지만 등광영에 대해서는 아직도 마음이 안 좋습니다. 그분과 알고 지냈고, 좋아하는 분이었는데 그 영화 때문에 많이 난처해졌다는 걸 알거든요. 나중에야 영화가 수많은 상을 타면서 뭔가 대단한 일을 한 것 같은 상황이 오기도 했지만 그전까지 이 영화는 그에게 부끄러운 오점이었습니다. 사람들은 그분에게 이렇게 말했죠. "그런 감독을 밀어주다니 진짜 멍청하다. 넌 이 바닥 제일가는 호구야." 저는 모험을 하려면 혼자 해야 한다는 교훈을 얻었습니다. 현실적으로 봤을 때 그 이후 저한테 어떤 자유든 허락할 사람도 아무도 없었고요.
등광영을 만났을 때 제가 말했습니다. "제가 〈열혈남아〉 같은 영화를 만들길 바라시는 거 압니다."
그가 대답하더군요. "그래. 그게 너한테 좋으니까. 실력도 입증됐고, 흥행도 되고. 그게 시장이 원하는 거니까. 그러니까 이 길을 걸으면 좋잖아."
전 이렇게 말했습니다. "못 돌아가요. 그 시절은 끝났습니다."

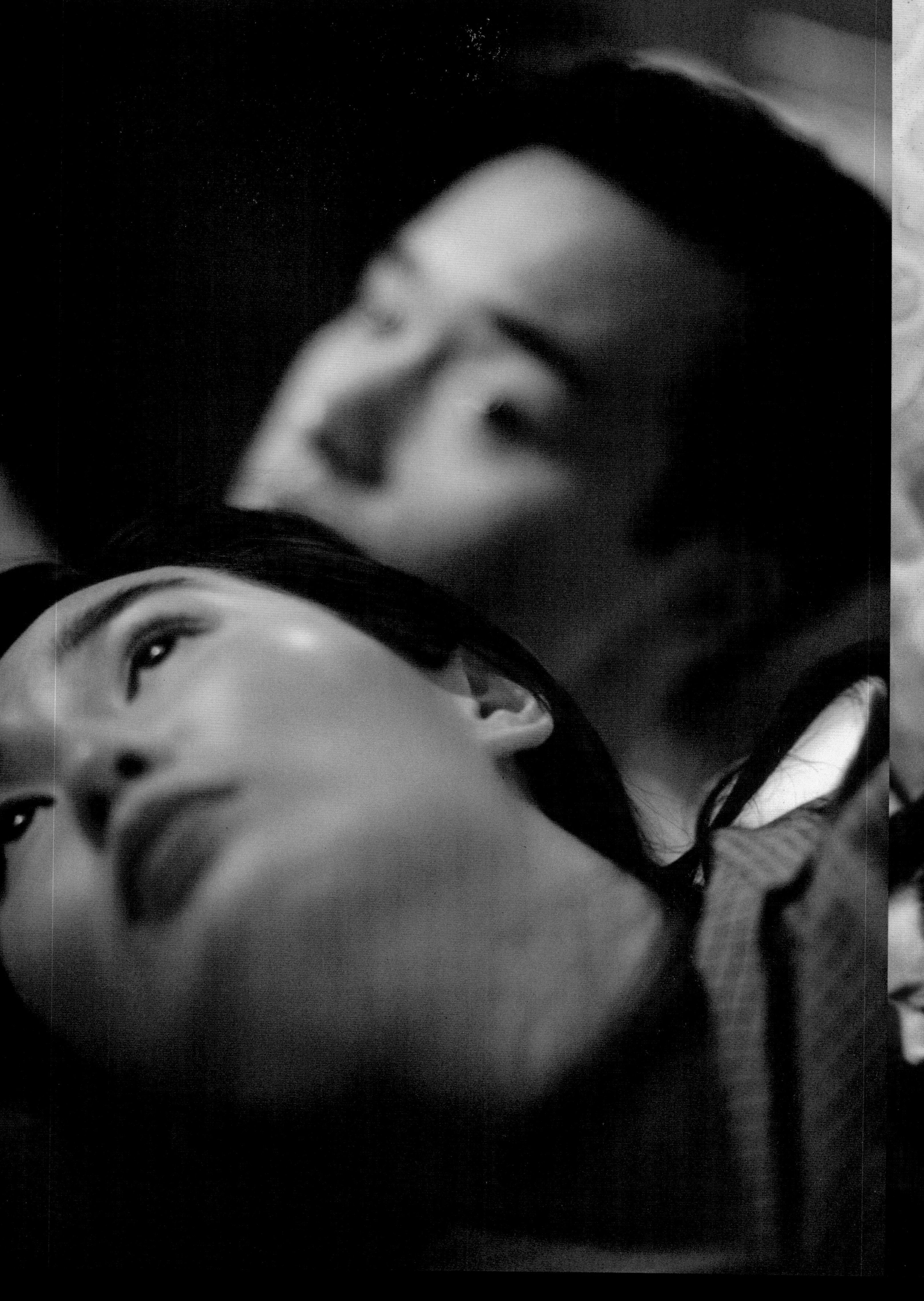

세 번째
대화

〈중경삼림〉
〈타락천사〉

홍콩 야상곡

〈아비정전〉 후부터 감독님은 확 치고 나갔고 회사도 직접 세우셨죠.

한번 해볼까가 아니라 그래야만 했기 때문에 시작한 겁니다. 원해서 회사를 차린 게 아녜요. 제 회사가 필요했던 이유는 〈아비정전〉 후에도 계속 영화를 만들려면 그 수밖에 없었기 때문입니다—그 어떤 제작자도 저에게 기회를 안 줄 게 뻔했으니까. 물론 저는 영화사를 경영할 돈도 없고 경험도 없는 형편이어서 동업자가 있어야만 했어요.

저는 유진위와 같은 시기에 '인-기어'에서 작가 일을 시작했습니다. 그는 저와 출신 배경이 달랐죠—영화사 경영 경력이 있는 프로듀서 출신이었어요. 저는 그에게 이야기를 어떻게 완성해가는지 보여줬고, 그는 저에게 그걸 어떻게 파는지 가르쳐줬죠. 유진위는 항상 말했습니다. 영화에는 산업과 예술이라는 두 측면이 공존하고 어느 한쪽도 다른 한쪽 없이는 존재할 수 없다고. 〈아비정전〉 후에 그가 이러더군요. "지금 여기서 앞으로 나가려면 회사를 세우는 수밖에 없어. 내가 너의 익명 동업자가 돼줄게. 넌 배우들한테 신용이 있으니까." 그렇게 해서 함께 1991년에 '제트 톤' 영화사를 차렸습니다. 그날부로 저는 단순 감독을 떠나 필름메이커, 영화제작자가 됐죠. 앞으로는 제가 영화의 두 측면을 다 상대해야 한다는 뜻이었습니다.

회사 이름을 '제트 톤'이라 부르게 된 이유는 정확히 뭡니까?

처음 얻은 사무실이 카오룽 시내에 있었는데 거기가 옛날 카이탁 공항이랑 가까웠거든요. 매일같이 우리 건물 위로 몇 시간이고 제트기가 오갔습니다. 창문으로 비행기 착륙 바퀴가 선명하게 보일 정도로—그 정도로 제트 톤[35]에 가까웠어요.

혼자 시작할 때 힘들었습니까?

그때 홍콩은 독립영화사들의 황금기였어요. 스튜디오 시스템은 무너진 상태였고, 독립 프로듀서들은 영화를 동남아시아 시장과 해외 차이나타운에 선판매해 쉽게 자금을 마련할 수 있었습니다. 나머지는 장르와 관련 배우 리스트만 정하면 됐죠. 당시 서극의 〈동방불패〉가 방금 말한 시장에서 엄청난 성공을 거두면서 트렌드를 선도했어요. 그로 인해 주윤발 이후 임청하가 아시아권에서 제일 잘나가는 배우가 됐습니다. 갱단은 한물가고 무협이 최고 인기 장르가 된 거죠. 그래서 유진위와 저는 첫 번째 작품을 무협물로 결정하고 김용의 소설 《사조영웅전》(영어 제목은 《Condor Heroes》)을 물망에 올렸습니다. 그 소설은 지금도 인기 최고인 무협 대하소설이에요. 이를테면 중국어로 쓰인 《반지의 제왕》 같은 거죠. 이 소설에는 등장인물이 아주 많습니다. 그중에 전설적인 네 명의 검객들이 있는데 각각 북쪽, 서쪽, 동쪽, 남쪽에서 온 인물들이죠. 판권을 획득한 후 우리는 당시 최고 인기를 누리던 스타 여덟 명으로 눈부신 캐스팅을 완료했고 영화 제작을 발표했습니다.

감독님의 명성을 고려할 때 캐스팅 과정이 궁금합니다.

처음은 장국영이었습니다. 그는 제 앞날에 대해 걱정을 많이 했고 한번씩 "왕가위, 이젠 어떡할 생각이야?"라고 묻고 그랬어요. 이 영화 계획을 들고 그를 찾아가서 '나 회사 차릴 건데 당신이 이 영화에 나와줬음 좋겠다'고 했습니다. 이미 그는 은퇴를 선언한 상황이었는데도 "좋아, 할게"라고 대답해줬고요. 그다음 캐스팅은 임청하였는데 장숙평과 친한 사이였습니다. 저는 그녀에게 유배 중인 공주이지만 화가 나면 무서운 검객으로 변하는 자아분열적인 배역을 제안했습니다. 어려운 역이었는데 그녀가 수락해줬죠. 얼마 안 가 양조위, 장만옥, 장학우가 합류하면서 〈아비정전〉 동창회처럼 되어갔습니다.

그렇게 〈동사서독〉을 만들기 시작했지만 온갖 이유로 오랫동안 완성되지 못했습니다. 다른 두 영화를 만든 후에야 가능해졌죠.

그렇죠. 〈중경삼림〉과 〈타락천사〉.

그래서 그 두 영화로 잠시 건너가고자 하는데요, 〈중경삼림〉이 제가 세상에서 제일 좋아하는 영화 중 하나라는 말로 시작해보면 어떨까 합니다. 근데 저 말만 하면 감독님은 어쩐지 불쾌해하는 것 같더라고요.

아뇨, 안 그런데? 왜 그렇게 생각하시죠?

그냥 그런 느낌이 들어서—혹시 후다닥 만든 작품이라 그러시나 하고.

글쎄요, 전 그런 느낌 없는데. 사람들이 보통 자기가 좋아하는 영화를 말할 때 저는 그게 영화보다 말하는 그 사람에 대해 더 많은 걸 말해준다고 봐서. (웃음)

진정한 영화감독 같은 말씀! 그럼 어쩌다 그 영화를 만들게 되신 건지?

크리스토퍼 도일의 말 같은 거죠. 앞에 오는 것이 그 이후에 올 것을 결정한다고. 그때 전 〈동사서독〉을 만들고 있었지만 촬영이 순조롭지 않았습니다. 중국에서 24개월을 찍고 마침내 1993년 말에야 촬영이 끝났거든요. 회사는 재정적으로 궁지에 몰렸고 유진위는 다른 프로젝트 때문에 자리를 비운 상태였습니다. 경제적인 숨통을 틔우기 위해, 우리는 9월 베니스 영화제에 출품하기로 했던 〈동사서독〉을 개봉하기 전에 다른 영화를 하나 더 만들기로 결정했습니다. 그래서 담가명이 〈동사서독〉 편집을 하고 있던 1994년 5월에 〈중경삼림〉을 시작했어요.

토대가 된 아이디어는 어떤 거였죠?

아이디어는 대하서사시 대신 수년 동안 생각해온 짧은 이야기들의 모음이었습니다. 그걸 '홍콩의 낮과 밤'이라 이름 붙였죠. '낮'은 홍콩 섬의 센트럴 지구로 했습니다. 크리스가 살던 동네로, 홍콩의 새로운 소호로 떠오르던 곳인데 근사한 술집들과 건물 사이를 잇는 긴 에스컬레이터가 명물이죠. '밤'은 제가 자란 카오룽의 침사추이로 했습니다. 이쪽 이야기의 배경은 청킹맨션이고 갱단이 등장해요.

첫 번째 이야기에서 임청하가 은퇴한 여배우를 연기하는 걸로 시작했습니다. 〈선셋 대로〉 스타일로. 왜냐하면 그녀는 결혼을 앞두고 있었고 이게 그녀의 마지막 출연작이 될 예정이었거든요. 그래서 우린 그녀가 밤에 나가 각기 다른 역을 연기하는 것처럼 하면 어떨까 생각했어요. 하루는 〈욕망이라는 이름의 전차〉, 다음 날은 〈글로리아〉 이런 식으로. 촬영은 그녀의 아파트에서 시작됐습니다. 그리고 촬영 첫날 밤, 현장을 둘러보다 소품 담당이 그녀의 안경을 탁자 위에 이렇게 놓는 걸 보게 됐어요. (왕가위는 마시던 컵을 내려놓더니 극도로 조심스럽게 그 컵의 각도를 조정했다.) 그런 태도로 이 영화를 찍으면 망할 게 뻔했습니다. 〈동사서독〉 2탄이 될 판이었죠. 금전적으로 우리에겐 그럴 여유가 없었어요. 그래서 말했죠. "여기 촬영은 접자"고. 크리스가 온갖 조명을 한참 설치하고 있는데 제가 가서 그랬어요. "돌리[36] 촬영이고, 조명이고 다 걷어요—밖으로 나갑시다." 그렇게 우리는 네이선 로드에서 금발 가발을 쓴 임청하가 나오는 장면을 찍고, 본격적으로 출발했습니다.

영화 전체가 그런 태도로 만들어진 게 대단해요.

크리스와 장숙평한테 이렇게 말했죠. "〈동사서독〉을 되풀이하지 말자. 이 영화는 학교 졸업 작품 같은 느낌이 나야 해. 카메라 동선도 많이 넣을 수 없고 복잡한 조명도 못 넣어."

영화의 내레이션이 참신하고 인상적입니다. 일부는 영화 찍기 전에 공들여 준비하셨을 게 분명한데요.

아닙니다. 〈동사서독〉과 〈중경삼림〉의 내레이션 둘 다 같은 시기에 썼어요. 이 영화의 후반 작업과 저 영화의 촬영이 동시에 진행됐기 때문에. 저는 아침 여덟 시에 일어나 청킹맨션 바로 옆에 있는 홀리데이인 호텔의 조용한 지하 식당 자리에 앉아 작업했습니다. 재키(팽기화, 당시 제작부서 감독)가 오후 세 시쯤 내려와 그날 밤 준비할 촬영분을 가져갔고, 저는 다시 구양봉(〈동사서독〉에서 장국영이 맡은 배역)의 내레이션을 쓰기 시작했습니다. 그렇게 일곱 시까지 쓴 다음 촬영장으로 나갔고요.

에스터가 당시 임신 중이었는데 저는 두 영화에 완전히 매여 있어 아내 얼굴도 잠깐씩밖에 볼 수 없었습니다. 하루는 아내가 혼자 거울을 보고 말하고 있는 겁니다. 왜 그러냐고 물었더니 거울 속 자기 말곤 대화할 상대가 없어서라더군요. 그 말에 억장이 무너졌습니다. 내가 본 중에 외로움에 관한 한 제일 강렬한 장면이었어요. 대부분의 경우 내레이션은 영화 내용을 알려줄 의도로 사용됩니다. 하지만 〈중경삼림〉에서 내레이션이 말해주는 것은 외로움입니다. 근데 모든 캐릭터가 기본적으로 외로운 사람들이긴 해도 혼자라는 게 꼭 슬프다는 뜻은 아니죠. 당시 홍콩에서 무라카미 하루키 인기가 대단했어요. 가네시로 다케시가 일본인 혼혈이기 때문에 저는 하루키 스타일로 쓰인 내레이션을 그가 낭독하면 재미있겠다 싶었습니다.

영화의 매력이 배우들의 통통 튀는 쾌활함에서 나옵니다. 가네시로는 놀랍도록 경쾌한 영혼의 소유자더군요.

〈중경삼림〉은 현재의 홍콩에 대한 영화니까 저는 임청하와 양조위의 상대역 배우들을 신인으로 찾아보기로 했습니다. 그 첫 번째가 왕페이였죠.

〈아비정전〉을 할 때 왕페이를 만났는데 본명으로 오디션에 왔더라고요. 두 번째 편에서 장만옥의 여동생 역을 맡기로 돼 있었는데 아시다시피 두 번째 편이 제작되지 못했죠. 이후 그녀는 영국으로 유학을 떠났습니다. 나중에 돌아와선 유명한 가수가 됐죠. 그녀에겐 이유 없이 이목을 끄는 뭔가가 있어요. 이 영화 이후 그녀는 완전히 떴습니다. 베이징 출신이고 여기 여자가 아니라는 티가 팍팍 났어요. 그래서 그녀는 참신한 존재였습니다—아주 모던했고요.

임청하를 추적해야 하는 젊은 경찰관 역을 연기할 젊은 남자배우도 물색했습니다. 하루는 어느 커피숍에서 재키와 회의를 하고 있는데 몇 테이블 건너에 앉은 젊은이가 눈에 들어왔습니다. 재키에게 저 남자가 누구냐고 물었더니 대만 출신의 신인배우로 이름이 다케시라고 하더군요. 저는 그가 맘에 든다고 말했습니다. 우리는 그의 매니저와 통화했고 얼마 안 돼 계약을 맺었죠. 그때 사람들이 경고하더군요. "너 쟤 평판이 어떤지 몰라?" 알고 봤더니 그 직전에 장만옥, 양자경과 함께 영화를 찍었는데 별명이 목각인형이었다는 거예요. 왜냐, 뻣뻣해서. 연기를 못한다는 거지. 하지만 제가 원했던 얼굴이 그 친구에게 있어서 "내가 연출해볼게"라고 했습니다. 첫 촬영에서 그에게 대사를 안 줬어요. 왜냐하면 그는 표준중국어밖에 못 하는데 우리는 광둥어로 영화를 찍고 있었으니까. 대사를 전부 외우는 게 그에겐 힘든 상황이었습니다. 그날 찍을 게 다케시가 임청하의 아파트 밖에서 기다리면서 그녀를 감시하는 장면이었어요. 제가 그에게 그랬습니다. "그냥 밖에 있는 거야. 할 일이 없어서 지겨운 상태고. 코카콜라 캔으로 하고 싶은 대로 해봐. 그러다 한 번씩 위를 쳐다보는 거야." 그는 애들처럼 캔으로 혼자 축구를 하기 시작했고 그 장면이 웃겼어요. 타이밍을 잘 잡는 친구였습니다. 그날부로 그의 대사를 전부 표준중국어로 바꿨고 그가 나오는 장면 대부분에서 그는 독백을 합니다. 완전한 자유를 준 거죠. 제가 본 다케시는 어른이 아니라 아이였어요. 그게 내가 고른 연출 방향이었고, 이 영화가 그의 출세작이 되었죠.

〈타락천사〉에서 그가 했던 연기를 할 수 있는 배우는 거의 없을 겁니다.

돼지 안마 같은 거? (웃음)

네, 돼지 안마도 포함해서. 그런 미친 짓을 하는 모습이 정말 웃겨요. 그리고 장만옥처럼 얼굴에 순수함이 있어요. 그래서 아버지와 함께한 장면들이 아주 감동적이고요.

다케시는 유머 감각이 뛰어나고 자신을 희화화하는 능력이 좋아요. 희극배우로서는 훌륭한 자질이죠. 영화 마지막 믹스 작업을 하던 밤이 아직도 기억납니다. 그도 같이 스튜디오에 있었는데, 그냥 바닥에 드러누워 여기저기 쳐다보고 있더군요. 애처럼요. 이 남자한테는 순수함이 있습니다. 왕페이의 남자 버전이랄까. 두 사람 다 얼마 안 가 스타가 됐습니다. 둘 다 홍콩 태생 배우가 아니라는 점이 연기에 참신함을 불어넣었죠. 둘은 신선한 공기 같았습니다.

그는 감독님이 설정한 상황을 잘 소화하기도 하는 편이죠. 저는 양조위가 비행기 표가 든 편지를 버렸다가 비를 맞히고, 다시 편의점의 음식 데우는 선반에 넣어 말리는 장면이 맘에 듭니다. 멋진 시퀀스예요.

〈중경삼림〉에서 완벽한 캐스팅을 누릴 수 있었던 건 아주 행운이었고, 또 아주 드문 일이기도 했습니다. 처음엔 이렇게 생각했어요. "나한텐 지금 임청하도 있고, 뭐든 믿고 맡길 수 있는 양조위도 있어. 그러니까 실패할 리가 없어." 양조위는 무엇을 요구하든 해낼 수 있는 배우지만 왕페이는 미지수였고 그건 다케시도 마찬가지였습니다. 그리고 임청하는… 〈동방불패〉 이후론 그녀가 나오는 장면은 죄다 이랬어요. (왕가위는 일어나 그녀의 칼 든 포즈를 흉내 낸다.) 그녀를 현실감 있는 인물로 되돌리는 건 어려운 숙제였습니다. 그녀가 블랑시 뒤부아를 연기했던 첫 이틀 밤 촬영을 기억해요. 얼마나 진지하던지 유머는 하나도 느껴지지 않더군요. 해당 장면은 〈욕망이라는 이름의 전차〉를 재현하자는 게 아니었어요. 은퇴한 여배우가 자기가 비비안 리가 된 것처럼 구는 게 핵심이었지. 하지만 임청하는 곧이곧대로 연기를 해서 "이건 내 장면이니까 말리지 마" 하는 식으로 힘이 들어갔습니다.

흥미롭네요. 왜냐하면 일단 그녀가 영화에서 본격적으로 움직이기 시작하면서, 그 모든 인도인 엑스트라들을 데리고 우두머리 노릇하는 게 정말 웃기거든요.

임청하는 대단한 메소드 연기파입니다. 왜 그래야 하는지 꼭 납득해야 했어요. "왜 내가 갑자기 마약 밀수범이 되는 거야?" 그녀가 물으면 전 대답했죠. "그게 아니라 당신은 은퇴한 여배우고 이건 당신 상상 중 하나라서 그런 거예요." 안 그러면 그녀의 행동 동기에 대해 끝도 없이 질문을 받을 테니까. 그런데 그녀는 또 이렇게 묻습니다. "그럼 사람들이 이게 상상인 걸 알 수 있게 내가 뭐라도 해야 할까?" 그럼 전 이랬습니다. "아뇨, 최대한 사실인 것처럼 몰입해주세요." 하지만 임청하에 대해 잊으면 안 되는 한 가지가, 그녀가 자기 세대 최고의 영화배우라는 사실입니다. 진짜로요. 우리는 촬영 허가도 안 받고 영화를 찍었고—이론적으로 저는 현장에 없는 사람이었죠—그래서 연기 경험 하나 없는 그 인도인 엑스트라들을 그녀가 손수 상대해야 했어요. 그들을 가르치면서 데리고 다닌 게 그겁니다. 우리는 카메라를 밖에다 대기시켰고 세븐일레븐 주인들은 우리가 영화 촬영을 하는지도 몰랐어요. 임청하가 그 엑스트라들을 데리고 들어가서 어떻게 해야 할지 일러준 거지. 그녀는 정말 대단했어요.

한번은 엑스트라들이 마구 쫓아오고 도망가야 되는 장면이 있었는데 그녀는 그 장면에서 운동화를 신고 싶어 했거든요? 근데 장숙평이 이러는 겁니다. "마놀로 블라닉 하이힐을 신고 뛰어주셔야 합니다. 그림이 확실히 다르게 나

오기 때문에.” 임청하는 딱, 군말 않고 시키는 대로 했습니다. 지하철역 배경일 때도 촬영 허가 없이 찍었기에 경비원이 자리를 뜨고 열차가 도착할 때까지 기다려야만 했습니다. 그러다 우리가 느닷없이 그녀에게 주문하죠. “임청하 씨, 지금 숏 들어가야 돼요.” 그러면 그녀는 일단 자기 거울을 꺼내 화장이 괜찮은지 체크했습니다. 그런 다음 촬영에 몰입해 자기 목표를 완수했죠. 그녀는 뭐든 기꺼이 할 배우지만 그러기 위해 자신만의 몇 초가 반드시 필요했던 겁니다. 저는 그 점을 존중합니다. 그래서 어린 여배우들과 일하게 될 때면 언제나 임청하와, 그녀가 저에게 보여준 그 순간에 대해 이야기를 해줘요. 즉, 스스로 준비가 될 때까지 잠깐이라도 시간을 가지라고. 감독이 시키는 건 뭐든지 하더라도 그와 같은 자신만의 순간을 꼭 확보하라고요. 그런 게 프로라고 전 생각합니다.

왕페이는 좀 다를 것 같은데요?

거의 천사 같은 느낌이죠. 1997년에 홍콩 반환이 있기 전에는 중국 본토에서 이민 온 사람 전부를 멸시하던 시절이 있었습니다. 홍콩인들은 그들이 상스럽고 역겹다고 생각했거든요. 그런 편견을 깨준 사람이 왕페이입니다. 사람들은 그녀를 열렬히 받아들였어요. 그녀가 현대적이고 우아하다고 생각한 거죠. 사생활에서도 그녀는 좋은 선례를 남겼습니다. 신비롭고, 이목도 끌지 않으며, 물질 만능적인 태도도 없었어요. 그러면서도 거의 미국 스타일의 ‘쿨함’을 유지했죠.

영화에서 생기 넘치는 몇 장면이 청킹맨션에서 촬영됐는데요, 너츠포드 테라스에서 감독님이 자란 곳과 아주 가깝습니다.

동네가 더 고급스러웠던 시절에 클럽 ‘베이사이드’가 있던 곳이 거기였습니다. 제가 어렸을 때는 1층이 나이트클럽이었고 그 위로 아파트들이 있었거든요. 영화배우들이 살았어요. 아버지가 거기서 일하셨지만 전 출입을 허락받지 못했습니다. 항상 신비의 대상이었죠. 청킹맨션은 사실상 미니어처 버전의 홍콩입니다—온갖 곳에서 온 사람들이 좁고 북적이는 한 공간 안에 뒤섞여 있는. 이건 하나의 은유죠.

막상 가봤을 땐 어땠어요, 좋던가요?

영화 찍기 전에는 그 아파트에 들어가본 적이 없긴 했지만, 암튼 예전엔 거기 냄새가 더 좋았던 걸로 기억합니다.

지금도 좋아하십니까?

아주 많이.

이유는?

에너지가 넘치니까. 그 색깔 좀 보세요! 영화 때문에 저는 그 건물 모든 층을 다 걸어봤고 층 하나하나를 다 외웠습니다.

사전에 허가를 받았나요, 아니면 들어가서 바로 찍은 건가요?

허가는 없었습니다. 촬영은 힘들었어요. 한편으로는 민감한 문제이기도 했죠. 내부 전기 시설 중 많은 부분이 불법이었고 사람들은 자기들의 수상쩍은 짓이 노출되는 게 아닌가 걱정했기 때문에.

촬영할 때 그들이 화내던가요?

네. 처음 우리가 들어갔을 땐 무슨 습격하듯이 했어요. 집합 시각은 여섯 시. 임청하와 다케시를 앞세우고 들어가서 간단히 리허설 같은 걸 한 다음, 바로 촬영에 들어갔습니다. 진행이 얼마나 빨랐던지 거기 사람들이 상황을 파악했을 땐 밖으로 벌써 나온 상태였죠. 하지만 이미 우리는 거기 촬영이 즐거워졌습니다. 청킹맨션은 영화 찍기 너무 좋은 장소였어요. 그 질감과 사람들, 모든 게 유니크했기 때문에 그 후로도 계속 찾아갔습니다. 그래서 대개는 저녁 일곱 시가 되면 경비들이 건물 밖에서 우릴 기다리고 있었어요. 이 부분은 크리스한테 물어보셔야 되는데. (웃기 시작한다.) 경비들은 막대기를 들고 있다가 크리스를 막 때렸거든. 우린 제작사 사람들을 데려다 크리스가 맞지 않도록 막아달라 부탁했고.

그럼 사람들이 화면에 얼굴을 비추려고 끼어들고 그러진 않았다는 말씀?

그렇죠. 정말 후다닥 찍었고 중간에 멈추지도 않았어요. 카메라는 크리스 어깨 위에 들려 있었고.

여기서 며칠 동안 찍으셨죠?

거의 일주일. 하지만 〈타락천사〉를 찍으러 다시 왔을 땐 다들 친절하게 우릴 맞아줬어요.

그래야 하지 않을까요. 모르긴 해도 덕분에 새로운 방문객도 엄청 늘고 다들 유명해진 기분을 만끽했을 테니.

그분들 관광 사업에 제가 좀 보태드렸달까.

영화에 나오는 인도인 밀수범들도 여기 사는 사람들이었습니까?

맨션 안의 호스텔에 묵고 있던 인도인 관광객들이었어요. 대부분 우리가 그 자리에서 고용한 배낭족이었기 때문에, 다음 날에도 촬영장에 반드시 나올 거란 보장이 없었습니다. 그들을 나오게 하기 위해 우리는 그들의 여권을 보관했죠. 임청하가 영화에서 그랬던 것처럼. 그게 그들을 계속 나오게 할 유일한 방법이었기 때문에 어쩔 수 없었습니다.

출연료는 얼마였죠?

홍콩 달러로 몇백 달러. 내국인 엑스트라보다 약간 더 준 정도였죠. 그들은 촬영도, 가욋돈도 좋아했어요.

그들도 영화를 봤습니까?

모르겠어요. 인도에서도 개봉했을 수 있으니까. 그들도 영화를 좋아했으면 좋겠네요.

다른 영화들처럼 〈중경삼림〉에서 눈에 띄는 점은 거기 나온 사람들이 거대한 도시 한가운데 혼자인 듯 보일 때가 많다는 겁니다. 쪼그만 아파트 안에 딱 혼자.

그렇게 찍는 게 쉽고 돈도 덜 드니까!

그래도 궁금합니다. 감독님도 어렸을 때 혼자셨잖아요. 감독님이 만든 인물들이 그렇게 고립돼 있는 게 혹시 그 이유 때문은 아닐까요?

나는 그들이 고립된 게 아니라 자기만의 세상에서 살아가는 거라고 하고 싶습니다. 그렇게 살아도 즐거운 거고요. 영화에서 양조위가 왕페이 앞에서 커피 한 잔을 마시는 장면이 나와요. 그 장면에서 바깥의 거리를 오가는 사람들은 너무 빨리 움직여서 흐릿하게 보입니다. 그렇게 찍은 이유는 저들은 그저 지나가는 사람들이고 초점은 두 사람에 맞춰져 있기 때문입니다. 그게 이 장면의 핵심이에요—그들만의 세상에 있는 양조위와 왕페이. 이 장면은 12프레임으로 찍었는데 걸어가는 사람들 전부를 데리고 몇 시간이고 리허설하는 짓은 안 하고 싶었기 때문이에요. 엑스트라 하나하나한테 "넌 이 남자한테 말하고 또 너는 저 친구한테 인사를 하고" 등등 지시하고 있을 때가 아니었습니다. 그러려면 몇 시간은 걸리죠. 그렇게 서른 명의 엑스트라와 리허설한다는 건 불가능했어요. 왜냐하면 우린 아무 허가도 없이 찍고 있었으니까! 그래서 핵심에만 집중한 겁니다. 그게 우리가 촬영한 방식이었어요. 우리는 앵글을 잡아놓고 모든 엑스트라들한테 소리쳤습니다. "계속 걸으세요! 아무것도 하지 말고 그냥 빨리빨리 걸어요!"

이 장면은 감독님의 적들이 말하는 것처럼 쿨한 스타일을 뽐내려는 의도만은 아니군요?

영화에서 감독은 수 세기를 몇 초에 압축할 수도, 순간을 몇 시간으로 늘일 수도 있습니다. 그래서 사람들이 가끔 우릴 두고 시간 도둑이라 부르는 거고요. 살다 보면 우린 시간 감각을 잃어버리는 순간을 경험하죠. 그게 이 장면의 포인트예요—양조위와 왕페이는 지금 현재, 가능한 한 오래 지속되었으면 하는 자신들만의 순간을 만끽하고 있죠.

마지막으로 하나만. 다케시가 맡은 경찰 역이 임청하와 함께 방으로 돌아가는 장면에서 그는 그녀의 신을 벗기고, 방을 떠나며 자기 엄마가 항상 그렇게 하라고 했었다고 말합니다. 감독님 어머니가 하신 말씀인가요?

그건 반적화의 말이었어요. 〈아비정전〉에서 그녀가 맡은 캐릭터가 취하는 장면이 나옵니다. 그 덕분에 반적화는 영화 속 장국영만큼이나 반항적이었던 자신의 아들이 생각났던 모양이에요. 모자지간은 격렬했고 그 아들은 일찍 죽었다고 들었습니다. 그 장면을 찍으면서 그녀는 자기 처지가 떠오른 거죠. 그날 밤 반적화는 정말로 취했고 우리는 그녀를 침실까지 모셔드렸죠. 나중에 그녀가 저에게 이러더군요. "여자를 침대로 데려갈 때는 꼭 신을 벗겨줘야 해. 안 그럼 발이 붓는다고." 가끔 저는 그녀와 굉장히 가까운 느낌이 드는데 그녀의 말투가 제 어머니와 비슷해서입니다. 비록 두 분이 닮은 구석은 거의 없지만요. 반적화는 젊었을 때 아주 화려했지만—열여덟 살 때 가수로 경력을 시작했으니—우리 어머니와 비슷한 따스함이 있는 사람이었습니다.

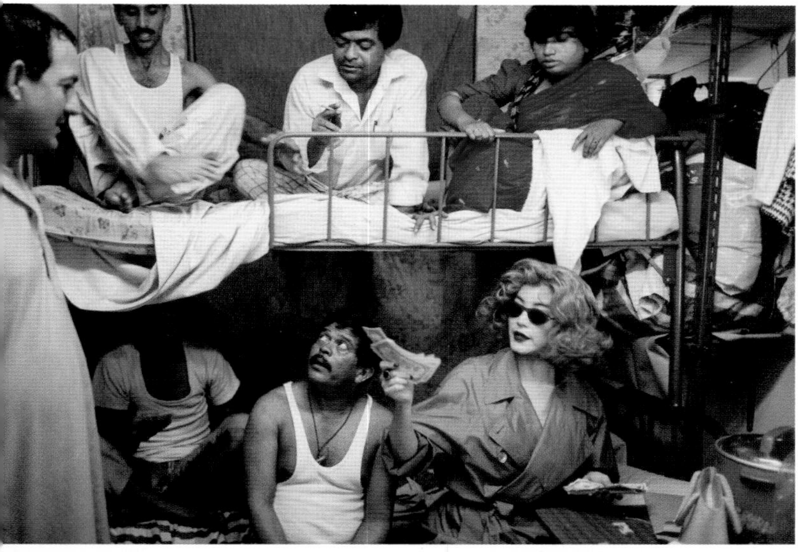

얘기하면서 이토록 즐거워하시는 걸 보니 제 생각이 틀렸나 봅니다. 감독님은 이 영화를 좋아하시는 게 맞네요.

그럴 이유가 너무 많아요. 〈중경삼림〉으로 우리는 하고자 했던 것을 했거든요. 우선 1994년도 홍콩의 낮과 밤을 영화로 기록했습니다. 둘째로 벼락 성공을 이뤘습니다—〈열혈남아〉 이후 첫 히트작이었고 세계 무대로 진출할 물꼬를 터준 작품이 됐으니까. 섭외 전화가 빗발쳤고 회사는 잘 굴러가게 됐습니다. 하지만 그 무엇보다도 아들 칭이 이 영화 개봉 직후에 태어났습니다. 제가 아버지가 된 거예요! 그날 이후 에스터가 거울을 보고 말하는 습관이 없어졌습니다. 애 키우는 데 너무 몰두한 나머지 나랑 이야기할 시간조차 없었거든! (웃음) 그해엔 하늘도 갑자기 환해진 느낌이었어요.

영화는 엄청난 영향을 미쳤습니다.

영화가 보여준 즉흥성이 관객뿐 아니라 다른 영화인들한테까지 깊은 인상을 남겼습니다. 사람들은 우리가 〈중경삼림〉에서 한 것과 같은 방식으로 영화를 만들기 시작했지만 대부분은 외관만 추구했어요—색상, 카메라 동선, 음악 같은 것. 최소한의 조명에 핸드헬드 카메라 가득 그리고 팝송을 왕창 집어넣은 영화면 〈중경삼림〉과 비슷하거나 혹은 왕가위 스타일로 간주됐죠. 사실 〈중경삼림〉은 그 시기에 제일 많이 카피된 영화였습니다. 홍콩만이 아니라 거의 전 세계에서. 그렇다 보니 〈타락천사〉를 만들 즈음엔 우리도 우리를 카피하지 않을 방법을 궁리해야 했어요. (웃음)

〈타락천사〉는 누가 봐도 〈중경삼림〉에 대한 반응이자 〈중경삼림〉의 변주입니다. 크리스가 말하길 당신이 이 영화를 와이드앵글로 찍은 이유 중에는 '뭔가 새로운 걸 시도해보고 싶어서'도 있었다고 하던데요.

〈중경삼림〉이 성공하는 바람에 해외 배급사들이 바로 다음 편을 요구했습니다. 그래서 〈중경삼림〉 때 구상해뒀던 짧은 이야기 중 하나로 윤곽을 써봤더니 사람들이 마음에 들어 했어요. 〈중경삼림〉의 성공이 가져다준 인기가 있어서 원하기만 했다면 그걸 쉽게 반복할 수도 있었습니다. 그런데 게릴라 스타일로 촬영하는 게 처음엔 만족스러웠어도, 그 짓을 자꾸 반복한다는 건 매일 은행을 터는 기분이었을 겁니다. 짜릿한 즐거움은 사라지고 내용은 뻔해졌겠죠. 우린 다른 걸 해보고 싶었습니다. 근데 어떻게? 답은 우리도 몰랐어요.

RDEN
OSTE

Sc END 2
54
52A
heart white T
blue pants

BYGNING

정말 새로운 걸 하고 싶었다면 왜 〈중경삼림〉에서 남긴 스토리를 썼습니까? 감독님의 작업 방식을 생각하면 그 세 번째 이야기도 어차피 종이 한 장을 안 넘겼을 텐데.

아닙니다. 진짜 도전은 스토리가 아니라 그걸 어떻게 찍느냐였어요. 스토리 자체는 명확했거든요. 스토리가 원래 〈중경삼림〉을 위한 것이었다면 우리가 그걸 찍을 다른 방법을 찾아낼 순 없을까? 감독이 할 일은 시간과 돈에 맞서 영화를 찍을 최선의 해결책을 내놓는 것. 그렇다면 〈타락천사〉를 위한 최선의 해결책은 뭘까?

촬영 첫날, 우리는 다케시가 찻집에서 얻어맞는 장면을 찍었습니다. 미스 홍콩 출신인 이가흔의 클로즈업숏으로 시작했죠. 당시 그녀는 이 업계에서 제일 예쁜 여자란 평가를 받았지만 연기 경험은 없었습니다. 리허설 때는 괜찮았는데 우리가 그녀 앞에 카메라를 갖다 대자 마법이 풀려버렸죠. 얼마나 긴장했던지 그녀의 손이 덜덜 떨렸어요. 전 속으로 생각했습니다. "맙소사, 앞으로 골치 아프겠는데." 촬영 테이크가 계속 쌓여갔습니다. 이가흔은 그때마다 계속 국수를 먹었으니 배경에 잡힌 다케시가 그동안 얼마나 많이 얻어맞고, 얻어맞고, 또 얻어맞았을지 생각해보세요! 이가흔은 신경이 곤두선 나머지 얼굴 근육까지 떨리고 난리였어요! 결국 저는 말했죠. "크리스, 다른 렌즈를 써봅시다." 최종적으로 우린 극도의 와이드앵글인 9.7밀리미터를 꺼냈습니다. 업계에서 쓰는 농담 중에 이런 게 있어요. 배우가 싫을 땐 9.7밀리로 그 배우의 클로즈업을 찍으라는. (웃음) 이게 진짜 왜곡이 심하거든요. 그래서 이걸 써보자고 말했습니다. 이가흔을 싫어해서가 아니라 그녀를 다르게 혹은 적어도 특별하게 보이게 하기 위해 무슨 수든 써야 했기 때문입니다. 전 그녀가 느끼는 긴장을 활용해보고 싶었습니다. 그래서 저는 초당 12프레임으로 찍으면서 이가흔에게 이렇게 지시했습니다. "내가 하라는 대로 연기하되, 딱 두 배만 느리게 해봐." 느리게 연기하자 다른 층이 나타났습니다. 긴장돼서 떨리는 게 아니라 100퍼센트 나른하게 취한 모습이 된 거죠. 암살자를 상대하는 일로 생계를 꾸리는 여자로서 더없이 완벽했습니다. 정말 강력한 장면이었어요!

그래서 크리스한테 그랬습니다. "이 렌즈를 영화의 표준렌즈처럼 써도 될까요?" 그는 "그래. 근데 왜?"라고 하더군요. "이 영화는 거리에 관한 걸 테니까. 저 인물들이 저렇게 가까이 있어도 실은 멀게 느껴지잖아. 그게 영화랑 맞지 않나요?" (웃음)

맞습니다.

네, 맞죠. 경험상 영화는 주제와 방식이 서로 햄 앤드 에그처럼 맞아떨어질 때 최고의 효과를 냅니다. 이가흔 덕분에 우리는 촬영 첫날에 주제와 방식 모두를 확보했죠. 그런 경우는 드물어요. 그리고 9.7밀리미터 렌즈가 표준렌즈가 됐죠. 〈중경삼림〉은 다케시가 임청하 옆을 지나치는 장면으로 시작합니다. 그는 이렇게 말하죠. "우리는 그 정도로 가까이 있었다. 그리고 몇 시간 후면 나는 이 사람과 사랑에 빠지게 된다."

〈중경삼림〉에 나오는 인물들은 타인이지만 결국 연결됩니다. 〈타락천사〉에서는 그 반대고요. 9.7밀리미터 렌즈를 통하기 때문에 인물들은 물리적으로 아주 가까이 있어도 서로 멀리 떨어져 보입니다. 결코 연결되지 않아요. 다케시와 그의 아버지조차도 비디오 화면을 통해서만 연결됩니다. 사실 〈중경삼림〉과 〈타락천사〉는 동전의 양면 같은 겁니다. 둘 다 인간의 거리를 말하지만, 방식이 아주 다르죠.

언젠가 이런 말씀을 하신 적이 있죠. 과거 중 어떤 것을 바꿀 수 있다면, 킬러와 에이전트 역에 덜 잘생긴 사람을 썼을 거라고.

네. 이가흔은 참 잘했지만, 지금 와서 보면 이목을 끌지 않는 인물로 캐스팅했으면 좋았을 걸 하는 생각이 듭니다. 이가흔처럼 너무 예쁘면 원래 목적을 배신하는 거라서.

홍콩에서 제일 유명한 모델이 될 수 있는 얼굴로 왜 청부살인업자의 에이전트 노릇을 하고 있을까, 그런 의문이 든다는 거죠?

에이전트는 덜 매력적이었어야 했어요. 남자친구가 쉽게 안 생기는. 예컨대 이가흔보다 세 배는 뚱뚱한 그런 여자로요. 그리고 여명이 맡은 역도 잘생긴 사람이 하면 안 됐어요. 그는 훨씬 사실적이고, 현실에 있을 것 같고, 사람 마음을 움직이는 거친 사내여야 합니다. 그 둘이 온갖 멸시를 받으며 힘들게 생계를 꾸려가는 사람들이라고 상상해보세요. 아주 감동적이었을 겁니다.

여명은 딱히 표현력이 좋은 배우라곤 할 수 없던데.

당시 여명은 대단한 인기 가수였고 미남이었기 때문에 항상 외모에 신경을 썼죠. 가끔 장숙평과 심하게 언쟁을 벌이기도 했는데 이런 적도 있어요. 장숙평이 "이 장면에서는 신발과 양말을 벗어야 해" 하고 지시하자 여명이 "왜요?" 라고 물었죠. 그때 장숙평은 이렇게 말했어요. "넌 사람이니까." (웃음) 둘 다 서로 못 잡아먹어 안달이었지.

장숙평과 이 이야기를 하던 중에, 그가 영화를 편집하다 감독님한테 영화가 너무 차갑고 인간미가 없다고 말했다던대요. 감독님이 다케시와 그 아버지 내용을 추가로 촬영한 것도 그 때문이라고. 맞습니까?

맞습니다. 이때쯤엔 청킹맨션에서도 우릴 반겨주는 상황이라 그 안에 입주한 게스트하우스 중 한 곳을 베이스캠프로 썼고, 방 하나를 에이전트의 아지트로 꾸몄습니다. 다케시의 아버지 역을 한 배우는 실제 그 게스트하우스의 야간 매니저였어요. 얼굴이 재미있게 생겼고 늘 우릴 챙겨주었죠. 사투리를 많이 알았기 때문에 다케시와는 내내 대만어로 이야기했어요. 두 사람이 아주 잘 맞았습니다. 그래서 그에게 다케시 아버지 역을 맡기면 재미있겠다고 생각했습니다. 영화가 나온 후 그는 아주 유명해졌어요. 단지 그를 알고 싶어 그의 게스트하우스에 묵는 팬들도 있을 만큼. 그는 그해 홍콩의 최우수조연상 후보에 올랐습니다.

그 부분은 아마도 감독님이 한 것 중 제일 가슴 찡한 작업일 겁니다. 사실 아버지 부분은 감독님이 사람들을 울리려고 작정하고 만든 거란 생각이 유일하게 들었던 장면이에요. 아버지를 비춘 비디오의 마지막 장면이 오래 떠 있어서, 관객에게 그 기분을 느끼게 하려는 의도가 확실히 전해졌거든요.

사실은 이렇습니다. 〈중경삼림〉에서 임청하를 제외한 모든 인물들은 일상생활에서 마주칠 수 있는 사람들이에요. 평범한 '서민들'이죠. 반면 〈타락천사〉에서 대부분의 배역은 예외적인 인물들입니다. 매일 주변에서 살인청부업자나 다케시처럼 별난 청년을 볼 확률은 드무니까요. 그들은 말 그대로 도시 곳곳을 유령처럼 떠도는 '땅에 내려온 천사들' 같은 존잽니다. 그런데 그 안에서 아버지는 '서민'이에요. 그 점 덕분에 이 배역이 그토록 사랑스러워진 거죠. 그리고 일단 관객 입장에서 배역에 애정이 생기면 그 배역이 죽을 경우 마음이 미어지기 마련이고요. 〈타락천사〉에서는 마지막 바로 전 장면을 촬영 첫날 밤에 찍었습니다. 이가흔과 다케시가 오토바이를 타는 마지막 장면은 그다음 날에 찍었고요. 따지고 보면 제일 좋았던 장면들은 첫 이틀 동안 다 찍어버린 거지. (웃음) 저로선 그리 좋아할 일은 아니었어요.

감독님 영화에서 홍콩은 화려하고 매력적으로 포착됩니다. 그런데 밤에 찍으니 도시가 더 화려하고 매력적이에요.

그렇죠. 동시에 더 쉽기도 합니다. 우선 밤에는 사람들이 덜 붐비고, 소음도 덜하거든요. 날씨도 덜 뜨겁고.

그리고 낮에 시나리오 쓸 시간도 생기고.

낮에 시나리오 쓸 시간이 생기고, 맞아요.

이가흔의 자위 장면에 대해 물어봐도 되나요? 그 장면 왜 그리 긴 거죠? 얼마 전에 영화를 다시 보는데, 그 장면에서 "맙소사"란 생각이 들더라고요.

그 장면을 찍을 때 현장에 음악을 틀어놨었어요. 저한테 로리 앤더슨[37] 음악이 있어서 완벽하게 어울리겠다 싶었죠. 영화는 놀라움 아니면 긴장감을 담는 거라던 히치콕 말이 생각나요. 이 장면에는 둘 다 있었습니다. 에이전트가 킬러의 침대에 누워 있는 걸 보고 관객은 놀라고 그녀가 뭘 하고 있는지 깨달으면 충격을 받습니다. 그런 다음엔 그녀가 그 행위를 어떻게 하는지 보고 싶어 안달이 나죠. 화면 앞쪽에 그녀의 발이 있고 반대편 끝에는 석양처럼 시계가 걸려 있습니다. 저는 이가흔의 몸을 하나의 풍경으로 봤어요. 크리스는 그때쯤 광고 의뢰도 많이 받고 있어서 그럴 때마다 빠져나가 틈새 수입을 얻고 싶어 했어요. 그래서 이때 저는 다른 촬영감독인 리판빙과 일해야 했습니다. 그와 일한 건 그때가 처음이었죠. 그와 찍다 보니 차이점을 알겠더군요. 촬영하기 쉽지 않은 장면인데, 일단 핸드헬드로 찍어야 했고 밤인데도 아주 더웠어요. 그리고 아주 낮은 지점에서 시작해 길게 화면을 유지하다가 다시 아래로 내려와야 되는 동선이었습니다. 테이크를 많이 가져갔는데도 그는 우리가 원한 걸 잡아내지 못했어요. 리판빙에게 그랬습니다. "지금 뭐 하시는 거죠? 그녀는 자위 중인데 손가락이 왜 안 보이는 겁니까? 그 부분을 스치듯 포착할 시간을 몇 초밖에 드릴 수 없으니 그 안에 꼭 잡아내셔야 해요." 나중에 다시 크리스랑 찍는데 크리스는 바로 이해했습니다. 카메라를 정확히 어디다 들이대야 하는지 알았거든요.

그랬을 거라 믿어 의심치 않습니다.

크리스와 리판빙의 차이는 뱃사람과 군인의 차이 같은 겁니다. 크리스는 뱃사람이에요—그게 그의 본질이죠. 리판빙은 훌륭한 카메라맨이고, 직업의식도 투철하고, 정말 열심히 일하고, 우리가 해줬으면 하는 모든 일을 정확히 해낼 줄 아는 사람입니다. 하지만 그는 신사라 그녀의 손가락이 있는 곳을 못 쳐다봤어요. 자기 본성에 반하는 저속한 행동이었으니까요.

크리스는 〈아비정전〉에서 수준급 솜씨를 보여줬지만 그의 명성을 높인 건 〈중경삼림〉이었죠. 〈타락천사〉는 그 명성을 거들 뿐이었습니다. 이 무렵 감독님 영화에 그가 들여온 건 뭡니까?

능력 되는 촬영감독이라면 보통은 사람들이 해달라는 숙제를 다 해낼 수 있습니다. 크리스는 그에 더해 사람을 놀래키는 타입이에요. 그는 훌륭한 촬영감독의 자질을 다 갖췄습니다. 눈도 있고 리듬도 있고 무엇보다도 심장이 살아 있는 카메라맨이죠. 그는 영화촬영계의 찰스 부코스키예요.

그는 감독님이나 장숙평과는 다른 타입인데, 촬영 현장에선 어떻습니까?

크리스는 우리와 일하는 동안 몇 단계의 변화를 거쳤습니다. 〈아비정전〉으로 우리가 처음 시작했을 때 그는 그게 홍콩에서 찍는 두 번짼가 세 번째 영화였습니다. 여기 말도 몰랐고, 자기 팀도 없었고, 낯도 가렸어요. 그는 메모를 많이 해서 쓰고, 쓰고 또 썼고, 영화를 분석하는가 하면 다른 종류의 필름을 써서 실험해보기도 했죠. 자기가 재주가 있다는 건 알았어도 얼마만큼 재주가 좋은지는 몰랐어요. 그러다 〈아비정전〉으로 자신감이 붙었죠. 이 영화에 대한 인터뷰를 하던 자리에서 그는 "이 영화를 계기로 내 능력을 알게 됐다"고 말하기도 했을 만큼. 나중에 〈중경삼림〉을 찍을 때 그 사람 어깨 위에 핸드헬드 카메라를 들려야 되니까 돌리 촬영은 접자고 했을 때, 그는 내가 농담하는 줄 알았답니다. 〈아비정전〉 때는 핸드헬드 촬영이 딱 한 번 있었는데 그때는 그가 서툴렀거든요. 하지만 크리스는 뭐든 쉽게 습득하는 사람입니다. 언어도 정말 빨리 익혀요. 그 사람 표준중국어는 저보다 낫다니까요. 광둥어도 할 줄 알고 아르헨티나에서 촬영할 때는 스페인어도 장착했습니다. 그처럼 빠른 속도로, 핸드헬드도 곧 그의 장기가 되었습니다.

얼마 안 가 그는 사람들이 많이 찾는 촬영감독이 되었고 각종 의뢰가 물밀듯이 들어왔어요. 물론 여자친구도. (웃음) 그는 의리 있는 사람이라 다방면으로 도움을 많이 줬습니다. 자기가 볼 때 번역이 잘못됐다 싶으면 자막이나 시놉시스 번역을 거들기도 하고, 직접 나서서 로케 현장의 소유주를 구워삶는 역할도 늘 자처했고요. 손도 빠르고 현장에서 창의적인 자극도 줬지요. 하지만 크리스는 어쩔 수 없는 크리습니다. 그는 인내심이 정말이지 요만큼도 안 되거든요. 3주간 대기하는 상황은 도저히 못 견뎠습니다. 그는 늘 이랬습니다. "왕가위, 나 광고 찍으러 가야 돼." "왕가위, 사람들이 영화 하나 같이 하재." "나, 이 영화제에 참석하고 싶어." 등등. 그는 에너지가 넘쳐서 한시도 가만히 있질 못했어요. 그렇게 그가 가끔 자리를 비워야 했기 때문에 우리는 〈타락천사〉부터 두 번째 촬영 팀을 따로 꾸리기 시작했습니다. 그 점은 〈화양연화〉 때도 마찬가지였고. 그한테 너무 많은 제의가 들어왔고 그도 바쁘게 사는 쪽을 선호했기 때문에 더 이상은 우리의 고정 카메라맨이 될 수 없었어요.

그래도 감독님은 그와 일할 수 있다면 그럴 거죠?

그럼요. 물론이죠.

사적으로도 서로 친하고?

네. 하지만 둘이서 따로 다니고 그러진 않아요. 제가 파티를 안 좋아해서. 우린 그저 영화 찍을 때만 같이 섞이죠. 그의 생활은 저와 다릅니다. 하지만 우리는 가족이고 그는 언제나 우리 가족의 일원이에요. 아까도 말했듯 크리스는 천생 뱃사람이라, 얽매이지 않고 돌아다녀야 하는 그를 받아들여야만 합니다.

그는 감독님이 이끄는 이동식 서커스에 잘 맞는 사람 같아요.

네, 맞아요. 사실 남녀 배우들과 제일 가까운 사람이 크리습니다. 그는 사람을 녹일 줄 알고 유머도 있거든요. 덕분에 상황이 부드러워질 때도 많습니다. 크리스와 같이 있으면 긴장이 풀어져요. 다들 깔깔 웃으면서 이러죠. "그런 바보 같은 짓 좀 하지 마요, 크리스, 바지는 왜 내리고 그래요." (웃음)

칸에서 있었던 〈풍월〉 오찬 행사 때가 생각나요. 공리가 그를 정말 흠모했어요. 그는 그녀를 많이 웃게 했고, 그녀도 그가 자신을 아름답게 찍어줬다는 걸 알았고요.

그래서 내 늘 하는 말이 있지. 좋은 여자는 다 촬영감독 차지가 된다고. (웃음) 그의 여자친구들은 다 똑같아 보여요. 하나같이 그를 숭배하고 동시에 그를 돌봐주고 또 그를 걱정하는. 하지만 촬영감독으로서 크리스는 사람을 놀라게 하는 재주가 있습니다.

예를 들면?

〈동사서독〉에 나오는 공중에서 찍은 사막 풍경, 전부 크리스가 한 겁니다. 〈중경삼림〉에서 건물들 위로 연기나 움직이는 구름을 잡은 장면들—그것도 크리습니다. 부에노스아이레스의 컷어웨이[38] 장면들 전체도 마찬가집니다. 그 모두가 크리스가 쓴 시예요.

〈타락천사〉와 〈중경삼림〉에서 제가 좋아하는 한 가지가, 두 영화가 홍콩을 아주 많이 보여준다는 겁니다. 사람들이 끊임없이 움직이고 있는.

〈아비정전〉 이후 우리는 가능한 한 많이 그 당시의 홍콩을 담아내고 싶었습니다. 특히 1997년이 되면 그 이후로 볼 수 없으리라 생각되는 곳을요. 〈화양연화〉의 '골드핀치 레스토랑'도 그런 곳이었죠. 그런데 홍콩 길거리에서 영화를 찍는데 사람들이 끊임없이 움직이는 건 당연한 거 아닌가. (웃음)

하지만 〈화양연화〉는 아트디렉션의 영향력이 강한 영화입니다—장숙평은 그 레스토랑을 바꿔놓기까지 했잖아요. 그런데 이 영화들의 아트디렉션은 원래 있던 걸 그냥 보여주는 거란 느낌입니다. 감독님은 들어와서 집어가면 되는 거고요.

그게 장숙평의 마법입니다. 장면을 어떻게 훔쳐야 할지 알거든.

모든 장소의 모든 구석을 흥미롭게 보이게 할 능력이 있는 장숙평이지만, 이 영화들에선 인물들이 형편없는 아파트를 벗어나 우리를 바깥 거리로 인도합니다.

홍콩이 원래 그래요. 모두가 밖으로 나옵니다. 다 걸어서 갈 수 있는 거리 안에 있기 때문이죠. 일주일 24시간 내내 쉬지 않고 그래요. 그건 마치 우리 집 거실이 아파트 밖에 있는 것과 같습니다. 바깥 거리가 이렇게 생기가 넘치는데 왜 형편없는 아파트 방에 틀어박혀 있겠어요?

감독님 영화에 나온 것 같은 화려하고 매력적인 홍콩을 찾고자 하면 힘들 것 같은 게, 감독님이 그렇게 보이도록 만들었기 때문이죠. 〈타락천사〉에 나오는 지나가는 열차들처럼. 실제로 거기 산다면 얼마나 시끄럽고 불편하겠어요. 하지만 영화로 보고 있으면 황홀합니다.

그렇죠. 우리가 그렇게 찍어서 그런 거죠.

감독님은 〈타락천사〉가 전작과 다르기를 원했고 그 목표를 정말로 이뤘습니다. 의도된 유사점이 많긴 해도, 〈중경삼림〉은 홍콩에 있고 싶게 만들고 〈타락천사〉는 그 반대죠. 아름답지만 차가운.

〈타락천사〉는 〈중경삼림〉보다 훨씬 도발적이고 훨씬 어둡습니다. 〈중경삼림〉은 심지어 밤에도 화사한 느낌인데 〈타락천사〉에는 낮이라곤 없죠. 모든 일이 밤에만 일어납니다. 그 당시 홍콩에 대한 내 느낌이 그랬어요. 저는 관숙이의 〈그를 잊으세요(Forget Him)〉를 영화에 넣었습니다. 이젠 우리가 이 지점을 떠나 다른 걸 해야 한다는 생각이었기 때문에.

〈중경삼림〉과 〈타락천사〉로 인해 감독님은 국제영화계의 '쿨 가이'로 등극했습니다. 그 이후로 수년 동안—〈마이 블루베리 나이츠〉 전까진 이런 영화를 안 만들었음에도—감독님은 젊음을 사랑하는 역동성 과잉의 로맨스 영화를 만드는 감독이란 이미지를 달고 다녔고요.

하지만 제가 이미 그 단계를 넘어섰기 때문에 그 시기도 끝났어요. 그때 저는 걸음마를 시작한 아이와, 아내가 있는 아저씨였습니다.

얼마 안 가 감독님은 중년 남녀에 대한 영화를 만들기 시작하셨고요.

네. 영화도 나랑 같은 속도로 나이가 드는지!

어쨌든 90년대에 감독님이 유행의 첨단을 달리는 감독으로 간주되기 시작했다는 건 모두 아는 사실입니다. 선글라스도 그 일부가 됐죠—감독님의 트레이드마크로. 감독님의 페르소나를 영화에 넣어볼 생각은 혹시 해보신 적 없는지?

제 이미지 같은 걸 만들겠다고 나서진 않았지만 특히 〈아비정전〉 이후 저는 완전히 사람들의 입방아에 올랐죠. 우리는 세상 제일 흥미진진한 영화를 찍는 것처럼 보였고 사람들은 우리가 뭘 하는지 알고 싶어 했어요—동시녹음을 시도했을 때처럼요. 사람들은 이런 말을 하기 시작했습니다. "그 사람은 항상 선글라스를 쓰고 있어서 모니터를 볼 필요도 없대. 여배우 대사 읊는 것만 들어도 잘하는지 못하는지 바로 안대." 혹은 "그는 모니터를 볼 필요가 없대. 안 봐도 그냥 안다나." 이런 전설들이 정말 많았습니다. 그리고 제가 대본 없이 일하다 보니 그것도 가십거리가 되는 거예요. 누구든 우리가 하듯이 영화를 만들면 사람들이 입방아를 찧을 얘깃거리가 생기는 법입니다. 여러 해에 걸쳐 쌓여간 소문을 떨쳐내기란 힘들어요. 정말 터무니없는 이야기들인데도 너무 자주 언급되니 누구나 그게 사실이라고 믿어요.

선글라스 이야기는 왜 빼십니까. 제가 감독님과 지인이란 걸 알면 사람들은 항상 선글라스에 대한 질문을 먼저 합니다. 예외 없이 항상. 주관성과 객관성을 분리하기 위해 그걸 쓴다는 크리스토퍼 도일의 이야기가 맞는 겁니까?

그가 근사하게 표현했고 그 사람은 그렇게 믿어요. 하지만 저에게 선글라스는 반응할 시간을 벌어주는 도구입니다. 촬영장에 가면 제가 해결해야 할 일들이 너무 많아요. 그때마다 1초, 아니 2초라도 대응할 시간이 필요한데 그럴 때 짙은 색 선글라스가 도움이 됩니다. 그러다 보니 점차 버릇 겸 제 사생활을 확보할 도구로 굳어진 거죠. 말하자면 그건 크리스토퍼 도일과 두가풍의 차이 같은 거예요.

상상 속의 얼터 에고(또 다른 자아)라 보면 됩니까?

이건 WKW고(선글라스를 쓰는 시늉을 한다) 그리고 이건(선글라스를 벗는 시늉을 한다) 왕가위. 사람들이 제 선글라스에 왜 그리 관심이 많은지 이해가 안 가요. 고다르도 선글라스 써요. 키아로스타미도 선글라스 씁니다. 구로사와도 선글라스 썼어요. 그렇지만 아무도 "키아로스타미 감독이 선글라스를 쓰네요?" 이러지 않잖아요. 진짜 이유를 모르겠네.

음, 그들은 늘 쓰고 있진 않으니까. 어쨌든 키아로스타미가 힙스터 감독이거나 젊은이들의 감독은 아니잖아요. 반면 감독님에겐 그런 평판이 있죠. 그게 사업상으론 감독님에게 도움이 됐을 수도 있고요.

그렇긴 하지만 항상 그런 건 아니었어요. 젊거나 힙스터이거나 한 게 문제가 아닙니다. 사실 제 영화는 전부 잠재적으로든 아니든, 내가 이 도시를 어떻게 느끼고 있나와 관련이 있습니다. 우리가 〈중경삼림〉과 〈타락천사〉를 만들었을 당시 저는 회사를 갓 차린 상태였습니다. 일을 빨리 할 수밖에 없었고 실제로 젊었었고요. 제가 아는 한 이 두 영화는 당시 홍콩의 정수를 담았습니다. 사람들은 본토 반환 시기인 1997년을 너무도 명확히 인식하고 있었어요. 마치 마감일이 잡힌 기분이었죠—그래서 서둘러야만 했습니다. 우리가 〈중경삼림〉과 〈타락천사〉를 찍고 있을 무렵 외국 기자들이 방문하면서 "97년에 대해 어떻게 생각하십니까"라는 질문을 하기 시작했죠. 나도 그 질문을 하려고 영화를 만든 건 아니었지만 어쩌다 보니 그게 영화 안에 들어가게 됐습니다. 무슨 일이 일어날지 아무도 몰랐지만 모든 게 변할 경우를 대비해 저는 홍콩을 제가 아는 그대로—모든 거리와 모든 동네를 알았기에—필름에 담고 싶었습니다.

그 이후론 동시대 홍콩에 관한 영화는 더 안 만드셨는데, 혹시 여기에 무슨 의미라도 있습니까?

모르겠어요. 당신 생각은 어때요? 전 아직도 제 영화가 홍콩에 관한 것이라고 생각합니다만.

上

產
22

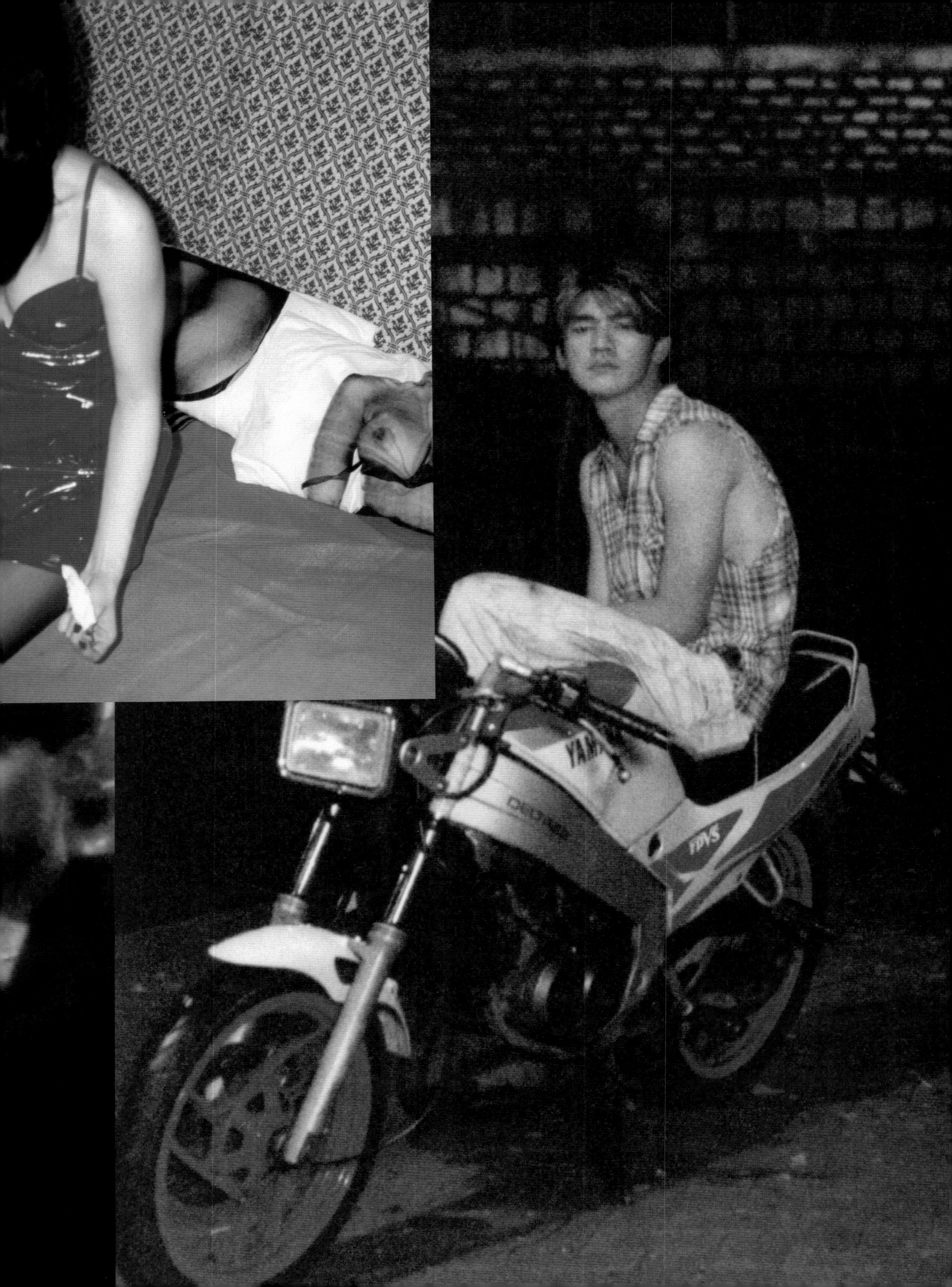

네 번째
대화

〈화양연화〉
〈2046〉
〈에로스〉

배신과 사랑의 이중주

〈화양연화〉는 감독님 영화 중에서 세계적으로 가장 유명하고 또 사랑받는 작품일 겁니다. 평론가들 사이에서도 예외가 없고요. 지난 2012년에 있었던 〈사이트 앤드 사운드〉의 최근 설문조사에서 시대를 초월한 명작 24위에 뽑히기도 했죠. 하지만 다른 영화들과 마찬가지로 처음부터 미리 계획된 게 아니었다던데.

〈해피 투게더〉 홍보를 하며 파리에 있었을 때 장만옥과 저녁 식사를 했어요. 그녀는 〈이마베프〉를 끝내고 올리비에 아사야스 감독과 동거 중이었습니다. 〈동사서독〉 이후로 우리는 함께한 작품이 없었고 그녀도 한동안 홍콩에서 출연작이 없었어요. 저녁을 먹으면서 그녀가 그러더군요. "우리 작품 하나 해야죠." 그녀는 자신의 TV 첫 출연 파트너였던 양조위와 같이 일하고 싶어 했어요.

제가 대답했습니다. "여러 가지 이야기를 한데 모은 형태로. 당신들 둘이서 배역 전부를 다 소화하고 그렇게." "소재가 뭔데요?" "음식 어떨까?" 그때 프랑스 미식가 장 앙텔므 브리야 사바랭의 《미식예찬》을 읽고 있었거든요. 그 사람 명언 중에 이런 게 있습니다. "당신이 뭘 먹는지 나한테 말해주면 나는 당신이 어떤 사람인지 말해주겠다." 또 이런 말도 했습니다. "식탁의 즐거움은 모든 나이, 모든 조건, 모든 나라, 모든 영역에 속한다. 모든 다른 즐거움과 섞일 줄 알고, 그것들이 떠나고 난 뒤에도 남아 우리를 위로한다." 이거야말로 〈음식에 관한 세 가지 이야기〉란 가제를 달고 있던 당시 프로젝트에 딱 맞는 주제였습니다.

센트럴 지구에 있는 심야 편의점에서 첫 번째 이야기를 촬영했어요. 밤늦은 시각에 그곳은 마음을 다친 사람들과 갈 곳 잃은 영혼들이 자연스레 들르는 안식처였습니다. 에드워드 호퍼의 그림 〈밤샘하는 사람들〉을 연상시키는 곳이었죠. 양조위가 맡은 역은 그곳 주인으로 손님들이 놓고 간 열쇠, 지키지 못한 약속의 흔적을 모으는 취미가 있는 사람입니다. 장만옥은 자기 열쇠를 놓고 갔다가 나중에 화가 나 다시 찾아오는 여자 역을 연기했습니다. 그녀는 술에 취해 주인이 갖고 있는 음식을 뭐든 먹고 싶어 합니다. 그는 가진 게 케이크밖에 없었고 그녀는 그 케이크를 하나씩 먹죠. 마지막 조각까지 먹은 후 그녀는 입술에 설탕 부스러기를 조금 묻힌 채 필름이 끊깁니다. 이 점이 주인은 신경이 쓰입니다. 왜냐하면 그는 아주 깔끔하고, 식당도 완전무결하게 유지하는 사람이거든요. 그는 그녀의 입술에서 음식 부스러기를 닦아내고 싶어 하죠. 그리고 냅킨을 쓰지 않고 직접적인 터치를 시도합니다. 우리는 이 이야기를 열흘 만에 다 찍었고 다음 편 준비를 시작했죠.

두 번째 이야기는 한 남자와 한 여자에 대한 겁니다. 이웃 사이이고 각자의 배우자들은 외도 중이고, 그 외도로 자신들이 배신당했단 걸 알게 됐을 때 두 사람은 엄청난 충격을 받습니다. 어쩌다 그렇게 됐는지, 왜 그렇게 됐는지 알고 싶어 합니다. 그래서 두 사람은 서로 상대방의 배우자를 연기하며 자신들이 상상한 대로 그 외도를 재현해보려 합니다. 그러다 어느 순간 '연기'와 실제 상황이 헷갈리기 시작합니다.

이 아이디어는 일본 소설가 고마쓰 사쿄의 단편소설과 홍콩의 아주 영향력 있는 작가 류이창의 작품에서 착안한 겁니다. 당시 홍콩의 다른 작가들과 마찬가지로 류이창도 신문에 매일 칼럼을 써서 생계를 유지했죠. 저는 그를 배신당한 남편 역의 모델로 삼았습니다. 류이창의 소설 중 하나가 제목이 《두이다오對倒》인데, 프랑스어로 '머리와 다리가 엇갈린tête-bêche', 영어로는 '머리-꼬리'란 뜻이에요. 그 작품에서 구조에 대한 영감을 받았어요. 평행을 이루는 두 건의 외도가 교차하는 지점에 이야기의 중점을 둔 거죠. 두 배우는 모두 희생자를 연기하는 동시에 서로의 배우자인 것'처럼' 행동합니다. 이 스토리에서 제일 흥미를 느낀 건 외도 자체가 아니라 그 일이 어떻게 벌어졌냐는 겁니다. 저는 〈이창〉처럼 히치콕 스타일의 반전을 곁들여 이야기를 전개하고 싶

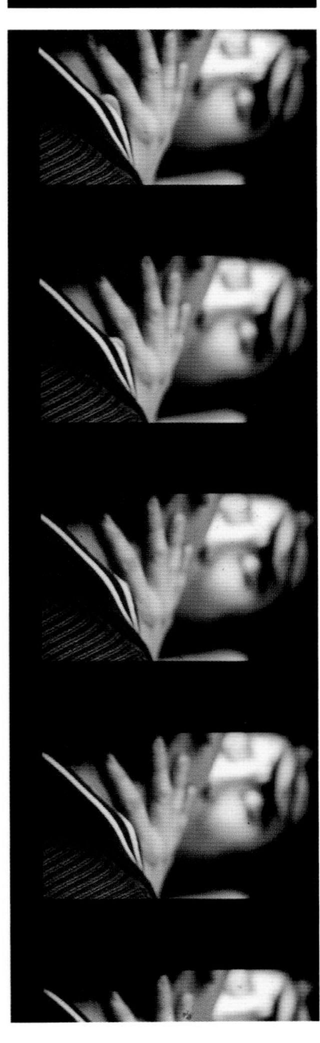

었어요—이웃들이 중요한 역할을 하는데 두 주연 남녀가 행동함에 있어 이웃들의 감시를 벗어날 수 없거든요. 사실상 그 이웃들이 촉매제가 되는 겁니다. 그들 덕분에 이 희생자들이 비밀을 공유하게 되니까.

시대는 왜 또 60년대로 하신 겁니까?

이야기 배경을 60년대로 한 이유는 그 시절 대부분의 홍콩 사람들이 아주 보수적이었고 간통이 지금처럼 '받아들여지는' 때가 아니었기 때문입니다. 그건 상당히 큰 금기였어요. 그때는 이웃의 개념도 지금과 달랐습니다. 이웃은 우리 집 이웃집에 사는 사람들이 아니라 아예 우리 집 화장실을 같이 쓰는 사람들이었어요! 불륜을 절대 들키고 싶지 않은 사람들이 그들이었죠. 우리가 세운 계획은 외도의 전모가 총 열 번의 식사에 걸쳐 펼쳐지는 거였습니다. 쉽지 않은 촬영이 될 예정이었죠. 스토리가 풍성해서 끊을 수 없는 약처럼 되어갔습니다. 영화는 길어지고 또 길어져서 결국 세 편을 담는다는 계획을 포기하고 하나에만 집중하기로 결정했습니다. 영어 제목은 프랜시스 랭포드의 노래 제목을 따서 〈사랑할 기분In the Mood for Love〉이라고 붙였어요. 미리 찍은 첫 번째 이야기는 나중에 2003년 칸에서 있었던 저의 마스터 클래스 행사에서 단편 영화 형태로 상영됐습니다. 그때 제목이 〈사랑할 기분 2001In the Mood for Love 2001〉이었는데 몇 년 후 발전된 형태로 〈마이 블루베리 나이츠〉가 되었죠.

〈화양연화〉는 또한 감독님이 좋아하는 시공간으로 데려다주기도 하죠—62년 혹은 63년경의 홍콩으로.

60년대로 돌아가는 수단이 됐죠. 제 마음 깊은 곳에서는 이 영화를 〈아비정전〉의 정신적인 후편이라고 봤어요. 현실에서 후편을 만드는 건 불가능했지만 원래의 의도처럼 양조위와 장만옥이 출연했고, 장만옥의 경우는 심지어 〈아비정전〉 때와 같은 이름을 붙였거든요. 이렇게 두 사람을 다시 만나게 한 게 나름 재미있었습니다.

그리고 각운 맞추듯 서로 응답하고요. 감독님은 스스로를 인용하는 걸 좋아하는 사람입니다.

맞습니다. 촬영하면서 장숙평과 전 정말 즐거웠어요. 어떨 땐 그가 장만옥에게 어떤 드레스를 입히고는 저에게 눈치를 주는 겁니다. 그럼 저도 이랬죠. "나도 알아. 이거 〈아비정전〉 때 그거지?" 물론 이 영화는 완전히 다른 거고 접근법도 달랐지만요. 〈아비정전〉 때는 특정한 해와 날짜가 있었지만 이 영화에선 해당 시기를 더 인상주의적인 방식으로 다뤘습니다.

그때는 정확한 달, 날짜, 시간 심지어 분 단위까지 우리가 알게 되었죠.

〈화양연화〉는 그 정도로 엄밀하진 않습니다. 우린 느낌을 찾으려고 했어요. 이 영화는 60년대의 분위기에 관한 겁니다.

줄거리는 감독님의 흥미를 끌던가요? 만들기에 재미있는 영화였습니까?

줄거리는 복잡하지 않았어요. 제 에너지의 대부분은 분위기를 조성하는 데 초점이 맞춰졌습니다. 어느 정도까지 몰두했냐면 반적화가 맡은 배역과 같은 상하이 출신 사람들이 먹을 것 같은 식단을 실제로 짜기도 했어요. 왜냐하면 이들은 음식에 관해서는 아주 엄격했거든. 어떤 요리는 특정 계절에만 먹는 것이었어요. 우선 저는 어렸을 적 어머니가 만들어주셨던 음식에 대한 기억을 근거로 메뉴를 구성했습니다. 그런 다음 그걸 요리해줄 상하이 여자분을 섭

Maggie一人食譜.

早餐. 泡飯
香瓜
咸菜毛豆百頁加紅辣椒
皮蛋(或鹹蛋)

晚餐. 咸菜毛豆百頁加紅辣椒
陽春麵

Maggie家(冬季)

① 金針雲耳元蹄湯.
咸肉百頁
蝦子河鰻
清炒黃芽白肉絲年糕

Maggie家點心(夏季).

① 桂圓湯.
② 酒釀圓子.
③ 百合紅棗湯.
④ 生煎饅頭

Maggie家水果(夏季).

① 香瓜
② 桃
③ 梨
④ 楊梅.

Maggie家點心.(冬季)

① 西八寶飯.

외했습니다. 정확히 그 요리여야 했으니까요. 또 영화의 사운드트랙도 디자인했어요. 음악만이 아니라 분위기를 설정하는 배경음까지도요. 이런 동네에선 경극이나 호극[39]이 들리는 게 맞습니다. 사실상 저는 제 어린 시절의 사운드트랙을 다시 만들어냈어요. 은퇴한 라디오 아나운서를 고용해서 라디오 프로그램과 일기예보를 당시 스타일로 다시 녹음했죠. 마치 60년대 DJ라도 된 양 영화 사운드트랙을 총지휘했습니다. (웃음) 개인적으로 〈아비정전〉은 덜 친밀한 느낌이 들었는데, 그건 제가 장국영과 그 어머니 같은 출신이 아니기 때문이에요. 하지만 〈화양연화〉는 제게 사적인 영화였습니다. 반적화가 연기한 역은 우리 어머니를 연상시켰어요. 모든 마작 장면들 그리고 저녁 식사 장면들. 내 어린 시절 그 자체였습니다.

음식 디테일을 살리는 데 그렇게까지 몰두하셨다는 사실이 흥미롭습니다. 왜냐하면 정작 영화에선 그 점이 중요하게 안 보이거든요.

관객 보라고 만든 음식이 아니었습니다. 보통은 배우가 실제로 먹진 않는데, 이때는 그렇게 하는 게 분위기를 만드는 데 도움이 됐어요. 완탕면을 예로 들면, 속뜻은 핑계입니다. 장만옥은 매일 밤 이런 걸 들고 (왕가위는 그릇을 드는 시늉을 한다) 밖으로 나가는데 그 당시엔 흔한 풍경이었죠. 그게 실은 탈출이었던 겁니다. 저도 어렸을 때 어머니의 마작 무리가 먹을 간식거릴 사러 밖으로 나가는 게 즐거운 탈출이었어요.

양조위와 장만옥이 연기한 인물들이 사는 장소는 폐소공포증적인 세상입니다. 두 사람이 뭘 하는지 모든 사람이 알진 못해도 세상은 항상 그들 주변에 딱 붙어 있는 느낌이에요.

이웃들이 가까이 살고 그들 사이엔 소문이 돌죠. 여기서 반적화가 연기한 인물은 전형적인 상하이 사람입니다. 그들은 모든 걸 다 알지만 절대 말은 안 해요. 그러다 때가 되면 자기들이 실은 다 안다는 걸 알려주려고 '따끔하게 꼬집어'주죠. 장만옥이 상대해야 하는 게 그런 환경입니다. 양조위 쪽을 보면 집주인은 홍콩 사람이고 훨씬 노골적입니다. 영화에서 그 아파트를 보면 두 문화권이 한자리에 있어요. 상하이와 홍콩. 한쪽은 모두가 잘 차려입은 사람들입니다. 마작할 때조차도 그들은 정장에 넥타이, 치파오를 입고 있죠. 반면 집주인은 사실상 잠옷 차림이고요.

이런 이웃들 속에서 살아간다고 생각해보세요. 자기 비밀을 이야기할 사적인 공간이 당연히 필요하게 됩니다. 처음에 제가 원했던 장소는 '퀸즈 카페'였지만 없어지는 바람에 그거랑 비슷한 '골드핀치'를 찾아냈죠. 이곳은 진짜 서양식 레스토랑이 아니었어요. 서양식 메뉴이긴 한데 중국 재료를 쓴 요리였고 중국인들이 와서 먹었죠. 비싸지 않으면서 색다른 서비스를 제공받는단 느낌 때문에 이런 식당들이 인기가 많았어요. 데이트 상대를 데려올 수 있는 곳이었죠.

두 불륜은 모두 전기밥솥에서 시작합니다. 당시 일본에서 새롭게 들어온 발명품이었죠. 장만옥의 남편이 아내를 위해 하나를 사오자, 양조위가 자신의 아내를 위해 그에게 하나 더 부탁합니다. 양조위의 아내는 주부 역할에 염증이 났고 일을 하고 싶어 했어요. 그래서 밥솥이 있으면 그녀가 부엌에서 해방될 터였죠. 그렇게 장만옥 남편이 양조위 아내를 위한 밥솥을 사오면서 그들의 불륜이 시작되죠. 그로 인해 결국 장만옥과 양조위의 불륜도 촉발됩니다. 제가 볼 때 전기밥솥은 아시아의 여성 해방에 도움이 된 중요한 발명품입니다. 덕분에 요리에 그렇게까지 에너지를 낭비하지 않아도 됐으니까. 그거랑 라면 같은 즉석 면류가 아시아 사람들의 생활방식을 완전히 바꿔놨어요.

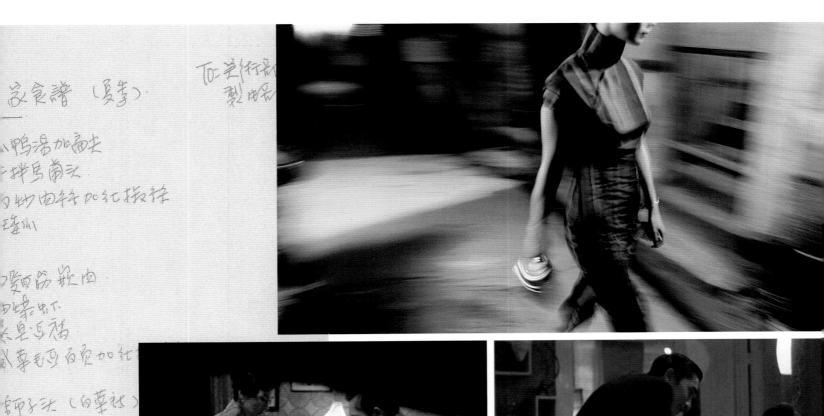

감독님은 의상이 이렇게까지 중요한 영화를 이전에도, 이후에도 만든 적이 없습니다. 장만옥은 나올 때마다 다른 옷을 입고 있어요. 그녀가 몇 벌이나 입었는지 장숙평에게 물었더니 정확히 기억을 못 하더라고요. 한 서른 벌쯤, 하던데. 90분짜리 영화에 무려 서른 벌씩이나!

첫째, 그게 보통 수준이었습니다. 그때 상하이 여성들은 집에서나 다른 사람들 앞에서 편한 잠옷을 입는 일이 없었어요. 그들은 언제나 말쑥하게 차려입었죠. 장만옥만큼 옷이 많지 않더라도 어쨌든 그녀들은 매일매일 최선을 다해 잘 입었었습니다. 둘째, 이 영화에서 그녀의 옷은 그냥 옷이 아닙니다. 그녀의 기분입니다. 말하자면 그날 그녀는 이런 기분을 입고 있었다, 그런 느낌.

장숙평이 또 말해준 게, 장만옥 역할이 부자가 아니었기 때문에 어떨 땐 별로 안 예쁜 천으로 된 옷을 입히는 것도 좋겠다고 생각했다네요. 하지만 안 예쁘다고 생각한 옷을 입었을 때조차 장만옥은 눈부시게 아름답습니다. 그녀는 평범한 천도 멋지게 보이게 하는 능력이 있어요.

맞아요. 그리고 이게 그녀를 상징하는 배역이 됐죠. 비록 그녀는 그다지 맘에 안 들어 하는 것 같지만.

왜죠?

그녀와 옷 사이에 특별한 교감이 있었어요. 서로에게서 어떤 우아함을 이끌어 냈습니다. 어떻게 보면 옷이 그녀의 본질 중 일부를 포착했고 그 결과 그녀는 영원히 그 옷과 연결된 거죠. 하지만 누구라도 자기가 뭔가 딱 한 가지로 기억되는 상황은 싫을 겁니다.

이쯤에서 그녀 이야기를 하는 게 좋을 것 같아요. 그녀를 진지한 여배우로 처음 세상에 내놓은 사람이 감독님이었죠. 그리고 이것이 감독님 영화에서 주연을 맡은 그녀의 마지막 편이었습니다. 이 역할이 얼마나 상징적이었던지 칸 영화제가 영화 속 그녀의 이미지를 자기들 포스터로 쓰기도 했는데요.

장만옥은 자기 세대 여배우들과 다르게 출발했습니다. 하지만 타고난 소질이 있었고 두 가지를 한 몸에 지닌 배우였죠. 어린 시절을 영국에서 보낸 덕분에 성격에 여유가 있었고 그래서 현대 여성의 느낌이 강했어요. 모두 "장만옥이 여자들 중 제일 세련됐어"라고 생각할 정도로. 그러면서도 그녀의 외모는 고전적이었습니다. 경극에서 말하는 '청의'[40]처럼 고결한 상류층 느낌으로요. 하지만 〈화양연화〉가 나오기 전까진 아무도 그녀가 고전적이라는 생각을 못 했죠.

감독님이 그녀를 세련된 현대 여성에서 고전 여성으로 이끄신 거네요.

그녀에게서 그 점을 끄집어내야 했습니다. 어떻게 앉고 어떻게 먹는지, 즉 어떤 행동을 보여야 할지를 가르쳤어요. 〈마이 페어 레이디〉에서 오드리 헵번이 했던 과정을 거쳤고 그녀는 실사판 일라이저 둘리틀이 돼야 했죠. 하지만 여유롭고 느긋한 걸 좋아하는 스타일이던 그녀는 이 과정을 힘겨워했어요.

이해가 갑니다. 〈화양연화〉에서 그녀는 원피스를 입고 헤어스타일을 완성하느라 몇 시간씩 견뎌야 했다면서요.

사실입니다. 그녀는 힘들어했어요. 우리는 그때 방콕에서 주로 밤에 길게 촬영을 진행했고, 새벽녘에 철수를 하면 다들 호텔로 돌아가 휴식을 취하는 한편 저는 대본을 썼습니다. 하지만 그녀는 예외였죠. 어느 날 분장실에 갔더니 장만옥이 이러고 앉아 있는 겁니다. (왕가위가 자기 머리를 앞으로 내밀어 가상의 화장대 위에 받치듯 올려놓은 시늉을 한다.) 아시겠지만 그 헤어스타일 만드는 데 몇 시간은 걸려요. 장숙평이 철저한 친구거든요. 그는 장만옥 머리에 모니카 비티[41] 같은 특정 컬이 제대로 올라갔는지 끝까지 확인했습니다. 홍콩에서라면 옛날 이발소에서 그런 컬을 만들 수 있었지만 로케 현장까지 그런 미용사를 대동할 수는 없었고, 그래서 우리끼리 방콕에서 그 스타일을 재현해야만 했어요. 계속 또 계속해서. 어떤 특정한 방식으로 지짐 머리를 하고 드라이기를 쐬는 데 몇 시간씩 걸렸습니다. 그렇게 만든 게 장숙평 맘에 안 들면 그가 "다시 해"라고 했죠. 그럼 두 시간이 더 걸렸어요. 그 뒤론 눈썹 화장 완성까지 확인하는 데 또 한 시간. 그 역시 제대로 안 나오면 "지우고 다시 해"였고.

장만옥이 장숙평을 죽이고 싶어 했나요?

모두가 그 친구를 존중했지만 그녀가 화가 났다는 건 다 알았습니다. 단단히 화가 났었어요.

그녀는 연기 지도가 쉬운 배우인가요?

네. 첫 영화부터 함께 일했으니 그녀를 잘 알죠. 얼마나 잘 아느냐면 대사만 듣고도 그녀의 이번 촬영 테이크가 잘 나왔는지 아닌지 판단할 수 있을 만큼.

그녀가 좋은 배우라고 생각하십니까?

좋은 여배우들이 많지만 그녀는 그 이상입니다. 저에게 그녀는 90년대 홍콩 영화를 대표하는 얼굴이에요. 여성들은 그녀를 우러러봤죠. 그녀는 동양이면서도 서양이고, 현대적이고 독립적이며 도회적이지만 동양적인 우아함이 있었어요. 그녀는 그 시절 문화의 화신이었습니다.

그녀의 특별한 재능이라면?

배우들은 자기 대사로 의사소통을 합니다만 그녀의 경우는 신기한 게, 그 대사들 사이로 말하는 뭔가 다른 게 있어요. 자신의 몸짓으로 말하는 부분이.

그녀와 양조위는 이 영화에서 아주 훌륭합니다. 그런데 둘 다 만나보니 양조위 쪽이 연기를 더 좋아한다는 느낌을 받았어요.

양조위는 천부적인 배우예요. 그가 진심으로 중요하게 생각하는 유일한 한 가지가 바로 연기입니다. 그는 자신을 백지 상태로 감독한테 제공하는 능력이 있어요. 자신만의 방식으로 무미무취인 그런 배우. 그는 맡은 역할에 억지로 집어넣는 게 아무 것도 없어요. 지난 20년 동안 계속 영화를 찍었고 그때마다 그랬습니다. 배역에 스며들어갈 시간이 필요했고 그러고 나면 또 빠져나올 시간이 필요했죠. 그러다 보니 어떤 면에서 그는 항상 배역을 맡고 있는 셈이에요. 장만옥은, 자신이 배우라는 사실을 좋아하는지는 저도 잘 모르겠어요. 연기는 그녀에게 어떤 한 단계일 뿐이고, 적당한 때가 되면 인생의 더 큰 그림을 그리면서 좀 더 통제권을 행사하고 싶을 거라고 봅니다.

따지고 보면 감독님도 영화감독이라 분명 통제하는 걸 좋아하실 텐데.

영화 제작이란 게 가끔 탈선한 기차 같아지기 때문에 누군가 통제를 해야 돼요. 감독의 일은 결정을 내리는 겁니다. 그렇게 천사도 되고 악마도 돼야죠.

〈화양연화〉에서 감독님의 음악 접근 방식이 궁금합니다. 움직임과 눈짓이 전부인 영화에서 우메바야시 시게루의 홀리는 듯한 주제가는 정말이지—음도 몇 개 안 되는데 감정이 확 올라옵니다. 혹시 뮤지컬을 만들고 싶단 생각은 하신 적이 없는지?

어떻게 보면 내 영화 대부분이 이미 뮤지컬인데, 배우들이 직접 안 부른다 뿐이지.

그럴 기회가 와도 모든 장면을 다 계획해야 하는 작업을 안 좋아하실지도 모르고.

전 진짜 인내심이 없어요. 리허설을 참을 재간이 없어. 어떤 감독들은 리허설 과정을 즐긴다던데 전 아니에요. 전 영화를 만들 때 만나는 돌발 요소들을 믿는 쪽입니다. 전 리듬감이 꽤 좋은 편이에요. 〈아비정전〉 마지막에 양조위가 도박장에 갈 준비를 하는 장면에서 전 그의 동선을 음악과 맞추지 않았어요. 이 장면에 사비에르 쿠가트의 곡을 쓰게 될지도 그땐 몰랐습니다. 하지만 나중에 그 곡을 이 장면에 입히자 박자가 완벽하게 맞아떨어졌어요. 그가 걸어 나가면서 음악도 끝이 났고 그대로 우린 화면을 암전시킬 수 있었죠. 끝내줬습니다. 이런 경험이 이 외에도 정말 많았어요.

감독님은 배우들의 신체적 리듬을 정말 중요하게 생각하시는 것 같습니다.

나중에는 촬영할 때 음악을 틀어두는 버릇이 생겼어요. 그러면 리듬과 분위기가 조성되거든요. 리듬은 카메라와 배우들 사이의 춤을 만들어냅니다. 〈화양연화〉는 당신 말처럼 거의 뮤지컬이에요. 그렇기 때문에 배우들의 안무가 카메라 동선과 맞아야 했습니다. 대부분의 장면을 좁은 방에서 찍었기에 세팅 작업이 때에 따라 정말 까다로웠습니다. 가로세로 3미터짜리 방 안에서 〈백조의 호수〉를 찍는 느낌이었달까.

모든 영화마다 음악을 쓰셨고 놀랄 만큼 전면에 내세우셨죠. 배경음악으로 빠지는 경우가 좀처럼 없습니다. 〈중경삼림〉에서는 〈캘리포니아 드리밍〉과 제 아내가 싫어하는 레게 곡 〈인생이란Things in Life〉을 계속 트셨잖아요. 몇 번씩이나.

그 곡을 어디서 가져왔는지 잊었지만 전 그 노래 좋아해요. 임청하가 맡은 배역의 느낌을 잡아주거든요.

그걸 보니 로버트 알트만 감독이 〈긴 이별〉에서 주제가를 쓴 방식이 떠오르던데.

반복은 자기 의사를 확실히 밝히는 방법입니다. 어떤 음악을 틀고 또 틀며 반복하면—그것도 매번 아주 길게—그 곡은 배경음악이 아니라 주제가가 됩니다. 하지만 음악은 변하지 않더라도 캐릭터는 변해요. 펠리니가 이런 말을 했죠. "변하지 않는 것을 통해 변화를 보여주라"고. 노래는 때로 단순 음악 그 이상이 됩니다. 〈중경삼림〉에선 우연으로 시작됐죠. 그때 우리는 란콰이퐁에 있는 '미드나이트 익스프레스' 스낵바에서 촬영하고 있었는데, 그 반대편에 캘리포니아 요리를 파는 '캘리포니아'란 레스토랑이 있었어요. 전 생각했죠. "이거다. 〈캘리포니아 드리밍〉." 나중에 저는 이 노래를 생각 없이 그냥 택한 게 아니란 걸 깨달았어요. 왜냐하면 왕페이의 캐릭터에 숨은 의미를 부여하는 노래였으니까. 그 시절 홍콩 사람들 사이에선 이민 이야기가 많이 오갔지만 왕페이가 맡은 소녀에게 캘리포니아는 여권이나 이민의 의미가 아니었습니다. 그녀에게 그곳은 그보다 훨씬 더 큰, 경험 혹은 가능성이란 의미가 있었어요. 하지만 그럼에도 전 결국 그녀가 홍콩으로 돌아올 걸 알았습니다.

〈화양연화〉는 이전과는 사뭇 다르게 촬영됐습니다. 사실 감독님은 매 영화마다 적어도 조금씩 스타일을 옮겨갔어요. 감독님이 스타일만 중요시한다고 사람들이 생각하는 덴 그런 이유도 있는 것 같은데요.

사람들은 스타일과 형식을 혼동해요. 형식은 모든 영화가 갖고 있어야 합니다. 즉 어떻게 해야 줄거리를 시각적으로 잘 전달할 거냐에 관한 거니까. 우리가 첫 번째 이야기를 센트럴 지구에서 찍을 때는 〈중경삼림〉과 같은 방식을 썼어요. 두 번째 이야기 때는 다르게 가자고 결정했죠. "이번 편은 핸드헬드 안 쓸겁니다. 카메라를 삼각대나 돌리에 올려요." 크리스한테 이렇게 말했더니 농담하는 줄 알았대요. 하지만 일단 시작하자 그때껏 우리가 해오던 것과 얼마나 달랐던지, 이야기가 새로 시작하는 느낌이었습니다. 우리가 택한 건 사실 가장 전통적인 방식이었는데도요.

그 정도면 전통적인 영화보다 훨씬 더 양식화된 상태인데.

격식을 갖춘 거죠.

감독님의 영화 중 제일 통제가 잘된 작품이란 느낌을 줍니다.

영화 속 인물 대부분이 격식을 차리는 사람들입니다. 그래서 영화도 격식을 갖춰야 했어요. 모든 게 격식을 갖추고 엄격합니다. 배경은 변하지 않는 상수인데 캐릭터들은 변합니다. 그리고 어둠 속에 숨어 있는 건 또 아주 흥미롭고.

결말을 처음부터 알고 계셨습니까? 둘이 헤어지고 양조위는 캄보디아로 떠난다는?

아뇨. 반쯤 만들다 이게 단편이 아니라 하나의 장편영화란 걸 깨달았어요. 그렇다면 4막이 필요했습니다. 1막은 두 주인공 소개. 2막은 배우자들의 불륜 발견. 3막은 복수. 하지만 마지막 4막은 어떻게? 이거 하나는 알고 있었어요—두 주인공이 행복하게 잘 살았다고 마무리할 순 없다는 거. 그렇게 될 수가 없었어요. 둘의 연애엔 각자의 배우자들이 영원히 그늘을 드리울 테니까요. 저는 이 영화가 〈쉘부르의 우산〉처럼 끝나길 바랬습니다—항상 후회가 남도록.

어느 날, 양조위가 중요한 질문을 했어요. "나는 왜 저 여자와 모든 시간을 같이 보내는 겁니까? 내가 저 여자를 사랑하나요? 저 여자와 자고 싶은 게 아니면 이게 다 뭐죠?" 저는 그에게 복수를 생각하라고 했습니다. 이 여자, 장만옥은 항상 이렇게 말합니다. "난 달라. 당신 부인 같지 않아. 난 불륜 같은 거 안 해." 그럼 상대방 남자는 이런 생각이 들죠. "뭣 때문에 자기가 내 아내보다 낫다고 생각하는 거지? 무슨 근거로 저토록 확신하는 거야?" 그래서 그는 계획을 세웁니다. 복수를 하고 싶은 거죠. 그 여자의 남편이나 자기 아내가 아니라, 자기 아내보다 스스로 우월하다고 믿는 장만옥에게. 그래서 저는 그에게 어두운 면을 부여했고, 4막에 대한 아이디어도 있었어요.

하지만 우리 관객들은 착하고 감성 풍부한 양조위가 좋은데.

원래 계획에 따르면 양조위는 장만옥에게 이별을 고하고 싱가포르로 떠나 장만옥에게 깊은 상실감을 안깁니다. 그녀는 마침내 싱가포르로 가 그를 찾아내고 둘은 함께 밤을 보내요. 그러자 남자가 말합니다. '이건 내가 복수하고 싶어서 한 거다. 난 당신이 내 아내와 다를 바 없다는 걸 증명하고 싶었을 뿐이다. 당신도 별수 없이 헤픈 여자다.' 이 말에 여자는 충격을 받습니다. 이야기 결말은 몇 년 후인 1970년대에 나옵니다. 양조위는 홍콩에 돌아와 친구 아핑의 결혼식에 참석하고 결혼 피로연장에서 우연히 장만옥을 마주칩니다. 그녀에겐 아이가 있지만 그게 양조위의 아이란 사실은 절대 말하지 않죠. 끝 장면에서 남자가 후회하는 게 드러납니다. 세월이 흘렀는데도 여전히 그녀를 사랑하고 있다는 걸, 하지만 다시는 그녀와 함께할 수 없다는 걸 그가 깨닫는 거죠.

그렇게 진행됐다면 관객들은 엄청 안 좋아했을 것 같은데요.

그거야 모르죠. 〈길〉의 마지막 장면을 생각해보세요. 안소니 퀸이 줄리에타 마시나를 떠났던 장소로 다시 돌아온 장면. 그의 상실감을 보고 있자면 가슴이 미어집니다. 물론 대중의 사랑을 받는 작품이 있다는 건 기분 좋은 일이죠. 하지만 그렇다고 그게 꼭 더 나은 영화라는 의미는 아닙니다.

제 생각에는 관객들이 좋아하는 포인트가 양조위와 장만옥이 역경에 처한 호감 가는 인물이라는 점 같아요. 덕분에 그들의 로맨스에 말 못할 슬픔이 부여되는 거죠. 그건 그렇고 말씀하신 복수 버전은 실제 영화 버전과는 다른데요, 이유가 뭡니까?

당시 영화 완성이 1년이나 지연되고 있었고 예산도 많이 초과된 상태였어요. 우리는 칸영화제 측에 60분짜리 버전을 보여줬고, 그걸로 경쟁 부문에 초청을 받았기에 나머지도 완성을 해야 했습니다. 게다가 벌써 〈2046〉도 프리프로덕션 단계에 들어간 상태였어요. 두 영화 작업을 연달아 이어가는 건 자살행위였습니다. 그때 제 일과의 대부분은 정산해야 하는 청구서들과의 씨름, 그리고 겨우 얻어낸 몇 시간 동안의 잠이었습니다. 누가 그러대요. 영화 만드는 건 투우 같은 거라고. 저는 그때 마치 소를 마주한 투우사처럼 영화가 절 끝장내기 전에 제가 먼저 그 녀석을 끝장내야 했습니다. 그래서 중간에 멈춰야 했어요. 마지막 4막을 완성하지 못하고 촬영을 접었고 한 달 만에 편집했어요. 급한 대로 모노 사운드만 입혀서 경쟁 부문에 출품했습니다. 영화는 성공했고 덕분에 우리 회사도 살았지만요.

우리가 알고 있는 〈화양연화〉의 아이디어 전체가—양조위의 캐릭터가 특히—칸영화제에 늦을 것 같단 이유로 180도 바뀌었다는 게 저는 살짝 불편한데요.

하지만 그런 일이 늘상 일어나는 걸요. 누구든 영화를 만들면 스토리가 한 방향으로만 진행되지 않는다는 걸 알게 될 겁니다. 일이 진행되는 내내 선택지가 나타납니다—이 인물은 이걸 할 건가 아님 저걸 할 건가? 그리고 그런 선택 하나하나가 나중에 더 많은 다른 선택으로 이어지고요. 가능성은 끝도 없이 불어납니다. 그중 몇 가지를 시도해보죠. 하지만 가능성 하나하나마다 가격표가 붙어 있고 "한번 해보자"는 말만큼 이 업계에서 비싼 말도 없습니다. 최종적으로 손에 남는 건 지금 얻을 수 있는 유일한, 그러나 원했던 게 아닐 수도 있는 한 편의 영화인 거죠. 영화를 만든다는 게 사람들한테 당신이 가진 담배를 깊게 들이마셔보라며 내미는 행위와 비슷합니다. 그렇게 들이마신 부분이 화면에 담긴 것들이죠. 나머진 그냥 재일 뿐입니다.

〈화양연화〉의 최종본을 보면 마지막에 양조위가 앙코르와트에 있는 어떤 구멍에 대고 속삭입니다. 이렇게 하신 이유는?

영화가 비밀을 품은 채 끝난다는 건 알았지만 그걸 어떻게 처리하느냐가 문제였죠. 하루는 일어나 재키에게 물었습니다. "앙코르와트라고 들어본 적 있어?" 그녀는 "그게 뭐죠?"라고 묻더군요. "캄보디아에 있는 거야. 근데 거기서 영화 찍은 사람이 아무도 없대. 난 이 영화를 앙코르와트에서 마무리하고 싶어." 양조위가 아핑과의 대화 중에 비밀이 생기면 구멍에 대고 말하는 어떤 남자에 대한 이야기를 하는 장면이 있었잖아요. 양조위도 자기 비밀을 앙코르와트에 말하게 하면 되겠다 싶었습니다.

굳이 앙코르와트인 이유는?

현실화되기 거의 불가능한 장소였으니까.

단지 그것뿐? 분명 그 이상의 의미가 있을 텐데요.

역사가 스민 곳이니까요. 신비로운 장소죠. 한참 동안 잊혀져 있던 곳이었고. 건물 외벽에 조각된 그 모든 부조 장식들을 보면 딱 지금 이런 이야기, 수세기에 걸쳐 반복된 각종 인간사를 우리한테 들려줍니다. 양조위와 장만옥의 사정은 그런 이야기들, 그 모든 부조들 중 하나에 지나지 않죠. 영화는 실내악이었고 저는 다른 마침표를 원했습니다. 〈화양연화〉는 식민지 시대 이후의 홍콩에 대한 제 느낌을 담고 있습니다. 한때 프랑스 식민지였던 캄보디아에서 영화를 마무리한 건 우리의 식민지 시절에 보내는 작별 인사였습니다.

그렇죠. 그렇게 하면 관점이 딴 데로 이동하니까.

바로 그겁니다. 안토니아니 감독한테서 배운 방법이었죠. 그는 〈태양은 외로워〉의 마지막 장면에서 인물은 하나도 안 비추고 오직 두 남녀 주인공이 찾곤 했던 광장의 텅 빈 모습만을 긴 몽타주로 보여줍니다. 그가 나중에 인터뷰에서 설명하기를 자신에게는 그 장소가 목격자와 같아서 그랬다고 하더군요. 그래서 영화 내용의 대부분을 차지했던 한 커플의 연애를 직접적으로 언급하는 엔딩 대신, 목격자 시선으로 옮겨간 겁니다. 정말 신선했어요.

감독님은 보통의 시간대 너머에 있는 뭔가를 항상 좋아하셨죠. 〈열혈남아〉가 시작할 때 나오는 TV 수상기라든가 〈아비정전〉의 밀림 같은 것들도 그랬고. 여기서도 앙코르와트가 주는 느낌은 마법 같고 특별합니다.

범어 경전 문구 중에 이런 게 있습니다. "수미산은 겨자씨를 숨기고 있고 겨자씨에는 수미산이 들어 있다." 저로선 이 이미지가, 저의 '광장'이었습니다.

그렇게 엔딩을 만드신 것에 대한 양조위의 반응은 어땠습니까?

"내 이야기는 어디로 간 겁니까? 복수한다면서요." 그래서 제가 그랬죠. "그게 네 비밀이 됐어." (웃음)

하지만 양조위는 〈2046〉에서 복수를 합니다. 〈화양연화〉에서는 그렇게 정이 넘치던 얼굴의 소외된 남편이, 인정머리 없는 난봉꾼으로 대변신하죠.

인정머리 없는 게 아닌데. 그는 그저 과거에서 못 벗어난 것뿐이에요. 2046호실은 그가 장만옥과 함께했던 과거를 묻어놓은 앙코르와트의 구멍 같은 곳이죠. 그 연애가 남긴 상처는 절대 아물지 않아요.

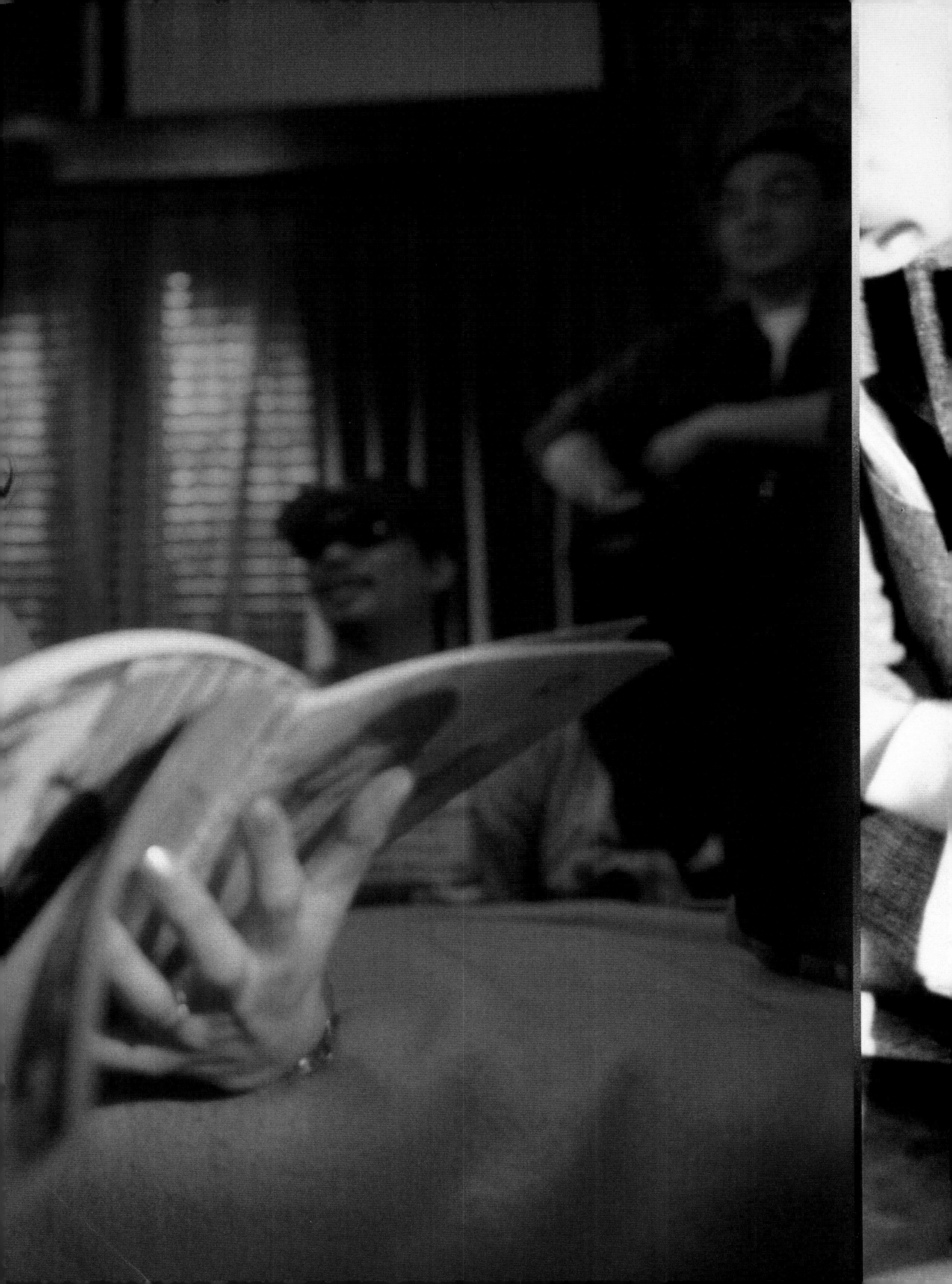

MILUS

2046 2047

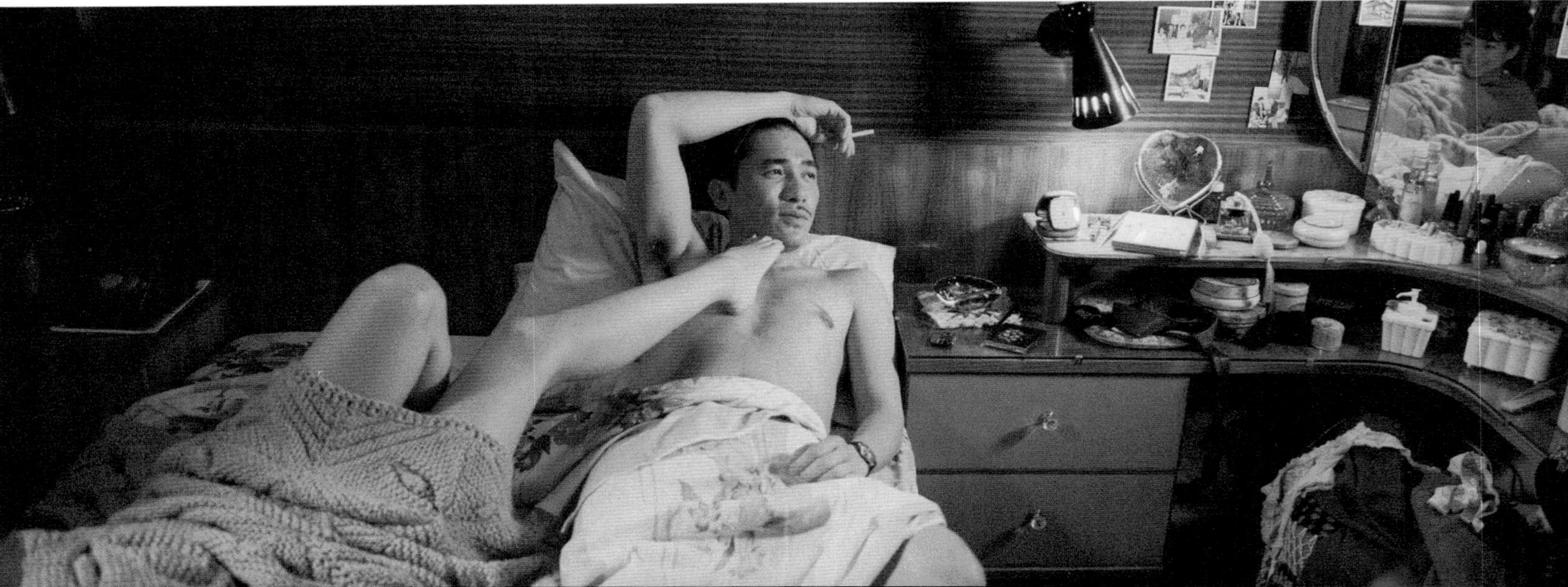

하지만 여자들한테 잔인하잖아요.

〈2046〉에서 그가 여자들을 막 대하지는 않는데요. 그냥 냉소적인 거지. 그는 모든 여자들을 뮤지컬 〈키스 미 케이트〉에 나오는 콜 포터 가사처럼 대합니다. '내 사랑, 난 항상 당신에게 진실해. 단지 내 방식대로 그럴 뿐. 그래, 난 늘 자기한테 충실한 남자야. 오직 나만의 스타일로.'

그가 장쯔이가 맡은 캐릭터와 자는 장면이 나오죠. 그 후 돈을 줘서 그 행위를 사랑이나 호감이 아닌 거래로 만들어버려요. 그렇게 그녀를 울리는 장면은 그럼 뭡니까?

그냥 정직했던 겁니다. 장쯔이가 맡은 배역의 여자는 딱 두 가지 이유일 때 남자의 돈을 거절합니다. 첫 번째는 남자를 바보로 봐서. 그걸 모르는 남자는 처음엔 우쭐해지지만 이게 사적인 관계라고 착각하기 때문에 갈수록 잃는 게 많아집니다. 그게 아니라면 두 번째, 남자를 연인으로 보는 거죠. 양조위는 둘 다 거절합니다. 그녀에게 돈을 주고 이렇게 말하죠. "내가 바보가 될 거라 생각한다면 오산이야. 그렇다고 우리가 사랑에 빠질 거라 생각한다면 그 꿈은 깨는 게 좋아. 이건 비즈니스고, 당신이 나 때문에 시간 낭비하는 건 싫어." 그는 〈흔들림Sway〉[42]을 부르는 딘 마틴 같습니다. 왜냐하면 지금 이 춤을 함께 추고 있으니까. 하지만 결국 춤은 춤일 뿐이죠.

하지만 그녀는 그렇게 생각 안 하는데.

어느 쪽이든 그녀가 상처받는 건 똑같습니다.

181 **하지만 남자 쪽이 양조위처럼 인기 많은 스타이고 보면, 관객도 그가 특별한 남자니까 장쯔이 같은 매춘부조차도 그를 사랑하게 될 거라 믿게 될 텐데요.**

장쯔이가 맡은 역은 매춘부가 아닙니다. '댄싱 걸'이라 불리던, 춤 상대를 해주면서 술집에서 일하는 여자였어요. 그녀들과 춤을 추려면 마실 걸 한 잔 사주면 됩니다. 그러면 그녀들이 한 잔당 얼마씩 자기 몫을 챙겨가는 구조였고. 그 정도가 다였어요. 하지만 남자는 그 이상을 원하죠. 그리고 그 시절에 양조위 같은 작가들이 여자들한테 아무리 인기가 있었다 해도, 나름 자기들만의 힘이 있고 쉽게 넘어오지 않는 이쪽 여자들을 상대할 때는 일정 시간과 공을 들여야만 했어요.

원래 생각하셨던 대로라면 〈2046〉은 정말 긴 영화가 되어야 했을 겁니다. 양조위 캐릭터가 여자들을 차례로 만나는 60년대 이야기가 나오고, 도시 2046을 드나드는 미래 시대의 기차 이야기가 그다음, 마지막으로 미래 의상을 입은 여성들이 잔뜩 나오는 그 도시의 이야기까지—근데 마지막 이야기는 영상화되지 못했죠.

소설 《백 년 동안의 고독》을 여는 첫 문장에서 한 남자가 과거 시점에서 미래를 상상하는데, 그게 실은 현재 상황[43]이거든요. 저는 그걸 영화로 옮기면 어떨까 생각했습니다. 저는 저 유명한 약속, 즉 중국 반환이 이루어진 뒤에도 홍콩은 이후 50년 동안 변하지 않을 거란 말을 시작점으로 삼았어요. 이 약속에 대한 영화를 만들면 흥미롭겠다 생각했죠. 일종의 은유로. 저는 도시가 50년 동안 변하지 않으면 무슨 일이 벌어지는지 상상해보려고 했습니다. 그게 영화의 궁극적인 핵심입니다. 〈화양연화〉를 찍을 때 호텔 방 호수를 정하라길래 제가 2046호라고 했죠.

2046호라고 했을 때 97년 반환 후 50년째가 되는 해를 생각하고 계셨다는 건가요?

그냥 그 숫자가 입에서 튀어나왔어요. 다음 영화로 벌써 〈2046〉을 기획하고 있었으니, 까짓것 왜 못 쓰겠냐 싶었지.

하지만 남자로 하여금 미래에 대한 이야기까지 쓰게 하셨죠—기차와 희한한 의상을 입은 여자들이 잔뜩 나오는 스타일로.

1960년대 작가란 걸 고려하면 그 설정이 말이 됩니다. 제가 어렸을 때 읽었던 공상과학소설만 봐도 이랬거든요? "2000년이 되면 사람은 걸어 다닐 필요가 없어, 다 날아다니니까!" (웃음) 그래서 60년대 작가가 상상한 다소 조악한 느낌의 미래 도시로 설정해도 나쁘지 않겠다 싶었어요. 근데 장숙평에게는 이게 훨씬 어려운 숙제였지. 우선 그 친구는 조악한 버전의 공상과학 같은 덴 관심이 없어. 그리고 컴퓨터그래픽 쓰는 것도 질색해. 자기 능력 밖의 일이니까. 그래서 제가 잘 달랬어요. "그냥 네가 도시 스케치를 그려주면 그걸로 다른 사람들한테 컴퓨터그래픽을 맡길게. 그렇게 해도 네가 미술감독인 건 변하지 않아." 그러자 그가 이러더군요. "일단 60년대 파트부터 시작하자." (웃음)

솔직히 말씀드리면 대부분의 사람들이 그 공상과학소설 파트를 별로 안 좋아합니다. 제 친구가 그 부분을 보고 저한테 전화해서 이랬어요. "야, 그 미래 어쩌고 하는 시시한 부분이 진짜 중요하긴 한 거냐?"

할리우드에서 만든 공상과학영화와 비교하면 그 실망감도 이해가 갑니다. 웬만한 컴퓨터그래픽 회사가 일반적인 수준의 첨단 미래 도시를 설계하는 쪽이 더 쉬웠을 거예요. 그에 비하면 눈길을 끄는 조악한 느낌의 미래주의적 외관을 만드는 쪽은 취향이 개입하는 작업입니다. 그리고 취향이란 주관적이죠. 우리는 프랑스 회사로 〈매트릭스〉와 〈제5원소〉에서 일부 작업을 담당했던 뷔프(BUF)를 섭외했습니다. 도시 2046의 모습을 구현하기 위해 그쪽 사람들이 각기 다른 시대의 홍콩 사진을 찍어갔는데 아뿔싸, 그들이 중국어를 모르는 거예요. 보내온 결과물을 보면 구조물에 쓰인 글자들이 좌우가 반전되어 있는 게 태반이었어요. 그럴 때마다 직접 일일이 바로잡아야 했는데 정말이지 속 터지는 작업이었습니다. 결국은 도시 전경과, 2046으로 떠나지만 결코 도착하지 못하는 급행열차 외관 몇 컷 정도만 영화에 썼습니다.

그것도 그렇고, 60년대 부분에서 양조위와 여자들—장쯔이, 공리, 왕페이—에게 일어나는 사건 쪽이 훨씬 나았어요. 섹시하기도 했고요. 보통 감독님 영화는 극도로 금욕적이잖아요. 근데 여기 장쯔이와 양조위의 베드 신은 감독님이 지금까지 찍은 것 중 거의 최고로 야했습니다.

실제론 아주 약한 수위였는데. 사실 그것보다 더 직설적이어야 했어요.

오손 웰즈가 이런 말을 했었죠. 영화에서 자기가 절대 안 믿는 장면이 두 가지 있다고. 하나는 기도하는 장면. 또 하나는 섹스하는 장면. 감독님도 같은 심정일 수 있겠다 싶은데요.

진짜 자극적이고 섹슈얼한 건 몸이 아니라 마음에 있습니다. 보통은 러브신에서 캐릭터가 누군지 말고는 더 얻을 수 있는 정보가 없어요. 그들의 몸 말고 알 수 있는 게 없죠. 물론 누가 "니콜 키드먼의 나체가 나오니까 이 영화를 볼 테야." 이런 경우라면 그게 주된 포인트가 되겠지만.

감독님이 정말 구식인 거죠. 요즘은 대부분 노골적인 걸 좋아해요.

〈색, 계〉를 보면 그 말도 이해가 갑니다. 하지만 전 양조위를 오래 알아온 사람이거든요. 그 친구 엉덩이를 직접 보고 싶은 생각은 없다고! (웃음)

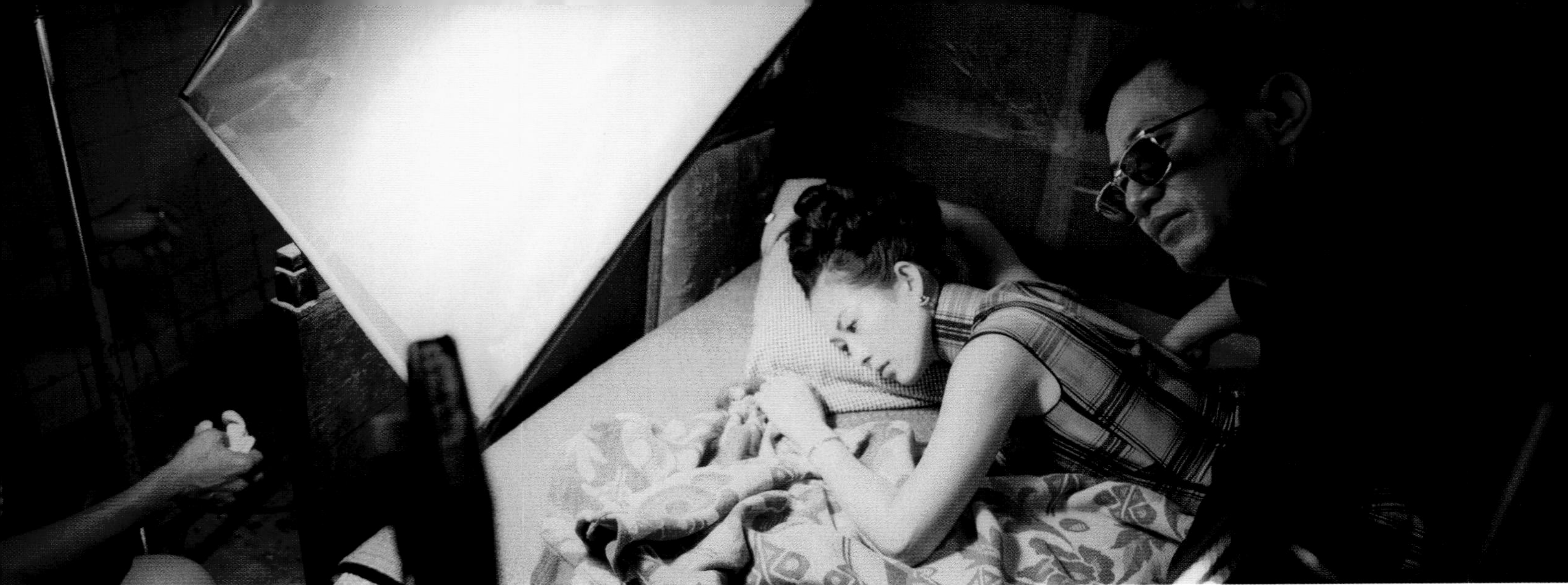

저는 니콜 키드먼을 직접 만난 적이 있어도 〈아이즈 와이드 셧〉을 볼 때 그런 생각은 전혀 안 들던데.

놀랍진 않네요.

사람들이 〈2046〉은 기억 혹은 노스탤지어에 대한 영화라고 많이들 말합니다. 이 의견에 동의하십니까?

이 영화는 놓아주기에 관한 영화입니다. 어떤 면에서 기억은 홍콩에게 저주예요. 1997년 이후로 사람들은 변화를 두려워하게 됐고, 그래서 앞을 바라보는 대신 과거에 머무는 쪽을 더 원하게 됐습니다. 참 심란한 상황이죠.

그래서 〈2046〉은 변화에 대한 두려움을 다룬 영화다?

뭔가가 영원히 같은 상태에 있기를 바란다고 말하면 그건 즉 그 뭔가가 앞으로 더 나아질 수도 있다는 사실을 안 믿겠다는 뜻입니다. 자신감의 결여죠. 잃는 게 두렵다는 겁니다. 그게 바로 콤플렉스예요. 〈2046〉에서 저는 도시의 미래를 말하는 은유로 사랑 이야기를 쓰고 있는 게 아니라 그 반댑니다. 사랑 이야기를 하기 위해 이 정치적 은유를 쓰고 있는 겁니다. "우리는 변할 수 없어. 영원히 이대로 있어야 돼." 알고 보면 이게 사랑하는 사람들이 늘 하는 말이잖아요.

양조위가 잃어서 두려울 게 있었을까요?

장만옥과 함께였던 과거를 잃게 될까 두렵죠. 그의 마음은 2046호에 계속 머물러 있습니다. 그래서 장쯔이를 거절하고, 공리를 거절하고, 왕페이를 거절하는 겁니다. 마지막에 왕페이가 이런 말을 하는 것도 그래섭니다. "당신은 《2047》이란 제목의 소설을 꼭 쓰셔야 할 것 같아요."

잊고 새 출발하라는 거죠.

그렇죠.

저라면 이 영화에서 장쯔이를 거절하는 게 힘들었을 겁니다. 연기가 정말 좋아요. 같이 일하기에 그녀는 어떻던가요?

처음엔 의구심이 가득했습니다. 그녀로선 처음으로 홍콩 프로덕션에 참여하는 거였고 여기 말도 못 알아들었으니까. 그녀는 외국인 같은 기분을 느끼며 항상 혼자였어요—정신을 바짝 차리고 있었지. 하지만 덕분에 늘 집중했기 때문에 그녀에겐 도움이 됐어요. 나중에 〈일대종사〉를 찍으면서 이런 말을 했습니다. '배우에는 두 종류가 있다. 용기를 북돋아줘야 되는 부류와 압박감이 있을 때 더 잘하는 배우. 당신은 압박감이 있을 때 더 잘하는 배우다.'

장쯔이를 캐스팅했을 때 우리 쪽 사람들 상당수가 이렇게 물었습니다. "그녀의 어떤 점이 맘에 들었길래?" 제 대답은 "두고 보면 알 거야"였습니다. 장쯔이가 레스토랑에서 양조위에게 작별 인사를 하려던 장면 기억하시는지? 그때 이렇게 지도했어요. "지금은 크리스마스 밤이고 당신은 아주 약하고 외로운 상태예요. 앞으로 어찌 될지 막막하고 상당히 취한 상태이기도 하고. 이런 심정으로 눈에 눈물이 좀 고였으면 좋겠는데." 그녀가 "알겠어요" 하더니 제 말대로 연기해냈습니다. 그다음 제가 이랬죠. "아주 잘했어요. 그런데 여기서 끝나면 안 될 것 같아. 너무 약하게 보일 테니까. 당신은 역경을 이겨낼 힘이 있고 기운도 차릴 수 있어. 그래서 눈물이 맺힌 뒤에 살짝 미소를 지을 거예요. '이 일은 잊고 다시 일어날 거야' 하는 심정으로. 할 수 있겠어요?" 그녀는 "해볼게요" 하더니 제 말대로 연기해냈습니다. 그때 제 주위에 있던 사람들이 "흠, 나쁘지 않네" 하더군요. 전 또 그녀에게 이렇게 말했습니다. "이 장면은 여기서 끝이 아니에요. 미소를 지은 직후에 당신은 갑자기 의심이 드는 거야. 내가 정말 강할까? 모르겠는 거지. 당혹스러운 기분으로 바뀌는 거예요. 눈물, 미소, 당혹한 표정까지, 이걸 전부 한 장면에 갈 수 있겠어요?" 그녀는 "해볼게요" 하더니 제 말대로 연기해냈습니다. 완벽하게요. 옆에 있던 우리 팀이 혀를 내둘렀습니다. "우와, 진짜 욕 나오게 잘하네." (웃음)

좋은 배역을 만나면 그녀는 위대한 배우가 될 수 있을 거예요.

그녀는 도전을 좋아해요. 대단히 힘 있는 배우입니다.

공리도 〈2046〉에 출연합니다. 장쯔이와 공리가 같이 나온 게 이게 처음이었죠.

맞습니다. 하지만 이전에 제가 공리와 함께 〈에로스〉를 작업했었죠.

그 프로젝트가 궁금합니다. 완전 새로운 것 같진 않아도 〈에로스: 그녀의 손길〉은 감독님 작품 중에 제일 완벽한 수준에 속하거든요.

〈에로스〉는 의뢰받아 만든 겁니다. 안토니아니 감독이 이 영화를 만들고 싶어 했는데, 이때 두 명의 파트너를 원했어요(스티븐 소더버그가 나머지 한 명). 전에 칸영화제에서 잠깐 뵌 적밖에 없었는데 저로선 영광이었습니다. 〈2046〉을 찍고 있었기 때문에 힘들겠단 생각은 들었지만 그래도 어떻게 감히 안토니아니 감독한테 싫다고 말할 수 있겠습니까?

당시 보통의 여성들도 이 영화에 나오는 것처럼 치파오를 입었습니까?

그렇긴 한데 공식적인 자리나 파티에서만요. 치파오가 그리 편한 옷이 아니란

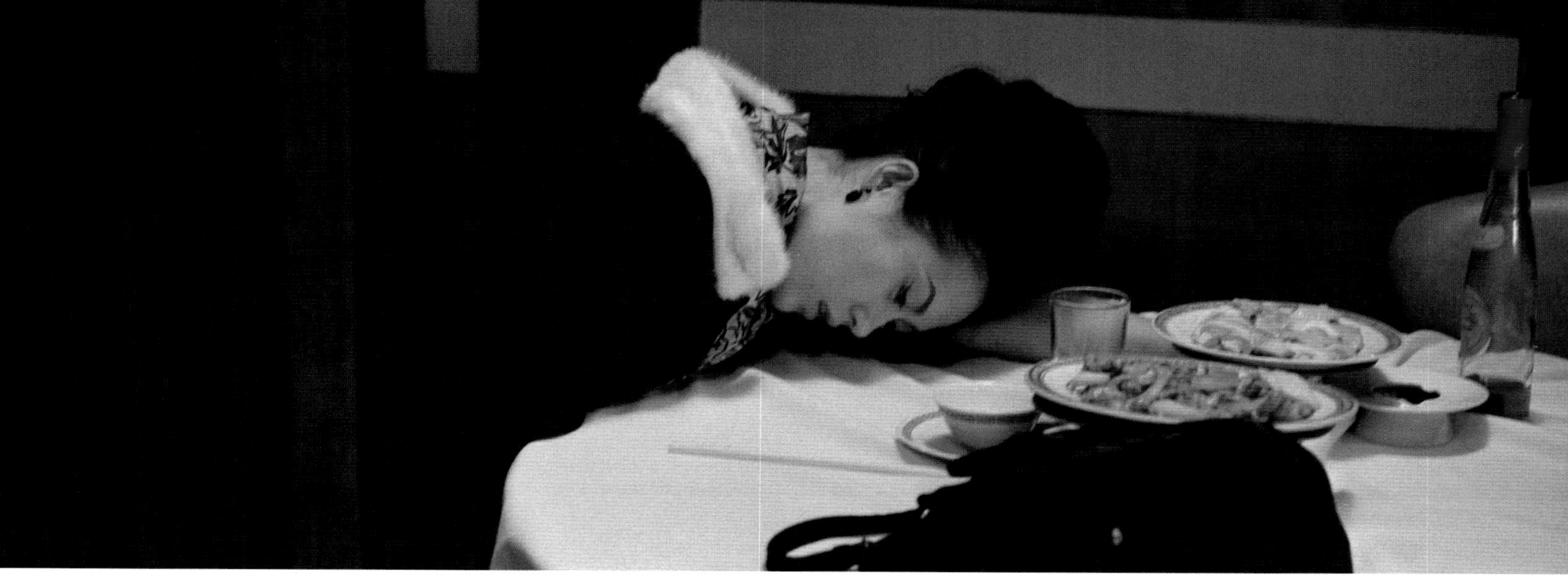

사실을 아셔야 합니다.

우리 동네에 살던 여자들이 가봉하는 걸 직접 본 적이 있어요. 그때는 솜씨 좋은 재단사라면 인기 폭발이었죠. 부족한 부분은 부풀려주고 자신 없는 데는 가려주는 기술이 있었거든. 하지만 그들은 혼자 일하지 않았습니다. 자기 작업장을 갖고 있었어요. 그리고 기타 잡일을 다 해주는 견습생도 뒀는데 견습생이 또 조수를 두기도 했죠. 〈에로스〉를 보면 그런 상황을 실감하실 수 있습니다. 한쪽에 켜둔 라디오와 줄담배를 벗 삼아 오랫동안 해야 하는 작업이고, 또 그 작업을 대부분 밤에 했습니다. 〈에로스〉의 공리처럼 단골 재단사가 있는 여자라면 몇 년 동안이나 교류가 이어집니다. 자기 몸을 너무 잘 아니까 같은 재단사를 계속 찾게 되는 거죠.

이 영화에서 재단사는 장첸입니다. 그가 처음 공리를 만났을 때 성적인 접촉을 갖게 되죠. 이게 영화 제목이 '손'[44]인 이유를 제공하는 계기이기도 하고. 그냥 '손'이란 제목은 상당히 단순하게 들립니다.

하지만 〈에로스〉 때 많은 일들이 있었어요. 두 번째 촬영하던 밤이 장국영이 자살한 바로 그날 밤이었습니다. 우린 사무실을 막 나서는 참이었고 공리는 화장을 받고 있었는데, 전화가 왔어요. 그날을 절대 못 잊을 겁니다. 2003년 4월 1일. 우리는 애드머럴티 지구에서 촬영 중이었는데 장국영이 뛰어내린 만다린 호텔이 거기서 5분 거리였어요. 얼마나 가깝던지. 우리 스태프 대부분이 그를 알았고 친한 사이였어요. 정말 끔찍한 밤이었습니다.

그 사건으로 영화가 바뀌었나요?

그로부터 얼마 안 가 홍콩에 사스가 들이닥치면서 제작을 접어야 했습니다. 그런 시절은 저도 난생 처음이었어요. 도시 전체가 완전히 죽어버렸거든. 매일 밤 네이선 로드에 나가보면 거리가 텅 비었어. 빈 택시가 불을 켜고 일렬로 늘어섰고 손님이 많았던 레스토랑을 가도 사람이 하나도 없었어요. 정말 무서웠습니다. 그리고 사람들마다 항상 주의를 주는 게 "아무것도 만지지 마라"였어요. 늘 손을 씻어야 했고요. 만진다는 것에 대한 노이로제가 걸릴 지경이라 만진다는 행위 자체도 전염될 지경이었습니다. 저는 생각했죠. "지금이야말로 접촉에 대한 영화를 만들 때가 된 건지도 몰라. 그 행위가 얼마나 잘 전염되는지에 대해." 그게 아이디어가 됐습니다. 우린 이미 현대 홍콩을 배경으로 촬영에 들어간 상태였지만 이 아이디어가 마음에 들었어요. 이때의 접촉은 사스에 관한 게 아니었습니다. 에로스에 관한 것이였죠. 저는 대본을 다시 썼고 이야기 배경을 60년대로 재설정했어요.

과거로 옮겼을 때 이야기가 더 나아 보입니다.

게다가 〈2046〉과 동시에 찍는 쪽이 더 합리적이었어요. 그런데 사스 광풍도 끝나고 공리와 같이 일할 날이 며칠 없는데, 저는 그녀가 자기 배역을 아직 파악 못 하고 있단 걸 알게 됐습니다. 그녀는 중국 본토에서 컸기 때문에 60년대 홍콩 여자가 어떤지 전혀 몰랐어요. 그래서 베이징연기학교 시절 희곡을 배울 때 접한 전형적인 1930년대 상하이 출신 고급 창부처럼 연기하더군요. 하지만 영화 연기는 연극 연기와 완전히 달라요. 그래서 다른 접근을 시도했습니다. 막판엔 공리가 이탈리아로 떠나기 전까지 3일밖에 여유가 없었어요. 저는 말했습니다. "이 영화를 마쳐야 해요. 우리한텐 72시간밖에 없고, 그 시간을 풀가동할 겁니다." 그녀는 이렇게 대답했죠. "좋아요. 하지만 잠깐 쉴 수 있도록 두세 시간 휴식은 주셔야 합니다. 그럼 할 수 있어요." 그렇게 우리는 공리의 헤어스타일과 의상을 바꾸는 두어 시간 정도를 제외하고 72시간을 쉬지 않고 찍었습니다. 시간 순대로 찍었기 때문에 그녀는 점점 지쳐갔지만, 그녀의 연기는 갈수록 깊어지고 상처받기 쉬운 모습을 드러냈죠. 그녀는 더 이상 30년대 상하이 고급 창부가 아니었습니다.

그다음에는 〈2046〉이 왔죠.

〈에로스〉에서의 경험은 짧았지만 아주 만족스러웠습니다. 영화의 마지막 장면을 끝낼 쯤엔 우리 둘 다 다시 함께 일해야 한단 느낌을 받았죠. 그래서 〈2046〉에서 그녀는 도박사로 출연합니다. 이때 저는 의도적으로 우리의 첫 협업을 가리키는 상징물을 넣었어요. 〈에로스〉가 그녀의 손에 대한 이야기였기 때문에 이 영화에선 그녀 손에 장갑을 씌웠습니다. 그녀가 나오는 장면은 우리가 방콕에 머문 마지막 주에 모두 찍었는데 그때 그녀는 계속 물었어요. "제가 나오는 분량이 얼마나 될까요?" "모르겠어요. 10분에서 15분쯤?" 촬영 마지막 날, 우리는 그녀가 양조위에게 작별 키스를 하는 장면을 찍었습니다. 그리고 그때 그녀가 얼마나 위대한 배우인지 깨닫게 됐죠.

키스라고 하면 보통 1분, 길어야 2분 남짓 갑니다. 크리스는 카메라에 4분짜리 릴테이프를 거는 편이고요. 저는 모니터 앞에 앉아서 감정이 전부 담겨 그만해도 되겠다 싶을 때 "컷" 사인을 줍니다. 그런데 그녀의 솜씨가 얼마나 좋던지 아무리 보고 있어도 컷을 부를 방법이 없었어요. 한 번의 키스에 그녀가 너무나 다양한 감정을 실어내고 있어서 카메라가 눈을 떼질 못했습니다. 이 키스에는 정확히 4분이 소요됐습니다. 카메라 필름이 다 돌아가기 직전에 공리가 프레임 밖으로 걸어 나갔어요. 그러자 카메라에서 다 돌아갔다고 딸깍, 소리가 나는 겁니다! 이게 진짜가 싶어 그 장면을 세 번이나 찍었어요. 그녀가 어떻게 그렇게 정확할 수 있는지 알고 싶어서.

영화에선 그 4분이 다 안 실렸죠? 실렸나요?

첫 번째? 4분. 두 번째도 4분. 마지막도 4분이었다니까! 매번 그녀는 조금씩 다르게 연기했기 때문에 중간에 컷을 부를 수도 없었어요. 정말 믿을 수 없는 솜씨였습니다. 나중에 양조위가 그러더군요. 자기가 만나본 사람 중 키스 실력이 1등이었다고. (웃음)

세계 정상급의 여배우라서 그런 거 아닐까요?

사실 훌륭한 배우들은 잘하기 때문에 조금만 보여줘도 사람들이 벌써 "와, 정말 잘한다"며 감탄합니다. 그렇다 보니 그 이상을 끌어내기가 힘들어요. 그래서 가끔은 그들에게 〈에로스〉와 〈2046〉에서의 시간 제약처럼 모종의 압박감을 줘야 할 때도 있습니다. 그럴 때 지금처럼 획기적인 결과를 얻을지도 몰라요.

뭔가 보다 추상적인 이야기를 하면서 대화를 마무리하고 싶네요. 〈화양연화〉, 〈2046〉, 〈에로스〉는 작심하고 아름답게 만든 영화들로 제가 볼 땐 고전 할리우드를 떠올리게 하는 화려함도 갖추고 있습니다. 허름한 장소에서 찍은 장면도 어쩐지 로맨틱하게 보일 정도로.

그쪽 면에서는 제가 아주 구식입니다. 전 스타들을 보는 게 좋거든요. 〈아비정전〉 찍을 때 유덕화가 이랬어요. "연기를 원하는 게 아니라면 차라리 연기자 아닌 일반인을 쓰시지 그래요." 그때 대답했지. "그건 달라. 일반인이 나온 영화를 보는 것과 '연기하지 않는' 스타가 나온 영화를 보는 건 완전히 별개의 경험이라고." 저는 영화가 현실보다 과장된 것이어야 한다고 믿는 사람이에요.

하지만 평범한 일반인을 찍을 때조차도, 예를 들면 이 영화들 속 아핑처럼요. 그럴 때도 감독님은 그들에게 빛을 부여해서 그들이 실제보다 훨씬 잘나 보입니다.

저는 제 영화 속 인물들을 좋아합니다. 자기 영화 속 인물들을 좋아하면 그들을 보는 시각도 다정해지죠. 저는 영화를 보면 감독이 그 영화 속 배우를 좋아하는지 안 좋아하는지 보입니다. 다 드러나요. 턱이 두 겹으로 찍히고 조명을 못 받고 그런 게 아니라 그보다 훨씬 포괄적인 어떤 것입니다. 즉, 다정함이 없다는 것. 저는 캐릭터들과 함께 있고 싶지 그들 위에 군림하고 싶진 않아요. 〈타락천사〉에서 제 문제점 중 하나가 뭐였냐면 여명과 이가흔과 어떻게 함께 있어야 좋을지를 몰랐다는 겁니다.

그 말씀인즉, 아름다움을 잘 포착하는 실력은 애정에서 우러나온다?

영화 속 아름다움은 시각적으로 어떻게 보이느냐 이상의 문젭니다. 좋은 영화는 보고 난 뒤에 남는 맛이 있어야 해요. 어떤 한 장면일 수도 있고 한 줄의 대사일 수도 있고 그냥 어떤 한 순간도 좋고요. 뭐가 됐든 관객에게 아주 오랜 시간 동안 남는 게 있어야 합니다.

2046

2046~2047

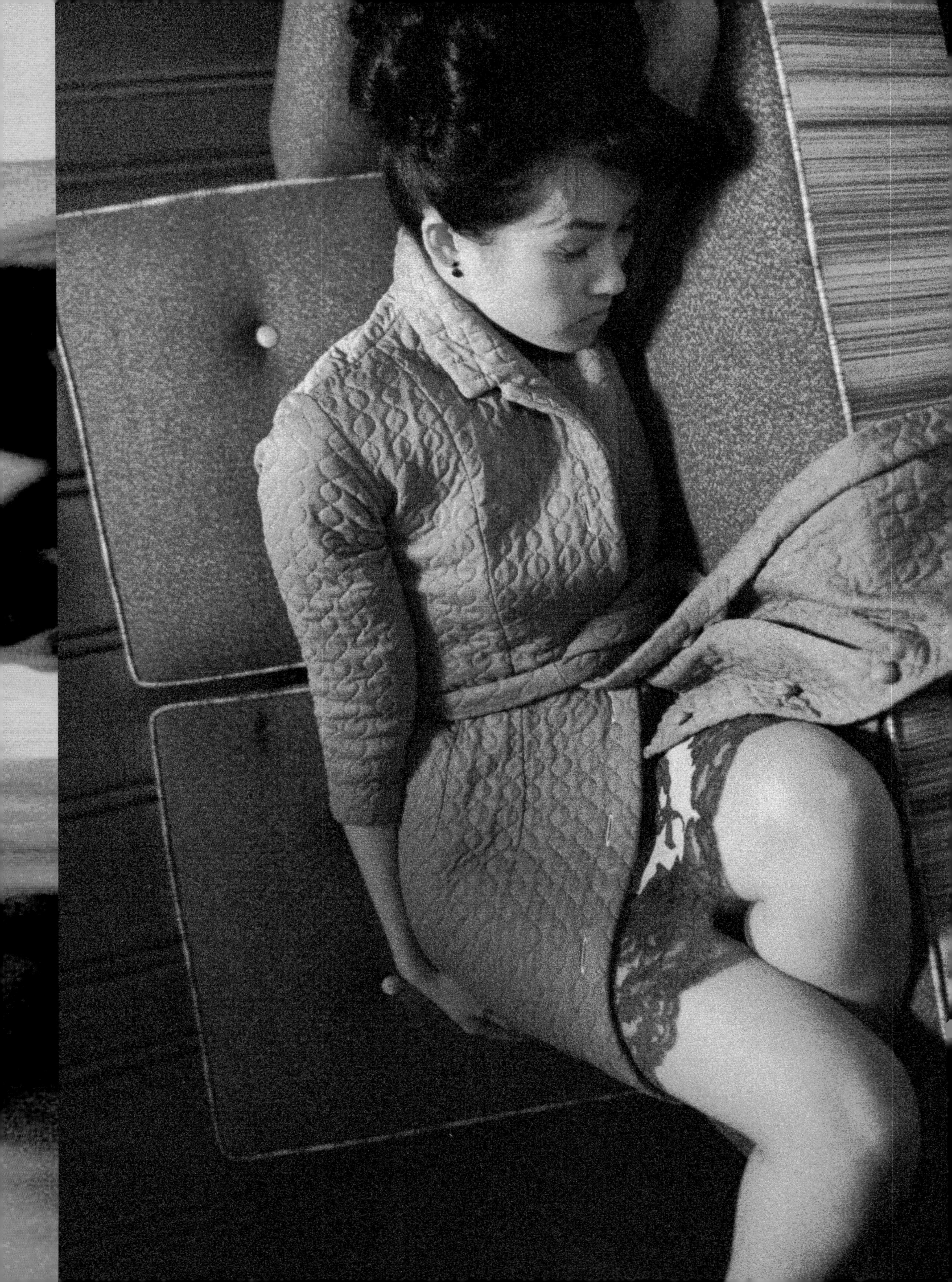

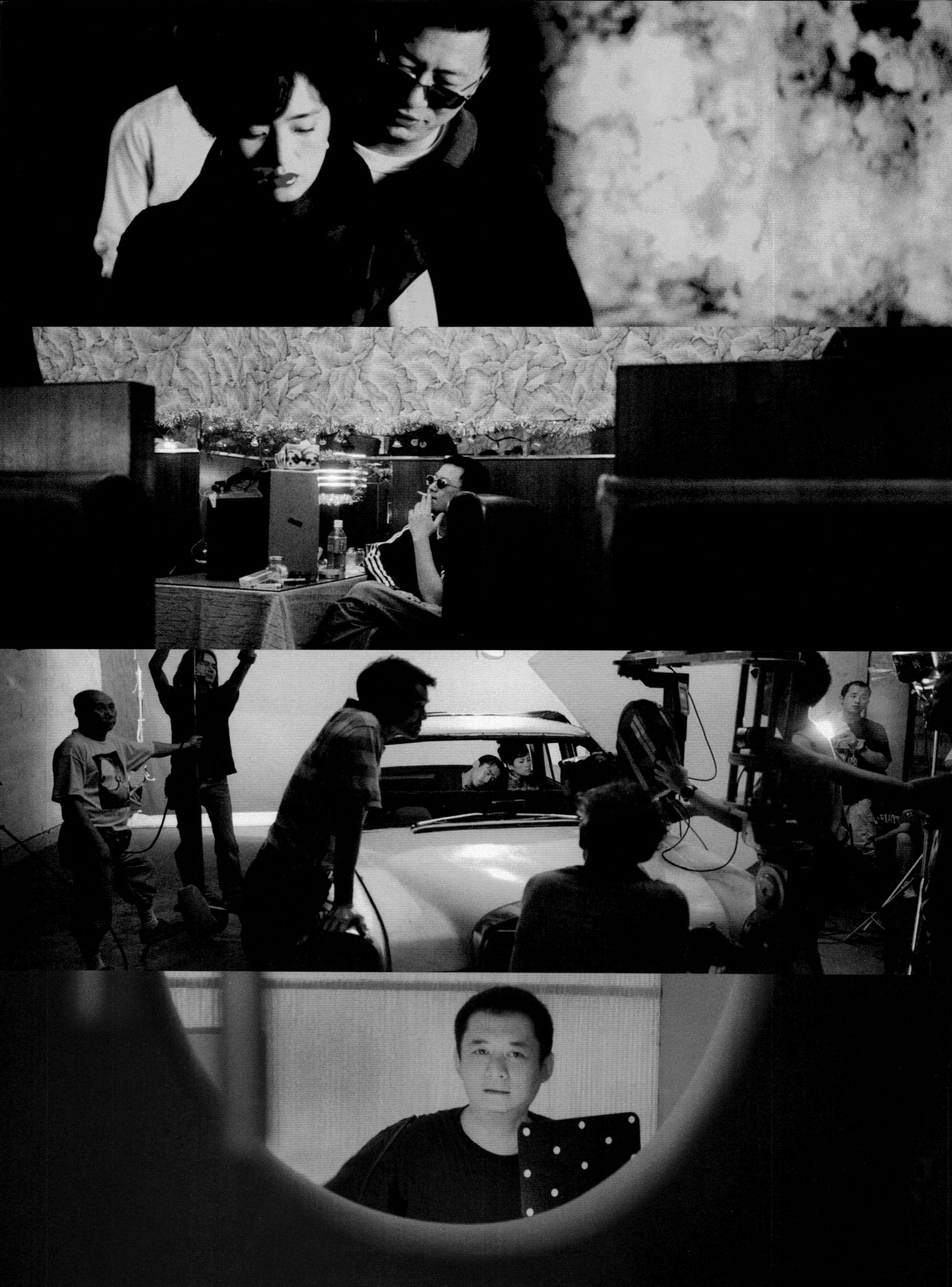

다섯 번째
대화

〈해피 투게더〉
〈마이 블루베리 나이츠〉

세상 반대편의 로드무비

감독님은 국외물이라 불릴 영화를 두 편 만드셨습니다. 아시아가 아니라 아메리카가 배경인데요. 그중 첫 번째가 〈해피 투게더〉로, 아르헨티나에서 만들어서 97년 칸영화제에서 첫선을 보였죠. 저도 첫 시사석상에 있었는데 사람들이 이건 좀 대담하지 않나, 하는 반응을 보였던 기억이 납니다. 홍콩의 대스타 두 명을 데리고 동성애 러브스토리를 찍었으니까요. 이런 식으로 이해하는 게 맞는 건가요?

〈해피 투게더〉 같은 경우는 97년 이전으로 돌아가야 합니다. 그땐 사람들이 중국 본토 반환 이후의 삶이 어떻게 될지 걱정하던 시절이었어요. 캐나다, 미국, 호주의 영주권을 얻으려는 사람들이 있었고, 그것 때문에 비극도 많았어요. 결혼이 파탄 나는 경우도 많았고요. 홍콩 사람들이 제일 실망한 순간 중 하나가 여권을 받을 때였습니다. 그건 분명 영국 여권이지만 'BNO', 즉 해외 영국 국민용이란 꼬리표가 있었어요. 이는 곧 자신들이 영국 여권을 가진 영국 국민이지만 본토 반환 후에 영국에서 살 권리는 없다는 뜻이었죠. 말하자면 우린 사생아란 뜻이었습니다.

저는 이 문제에 관한 영화를 만들어야겠다고 느꼈습니다. 받아들여지기를 원하지만 거절당하는 이야기, '받아들여지지 못하는' 관계, 즉 이를 테면 동성애에 대한 영화를요. 저로선 특히 97년 이후에도 홍콩에서 게이영화를 만들 수 있을지 확신이 없어서 더 해야겠다는 생각이 들었습니다. 그래서 장국영한테 말했어요. "우리, 게이영화 하나 만듭시다." 그랬더니 그가 "좋아, 못할 거 없지." 하더군요. "진심인 거죠?" 하니까 이러더군요. "당신이 감독인데 당연히 진심이지. 근데 상대역은 누구야?" 그래서 "양조위"라고 하니까, 그가 "좋네" 하더군요.

장국영은 확실히 감독님을 믿었네요.

물론이죠. 그도 오랫동안 하고 싶어 했지만 적당한 기회를 찾지 못했던 이야기였으니까. 그도 우리와 같은 절박함을 느끼고 있었습니다. 이번이 이 이야기를 다룰 적기란 생각이 들었어요. 그는 우리 팀을 신뢰했고 우리가 그 소재를 저급하게 다루지 않으리란 믿음이 있었습니다.

감독님은 사람들이 말하는 소위 '게이 친화적'이란 인물로 오랫동안 언급돼왔다던데요.

게이 친구들도 많고 또 같이 일하는 사람들 중 많은 수가 게이입니다. 그게 문제라 느낀 적은 한 번도 없어요. 홍콩이나 영화계 전체에서도 그때는 문제가 아니었고요.

장국영은 게이였으니 그 배역을 연기하는 게 불편하지 않을 걸 아셨겠지만, 양조위에 대해선 확신이 없으셨을 텐데.

그 친구 아파트에서 계획을 말했어요. 그가 "내 배역이 게이라고요?" 하길래 그렇다고 했습니다. 하겠다더군요. 진심이냐고 재차 확인하자 "설마 러브신을 찍자는 말씀은 아니시겠죠?"라고 하더군요. 나는 영화에 꼭 러브신이 들어가야 할 필요는 없다고, 이건 홍콩을 떠나는 두 남자에 대한 이야기고 아르헨티나 올로케 촬영이 될 거라고 대답했습니다. 이 말에 흥미를 느낀 그가 말했죠. "흠, 재미있겠는데요… 노골적인 장면이 없는 건 확실합니까?" 아르헨티나가 탱고로 유명한 나라니까 춤추는 장면은 넣을 거라고 말해줬습니다. 영화 제작 발표 때도 너랑 장국영이 탱고를 춘다고 미리 알릴 거라고. 양조위는 수락했고 우리는 기자회견을 열었어요. 기자들이 사진을 찍어갔고 대문짝만 하게 뉴스가 나갔죠. "양조위와 장국영, 게이영화에 출연하다!" 그때부터 뒤돌아보지 않고 달려갔습니다.

〈해피 투게더〉를 보시면 알겠지만 제일 처음 나오는 장면이 BNO 마크가 찍힌 여권입니다. 제가 출발했던 바로 그 지점에서 영화도 시작하는 겁니다.

수많은 장소 중에 왜 아르헨티나였던 겁니까? 마누엘 푸익의 소설을 좋아하셨기 때문에? 그가 감독님의 스토리텔링 방식에 영향을 줬다고 하신 적이 있죠. 게다가 그도 동성애자였고요.

맞습니다. 그의 소설 중에서도 《하트브레이크 탱고》를 제일 좋아합니다. 정말 훌륭한 제목이라고 생각해요. 너무 맘에 들어서 한동안 이 영화의 가제로 쓰기도 했는데, 아르헨티나 촬영 허가를 받으려고 서류를 제출했을 때 정식 판권을 획득한 거냐고 사람들이 묻더라고요. 그래서 "현재 노력 중입니다"라고 대답했더니, 당연히 허가가 안 났어요.

탱고에 관한 영화를 찍는데 아르헨티나 말고 어딜 가겠습니까? 게다가 다음 영화가 97년 본토 반환에 관한 건지 묻는 기자들의 똑같은 질문에 넌더리가 난 참이었습니다. 전 생각했죠. "홍콩에서 가능한 한 최고로 멀리 떠나고 싶다. 이 세상 반대편으로 가서 두 남자 이야기를 만들고 싶어." 그랬는데 알고 보니 진짜로 아르헨티나가 홍콩에서 제일 먼 거리에 있더라고. (웃음)

이 영화까지 온 지금, 감독님이 시나리오 없이 일하는 걸 당연하게 생각해도 되겠죠? 줄거리는 생각하신 게 있었습니까?

아이디어만 있었어요. 모두에게 이렇게 말했죠. "우리는 아르헨티나로 가서 순회 서커스처럼 돌아다니며 로드무비를 찍을 거다. 근데 어디서 시작해서 어디서 끝날지는 나도 아직 모른다. 거기서 3개월 있다 올 거란 것 말곤 정해진 게 없다. 자, 그럼 출발!"

듣기엔 그럴싸하고 신나요. 근데 왕가위 영화니까 분명 중간에 뭔가 예기치 못한 사태가 터졌을 거라 내심 점쳐봅니다.

여부가 있겠습니까. 우리가 처음 고용한 현지 제작사가 제대로 된 곳이 아니어서 어쩔 수 없이 다른 데를 알아봤거든요? 그랬더니 첫 제작사가 자꾸 훼방을 놓는 거야. 이민국을 호출하고 우리 촬영허가서랑 취업비자에 문제가 있다는 둥 법석을 떤 거지. 그 와중에 나는 또 가벼운 뇌졸중이 왔어요. 얼굴 반쪽이 마비가 돼서 움직이질 않는 거야. 잘 때는 한쪽 눈에 이렇게 테이프를 붙여야 했어요. (왕가위는 감은 눈 위로 테이프를 붙이는 시늉을 한다.) 먹을 때도 음식이 입 밖으로 줄줄 다 새고. 끔찍하더군요. 아내가 18개월 된 아들 칭을 데리고 부랴부랴 저를 보러 왔습니다. 어쨌든 전 진찰을 받았고 의사는 엑스레이를 찍어보더니, 한다는 말이 한 달 동안 일을 쉬라는 겁니다. 도저히 그럴 수 없는 상황이었는데. 근데 운이 좋았습니다. 재키가 그곳의 중국식당 어디서 침술사를 한 명 알아낸 겁니다. 그렇게 중국인 의사를 만났고, 어찌어찌해서 그 치료가 잘 들었어요. 그렇게 얼마 안 가 회복됐습니다.

감독님 영화 속 중국인 캐릭터들은 항상 여기저기를 돌아다닙니다. 디아스포라에 관한 영화를 많이 만드셔서 그런지, 감독님이 부에노스아이레스에서 중국식당에 안착하게 된 것도 무슨 피할 수 없는 운명 같네요.

방문하는 도시마다 꼭 중국식당 한 군데씩은 알게 돼요. 제가 도시에 대한 정보를 얻는 곳이 거기죠.

뉴욕에서는 감독님이 저를 데리고 웨스트 56번가에 있는 '조스 상하이'로 가셨죠. 거기서 얻어낸 정보는 뭐였습니까?

그런 미드타운 식당보다 차이나타운에서 훨씬 많은 걸 알 수 있습니다. 처음 뉴욕 차이나타운에 갔을 때는 대부분의 사람들이 홍콩 출신이었어요. 다들 광둥어를 쓰긴 했는데 굉장히 구식 광둥어였지. 반면 지금은 대부분 표준중국어를 쓰니까, 그걸 보면 시대가 얼마나 변했는지 깨닫게 됩니다.

어쨌거나 아르헨티나의 그 중국식당 주인과는 친해졌어요. 사연이 많은 사람이었죠. 제가 그랬습니다. "어쩌다 이 먼 아르헨티나까지 와서 중국식당을 하시게 된 겁니까? 여기 친척이라도 있었나요?" 그건 아니라네요. 자기는 70년대에 부에노스아이레스에 왔고 그전에는 경찰이었답니다. 하지만 염정공서(경찰에 철퇴를 날렸던 기구)[45] 때문에 어쩔 수 없이 망명했다고. 당시 홍콩에서 경찰의 부패상은 늘 보던 거였습니다. 뇌물 받는 게 요즘 공짜 커피 대접처럼 흔했던 시절이었거든요. 그는 우리를 많이 도와줬고 저와도 잘 지냈습니다. 그가 그러더군요. "여기서 촬영하도록 해. 나한테 스페인어 하는 중국인 친구들이 좀 있어. 걔들이 자네들 제작실장 일 맡을 사람을 알아봐줄 거야." 그렇게 이 영화를 만들었습니다. 식사는 그 식당에서 해결하면서요. 그때쯤 우리는 현지 제작사도 촬영허가서도 없이 부에노스아이레스에 두 달이나 진을 친 상태였어요. 그 상태에서 뭐라도 찍었다간 당장 체포되거나 추방될 판이었습니다. 홍콩이 얼마나 그립던지! (웃음)

그때쯤엔 줄거리가 완성됐나요?

로드무비를 만들려면 제일 먼저 필요한 건 지도입니다. 어떤 길을 갈지 경로를 택하고, 그 길을 따라 장소와 도시와 풍경이 어떨지 파악해야 하죠. 영화 속 대부분의 사건이 부에노스아이레스에서 벌어질 걸 알았기에 저는 대부분의 시간을 그 도시를 찬찬히 돌아보는 데 썼습니다. 그러는 동안 양조위와 장국영은 탱고 수업을 받았고요. 동시에 양조위는 강도 높은 체력 단련도 소화하고 있었습니다. 제가 그랬거든요. "옷을 벗는 장면이 있으니까 보기 좋은 몸을 만들도록 해." 그 친구 정말 열심히 운동했습니다. 그러다 장국영이 아메바성 이질에 걸리면서 엄청 앓았죠. 그런 그를 매일 돌보고 먹여준 사람이 양조위였습니다. 하지만 그가 속으로는 불안해한다는 걸 느꼈어요. "내가 뭘 어떻게 해야 하지?" 하는 당혹감이요. 게이 커플은 어떻게 행동하는지, 감이 안 잡혔던 겁니다. 그 친구는 계속 안절부절못했어요. 그게 보였습니다.

그러던 중 낸 골딘이 찍은 사진을 한 장 보게 됐습니다. 그녀는 불행한 커플을 테마로 사진을 많이 찍었는데 제 생각엔 정말 훌륭한 작품들이었어요. 그래서 장숙평에게 말했습니다. "영화를 이렇게 시작했으면 좋겠는데." 그러면서 사진을 건네줬죠. "오프닝을 러브신으로 가자. 둘이 사랑을 나눌 때 내가 원하는 게 바로 이런 방이야. 침대는 두 개. 조명은 최소한으로." "자세한 디테일을 줘야지." 장숙평의 말에 제가 그랬습니다. "디테일이랄 게 없어. 하지만 촬영은 바로 들어가야 돼. 양조위 그 친구가 앞으로 감당할 수 있을지 아님 여기서 그만둘지 봐야 하니까." 저는 두 주인공이 가장 친밀한 그 순간에 영화를 시작하고 싶었어요. 그 후부터 둘 사이는 멀어지게 됩니다. 저는 양조위가 그 과정을 연기해낼 수 있을지 확신을 얻어야만 했어요. 그때가 영화의 운명이 걸린 순간이었습니다.

그리고 양조위는 무슨 일이 벌어지는지 도통 몰랐고요.

현장을 준비시키자 (왕가위가 키득거린다.) 양조위 얼굴에 핏기가 싹 가시더군요. 아무리 그래도 촬영 첫날부터 러브신을 찍을 줄은 몰랐던 거지. 저는 영화를 찍을 때 보통 원하는 걸 미리 한번 가늠해봅니다. 예를 들어 〈2046〉에 나왔던 양조위와 장쯔이의 러브신만 해도 수위를 어디까지 가져갈지 조니(조니 콩, 조감독)와 같이 연출해 보였거든요. 그런데 이때는 제가 이랬어요. "그냥 장숙평과 장국영한테 일임할게요." 어떻게 시작해야 할지 누구도 딱히 모르는 거야. 그래서 저는 카메라를 배치했고, 크리스는 조명을 켰고, 양조위는 타월을 두른 채 장국영만 쳐다보며 앉아 있었죠. 현장에는 저, 장숙평, 재키, 카메라 보조, 크리스, 이렇게만 지켜보고 있었습니다.

장국영이 먼저 타월을 벗으며 "자, 시작하지" 하고 말하더군요. 이때가 누가 위로 올라탈지 결정되는 '바로 그' 순간이었습니다. 왜냐하면 누가 위쪽을 맡을지 내가 말해준 적이 없으니까. 그때 장국영이 걸어가 침대 위에 먼저 누웠습니다. 그걸로 모든 게 결정된 셈이었죠. 양조위가 "좋아요, 갑시다" 하자 사방이 쥐죽은 듯 조용해졌습니다. 그도 타월을 벗었지만 아직 사각팬티를 입고 있는 상태였어요. 전 그것도 벗어야 한다고 생각했죠. 하지만 그가 "싫어요! 안 벗을 겁니다. 이 이상은 허락 못 해요" 하길래 저도 "좋아요, 이대로 갑시다" 하고 그냥 진행했습니다. 이후부터는 장국영이 그를 리드했습니다. 두어 테이크를 찍은 끝에 저는 "됐다"고 컷 사인을 보냈고.

그 장면을 마친 후, 양조위는 완전히 충격을 받아 거기 멍하니 앉아 있었습니다. 장국영이 그에게 말하더군요. "이젠 알겠지, 지금까지 내가 여자랑 러브신 찍으며 좋아 죽는 척 연기하면서 속으론 어떤 기분이었을지를." 양조위에게는 이 경험이 엄청난 충격이었던 겁니다. 몇 년 지난 후에 그가 고백하더군요. "제가 지금 최고로 후회되는 게, 그날 팬티를 벗을 용기를 왜 못 냈을까 하는 겁니다." 제 생각에 그가 〈색, 계〉 출연을 결심한 이유 중 하나가 이거라고 생각해요.

그렇다면 젊은 감독들에게 주는 조언은, 섹스 장면을 일찍 찍어라?

그러면 확실히 나아집니다. 〈에로스〉 촬영 첫날, 나는 공리가 장첸을 애무하는 장면을 찍었어요. 두 사람이 같이 연기하는 게 그게 처음이었는데 그 신 덕분에 서로 알아가는 데 큰 도움이 됐습니다. 키스나 혹은 그 정도의 친밀한 뭔가로 작업을 시작하는 건 늘 좋은 방법입니다. 그 이후로는 모든 게 훨씬 편해지니까.

영화의 나머지 부분은 그럼 어쩌셨는지?

우선 우리는 팬아메리칸 하이웨이[46] 선상에서 미국 국경을 출발해 남아르헨티나의 제일 먼 지점까지 이어지는 경로를 따라가기로 계획을 세웠습니다. 모든 지점을 다 체크했죠. 후후이나 멘도사 같은 북쪽 지역도 가봤고. 마침내 아주 괜찮은 우수아이아란 곳을 찾아냈습니다. 세상의 끝 같은 곳이었죠. 세상의 끝에서 영화를 끝낸다는 생각이 좋아서 이 영화도 거기서 끝이 나야 한다고 느꼈습니다. 우수아이아는 그때나 지금이나 영락없이 관광도시예요. '세상 끝의 마지막 커피숍'이라든가 '세상 끝의 마지막 호텔' 등의 간판을 볼 수 있는. 중심가에 전화박스가 하나 있던 게 기억나는데 거기서 친구한테 전화를 걸면 그게 세상 끝에서 거는 전화였죠. 낭만적이더라고요. 이 모든 것들 외에도, 주로 남극으로 가는 일본인 관광객들을 상대하는 카지노도 하나 있었습니다. 근데 마카오에 있는 거하곤 딴판이었죠. 10달러짜리 정도의 베팅을 하는 소박한 데였으니. 밤이 되면 그 카지노는 유령도시처럼 낯설고 을씨년스러웠습니다.

이것으로 또 한 편의 영화를 상황에 따라 임기응변으로 찍으신 건데요. 계속하다 보면 이 방법도 편해지고 그런가요? 결과가 아무것도 안 남을까 봐 무서웠던 적은 없으셨나요? 아니면 이 과정을 많이 거치다 보니 익숙해지신 겁니까?

이런 팀과 함께 작업하면 영화를 마칠 수 있을까를 걱정할 일은 전혀 없습니다. 제가 신경 쓰는 유일한 한 가지는 얼마나 좋게 만들 수 있느냐는 겁니다. 어떻게 보면 이전의 제 영화 대부분이 일종의 로드무비였지만 훨씬 작은 스케일이었죠. 그냥 홍콩 안에서 이 거리 저 거리로 폴짝거리며 찍은 거니까. 그때는 부담을 안 느꼈어요. 하지만 홍콩에서 온 거의 50명의 인원이 완전히 다른 나라에서 저와 같이 붙어 있고 모두가 저만 바라보고 있다면—그건 완전 처

음 겪는 일이었습니다. 저는 책임감을 느꼈습니다. 도착하고 처음 며칠 동안은 모두 싱글벙글이었어요—와인은 정말 쌌고 스테이크도 정말 맛있었거든요. 밤마다 방에서 파티가 벌어졌고 다음 날 아침이면 빈 와인 병들이 곳곳에 굴러다니고 그랬어요. 그런데 그렇게 두 달이 지나자 다들 의문이 드는 겁니다. "우리가 여기서 뭐하고 있는 거지? 내일은 촬영을 하게 될까?" 장국영은 돌아가 콘서트를 해야 했고 장숙평도 "대기 중인 영화가 두 편"인 상황이었습니다. 마치 스튜 냄비가 부글부글 끓는 것 같은 상황이었죠. 게다가 우리 아들이 지금 여기 와 있는데 난 걔랑 같이 보낼 시간도 없었어요. 그 애 두 살 생일 때도 케이크 자르자마자 자리 떠야 했단 말이지. 매일같이 근처에 있는 커피숍에 가서 대본 쓰는 데만 묶여 있었어요.

그 와중에 양조위와 장국영이 나오는 일부 장면들은 찍고 있었죠?

네. 그리고 크리스도 따로 훌리오 애비뉴 9번가(부에노스아이레스의 중심가)에서 컷어웨이로 쓸 장면들을 몇 주 동안이나 찍고 있었고!

처음으로 뭔가 건졌다 하는 느낌이 들었던 순간은 언제였습니까?

장국영이 "더는 여기 있을 시간이 없어" 했을 때, 어쨌든 가능한 경우의 수가 좁혀졌습니다. 그때 저는 영화가 양조위 시각에서 보여질 부분이 더 많으리란 걸 알게 됐죠. 장국영이 홍콩에 갔다가 다시 올 수 있다고 한 적도 있었지만, 어떤 시점 이후로는 "다시 합류 못 할 것 같아. 이번 공연은 전 세계를 도는 거라서"라고 하더군요. 그 말은 확실히 그의 분량이 짧아진다는 의미였습니다. 이런 일은 늘 일어납니다. 어떤 배우와 일주일밖에 못 찍는 상황이라 그를 데려다 온갖 장면을 찍은 다음 일단 보내주는 식으로. 하지만 그것도 어디까지나 시나리오가 완성돼 있을 때 이야기죠. 저에겐 그런 시나리오가 없었기 때문에 그가 가기 전에 뭐가 됐든 최대한 많이 찍었어요. 그런 다음 장국영이 가기 전 마지막 날에, 양조위가 떠났다는 사실을 깨달은 그가 울음을 터뜨리는 장면을 찍었습니다. 그때 확신이 섰어요. 목적지인 폭포에 도착하는 사람은 양조위 혼자라는 걸. 이제 제 임무는 그 장면 전까지 나머지를 어떻게든 해결하는 거였죠.

보르헤스의 끝없이 갈라지는 길이 있는 정원 같네요.

한때는 양조위가 자살을 시도해서 아르헨티나에서 죽는 이야기까지 나왔어요. 그러다 이구아수 폭포로 가던 길에 홍콩에서 온 수수께끼 같은 여자를 우연히 만나는 아이디어를 떠올렸습니다. 그래서 관숙이를 홍콩에서 불러내 3주 동안 양조위와 함께하는 장면들을 찍었어요. 그런데 나중에 찍은 걸 나란히 놓고 보니까 아무래도 안 맞는 거야. 그가 게이다 보니까 여자가 등장하는 순간, 주제가 갑자기 성별 쪽으로 확 기우는 겁니다. 차라리 그녀를 빼니까 뭔가 유니섹스처럼 됐어요. 남자나 여자가 아니라 그냥 한 사람이 누군가를 사랑하는 이야기로. 그녀의 출연 분량을 그 때문에 전부 들어냈어요. 사실 그 장면들이 상당히 맘에 들고—크리스가 정말 아름답게 찍었거든요—관숙이의 연기도 훌륭했어요. 영화가 공개된 후 나중에 저는 그녀가 나온 장면 전부를 스페셜 에디션 DVD에 보너스로 넣었습니다.

그 장면들 대신 감독님은 양조위와 중국식당에서 일하는 젊은 남자의 별도 이야기를 담았죠. 이 역은 장첸이 맡았는데.

그는 그때 겨우 열일곱 살이었고, 곧 입대해야 하는 상황이었죠.

양조위와 장국영은 엄청난 대스타에 연기파 배우들입니다만, 장첸은 잘했나요?

그들만큼 숙련된 배우는 아니더라도 그 배역에 맞는 에너지와 참신함이 있었어요. 제 눈에 처음 들어온 건 그가 에드워드 양 감독의 〈마작〉에서 플레이보이를 연기했을 때였죠. 하지만 실제로는 수줍음을 많이 타는 성격이어서 저는 이 영화에서 그의 그런 수줍음을 담으려고 했습니다.

장첸은 대만 출신이고 표준중국어를 씁니다. 양조위는 광둥어로 말하고요. 감독님의 영화 대부분에서 등장인물들은 끊임없이 서로 다른 언어로 말합니다. 〈중경삼림〉에서 가네시로 다케시는 임청하한테 거의 5개 국어를 구사하죠. 이런 설정에 어떤 의도가 있는 겁니까?

아뇨. 각기 다른 세상 곳곳에서 온 사람들이 모여드는 홍콩 같은 도시에서는 서로 다른 말을 쓰는 게 흔한 일입니다. 제가 어렸을 땐 아버지 친구 분들이 우리한테 표준중국어와 상하이 말 둘 다 써도 다들 잘 알아들었어요. 〈2046〉에서 장쯔이가 광둥어권 게스트하우스에서 표준중국어를 쓰는 것도 자연스럽고요. 아시아에선 사람들이 어디 출신이건 다들 말이 통해요. 〈해피 투게더〉 때 재키는 당시엔 아직 우리 라인 프로듀서였는데, 그녀는 스페인어는 할 줄 몰랐고 영어도 조금밖에 몰랐어요. 근데 아르헨티나 스태프들과 소통이 너무 잘되는 거야. 크리스야 뭐 가자마자 스페인어는 금방 터득했고. 양조위와 장국영이 맡은 캐릭터들은 일단 관광객 역할이니까 단어 몇 개 말곤 스페인어를 못하는 게 당연했지만.

다양한 언어들 덕분에 영화에선 삶의 변화무쌍함이 살아납니다.

그렇죠. 그것들이 영화의 질감을 만들고 신빙성을 주죠.

영화로 돌아와서, 〈해피 투게더〉의 주요 배우 중 하나는 사실 부에노스아이레스입니다. 거기서 영화를 찍는 건 힘들었습니까?

모든 길거리와 모퉁이는 물론 모든 냄새까지 알고 있던 홍콩에서완 달리, 부에노스아이레스는 그와 다른 에너지를 갖는 훨씬 큰 도시였습니다. 어쩐지 슬픈 기운이 감돌았죠. 나는 그 이유를 압니다. 사람이 유배자처럼 떠돌다 보면 마침내 오게 되는 종착지가 여기거든. 여기는 어디에서 봐도 아주 먼 곳이었고 그래서 서글픈 도시였습니다. 저는 부에노스아이레스 시내를 며칠이고 걸었어요. 그게 도시를 이해하는 제일 좋은 방법이라 믿어서요. 그러다 가게 앞에 멈춰 서서 "이건 얼맙니까?", "여기는 어떤 커피를 팔죠?", "사람들은 어떤 담배를 피웁니까?", "저 고기는 가격이 얼마죠?" 등등을 묻고 다녔습니다.

그렇게 도시의 역사를 익히고 부에노스아이레스의 게이 단골 장소들을 탐색했어요. 제 눈에 쏙 들어왔던 유일한 곳은 라 보카였습니다. 아르헨티나의 항구 도시로 선원들의 고향이었죠. 제가 찾던 색깔과 에너지가 거기 있었고 보면 홍콩이 떠올랐어요. 로케이션 매니저가 계속 저한테 묻더군요. "찾는 게 어떤 겁니까?" 왜냐하면 그때 〈티벳에서의 7년〉도 아르헨티나에서 찍고 있었거든요—제일 좋은 장비도 제일 예쁜 촬영지도 거기서 먼저 선점했고. 로케이션 매니저는 우리가 찾는 것도 〈티벳〉 쪽이랑 비슷할 거라 생각했기 때문에 제가 고른 장소를 말하자 상당히 충격을 받습디다. "아르헨티나까지 와놓고선 왜 허름하고 더럽고 좁은 데서 찍으려는 겁니까? 아름다운 다른 데를 고르는 게 낫지 않을까요?" 그래서 제가 그랬죠. "그런 뒷골목이 있으면 보여주시겠습니까?" (웃음) 이 영화가 나온 후로 어쩌다 아르헨티나에서 온 사람들을 만날 때면 "감독님 영화에 제가 사는 도시가 진짜 아름답게 나왔어요" 하는 말을 상당히 자주 듣습니다.

그 사람들 말이 맞아요. 크리스가 이 영화보다 더 아름답게 찍은 적이 있었나 싶게 모든 영상이 환상적입니다. 빨강, 녹색, 노랑인 동네 버스 색깔조차도 영화 색감과 딱 맞아떨어져요.

맞습니다. 그가 정말 큰일을 했어요. 그도 천성이 여기저기 떠도는 뱃사람이다 보니 말 안 해도 다 알았던 거지, 그런 걸.

그리고 양조위에게 이 배역은 뭔가 출세작이 됐습니다.

양조위는 이 영화 전에도 인기는 있었지만 A급으로 분류되는 배우는 아니었습니다. 그러다 이 영화로 홍콩영화제에서 남우주연상을 받았죠. 3년 후엔 칸 영화제에서 남우주연상을 받았고, 홍콩 출신 남자배우로 그 정도 영예까지 이른 건 그가 처음이었습니다. 그 이후로 그는 출연작들마다 주연 자리를 놓친 적이 없죠.

그때까지 제가 본 그의 작품 중에 이 영화가 최고였어요.

이 영화 전에는 양조위가 어떤 배역이든 누구 못지않게 잘해내는 배우였다면 이 영화에선 그걸 넘어 온전히 그만이 가능한 연기를 보여줍니다. 영화는 그를 위해 맞춤 제작된 것이었고, 장국영은 사실상 유가령(양조위의 실제 아내)을 자처한 연기를 펼쳐 그를 확실히 밀어주죠. 장국영이 저한테 이랬어요. "내 연기는 그냥 유가령을 그대로 따라한 거야. 그래야 양조위도 안 헤매고 잘 받을 테니." 그 정도로 장국영은 너그러운 사람이었습니다.

두 배우의 페르소나가 워낙 강렬해서 이 배역들이 실제 모습이라고 쉽게 믿어질 정도입니다. 말하자면 양조위가 지조 있고 점잖은 쪽, 반면 장국영은 방탕한 쪽이라는 식으로. 실제로도 그랬나요?

사실 어떤 상황이냐에 따라 어느 쪽도 될 수 있었어요. 두 사람 모두.

장국영은 감독님의 작품들 중에서도 특히 수작에 속하는 세 편에 출연한 배우입니다. 이 영화가 그와 마지막으로 작업한 작품인데.

그와 더 많은 시간을 함께하지 못한 게 후회스럽습니다. 같이 한 작업들은 다 좋았어요. 그가 아니었다면 아마 이 영화도 못 만들었을 겁니다.

장국영에 대한 감독님의 생각을 들어볼 좋은 기회인 것 같습니다. 제 주위 사람들은 항상 그에 대해 궁금해했거든요. 감독님은 그를 어떻게 보셨습니까?

장국영 하면 떠오르는 게 우리가 만난 후로 그가 계속 자신을 '전설'로 칭했다는 점이죠. 그는 이렇게 말했어요. "왕가위 감독, 감독 보기엔 내가 전설 같아?" 처음엔 그가 농담한다고 생각했는데, 보니까 아니더라고요. 진심인 거야. "날 장국영이라고 부르지 마. 전설이라고 불러줘." 이랬으니. (웃음) 그는 그 생각에 완전히 빠져 있었어요. "난 전설이 될 거야." "난 전설이 돼야 한다고." 이랬거든요. 근데 그 바람이 설마 자기 목숨을 끊을 정도였을 줄이야.

왜 그렇게 전설이 되고 싶어 한 겁니까?

사람들 기억에 남고 싶어 했어요. 그는 자기 최고의 우상은 일본 여배우 겸 가수인 야마구치 모모에라고 말했습니다. 그녀는 10대 아이돌로 시작해 로맨틱한 사랑 이야기에 주로 출연한 배우였는데 출연작에서는 줄리엣 같은 역할을 맡았고 그녀의 남편(미우라 토모카즈)이 그 로미오였습니다. 하지만 그녀가 남편보다 훨씬 유명한 스타였어요. 인기 최절정이었을 때 그녀는 그와 결혼하고, 은퇴하고, 다시는 연예계에 발을 딛지 않았습니다—대중 앞에 한 번도 안 나섰죠. 그렇게 평범하게 살면서 가정에만 충실했어요. 그게 장국영이 생각한 전설이었습니다. 그는 이렇게 말했었죠. "난 인기 최절정에 있을 때 그만두고 은퇴할 거야. 내리막길은 겪고 싶지 않아. 시들어가는 건 싫다고."

안 그래도 유명한 스타였는데, 그런 게 왜 그리도 중요했던 걸까요?

장국영은 내심 불안해했어요. 꼭 사랑받아야만 하고, 관심을 못 끌면 안 되고, 박수를 받는 게 너무 좋았던 거죠. 스포트라이트를 안 받고는 못 사는 사람이었습니다. 그는 어려움 없는 어린 시절을 보냈지만, 데뷔 초엔 고전했습니다. 비웃음을 사거나 거절만 당했으니까요. 그 당시 그는 정말 불행했어요.

누가 봐도 의심의 여지없는 스타인데 사람들이 몰라봤다는 게 믿기지가 않는데요.

그는 자기 시대보다 살짝 앞선 사람이었습니다. 일반 대중이 보기에 그는 말하자면 '너무 과한' 스타일이었죠. 유난스러운 데가 있었어요. 인기 없었을 때의 그도 알고 있는데 그땐 주로 TV 프로그램에 출연했었습니다. 장만옥처럼 그도 현대적인 동시에 고전적인 것이 가능한 배우입니다. 〈동사서독〉부터 〈패왕별희〉까지, 그토록 폭넓은 연기를 할 수 있는 이유도 그 때문이고.

그런 그를 〈아비정전〉에서 서구문화에 푹 빠진 청년 역으로 기용하셨죠.

그 배역에 딱이었으니까.

방탕한 연기도 더할 나위 없었고.

로맨틱한 사람이었거든요. 동시에 정말 사려 깊고 늘 다른 사람을 챙기는 인물이기도 했습니다. 그 때문에 그가 자살했다는 소식에 우린 격한 반응을 보일 수밖에 없었어요. 그는 〈아비정전〉을 찍고 제가 최악의 위기에 직면했던 그때, 꿋꿋이 저를 지지해준 사람입니다. 그와 함께 일했던 기억은 제 경력의 하이라이트에 해당합니다.

마무리는 〈해피 투게더〉로 하겠습니다. 중국어 제목인 '춘광사설'은 '봄 햇살이 뚫고 들어오다' 정도의 의미입니다. 근데 안토니오니 감독의 〈욕망〉의 중국어 제목도 이거였다던데요. 이 사실을 알고 계셨습니까?

당연히 알았죠. 원래 제목이랑은 의미가 달랐음에도 전 그 중국어 제목이 맘에 들었어요. 영화에 일말의 관능을 부여했으니까.

춘광사설이란 말에 뭔가 위험한 뉘앙스라도 있나 보죠?

있습니다. 뭔가 야한 게 노출될 때를 가리키는 말이라서요. 예를 들면 어떤 여자가 샤워를 하는데 커튼을 안 닫아서 사람들이 훔쳐본다는 상황에 쓸 수 있는 말입니다. 한자로 썼을 때의 '봄'은 언제나 육체적인 거나 성적인 것과 연관이 돼요. 그래서 포르노 영화도 '봄 영화', 즉 '춘화'라 표현하죠.

이 시나리오를 쓰시는 데 그렇게 오래 걸렸다는 게 웃겼어요. 왜냐하면 〈해피 투게더〉를 생각할 때 제 머릿속에 떠오르는 건 아파트, 폭포, 가죽재킷을 입은 장국영, 불행해 보이는 양조위 표정, 그런 것들이거든요. 행동이 기억에 남는다는 거죠. 대사라고 해봤자 기억에 남는 건 양조위가 장첸의 녹음기에 한 말입니다—우리 귀에는 사실상 들리지도 않지만.

그 말은 칭찬이라 생각하겠습니다. 사실 최고의 대사는 두드러지지 않는 대삽니다. 개인적인 선언 같은 게 아니라 그 배역한테서 자연스럽게 흘러나와야 하는 그런 말들이죠.

그게 다 제가 TV 방송 출신이라 그렇습니다. TV는 대사와 플롯이 전부 다라서. 하지만 영화는 대사와 플롯에 대한 게 아니죠. 영화는 행동에 대한 겁니다. 우리는 사람의 말보다 행동을 통해 그 사람을 많이 알게 됩니다. 말에는 거짓이 포함될 수 있으니까요. 양조위가 연기하는 인물은 자기가 좋은 사람인 듯 말하지만 실상은 장국영의 여권을 숨겨놓고 안 주잖아요.

이번 대화를 시작할 때, 감독님은 부분적으로 97년 본토 반환에 대한 대답으로 이 영화를 만들었다고 하셨습니다. 그리고 영화는 반환 한 달 전에 홍콩에서 개봉했고요. 여기에 어떤 정치적 고려가 작용했는지 말씀해주실 수 있을까요?

우리는 장국영이 "처음부터 다시 시작하자"고 말하는 장면으로 영화를 시작합니다. 영화에는 양조위가 가족과 화해하기 위해 아버지와 접촉하려는 장면이 나오고 나중에는 폭포와 함께 마무리됩니다. 중국어에서 폭포는 뭔가 모이는 걸 상징하죠. 폭포를 거쳐 모든 물은 바다로 합쳐지니까. 영화 전에도, 만드는 중에도, 심지어 만들고 나서도 "본토 반환에 대한 감독님의 생각은?"이라는 질문을 많이 받았는데, 〈해피 투게더〉가 제 대답입니다.

근데요, 크리스가 촬영한 폭포신이 믿을 수 없을 정도로 아름답긴 한데 좀 어두운 구석도 있었습니다. 전체가 너무나도 강력한 나머지 조금은 사악한 느낌이 들었거든요.

저도 폭포에 가봤는데 완전히 압도됐었어요. 얼마나 강력한지 날 빨아들일 것만 같더라고요. 착하거나 사악하거나 하는 그런 차원이 아니었습니다. 사방의 모든 게 오로지 한 지점만을 향해 떨어지는 장관이 혼을 빼놓는 수준이었어요. 영화 편집할 때 장숙평과 함께 열심히 자르고 붙이고 하고 있는데, 등소평이 나오는 뉴스 장면을 폭포 바로 뒤에 넣자 그가 절 보고 이러더군요. "너무 민감할까?" (웃음) 전 그게 무슨 뜻인지 알았죠.

갑자기 영화는 정치적인 메시지를 띠게 됐습니다. 등소평은 홍콩의 본토 반환에 중요한 역할을 한 사람입니다. 그가 없었다면 아주 다른 시나리오가 됐을 만큼요. 우리가 영화 제목을 〈해피 투게더〉라고 한 이유는 당시로선 반환 이후 앞으로 무슨 일이 벌어질지 아무도 몰랐기 때문입니다. 이 제목은 대답이라기보다 질문이었던 거죠. 하지만 하나는 분명했습니다. 97년 이전의 홍콩은 이제 없다는 것. 양조위가 홍콩으로 돌아가는 장면이 안 나오는 건 그 때문입니다. 영화는 그대로 끝나고 그가 어디로 갔는지 우리는 모릅니다.

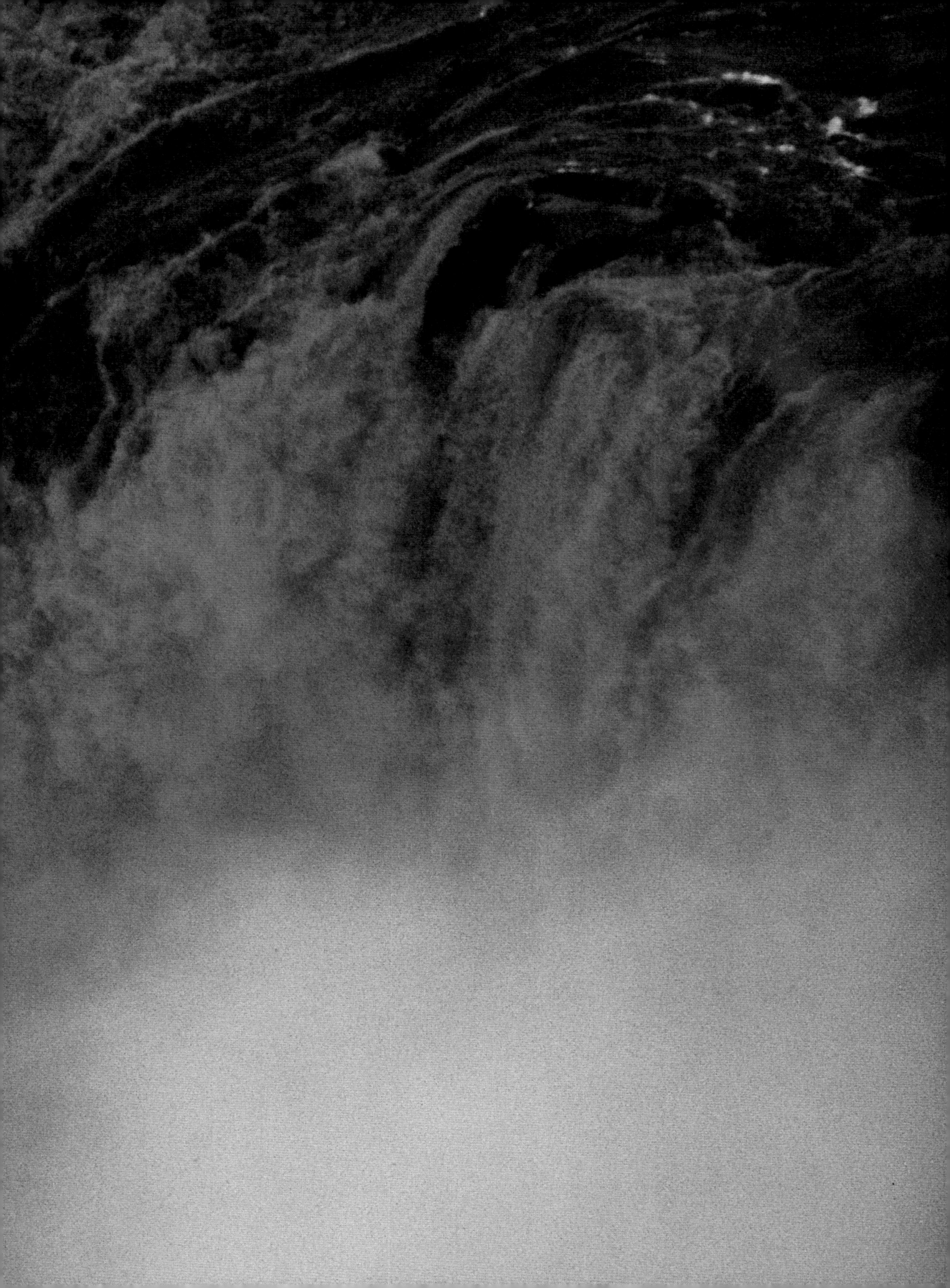

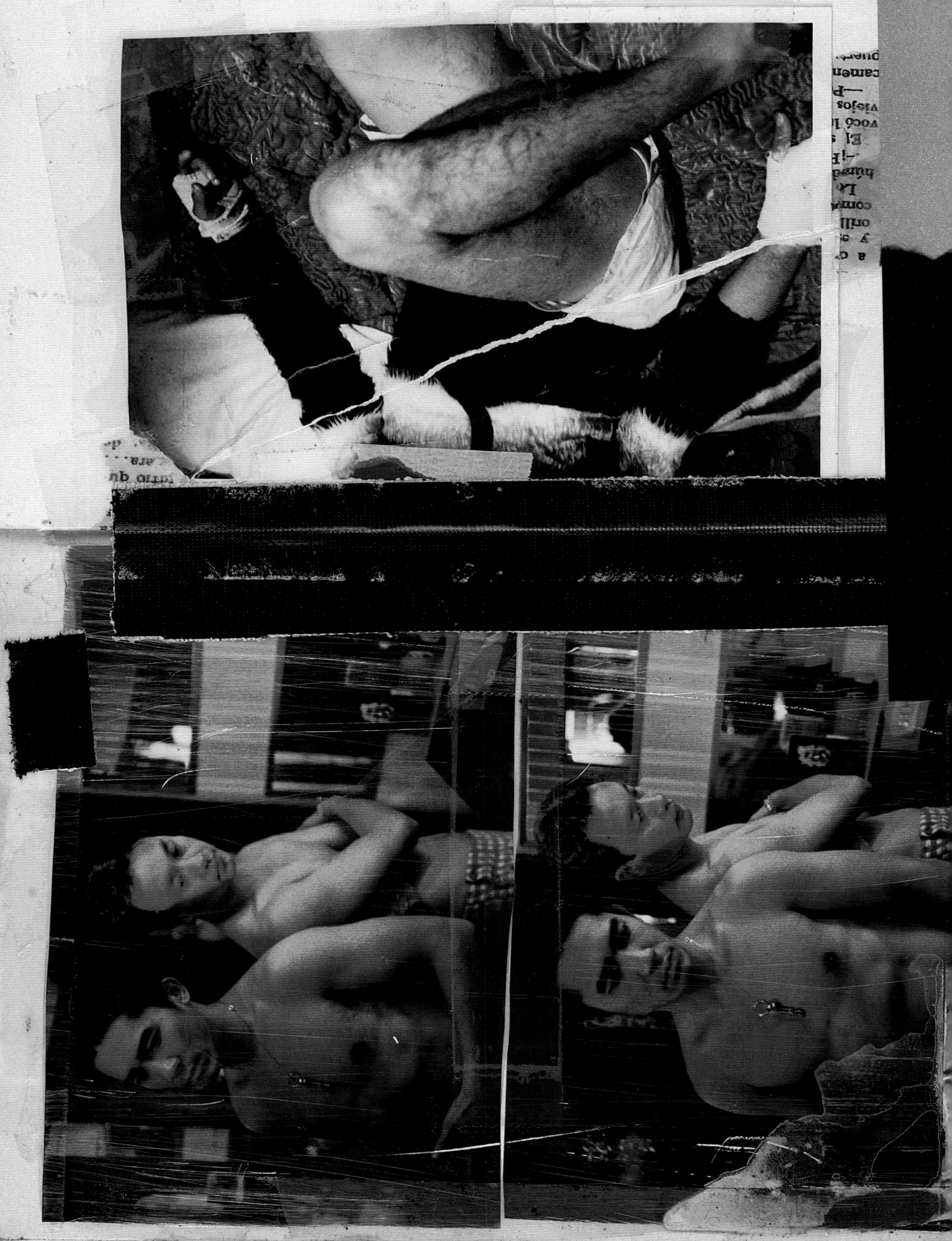

rtio qu
era. . .
de

a c
y s
orill
comp
Lo
húmed
—¡P
El s
vocó l
viejos
—P
camen
puert

aquí
suaves noches
y
tranquilidad de

00 25
several set.

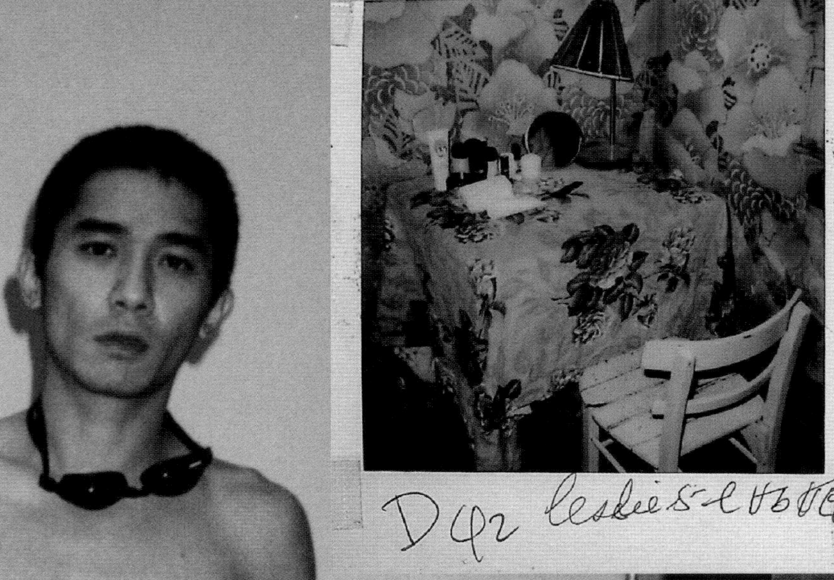

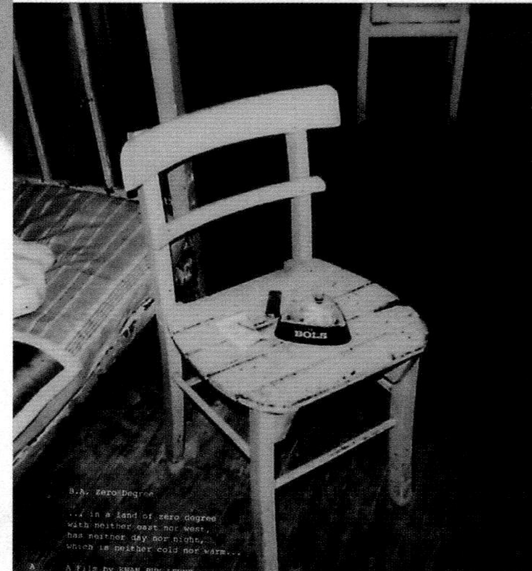
BOLS
B.A. Zero Degree
... in a land of zero degree
with neither east nor west,
has neither day nor night,
which is neither cold nor warm...
A A Film by KWAN PUN-LEUNG and AMOS LEE
B Produced by WONG KAR-WAI
C Featuring:LETICIA YEH (Production Secretary)
AILI MENG-TEN CHEN (Continuity)
LAURITA LIP (Translator)
HSIAO TAI (Actress)
Mr MAN (Boss of Central Restaurant)
1999 Block 2

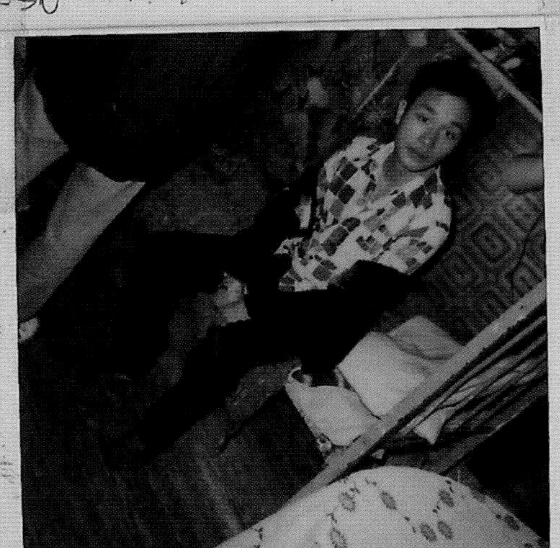

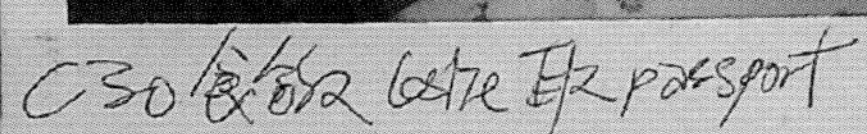
C30 食飯 leslie 取 passport

leslie
Shirt
Blue pants
Jacket sunglass
leslie
Tony

B.A. Zero Degree
... in a land of zero degree
with neither east nor west,
has neither day nor night,
which is neither cold nor warm...
A A Film by KWAN PUN-LEUNG and AMOS LEE
B Produced by WONG KAR-WAI
C Featuring:LETICIA YEH (Production Secretary)
AILI MENG-TEN CHEN (Continuity)
LAURITA LIN (Translator)
HSIAO TAI (Actress)
Mr MAN (Boss of Central Restaurant)
(C)1999 Block 2 Pictures

어쨌든 그가 〈마이 블루베리 나이츠〉에 나오지 않는다는 건 압니다. 이 작품은 〈2046〉 다음에 만드신 건데, 감독님의 첫 영어 영화였죠.

댁이 이 영화 싫어하는 거, 저도 압니다.

싫어하는 게 아니라 선호도가 낮은 것뿐입니다. 이 영화는 어쩌다 만들게 되신 건지?

〈중경삼림〉 후로 영어 영화를 만들어보자는 제안이 들어왔어요. 가끔 에이전트나 프로듀서가 "혹시 이거 하고 싶어?" 하면서 저에게 시나리오를 보내줬고 대부분은 구미가 안 당겼어요. 저는 시나리오 읽을 때면 제일 처음 떠올리는 질문이 '누가 출연할 거냐'는 겁니다. 언젠가는 프로듀서 하나가 니콜 키드먼과 영화를 찍고 싶냐길래 예스라고 대답했죠. 그래서 만남이 주선됐고 베벌리 힐스 호텔에서 그녀를 만났는데 정말 우아하더군요. 그녀는 제 스타일을 이해했고 제일 중요한 기본적인 질문만 했어요. 저는 그녀에게 막연한 영화 아이디어를 설명했습니다—대충 상하이에 사는 러시아 출신 이민자가 혁명 후에 뉴욕으로 건너가, 혁명 중에 자신의 아버지를 죽인 러시아 귀족에게 복수한다는 내용. 제목은 일단 〈상하이에서 온 여인〉이라고 했지만 이미 유명한 영화 제목이기도 했죠. 오손 웰즈가 전화박스 안에서 프로듀서와 통화하다가 다음에 만들 영화 제목이 뭐냐는 질문을 받았을 때, 그는 정한 게 없었거든요. 그때 근처 가판대에 진열된 싸구려 소설 한 권이 눈에 들어와요. 그래서 그 책 제목을 갖다 씁니다. 〈상하이에서 온 여인〉이라고. 저도 그걸 따라한 거고요.

니콜 키드먼은 아이디어를 마음에 들어 했고 프로젝트를 수락했습니다. 그녀의 이름을 올려서 우리는 스튜디오 카날 측에 이 프로젝트를 선판매했어요. 가제와 '위험에 빠진 위험한 여인'이란 단 네 글자로 된 초간단한 개요만 보여주고서요. 그런 후 저는 뉴욕으로 가 6개월 동안 초창기 러시아 이민자들에 대한 자료조사 작업에 들어갔습니다. 쓸 수 있는 이야깃거리를 찾아보며 뉴욕 공공도서관에서 대부분의 시간을 보냈죠.

가만 보면 자료조사 과정을 정말 좋아하시는 것 같은데.

아내가 항상 하는 말이 있어요. 제가 영화를 만드는 이유는 오로지 자료조사 하는 게 좋아서라고. (웃음) 그 과정이 진짜 너무 좋아. 돈 받고 지식을 쌓는 거잖아.

그럼 뉴욕에서 6개월 동안 그렇게 작업하셨고.

모스크바도 가고 상트페테르부르크에도 가고 그랬어요. 그런데 니콜과의 일정 조율이 맞지 않았고 프로젝트는 뒤로 미뤄져야 했죠.

다시 살릴 수는 없었을까요? 그 역을 꼭 니콜 키드먼만 맡아야 할 이유는 없잖습니까.

저는 영감을 주는 얼굴이 꼭 있어야 되는 사람입니다. 니콜은 그 배역에 완벽했거든요. 이 정도 세월이 흐르고 보니, 경험상 시나리오를 쓰면서 누가 그 역을 맡을지 알고 있어야 시나리오가 제일 잘 나옵니다. 말하자면 맞춤 제작 과정이 되는 거죠. 그 사람이 아닌 다른 사람을 쓴다는 건 프로젝트 자체가 첫 단계로 돌아간다는 뜻입니다.

어떤 감독은 잘 쓰는 각본가를 고용하고 예산 내에서 고용 가능한 최고의 배우를 캐스팅한 다음, 그 각본대로 영화를 찍습니다. 그렇게 만드는 감독들이 부럽지 않으세요?

제가 지금까지 해온 게 딱 그거잖아요? (웃음)

농담 말고 진짜로요. 감독님도 그렇게 할 수 있었으면 하시는지?

네.

진짜? 그런 식으로 만들어도 과연 지금처럼 흥미로울까요?

모르겠어요. 다르긴 하겠죠. 딱 하나 난점은 지금 최고의 시나리오가 떨어진다 해도 그 시나리오는 오직 그 상태로만 최고란 사실입니다. 찍다 보면 수정을 할 수밖에 없거든요. 결국은 원본에서 한 30퍼센트만 유지되고 나머진 완전 달라지고.

감독님한테는 30퍼센트만 남는지 몰라도 모든 사람이 다 그렇진 않을 겁니다. 하지만 일단 〈마이 블루베리 나이츠〉로 돌아와서.

저는 니콜이 언제쯤 영화를 찍을 수 있을지 전혀 가늠이 안 되는 상태로 뉴욕에 있었습니다. 내년이 될 수도 있고 내후년이 될 수도 있다더군요. 하루는 제작 파트너가 저에게 노라 존스를 만나보겠냐고 물어왔어요. 그녀는 막 첫 앨범을 낸 상태였고 저는 그녀의 목소리가 매력적이라고 생각했죠. 그렇게 우리는 머서 호텔에서 만나 한잔했는데 정말 매력적인 여성이었습니다. 만나고 나니 이런 생각이 들었어요. '영화에 담고 싶은 얼굴이다.' 그래서 그녀의 매니저한테 전화를 걸어 그녀가 영화 찍을 의사가 있을지 타진해봤죠. 노라 존스는 자기가 영화를 찍은 적은 없지만 해볼 수도 있다고 했어요. 그래서 다시 만났고 그때 제 단편 하나를 보여줬습니다. 〈화양연화〉의 첫 장에 해당하는 〈화양연화 2001〉로. 그리고 말했어요. "이 이야기가 뉴욕에서 펼쳐진다면, 주인공이 당신 같은 여자라면 어떨까요?" 그 프로젝트는 그렇게 시작된 겁니다.

Sinclair
7

그녀 얼굴의 어떤 부분에 끌리던가요?

그녀는 눈에 음악이 있어요. 촬영 들어가기 전에 다리우스 콘지(〈마이 블루베리 나이츠〉의 촬영감독)가 요청하더군요. 자기가 주인공 여배우와 하루나 이틀 따로 시간을 썼으면 좋겠다고. 표정을 파악하고 조명 테스트를 할 시간이 필요하다나? 전 그랬죠. "그런 건 소용없습니다. 그녀의 눈에만 집중해주세요." (웃음) 우리는 스튜디오 카날에 영화를 선판매했는데 그쪽에서 그녀가 연기 경험이 없다는 점을 걱정하더라고요. 그래서 제가 말했습니다. "전에 가수를 데리고 찍은 경험이 있으니까 큰 걱정 안 하셔도 될 겁니다." 첫 촬영 들어가던 날 밤, 제가 "긴장돼요?" 물으니까 그녀가 "네, 긴장돼요"라고 하더군요. 그녀는 자신의 상대역인 제레미 역을 누가 맡을지 궁금해했는데 바로 지금, 그 남자가 그녀 앞에 서 있었습니다. 그녀가 그와 함께 처음 촬영했을 때가 아직도 기억납니다. 그녀가 말했죠. "주드 로가 지금 내 옆에 있다고?!"

이 영화 끝난 뒤 얼마 안 돼 주드 로와 이야기를 나눈 적이 있는데 그가 그러더라고요. 촬영 기간 내내 너무 좋았다고.

그는 정말 정말 매력적인 친구였어요. 이게 노라 존스의 첫 영화라는 걸 알고 도움을 많이 줬습니다. 사실 노라에게 이 영화는 쉽지 않았어요. 계획대로라면 미국을 가로지르며 8주간 네 개 도시에서 촬영하는, 각 도시당 2주씩 할애되는 스케줄이었습니다. 그 말뜻은 2주에 한 번씩 상대역이 바뀐다는 뜻이었죠. 그렇게 노라는 나탈리 포트만과 열흘, 레이첼 와이즈랑 데이비드 스트라탄과 열흘, 주드 로와 4주를 같이 촬영했습니다. 모든 게 계속 바뀌었어요. 연기의 합도 계속 달라졌고요. 그녀는 주드와 연기할 때는 이런 리듬으로 하다가, 나탈리랑 연기할 때는 완전히 다른 리듬을 타야 했어요. 레이첼과는 또 다른 제3의 리듬을 불러와야 했습니다. 저는 그녀가 집중하는 걸 보고 놀랐어요. 취미처럼, 놀러온 것처럼 하지 않았습니다. 스케줄이 진행되는 동안 정말 열심히 했으니까.

상황을 더 힘들게 한 건 이게 사실적인 영화가 아니라는 점입니다. 맞는지 모르겠는데, 제가 볼 때 감독님은 이 영화를 다양한 종류의 신화적 비유를 담으며 찍은 것처럼 보이거든요.

원래 계획은 로드무비를 만드는 거였고 그 과정에서 들르는 도시마다 제가 부러워하고 아끼는 미국영화들의 오마주가 될 예정이었어요. 아메리칸 시네마에 보내는 연애편지를 만들고 싶었던 거지. 그래서 정말 좋아하는 영화 두 편, 〈욕망이라는 이름의 전차〉와 〈신시내티 키드〉를 골라, 첫 번째는 멤피스에서 레이첼 와이즈, 데이비드 스트라탄과 찍고, 두 번째는 네바다 주 라스베이거스와 그 근처 도시 엘리에서 나탈리 포트만을 도박사로 출연시켜 찍었습니다. 심지어 나탈리 머리도 금발로 염색하게 했어요. 스티브 매퀸에 대한 오마주로!

여기서 잠깐, 감독님이 애착을 보이는 테네시 윌리엄스 이야기를 해볼까 하는데요. 〈중경삼림〉에서 감독님은 임청하에게 블랑시 뒤부아 연기를 시켰습니다. 그리고 이 영화에선 레이첼 와이즈로 하여금 통으로 테네시 윌리엄스를 소환하신 부분이 나와요.

〈아비정전〉에서 날개 없는 새 이야기를 하는 장국영의 작업 멘트도 〈내려가는 오르페우스〉에 나오는 겁니다. 테네시 윌리엄스는 제가 특히 사랑하는 미국 극작가예요. 언젠가 〈욕망이라는 이름의 전차〉를 중국어판으로 만들려는 시도까지 계획했죠. 공리한테 블랑시를, 강문한테 스탠리를 맡겨서!

저 지금 살짝 놀랐습니다. 그 말씀에.

제가 좋아하는 윌리엄스의 특징이란, 날것입니다. 펄펄 살아 있죠. 그의 작품들이 분노하고 무모하긴 해도 절대 차갑진 않아요. 열기가 느껴지고, 고통이 느껴지고, 지혜가 느껴집니다. 저는 차가운 선명함을 좋아하지 않아요. 엉망진창인 따뜻함이 좋습니다.

파스빈더를 좋아하시는 것도 그런 이유인가요?

파스빈더를 사랑합니다. 당신이 언젠가 그 사람을 차갑다고 했는데 저에게는 그가 뜨겁고 리얼해요.

〈아비정전〉 때가 기억나요. 장만옥이 전화박스에서 기다리는 장면을 촬영할 때였습니다. 홍콩 미드 레벨의 경사진 곳에서 찍는데 담가명에게 그라면 어떻게 찍을 건지 물었어요. 그가 이러더군요. "나라면 이렇게 보겠어. 이곳은 이 여자한테 지옥 같은 곳이야. 왜냐하면 그녀는 지금 처참한 상태이니까. 그녀는 이 모든 감정들에 휘말려 헤어나지 못하고, 환멸을 느끼고, 낙담하고, 자기 자신이 미운, 그런 상태야. 한마디로 지옥이지. 나라면 이렇게 찍어서(왕가위는 손을 들어 카메라가 위에서 비추며 찍는 모습을 보여준다) 그녀가 지금 번뇌의 지옥에 빠져 갇힌 상태란 걸 보여주겠어." 시사하는 바가 많은 통찰이었습니다. 저는 한 번도 그런 식으로 분석한 적이 없었거든요. 유일한 문제는 제가 그의 앵글에 동의하지 않았다는 점입니다. 이건 에드워드 양의 경우도 마찬가지예요. 그들이 사람들을 보는 방식은 위에서 쳐다보는 쪽, 그러니까 사람들을 이렇게 봅니다. (왕가위는 손을 들어 아까와 같은 동작을 보인다.) 저는 그 의견에 동의할 수 없어요. 저는 관객이 등장인물들과 같은 눈높이에 있는 영화가 좋습니다. 그리고 어떤 사람을 위로 쳐다봐야 하는 영화 또한 좋아하지 않습니다. 저는 우리가 모두 동등한 위치에 있고 등장인물들에 공감할 수 있는 영화가 재미있습니다.

234

북아메리카 하이웨이 이야기로 돌아와서, 감독님은 진심으로 로드무비에 끌리시나 봐요.

첫째, 로드무비는 세트장을 안 지어도 됩니다. 장숙평한테 맡기면 몇 달은 걸릴지도 모르는 작업이거든 그게. (웃음) 로드무비에선 그 친구가 살짝 손만 봐주면 되니까. 완전 제로부터 다 만들지 않아도 되는 이런 경우가 그에겐 더 효과적이에요. 그리고 아까 말한 것처럼 시나리오는 곧 지도입니다. 이 방에서 저 방으로든, 이 거리에서 저 거리로든, 이 도시에서 저 도시로든, 심지어 이 시대에서 다른 시대로든, 규모만 다를 뿐이지 지도라는 점에선 똑같습니다. 또 등장인물의 감정선이 어떻게 진행되는지 기록된 지도이기도 하고요. 영화를 만든다는 건 이런 '지도'에 따라 로드무비를 찍는 것이죠.

영화는 또한 정신입니다. 어디서 출발하는지는 중요하지 않아요. 중요한 건 어디에 도달하느냐입니다. 길을 따라가다 보면 수만 가지 선택지가 나와요. 그러다 보면 원래 어디로 가려고 했는지 잊고 길을 잃기 십상이죠. 새처럼 힘닿는 데까지 최대한 멀리 날다 기력이 다하면 쓰러지는 식. 저는 모든 영화를 그런 정신으로 만들었습니다. 제가 만든 다른 '로드무비'들에 비하면 〈마이 블루베리 나이츠〉는 짧은 여행이었어요—영화를 12주 만에 만들었으니까. 제작 스태프 대부분이 주로 할리우드 프로덕션에서 일하던 미국인들이었음에도, 우리는 홍콩에서 작품들을 만들 때와 같은 정신으로 이 영화를 만들었어요. 전 우리 팀에게 항상 이렇게 주지시켰습니다. "할리우드영화를 만드는 게 아니다. 사실 홍콩영화를 제작하는 거다. 단지 말만 영어일 뿐."

언어가 감독님한테 장애물이었나요?

그랬습니다. 이때는 수정 작업이나 대사 변경을 중국어 영화처럼 쉽게 할 수 없었기 때문에 정말 답답했습니다. 날개가 꺾인 셈이었죠. 제 고유의 권위가 사라진 겁니다.

영화를 보면 그 점이 느껴지긴 합니다. 감독님은 〈아비정전〉 이후에 아무도 말을 걸어오지 않은 최악의 반응도 겪어보신 분입니다만, 그래도 궁금하네요. 〈마이 블루베리 나이츠〉의 부정적인 반응에 혹시 놀라셨는지?

그보다 더한 대접도 받아봤는데 그 정도로 뭘. 다만 제가 놀랐던 유일한 점은 사람들이 대부분 이 영화를 보기도 전부터 악평을 한다는 사실이었어요. 이런 식이었죠. "당신도 결국 어쩔 수 없구만. 할리우드영화나 찍고." 그 말에서 저는, 그들에게 이 영화가 배신으로 느껴진다는 걸 알았습니다. 왜냐, 그들 눈에 그전까지 저는 할리우드 시스템 밖에서 활동하는 인디 감독이었으니까. 인터뷰는 이런 질문들로 시작했어요. "할리우드에서 찍어보니 어땠습니까?" 또는 "그러니까 감독님도 할리우드 감독이 되고 싶은 거로군요." 영화를 미국에서 찍었지만 실은 홍콩 프로덕션 제작품이라고 주장해도 사람들의 그런 반응은 요지부동이었어요. 영화는 그해 칸영화제의 개막작으로 상영됐고 반응이 끔찍하진 않았습니다. 영화가 끝난 후에 사람들이 정중했는데 감독 입장에서 자기 영화를 본 사람들이 정중한 반응을 보이는 걸 기대하진 않죠. 차라리 화를 내는 게 나아요. 사람들이 화를 냈다면 적어도 영화가 논란이라도 됐단 뜻이거든. (웃음) 상영 후에 당신 얼굴에서 그 정중한 미소를 보자마자 전 알았습니다. 제 의도가 전달이 안 됐다는 걸.

칸 상영이 끝난 후 제가 팔레 건물에 있던 감독님한테 가서 제 생각이 틀렸다고 말했던 게 지금도 기억납니다. 그런 말을 가만히 듣고 있는 감독님의 태도가 평소에도 정말 범상치 않다고 생각했거든요. 올리버 스톤 감독이었다면 저를 한 대 쳤을 겁니다.

일단 제 의도가 전달이 안 됐다면 실패의 원인이 뭔지 찾아봐야 됩니다. 이소룡이 언젠가 자신의 기술에 대해 이런 말을 했던 것처럼요. '거절을 있는 그대로 받아들이는 것이 인정받는 과정의 일부다.' 전 사람 때리는 취미 없어요. 나 자신을 쳤으면 쳤지.

제가 볼 때 영어권 평론가들이 이 영화에 특히 가혹했던 것 같아요.

대부분은 자막을 통해 제 영화를 봐왔을 테고 자막 상태가 양호하면 대사를 의심하지 않고 믿어줬을 겁니다. 그러다 정작 제가 그들 언어를 쓰자 상황이 달라졌어요. 제가 〈일대종사〉 홍보를 위해 러시아에 갔을 때 다들 〈마이 블루베리 나이츠〉에 대한 질문만 했어요. 의아해가지고 "왜들 이 영화에 관심이 많은 거냐"고 물으니까 이러데요. "감독님 영화 중 여기서 제일 히트한 거거든요." (웃음) 그게 바로 외국어의 마법입니다. 그때 제가 그랬어요. "내가 만약 러시아어로 영화를 만들면 당신들 아마 그렇게 안 좋아할 겁니다."

제목 문제도 빠뜨릴 수 없습니다. 거의 모든 사람들이 그랬거든요. 블루베리 파이 어쩌고 하는 게 어찌나 귀여운지 손발이 다 오그라든다고.

재밌는 건 제가 블루베리 파이를 싫어한단 겁니다. 너무 달거든. 촬영 첫날에 우리는 파이 종류를 잔뜩 준비해서 노라에게 고르라고 했어요. 이 중에 어떤 걸 제일 싫어하냐고. 그랬더니 블루베리 파이를 가리키더군요. 영화 제목을 〈마이 블루베리 나이츠〉라고 붙인 건 달달함을 의도한 게 아니었습니다. 여자 주인공이 잊고 싶어 하는 걸 뜻했죠.

ROUTE
66

SAVE
Collect Calls
BIG DADDY

diet pepsi

DRUGS

24 HOURS

여섯 번째
대화

〈동사서독〉
〈일대종사〉

무협영화의 두 갈래 길

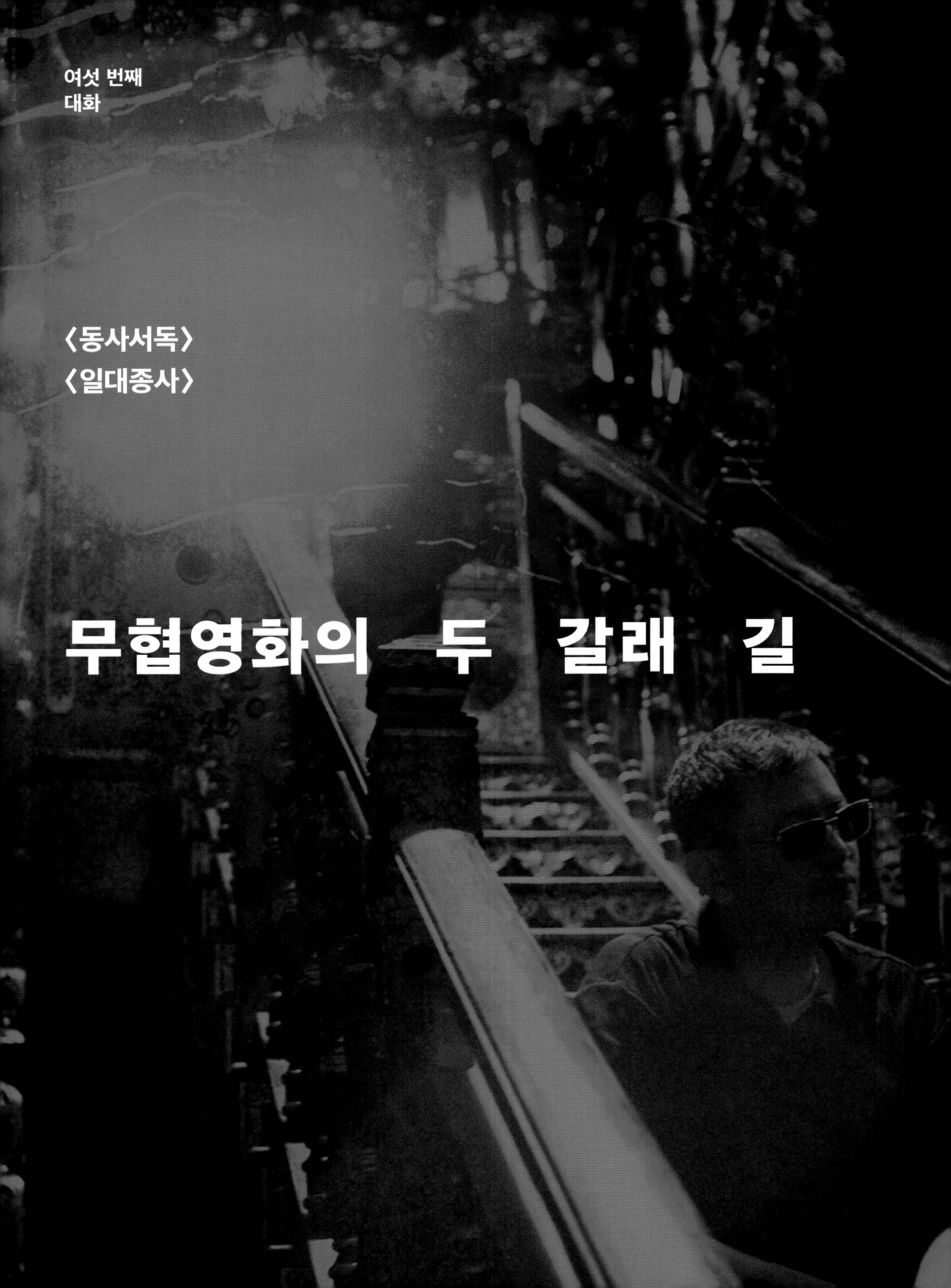

이제부터는 서로 거의 20년 차이가 나는 두 편의 영화 이야기를 하려고 합니다. 감독님의 세 번째 영화인 1994년도 〈동사서독〉과 가장 최근 작품인 〈일대종사〉인데요. 두 편 다 무협영화죠. 〈동사서독〉을 만들게 된 사업적인 이유에 대해선 이야기했으니 이번엔 예술적인 이유에 대해 듣고 싶습니다. 실제로도 무협 이야기를 좋아하세요?

아주 많이요. 이 두 편은 실제로 해당 장르의 두 가지 다른 측면을 대표합니다. 즉 '우슈'라 불리는 정통 무술 그리고 우리가 무협물이라 할 때의 그 무협을. 〈일대종사〉 같은 영화는 보통 무술영화 혹은 쿵후영화로 분류됩니다. 대부분 실존했던 역사적 인물이나 중국무술 고수들 이야기죠. 이쪽 액션 장면들이 더 리얼하고 전통적인 기술을 강조합니다. 그 반대편에 무협영화가 있습니다. 소설과 가상의 인물들을 다루죠. 완전히 지어낸 이야기고요.

대부분의 무협영화들처럼 〈동사서독〉도 인기 있는 무협소설이 원작입니다. 김용의 《사조영웅전》이죠. '무협소설'이란 용어는 약 백 년 전에 처음 나왔어요. 그로부터 얼마 안 가 첫 번째 국공내전 시기에 인기 절정을 맞았죠. 당시는 혼란스러운 시대여서 사람들은 영웅 이야기를 읽고 싶어 했어요. 이 인기가 1950년대에 다시 한 번 부활했는데, 이민자들이 홍콩으로 밀려들던 시기였습니다. 이 이민자들 중 하나가 김용으로 조상들 중에 청나라 왕조와 연결되는 인물이 있던, 저장 지방의 명망 높은 가문 출신이었습니다. 그는 한동안 지역 신문사에서 편집기자로 일했습니다. 배경상 무협과는 관계가 없었고 주로 영화평을 썼어요. 그러다 두 쿵후 고수의 대결로 인해 그의 인생이 완전히 달라지게 됩니다.

그 이야기 자세히 좀 해주세요.

거의 영화 같은 이야깁니다. 젊은 고수가 자기보다 서른 살 연상인 북부 태극권 고수한테 화가 나 도전합니다. 나이 차이가 많이 나는데도 연상의 고수는 그 도전을 받아주죠. 그들은 시합을 예고하고 이 시합은 엄청난 화제가 됩니다. 왜냐하면 당시에는 그런 시합이 생사가 걸린 문제였거든요. 홍콩에서는 공개적으로 싸우는 게 불법이었기 때문에 문제의 결전은 마카오에서 열렸습니다. 현장에 와서 목격하도록 허가받은 사람은 극히 드물었음에도 모든 신문이 그 시합을 보도했어요. 결국 대결은 부상 때문에 두 판까지밖에 못 갔습니다. 공식 결과요? 승자도 없고 패자도 없고 심지어 무승부도 아니었어요! 이 이벤트로 무협은 당시 제일가는 얘깃거리가 됐습니다.

이에 김용이 다니던 회사 사장은 기회를 포착하고 김용과 그의 동료인 진문통에게 신문에 실을 연재소설을 쓰도록 지시했어요. 진문통은 그때 양우생이란 필명으로 글을 쓰고 있었는데 두 사람이 만든 첫 작품이 그해 대박을 쳤어요. 덕분에 신문 판매고도 훌쩍 뛰었죠. 이 이야기들은 나중에 소설책으로 나왔고, 이는 다시 라디오 연속극으로, 결국 영화로도 각색됐습니다. 이후 17년 동안 김용은 15권의 책을 썼고 이 책들은 수백만 권이 팔렸습니다. 그중에 제일 인기 있었던 게 《사조영웅전》이었어요. 그에게는 《반지의 제왕》 같은 작품이죠.

그 책 때문에 〈동사서독〉을 만들게 되신 겁니까?

무협물이 인기가 있어서 다양한 종류의 미디어로 만들어져 나왔고 제 주위도 온통 무협물투성이었어요—심지어 옆집 사는 작가도 그런 소설을 쓰고 있었으니까! 대하무협소설은 일세를 풍미했으나 인기가 오래가진 못했습니다. 나중에 이소룡 영화가 성공하면서 무협물은 자리를 내주게 되고 제작자들은 쿵후영화를 그때부터 만들기 시작해요. 그쪽이 제작비가 덜 들었기 때문에.

그러다 몇 년 후 서극 감독의 〈동방불패〉가 나오면서 이 장르가 다시 인기를 얻게 됩니다. 유진위와 제가 회사 첫 작품으로 대하무협영화를 만들기로 했을 때 우리는 무협소설 중 최고로 유명한 《사조영웅전》을 택했습니다. 저는 이 기획이 큰 도전이 될 거란 걸 알았고, 일생일대의 기회로 봤습니다. "만약 앞으로 무협영화 만들 기회가 이번뿐이라면 무협 장르에 대해 내가 아는 걸 여기 전부 집어넣어야지. 나만의 《무협 백과사전》을 만드는 거야." 그렇게 생각했습니다.

근데 〈동사서독〉 처음 버전은 보는 게 정말 고역이던데요! 처음 이 영화가 나왔을 때 저는 줄거리가 이해가 안 됐어요. 시간대는 계속 널을 뛰고 이야기도 마찬가지고—등장인물도, 에피소드도 전부. 그런데 다시 작업한 버전 〈동사서독 리덕스〉를 몇 년 전에 봤을 때는 전부 이해가 갔습니다.

전혀 놀랍지 않은데요. 당신은 사실상 같은 영화를 두 번 본 셈이니까. 게다가 두 번째 감상했을 때 훨씬 나이도 들었을 테고! 즉, 이 영화의 최적 관객층이 됐을 거란 소리죠. (웃음) 처음 봤을 때의 그런 반응도 이해가 갑니다. 우선 무협영화의 관습을 따르지 않으니 원작소설을 모르면 줄거리를 따라가기가 힘들거든요. 그리고 둘째, 등장인물들이 너무 비슷해요. 이 점을 그해 베니스 영화제에서 상영하면서 깨달았어요. 얼마나 비슷하던지 대부분의 서양 관객들은, 심지어 영화제 심사위원들조차도 인물들을 잘 구분하지 못했죠. 그중 일부는 아예 모든 남자 캐릭터들을 한 사람으로, 여자배우들도 전부 장만옥으로 생각했다나 뭐라나. (웃음) 어떻게 굴러가는지 도통 감이 안 잡힌 거지.

하지만 구조 면에서 〈리덕스〉 버전이 처음 버전과 다른 점은 일부 시퀀스의 재배치 정도뿐이에요. 그 외는 거의 똑같습니다. 큰 차이점은 사운드와 음악에 있었어요. 이 문제가 저한테는 첫 공개 이후 계속 마음의 짐이 됐거든요. 앞서 말했듯 당시 우리는 〈중경삼림〉을 내고 두 달 만에 〈동사서독〉을 개봉하기로 돼 있었습니다. 그러다 보니 〈동사서독〉 후반 작업을 너무 서두르는 바람에 대부분의 음향효과가 미리 녹음을 따놓은 것처럼 진부하게 들렸어요. 제작비가 모자라 진훈기(음악 담당자)는 신시사이저로 테마들을 연주해야 했고요. 베니스에서 영화를 보고 있자니 저러면 안 되는 거였는데 하고 후회가 들었어요. 미완성이라는 느낌밖에 안 들었고 내내 괴로웠습니다. 2008년에 우리는 편집을 수정하고 베이징에서 오케스트라를 데리고 음악 전체를 다시 녹음했습니다. 주제가 테마는 요요마가 첼로로 연주해줬고요. 다시 만든 버전을 우리는 〈동사서독 리덕스〉라는 제목으로 발표했습니다. 그제야 안심이 되더군요. 관객 입장에서도 훨씬 이해가 잘 된다는 느낌을 받았고요.

남녀를 오가는 이중인격의 임청하나 싸움을 즐기는 장학우처럼, 그 많은 등장인물들을, 감독님은 용케 다 다룹니다. 그뿐 아니라 장국영이 맡은 냉소적인 청부살인업자 구양봉의 시선으로 그들 모습을 그려내죠.

원작소설에는 등장인물이 더 많았어요. 하지만 많은 인물들 중에서도 장국영이 맡은 구양봉이 특히 제가 아끼는 캐릭터였습니다. 양가휘가 연기하는 라이벌 황약사와 함께 둘은 원작에서 가장 다채로운 인물이에요. 대부분의 경우 두 사람은 '서독'과 '동사'로 지칭됩니다. 둘 다 비극적인 인물들이지만 극과 극을 달리죠. 서독은 불같습니다—그는 고비사막에서 컸고 나중에 형의 아내가 될 여자를 사랑하는 비극을 안고 있는 인물입니다. 한편 동사는 얼음 같죠—늘 혼자고 알려지지 않은 이유로 벚꽃 가득한 머나먼 섬에서 홀로 유배 생활을 하는 남자.

동사가 원작자인 김용의 사랑을 가장 많이 받았던 캐릭터라면 서독은 제일 악명 높고 제일 잘못 이해된 캐릭터입니다. 김용의 작품들을 읽다 보면 셰익스피어의 흔적이 자주 보이는데, 구양봉은 리어왕을 연상시켰어요. 반면 동사는 제자들의 눈을 멀게 하고 팔다리 끊어놓기를 좋아하는, 기본적으로 가학적인 위선자입니다. 책을 보면 두 캐릭터는 이미 칠십 줄의 나이여서 저는 내용을 그대로 가져오는 대신, 캐릭터만 데려와 그들의 젊은 시절 이야기를 직접 만들어보기로 했습니다. 두 사람을 비극적인 인물로 만든 계기가 뭐였는지 알고 싶었거든요. 그들은 어쩌다 그 모양이 되었나? 하고요. 구양봉을 주요 서술자로 택해 인물들에 대한 제 해석을 관객들과 나누고 싶었습니다. 저는 서독에게 정당한 평가를 주고 싶었어요.

모든 걸 다 뒤집으신 셈인데요. 이를테면 볼드모트가 주인공이고 해리포터가 악당이라는 식으로.

대담한 각색이었죠. 영화가 나왔을 때 사람들은 경악했어요. 그해의 가장 논란거리 영화가 됐습니다. 김용은 제 해석을 좋아하지 않았습니다. 실제 만난 적은 없지만 이후 자신의 다른 작품 판권을 우리한테 더 이상 허락하지 않은 걸로 봐선 그분이 이 영화를 즐겁게 관람하셨다고 보긴 어려울 것 같죠? (웃음)

이해가 갑니다. 이 영화를 관객들이 싫어했다면 그 이유를 알 것 같아요.

물론이죠. 그들은 《사조영웅전》 원래 이야기를 보고 싶었으니까. 하지만 영화는 소설과 다릅니다. 김용 그분한테 뭐라고 하는 건 아닌데요, 원작소설은 벌써 몇 번씩이나 반복해서 영화로, TV극으로 만들어졌는데 이번에도 똑같이 만들면 그게 무슨 소용이냐는 겁니다. 우리 영화 전에 나온 버전들과 달리 〈동사서독〉은 사실상 대하무협영화라는 형태로 사랑에 관한 이야기를 담은 작품입니다. 음력상의 사계절 구조를 통해 우리는 네 커플의 감정적으로 얽히고설킨 관계를 다음과 같이 들려줍니다. ① 구양봉은 자신이 사랑하는 여자로부터 거절당했다고 생각한다. ② 황약사도 같은 여자한테 거절당했다. ③ 눈먼 검객은 아내가 자신을 배신했기 때문에 자살한다. ④ 귀족 여인인 공주는 자신이 사랑한 남자가 자신을 거절했기 때문에 미쳐버렸다. 스토리가 진행되면서 이 얽히고설킨 관계들은 평면적인 원이 아니라 갈수록 아래로 내려가는 나선이 됩니다. 유일한 예외가 홍칠로, 그는 처음엔 최고의 검객이 되기 위해 아내를 거절하지만 나중에는 최고의 검객인 동시에 좋은 남편이 되는 게 더 낫다는 걸 깨닫죠. 마지막에 구양봉이 자신이 연인에게 거절당했다고 믿었던 기억이 실은 자신의 환상일 뿐이었단 사실을 깨닫는 순간에야 마침내 번뇌로부터 자유로워집니다.

다른 것도 많이 추가하셨죠. 예를 들면 기억을 잊게 하는 술 같은 것. 이거야말로 왕가위 스타일 아닙니까.

그렇죠, 그 술은 원작소설에는 안 나옵니다. 제가 만들었어요. 그리고 장만옥이 맡은 인물도 책에서는 잠깐 언급될 뿐입니다. 영화에서는 그 모든 문제를 만든 진원지 같은 인물이지만 소설에서는 그 정도의 무게감이 없어요. 그리고 양조위가 맡은 인물도….

눈이 점점 안 보이는 검객이요.

제가 만든 캐릭터예요.

명색이 대하드라마인데, 많은 면에서 기묘합니다.

제 해석이 그런 편이죠. 많은 면에서요. (웃음)

대하드라마다, 대서사시다, 하면 떠오르는 이미지는 이런 겁니다. 이를테면 구로사와 감독이 색깔별로 맞춘 의상을 입은 수많은 엑스트라들을 떼로 데려다가, 촬영하기 딱 좋은 완벽한 구름 모양이 나올 때까지 대기시키고 그러는 거. 근데 감독님 대하드라마는 안 그래요. 〈7인의 사무라이〉 같은 장면이 가끔 보임에도 불구하고.

당신이 말하는 대하드라마의 정의는 스케일이 기준인가 본데, 제가 생각하는 대하드라마는 깊이가 기준입니다. 영화는 불교 경구로 시작합니다. '깃발은 아무 움직임이 없다. 바람은 조용하다. 괴로워 몸부림치는 것은 사람의 마음이다.' 이 경구는 육조법보단경[48]에 나오는 말인데요, 이 경구의 배경 이야기는 이렇습니다. 높은 스님(선사)이 제자에게 길 위에 무엇이 보이느냐고 묻습니다. 그러자 제자는 바람이 부는 날씨라 깃발이 펄럭이는 게 보인다고 대답하죠. 그러자 선사가 대답하는 내용이 방금 들으신 그 말입니다. 사람은 있는 그대로가 아니라 자기가 믿고 싶은 것을 믿는다는 뜻이죠. 이것을 그는 집착이라고 부릅니다. 영화에서 인물들은 이루지 못한 사랑, 배신, 싸움 등 자신이 집착하는 대상에 갇혀 있습니다. 이 영화는 마음의 문제, 집착에 관한 영화입니다. 제 입장에서 마음의 기나긴 방황보다 더한 대하드라마는 없습니다.

이 영화는 대하드라마라기보다 실험영화 혹은 환각효과 수준입니다. 제가 본 가장 대담무쌍한 무협영화예요. 색감은 초현실적이고 풍경은 어디 외계 행성 같습니다.

원래 유진위와 저는 같은 출연진으로 두 편의 영화를 연달아 만들 계획이었어요. 두 편 다 같은 세트를 쓸 거라서. 그렇게 하면 비용을 아낄 것 같았죠. 그렇게 장숙평은 첫 영화 세트를 짓기 시작했습니다. 제가 만들 전편은 무협영화였고 유진위는 제 것을 패러디한 코미디를 만들 예정이었어요. 〈아비정전〉이 나온 뒤 사람들은 제 영화를 자주 패러디했고 그걸 재밌게 봤기 때문에 유진위와 저는 이렇게 생각했죠. 그깟 패러디 우리도 못할 거 뭐 있냐고. 그러려면 제 영화가 먼저 완성되어야 했는데, 장숙평이 짓고 있는 세트—실제로 살아도 될 것 같은 완성도의—를 보자니 패러디 편을 먼저 하는 게 낫겠더라고요. 그 세트를 완성하려면 몇 달은 걸릴 것 같았거든! (웃음) 그래서 제가 대본을 쓰고 유진위가 감독을 했어요. 제목은 〈동성서취〉로 용케 한 달 만에 완성했죠. 영화는 개봉됐지만 사실상 패러디 대상은 없는 코미디였어요. 제가 쓸 대하무협영화 세트가 그제야 완성된 참이라서. 그런데 그 무렵 중국 개혁개방 정책 덕분에 중국 본토에서 촬영하는 게 가능해졌습니다. 나머지 영화를 거기서 찍자고 결심한 게 그때였어요. 상대적으로 비용이 덜 들 거라고 생각한 거죠. 원작소설에서 구양봉은 고비사막에 사는데 그럼 사막으로 가서 대자연을 기용하는 거, 못할 거 없잖아? 그러면서 외쳤습니다. "둔황으로 가자고!"

고비사막에 있는 오아시스요?

네. "거기 다 있잖아. 동굴도 있고 전부 다. 세트장 지을 필요도 없어." 그렇게 생각한 거죠. 하지만 쉽진 않았습니다. 우리는 주 정부가 감독하는 스튜디오와 공동 제작을 해야 했고 개혁개방 정책 때문에 스태프도 더 많이 고용해야 했습니다. 딱히 시킬 작업이 없었는데도 말이죠. 고비사막에 발을 들여놓을 때쯤엔 팀의 규모가 50명에서 갑자기 200명으로 불더군요! 그리고 그때서야 동굴이 보호구역이라는 말을 들은 터라 둔황에서 촬영하는 건 불가능해진 상황이었습니다. 그래서 200명을 데리고 사막 한가운데서 동굴을 찾아 헤매는 사태가 벌어졌어요! (웃음)

하루는 위린 시에 도착했는데 사실상 거리 하나에 작은 호텔 하나뿐인 곳이었습니다. 늦은 시각이었고 호텔에는 먹을 것도 없었는데 길 건너편에 국숫집이 하나 있더라고요. 안 그래도 엄청 비좁은 장소에 전구도 달랑 하나밖에 안 달려 있는, 아마도 우리 형님이 시골에 살았을 때 있었을 것 같은 그런 가게였습니다. 거기 주민들이 알려주기를 여기서 2마일 떨어진 곳에 관광객을 위한 공원이 있는데 거기에 동굴이 많다는 거예요. 다음 날 아침에 가보니까 진짜 괜찮은 겁니다. 우리는 가게에다 한 달 후에 다시 오겠다고 말하고 로케 촬영

을 떠났습니다.

그로부터 4주 후에 다시 돌아오니 전에 갔던 국숫집은 작은 식당이 돼 있었어요. 아주 우아하고 잘생긴 여성이 운영하고 있었습니다. 우리는 그녀를 '위린 시의 유가령'이라고 불렀죠. 우리는 이 동네에서 6개월을 보냈고 모두가 그 식당에서 식사를 해결했습니다. 그러는 동안 그 식당이 점점 커지는 걸 목격했지요. 처음엔 냉장고가 들어오더니, 그다음엔 에어컨이, 나중엔 TV도 설치됐습니다. 담배도 팔기 시작했는데 중국 브랜드만이 아니라 미국산도 있었어요. 그곳은 수많은 가게를 하나로 합쳐놓은 우리의 오아시스였습니다.

드디어 촬영 일정이 끝나고 작별 인사를 하자, 그 여주인이 이러데요. "여러분들 떠나면 저도 호텔로 돌아갈 겁니다." 그래서 물었죠. "이유가 뭐죠? 식당 운영은 어쩌시고요?" 그러자 그녀의 대답. "제가 거기 호텔 의사거든요."

뭐라고요?

그녀는 그 호텔의 상근 의사였어요. 하지만 영화 제작팀이 동네에 온다는 소식을 듣고 그녀와 그녀의 남편은 약간의 돈을 그 국숫집에 투자해서 식당으로 개조했던 거죠. 그리고 단 6개월 만에 그곳은 완전히 다른 장소로 탈바꿈했습니다—에어컨, 맥주, 코카콜라, 원하는 건 뭐든 얻을 수 있는. 그 부부 사업에 우리 스태프들이 기여한 부분은 등소평의 개혁개방 정책이 제대로 된 길로 가고 있음을 부분적으로 입증했죠. 그때 알았습니다. 중국이 얼마나 빨리 현대화될지를.

영화를 보면 그 사막에서 근사한 촬영 장소를 찾은 건 확실해 보입니다.

홍콩 세트장과는 판이하게 다른 환경이었어요. 사막은 색깔이 항상 바뀝니다. 아침, 오후, 저녁, 비 올 때—그 전부가 늘 달라요. 우리는 카메라 설치할 지점을 찾아다니며 몇 시간씩 사막에서 보냈습니다. 액션 구성 담당이었던 홍금보와 제가 함께 걸어 다니며 찾았는데 어딜 가든 항상 같은 곳이었어요. 그 사실을 영화에서 구양봉의 대사로 직접 쓰기도 했죠. "이 둔덕만 넘어가면 모든 게 완전히 달라질 것 같아도 막상 거기 도달하면 결국 똑같다."

배우들을 데려가는 과정은 끔찍했습니다. 지금은 홍콩에서 위린 시까지 가는 직항 노선들이 있지만 그때는 완전 악몽이었어요. 일단 시안 시까지 비행기를 타고 간 다음 위린 시까지 가는 항공편—그것도 골동품 프로펠러기—을 타기 위해 그다음 날까지 기다립니다. 이것도 하루에 한 번밖에 없었고 지연도 취소도 잦았어요. 비중 있는 주연급 배우가 여덟 명이었고 저는 그들을 안내하는 여행 가이드 같았어요. 매일 아침마다 우리는 공항에 나가 무작정 기다렸습니다. "지금 온대요?" "아뇨, 날씨 때문에 오늘은 못 온대요." 그럼 다시 돌아왔고요. 게다가 여기 환경이 원시적이어서 그런지 그들은 같이 행동하는 게 더 안전하다고 생각했습니다. 그러다 보니 이 스타들이 꼭 떼로 다니는 겁니다. 정신 차려보니 저는 이 작은 마을에서 그 모든 스타들을 대동하고 있어요. 하지만 촬영은 그들 이야기를 한 번에 한 편씩밖에 못 찍는 상태였고, 그래서 스태프 팀을 나눴습니다. 홍금보를 시켜서는 액션 장면을 찍었고 장숙평한테는 "임청하는 너랑 잘 아는 사이니까 네가 맡아"라고 했고요.

스타들도 그런 과정을 즐기지 않았을까요? 이것도 따지고 보면 흥미진진한 모험이잖아요.

나중엔 그랬지만 그때는 아니었습니다.

싸움 장면들은 일반적인 싸움 장면이 아닙니다. 대단히 양식화돼 있어요.

무협 장르는 사실주의가 아닙니다. 등장인물들의 힘은 과장돼 있고 초인적이에요. 맨손으로 산봉우리를 날려버리는 수준이죠. 한동안은 저도 중력을 무시하는 게 재미있었어요. 오프닝 장면과 임청하 출연 장면에는 와이어 액션과 폭발을 잔뜩 넣어 찍었죠. 그런데 그것도 얼마 안 가 지루해졌습니다. 게다가 당시에 중국에서 폭발물 담당자들과 일하는 건 약간 위험했는데 그들 대부분이 실제 현역 군인들이었거든요. 그래서 나머지 액션신은 우리끼리 찍는 걸 선호하게 됐습니다.

영화에는 중요한 싸움 장면이 두 번 나옵니다. 그중 하나는 장학우의 칼날이 아주 빠르다는 설정이었기 때문에 저는 관객이 칼의 속도를 느낄 수 있도록 〈열혈남아〉에서와 같은 스텝프린팅 기법을 써서 그 장면을 찍었습니다. 또 다른 장면에선 홍금보에게 일당백으로 맞붙는 전형적인 일본 사무라이 격투신을 주문했어요. 양조위가 맡은 눈먼 검객은 육체적으로나 감정적으로 너무 지친 상태라, 이 싸움은 그에게 자살이나 마찬가집니다. 저는 그 장면을 슬로모션으로 찍어서 그의 검이 얼마나 끔찍하게 무거워졌는지 느낄 수 있도록 했어요. 액션에 대한 제 태도는 전부 이랬습니다. 보는 사람의 말초 감각을 자극하는 데 그치지 않고 그 이상을 담고 싶었어요. 싸우는 장면도 인물들의 감정을 표현하는 연장선으로요. 앞에서 러브신에 대해 나눴던 이야기와 비슷합니다—장면을 포착할 적절한 앵글을 못 찾으면, 감정이나 생각을 드러내지 않는다면, 그저 지루하기만 할뿐이에요.

하지만 대부분의 관객에게 무협액션의 요점은 일차적으로 말초 감각 자극일 텐데요. 감독님의 접근법은 이를테면 건물 사이를 날아다니는 스파이더맨을 데려다가 그가 건물 사이를 날아다니는 장면을 구태여 안 찍는 것과 비슷한데.

만약 〈스파이더맨〉을 찍는다면 저라도 그가 날아다니는 장면을 보고 싶을 겁니다. 그리고 제가 가진 모든 능력을 쏟아서 날아다니는 장면이 최대한 흥미롭고 중요하게 보이는 방법을 모색할 겁니다. 그게 〈동사서독〉에서 한 일이에요. 모든 액션신을 최대한 흥미롭고 중요하게 만들려고 한 것. 이 영화에 액션신이 더 들어가야 했다고 불평할 수는 있어도 우리가 넣은 액션이 흥미롭지 않다고는 못하실 겁니다. 저는 사람들이 이렇게 말해주길 바랐어요. "흠, 이걸 이렇게 생각해본 적은 한 번도 없는데."

실제로 반응이 그렇던가요?

홍콩에서 영화가 개봉했을 때 저는 베니스에 있었어요. 상영이 끝난 후에 전화를 걸어봤더니 이렇게 전해주더군요. "사람들이 조용히 빠져나갔어. 소리도 안 치고 아주 조용히."

홍콩에선 별로 안 좋아했군요.

반응 차이가 극과 극이었어요. 일부는 정말 좋아했지만 무협영화를 원했던 일반 관중은 싫어했거든요. 호화 출연진 덕분에 망하진 않았어도 기대했던 결과에는 한참 못 미쳤습니다. 몇 달 후, 이 영화는 중국에서 상영된 제 첫 작품이 됐는데 나오자마자 젊은 층에게 인기를 끌었어요. 지금까지도 이 영화는 중국에서 무협영화를 논할 때 고전으로 대접받고 있습니다.

왜 중국 관객은 좋아하고 홍콩 관객은 싫어했을까요? 감독님 생각은?

중국의 교육 체계는 홍콩만큼 서구화돼 있지 않았습니다. 그래서 일반적으로 중국 관객은 중국 전통예술과 문학에 더 연결돼 있는 편이죠. 그들 중 많은 수가 영화 속 전체 맥락을 볼 줄 알았습니다. 자기들이 그때까지 봐왔던 무협영화와 너무 달랐기 때문에 이런 해석이 신선했던 거죠. 〈동사서독〉은 당시 많은 대학생 팬들을 낳았습니다. 대부분이 한 번 이상 영화를 봤고 이른바 스터디룸에서 봤습니다. 스터디룸은 몇 위안을 지불하면 테이프나 디스크를 복사한 비디오를 틀어주는 곳이었는데 보통은 화질이 나쁜 불법 해적판이었

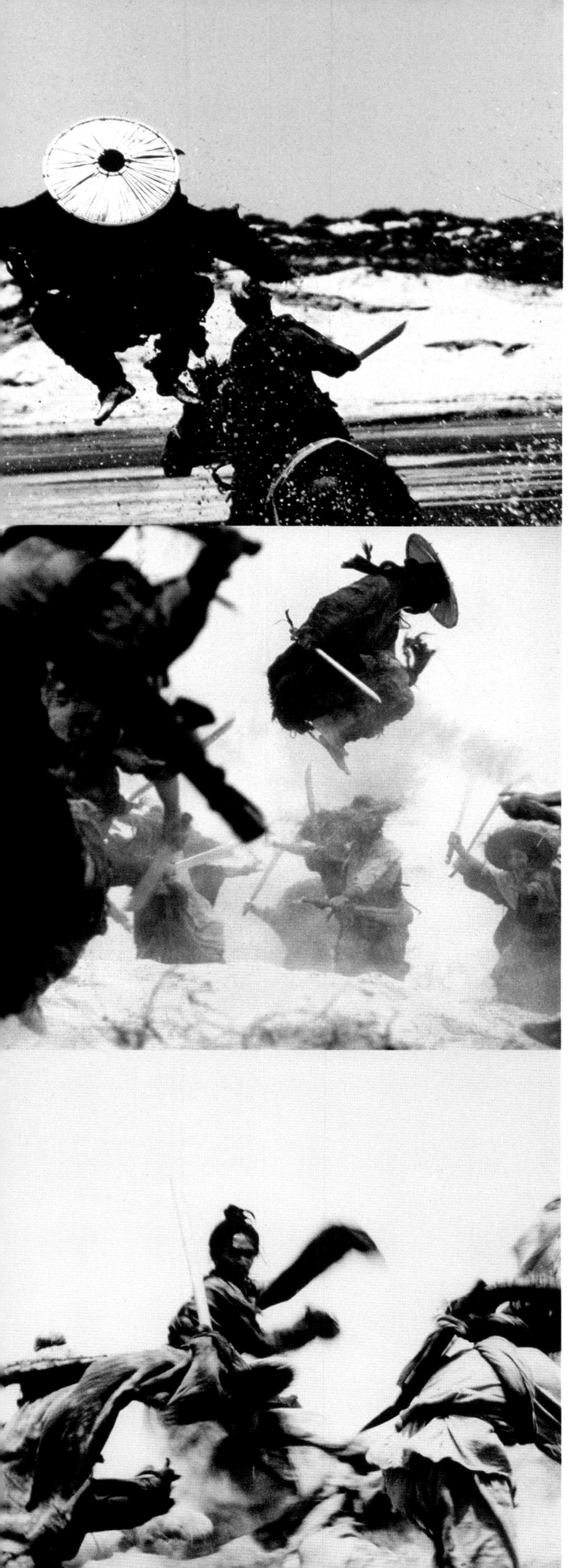

어요. 이때 봤던 기억이 너무 좋아서 일부는 〈리덕스〉 버전을 아예 안 보려고 했습니다. 〈리덕스〉가 첫 버전보다 훨씬 품질이 나은데도! 맨 처음 본 게 더 좋다고 말하는 사람들은 그게 자기들 젊었던 시절을 연상시켜준다나요. 그게 기억의 힘이에요. 그들에겐 깃발도 아무 움직임 없고, 바람도 조용하고, 〈동사서독〉의 화질은 영원히 거지 같겠죠. (웃음)

그들도 이런 무협영화는 처음 봤을 거라고 확신합니다. 영화의 비주얼은 전체가 다 오리지널이에요. 아름다운 디테일도 참 많고요. 예를 들면 임청하 장면에 나오는 뱅글뱅글 도는 새장 같은 것. 찍기 힘들었습니까?

영화에서 임청하는 무대장치의 일부로 그 새장을 갖고 있었어요. 그래서 그녀의 장면을 다 찍은 후에도 세트장에 걸려 있었죠. 빛이 들어와 새장을 비추자 크리스가 말했습니다. "저것 좀 봐, 근사한데?" 그래서 제안했죠. "저걸 그녀의 등장 표식으로 씁시다. 임청하가 장국영 집으로 찾아올 때마다 저 새장 그림자를 넣어서 그녀의 등장을 알리는 식으로." 이 새장을 어떻게 포착할지 크리스가 몇 시간 동안 이리저리 실험한 다음 찍었고, 그 결과 히치콕스러운 효과가 났어요. 이 여자는 알다시피 미친 상태고, 그렇다 보니 이 장면만 나오면 버나드 허먼 선율이 들릴 것만 같죠.

크리스가 대단한 창의력을 보여준 사례 중 하나가 되겠네요.

빛으로 그림을 그리는 건 그의 재능이긴 한데 자동차 추격신, 폭발신, 액션신 때는 그를 믿으면 안 돼요. 그는 그런 걸 중요하게 생각 안 하니까. 크리스는 그런 장면을 시답잖은 짓으로 봐요. 차가 빨리 지나가면 그는 놓칠 겁니다. "언제 지나갔어?" 그러면서. 폭발이 일어나면 그는 카메라를 딴 데로 돌려버릴 거예요. 액션신을 찍는다면 그의 방문은 노크하지 않는 게 최선일 겁니다. 〈동사서독〉 때 어떤 일이 있었는지 말씀드린 적 있나요?

아뇨.

사막 촬영 마지막 날이었습니다. 장면도 마지막 장면이었고. 새벽이 오기 전에 우리는 장국영의 거처를 불태워서 동이 터올 때 그 장면을 찍어야 되는 상황이었습니다. 로케 장소까지 가는 데 한 시간이 걸려요. 가서도 석 대의 카메라에 마스터숏을 찍을 크레인까지 설치해야 했기 때문에, 우리는 새벽 세 시에는 출발해야 했어요. 그날 밤 우리는 식당에서 그 의사 주인과 그 지역 스태프들과 촬영 종료를 축하하고 작별 인사를 나누는 저녁 식사 자리를 가졌습니다. 양고기가 나오고 독한 중국백주도 마셨어요. 정말 가슴 찡한 만찬이었습니다.

그리고 밤 열한 시. 재키가 "문제가 생겼다"고 했습니다. 크리스의 방으로 갔더니 그가 완전히 술에 절어서 인사불성 상태로 곯아떨어져 있는 거예요. 우리는 그를 깨우고 씻겨서 세 시에 차에 태워 세트 현장으로 갔습니다. 그는 A카메라를 맡기로 돼 있었지만 구부정하게 앞으로 늘어져서는 이마를 카메라에 박고 있더군요. "크리스, 괜찮아요?" 하니까 그가 "나 괜찮아" 했습니다. 동이 터오기 시작했고 우리는 휘발유를 다 들이부었죠. 장국영도 숏 들어갈 채비를 마쳤고, 카메라 한 대는 크레인 위에 있었어요. 그렇게 촬영을 시작했습니다. 그런데 갑자기 크리스가 이러는 거예요. "나 똥 누고 올게!" 그러더니 덤불 속으로 우다다 뛰어갔어요.

얼른 일을 마치고 돌아오더니 그는 갑자기 자기가 C카메라를 맡겠다고 했습니다. C카메라가 장국영의 클로즈업을 잡는 A카메라보다 다루기 훨씬 쉬웠거든요. 그래서 우리는 얼른 자리를 바꿔 그를 크레인 위에 앉혔습니다. 하지만 그 장비는 요즘 쓰는 게 아니라 군대용 크레인이었고 올라탄 사람이 직접 조종해야만 했습니다. 그렇게 세트를 불태우기 시작했고, 장국영은 걸어 나가

기 시작했고, 카메라는 한창 돌고 있었죠. 그런데 가만 보니 크레인이 불만 찍고 있는 겁니다. "크리스!" 제가 고래고래 소리를 질렀어요. "크리스! 정신 차려요!"

대재앙이었습니다. 크리스의 카메라는 불에 너무 가까이 가 있어서 와이드숏을 못 잡고 있었어요. 날은 다 밝았고 우리는 원했던 빛을 놓쳐버렸기에 화재 장면은 스펙터클하지가 못했어요. 저는 완전히 뚜껑이 열렸고 그건 크리스도 마찬가지였습니다—자기 자신에게 화가 나서. 그를 크레인에서 내려주자 그가 앉은 채로 묻더군요. "어떻게 됐어?" 제가 말했습니다. "다 끝났어요. 망했어. 건진 게 없다고요!" 그러자 아직 불이 타고 있는데, 크리스가 갑자기 옷을 벗고 물을 뒤집어쓴 다음 카메라를 잡더군요. "너한테 줄 컷어웨이 좀 찍어올게!" 그렇게 달려가더니 막 찍기 시작해요. 그도 기분이 안 좋고 미안했던 겁니다. "몇 장면 건져야겠어. 쓸 만한 게 아직 있을 거야." 그는 술은 안 깨고 옷은 홀딱 벗은 상태로 스태프 앞을 뛰어다녔어요. (웃음) 크리스답죠.

다른 감독이라면 그를 해고했을 텐데, 감독님은 몇 편을 더 함께하셨죠.

그도 일부러 그런 건 아니니까요. 아까도 이야기했지만 크리스는 언제나 사람을 놀래키는 능력이 있는 사람입니다. 상대방이 원하든 원하지 않든요. (웃음) 크리스는 가족이고 가족은 가끔 자기만의 영역이 필요한 법이죠.

장숙평에게도 그건 확실히 적용되는 말일 겁니다. 그런데 그의 경우는 좀 다른 것 같아요.

장숙평은 〈소오강호〉의 비주얼을 만든 사람입니다. 그건 즉, 그가 그 후 무협물이 유행할 시기에 나머지 영화들이 따라할 트렌드를 선도했다는 뜻입니다. 그런데 〈동사서독〉 때는 이런 결심을 하더군요. "이번엔 다르게 해보고 싶어." 그러면서 의상에 쓰일 원단 하나를 만들면서 몇 주, 몇 달을 썼습니다. 무슨 이세이 미야케라도 된 것처럼. 그는 이렇게 생각했습니다. "그 시절에는 사람들이 유랑을 했으니까 잘 차려입거나 다림질을 할 여유가 없었을 거야. 모든 건 주름지고, 허름하고, 색도 한 가지였겠지. 머리도 길고 얼굴을 덮는 수준이었을 거고." 대만 투자사들이 등장인물을 두고 이렇게 불평하던 게 지금도 기억납니다. "사람들이 다 똑같아 보여!" (웃음) 하지만 일본과 한국에서는 인기가 좋았습니다. 이게 새로운 유형이 될 정도였죠. 갑자기 한국의 무협제작물 다수가 이세이 미야케 같은 비주얼을 띠기 시작해요. 그런 영화들의 참조 대상이 〈동사서독〉이었습니다.

장숙평이 의상과 헤어스타일에 대한 아이디어를 감독님한테 말했을 때 어떤 생각이 드셨습니까?

전 "그렇게 해"라고 했어요. 모험인 줄은 알았지만 그렇게 하면 영화가 달라 보이긴 할 테니까. 이 두 마디만 떠올렸어요. "한번 해보자"고.

하지만 감독님 회사의 운명이 이 영화에 달려 있다는 것도 아셨을 텐데?
그래도 장숙평의 말에도 일리가 있었어요. 그때는 멋도 모르고 포부가 컸거든. 어느 정도였냐면 등장인물들한테 영화 의상을 입혀놓고 손에는 담배나 콜라 캔을 들린 스틸 사진도 막 찍었어요. 영화 홍보하는 캠페인에 쓰려고. 그거 보고 우리 투자자들은 혼비백산했지. 미쳤다는 거야. (웃음) 그때는 우리도 질풍노도의 시기였어요.

관객들도 조금 당황스러웠을 것 같은데요. 무협영화라고 하면 영웅이 나와야 되는 거 아닙니까. 여기선 누가 진정한 영웅입니까? 양가휘? 장학우? 장국영?
아무도 없어요. 등장인물들은 전부 자신의 시간과 공간의 주문에 사로잡힌 상탭니다. 변하지 않는 한 가지는 사막뿐. 그러니까 그들은 그냥 지나가는 승객들이에요. 마지막에 사막은 제가 처음 말한 그 경구를 일깨웁니다. 색즉시공 공즉시색色卽是空 空卽是色[49] 감정도, 인식도, 형태도, 생각도 마찬가지고.

〈동사서독〉은 재미있는 작품입니다—두 버전 다요. 서구에서는 감독님 필모그래피에 존재하지 않는 것처럼 취급하는데, 싱가포르 같은 지역의 중국인들한테 물어보면 특히 좋아하는 영화 중 하나라는 대답을 들을 때가 많거든요. 이런 결과에 만족하십니까?
누구는 그 영화가 실험적이라고 하겠지만 사실 〈동사서독〉은 그때까지 내가 만든 영화 중 제일 완성도 높고 구성도 탄탄한 작품이었습니다. 적어도 저에겐 그래요. 이 영화는 사실상 무협이란 장르에 대해 제가 이해하고 좋아하는 모든 걸 담고 있어요. "이것이 나의 《무협 백과사전》이다"라고 말하는 영화죠. 동시에 제가 제작을 맡은 첫 영화이고 중국 본토에서 제작한 첫 영화이기도 합니다. 프로듀서 겸 감독이란 경력의 출발점을 알리는 작품이자 향후 25년간 이어질 우리 회사 작품의 신호탄이었죠. 〈동사서독〉으로 우리는 영화 촬영과 제작 사이의 균형을 찾을 수 있다는 점, 그리고 영화가 요구하는 수준의 창의력을 살려서 제작할 능력이 된다는 확신을 얻게 됐습니다.
한꺼번에 두 편의 영화를 다뤄야 했기 때문에 개인적으로 이 영화는 제 경력에서 제일 고통스러운 시기와 때를 같이합니다. 당시 에스터가 임신 7개월이었던 게 유일한 낙이었죠. 지금도 기억이 생생해요. 〈동사서독〉 작업하며 사무실에 있는데 아내가 전화를 걸어선 배가 아프다는 겁니다. 저는 아내를 병원으로 보냈고 의사는 앞으로 그녀가 침대에 꼼짝 않고 누워 있어야지 안 그러면 아이를 잃게 될 거라고 했습니다. 저는 완전히 얼이 나갔죠. 이후 몇 주 동안 에스터를 돌보며 병원에 갔다가 사무실과 사운드 스튜디오로 돌아가 〈동사서독〉의 후반 작업을 하고, 또 한편으론 〈중경삼림〉 해외 개봉에 맞춘 인터뷰를 진행하면서 저는 완전히 좀비가 된 기분이었습니다. 그러다 베니스로 떠나기 열흘 전에 아들이 태어났어요. 에스터는 두 달 가까이 병원에만 있었습니다. 아이가 무탈하게 태어나야만 한다는 신념으로 의연하게 의사가 지시한 대로 지켰던 거죠. 활동하는 내내 사람들은 저를 지각대장이라고 불렀는데, 아들이 한 달 빨리 태어나면서 그들이 틀렸음이 입증됐습니다. 바야흐로 새 장이 펼쳐졌어요. 제 기억에 그해 1994년 가을은 가장 눈부신 계절이었습니다. 고통을 감내한 보람이 있었던 멋진 강행군의 시기를, 그 사건이 화룡점정으로 마무리했거든요.

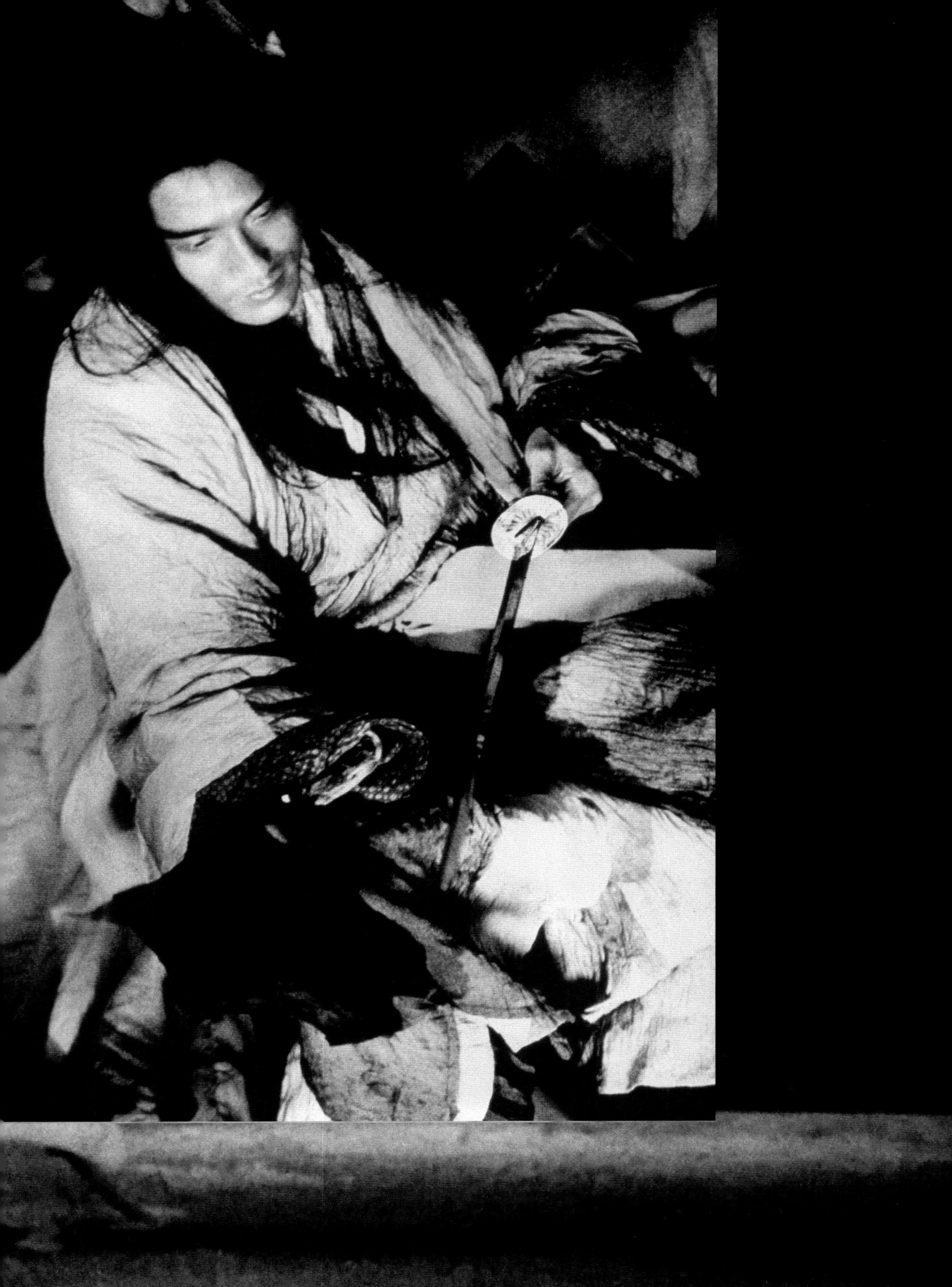

〈동사서독〉이 백과사전이라면 〈일대종사〉는 뭐라고 하면 좋을까요?

나도 내가 무협영화를 또 만들 거라곤 생각 못했어요. 1996년에 아르헨티나 잡지 표지에 나온 이소룡의 얼굴을 보기 전까지는요. 그때가 〈해피 투게더〉 때였는데 콘스티투시온 기차역 부근에서 장국영이 하룻밤 상대를 찾아 헤매는 장면을 찍을 무렵이었습니다. 크리스가 조명을 설치하는 동안 근처를 돌아보고 있는데 신문 가판대가 참 많더군요. 그중에 딱 두 잡지가 제 눈을 끌었는데 하나는 모택동의 얼굴이, 다른 하나는 이소룡의 얼굴이 표지였습니다. 모택동은 남미에서 체 게바라만큼 유명하니까 그렇다 쳐도 죽은 지 20년이나 지난 이소룡이라니? 의아했죠.

어렸을 때 이소룡의 광팬이긴 했지만 그에 관한 영화를 만들 생각은 한 번도 해본 적이 없었습니다. 그가 죽고 난 후에 그를 본뜬 카피가 많이 나와서 진짜 이소룡은 기억에서 희미해질 정도였습니다. 하지만 그때 본 잡지 표지 덕분에 갑자기 그가 내 안에서 되살아났어요. 사실과 거짓을 막론하고 그를 다룬 이야기는 너무나 많았지만, 진짜 그의 모습은 보여주지 않습니다. 저는 그에 대한 영화를 만드는 대신 이소룡을 만든 남자, 즉 그의 멘토에 대한 영화를 만들고 싶었습니다. 그 남자가 바로 엽문입니다.

제가 이 영화를 만들겠다고 발표하기 전까지 엽문은 무술계에만 알려졌지 대중에겐 생소한 인물이었어요. 물론 그 이후로 그에 대한 영화가 몇 편 만들어지긴 했지만 당시만 해도 신비로운 존재였습니다. 저는 자료조사를 시작했고 아르헨티나에서 돌아왔을 땐 엽문의 장남인 엽준과도 만날 수 있었습니다. 막판에 그분은 아버지 제자들만 볼 수 있었던 슈퍼 에이트 필름[50]도 보여주셨어요.

이 녹화 필름을 보면 엽문이 기본 동작을 보여주고 있습니다—전설적인 영춘권 목인장 동작들을요. 이게 돌아가시기 3일 전에 찍은 거라네요! 아드님 말에 따르면 아버지가 "시범을 남겨두고 싶다"고 해서 카메라를 가져와 찍은 거라고 합니다. 영상을 보면 엽문은 병색이 짙고 몸도 많이 축났습니다. 잠옷 바지와 속옷 상의 차림으로, 시범 동작도 천천히 진행합니다. 그러다 어느 순간 멈춰요. 뭔가를 까먹은 것 같기도 하고 계속하기엔 너무 고통스러웠던 걸 수도 있고요. 그 찰나의 순간이 저를 흔들었고 대단히 뭉클했습니다. 그는 왜 이걸 녹화하려 했던 걸까? 뭘 증명하고 싶어서? 이소룡이 한때 그에게 시범을 녹화하는 조건으로 많은 돈을 제의한 적이 있단 사실을 알게 됐습니다. 이소룡이 이랬다죠. "사부님 형편 안 좋은 거 알고 있습니다. 제가 녹화하도록 허락만 해주시면 아파트 한 채 사드릴게요." 엽문은 거절했습니다. "너한테 이걸 허락하면 다른 제자들한테도 다 해줘야 되니까 싫다."

그가 왜 녹화했는지 이유는 알아내셨나요?

후대에 남길 유산인 거죠. 무술 전통에서 이건 아주 중요한 겁니다. 즉, 지금 이 횃불을 꺼트리지 않고 다음 세대에 무사히 전달하느냐 못하느냐, 그 문제가 늘 전부인 세계죠. 이 점을 다루는 무술영화가 지금껏 없었기 때문에 만들고 싶었어요. 원래는 홍콩을 배경으로 해서 엽문의 홍콩 시절만 다룰 생각이었습니다. 어렸을 때 우리 주변에 있던 문파들의 고수를 많이 알고 있었거든요. 다들 한때는 중국 본토에서 알아주는 사람들이었지만 일단 홍콩에 오고 나선 낡고 허름한 아파트를 도장 삼아 제자들을 가르치는 형편이었습니다. 엽문도 그랬고요. 그런데 중국무술의 이런 전통과 삶을 완결된 전체 스펙트럼으로 보여주기 위해선 홍콩만 다뤄선 안 된다는 생각이 들었습니다.

그러니까 중국으로 가야 한다고.

중국무술의 역사를 보면 많은 전설들이 있지만 그중에서도 일대종사로 대접받는 사람은 몇 안 됩니다. 거기다 엽문의 배경 그리고 문화 및 무술, 기술적인 면에서의 북부와 남부의 차이를 알지 못하고선 그의 일대기를 이해하기 쉽지 않아요. 저는 처음 그의 고향인 포산으로 가서 거기서부터 이후 3년 동안 중국을 여행하며 100명이 넘는 고수들을 만났습니다. 그러면서 만들려는 영화가 그냥 한 사람의 일대기를 담는 것보다 힘든 도전이 되겠다는 사실을 깨닫기 시작했습니다. 이건 한 사람의 일대기가 아니라 일대종사의 여정이었습니다. 일대종사의 의미가 뭔지, 어떤 단계를 거쳐야 일대종사가 되는지 말해주는. 그래서 제목도 〈일대종사〉로 한 거고요. 이것도 알게 됐습니다. '일대종사'란 타이틀은 당사자가 죽고 한참 지난 후에 주어지는 명예란 것을. 후대에 남긴 유산이 없으면 받을 수 없는 칭호였습니다. 이소룡을 일대종사로 부를 수 없는 것도 그 때문이죠. 대단하긴 했어도 무술 역사에 남긴 유산이 없으니까. 그의 유산은 무술보다 영화에 더 많이 남아 있는 거겠죠.

〈일대종사〉로 인해 이 장르의 정반대쪽에도 가보게 됐습니다. 〈동사서독〉과는 완전히 다른 경험이었고 새로운 시도였으며 제 첫 번째 '무술' 영화였죠.

서구 사람들 중 많은 수가 이 영화의 스토리텔링 방식을 이해하지 못합니다. 모호하고 난해하다며.

왜 그럴까요?

보통의 전기영화라면 당연히 포함될 부분을 빼셨으니까요. 엽문과 그의 가족 간의 관계, 주변에 벌어지고 있는 상황에 대한 그의 반응, 역사적 위기를 피해 살아남는 여정 같은 거요. 역사적인 상황은 수직으로 널을 뛰는 반면 드라마가 이어지는 포물선은 안 그려져요. 장쯔이가 연기하는 궁이한테는 드라마가 있는데 정작 주인공한테 그게 없습니다.

그의 인생에 그런 사건들이 안 보였으니까. 그렇다고 가공해서 넣고 싶진 않았어요. 그에 관한 다른 영화들은 기본적으로 영화를 위해 창작된 드라마입니다. 하지만 그를 슈퍼히어로로 만들어 영웅적인 행위를 하게 만들고 싶지는 않았어요. 요점은 그게 아니니까. 저는 엽문을 있는 그대로 보여주고 싶었습니다. 그에게 영웅적 행위란 놀라운 위업을 달성하는 게 아니에요. 정신의 힘에 관한 것이지. 그게 바로 모든 무술의 뿌리고요.

하지만 그를 영웅으로 만들 필요는 없잖아요. 평범한 일상을 보여준다든가 아니면 그의 인생에서 몇 년만 집중해서 포착한다든가 하는 방법도 있는데.

무슨 말씀인지 알겠어요. 그러면 접근방식이 달라져버립니다. 여기 일대종사가 있다. 그러면 모두 이런 생각을 하죠. "좋아, 당신이 고수란 말이지. 그럼 실력 한번 보여줘봐." 하지만 제가 택한 앵글은 "그는 고수다. 그런데 어떤 자질을 통해 일대종사가 된 걸까?" 영화에서 엽문의 인생을 바탕으로 일대종사로서 세 단계를 설정한 것도 그 때문입니다. 첫째, 자기 자신이 되는 것. 둘째, 다른 이들의 도전을 수용하는 것. 그리고 마지막으로, 세상에 나누어주는 것. 아까 말한 유산이 세 번째 단계입니다. 엽문은 영화가 시작될 때 이렇게 말합니다. "쿵후는 두 글자다. 가로획. 그리고 세로획. 실수하면 가로획처럼 눕는다. 끝까지 세로획으로 서 있으면 이긴다." 영화의 마지막에 장쯔이 캐릭터는 가로획이 됩니다. 자신의 무술을 세상과 나누고 싶어도 할 수 없죠. 엽문은 할 수 있고, 했습니다.

글쎄요, 궁이 쪽이 훨씬 더 사람 냄새가 나는데. 양조위가 연기한 엽문을 보면 자기 기분을 드러내지 않아요. 하지만 그녀는 감정에 민감하죠.

그렇습니다. 그녀의 경우는 우리가 하고 싶은 걸 다 적용해봤으니까—가상의 인물이라 누릴 수 있는 장점이었죠. (웃음) 궁이는 많은 실제 인물을 합쳐 만든 캐릭터입니다. 그 시절 자신들에게 덧씌워진 여러 한계를 거부했던, 걸출

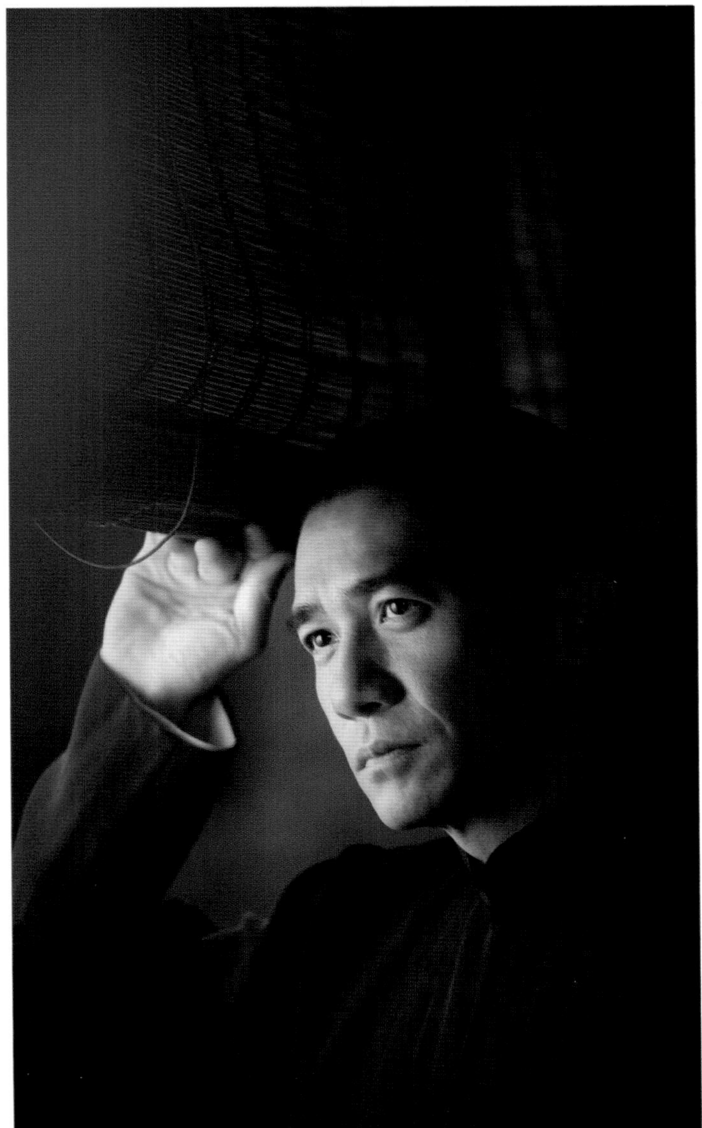

했던 여성들을 모아 만든 인물이죠. 그녀는 그 모든 자질이 있음에도 엽문과 같은 최종목적지에 도달하지 못합니다. 그는 전 구간을 완주하고요.

감독들 중에 실은 자기 이야기를 다른 사람 이야기인 것처럼 영화로 만드는 경우가 많던데, 감독님도 혹시 엽문과 동질감을 느끼시는 건가요?

아닙니다. 전 그 사람만큼 유유자적한 젊은 시절을 보내는 사치를 못 누렸어요. (웃음) 차라리 궁이 쪽에 더 공감이 간달까.

왜죠?

그 여자도 고집이 세잖아요. 도대체가 봐주는 법을 몰라. (웃음)

복잡한 인물이기도 하죠. 엽문은 거의 비현실적일 만큼 순수한 존재인 반면.

그녀는 언제나 약자였습니다. 시대가 자신에게 등을 돌려도 꿋꿋이 자신만의 원칙대로 살았던.

감독님도 자신을 약자라고 생각하시는 겁니까?

더 젊었을 때는 그랬어요. 하지만 지금도 그렇다고 말하면 무슨 배은망덕한 소리냐 그러겠지. 가정도 있고 직업도 있으니 저는 행운아죠. 불평할 처지가 못 돼. 엽문은 뭐 하나 남부러울 것 없는 집안에서 태어났지만 죽을 무렵에는 무술 말곤 가진 게 아무것도 없었죠.

하지만 그 사람으로선 그게 온 우주를 통틀어 제일 중요한 거잖아요. 그 정도면 모든 걸 다 가졌다고 할 수 있는 거 아닌가요.

확신은 못하겠어요. 말년의 엽문에게 이렇게 말해보세요. "이 세상 모든 걸 다 가지실 수 있습니다. 하지만 무술은 포기하셔야 해요." 이랬을 때 그가 과연 이 제안을 거절할지. 글쎄요, 저는 확신 못하겠습니다.

감독님 영화에선 아마 그럴 걸요. 무술 말고는 신경 쓰는 게 거의 없어 보이던데. 심지어 자기 가족조차도요. 그러고 보니 늘 토론하고 싶었던 주제를 꺼내게 되네요. 감독님 영화에 가족이 등장하지 않는 점에 대해서.
그게 무슨 소립니까?

감독님은 아주 가정적인 사람이에요. 행복한 결혼생활에 아들도 무척 사랑하시고. 크리스토퍼 도일을 가리켜 '가족'이라 부르고. 사람들 말로는 감독님이 사업을 가족회사처럼 운영한다고들 하던데.
그럼 난 사업가로선 빵점이겠네요. 사업인데 가족회사처럼 운영하다니. (웃음)

그런데도 감독님 작품에는 가족이 거의 안 나옵니다.
〈아비정전〉에 엄마와 아들이 나오잖아요.

그 사람들은 성인이고요 — 게다가 엄마가 아들을 버렸잖아요, 처음에.
우선 제 영화에 아이들이 안 나오는 첫 번째 이유는 촬영을 대부분 밤에 하기 때문입니다. 애들한테 보통 밤 촬영이 좋을 게 없는데, 대부분은 아이 부모들 허영심만 만족시킬 뿐이지 정작 애들은 밤에 찍는 거 안 좋아합니다. 또 하나, 애들 연기 지도는 어려워요. 〈일대종사〉에서 궁이의 어린 시절을 조금씩 담은 짧은 시퀀스를 넣었습니다. 처음엔 세 살, 그다음엔 여섯 살 무렵으로 다 낮에 촬영했어요. 여섯 살짜리와 일할 땐 참 좋았는데 세 살짜리와 할 때는 그만큼 운이 안 좋았어요. 세 살짜리는 아직 어려서 매번 딱 한 시간만 일할 수 있을 뿐 그 후에는 트레일러로 가서 꼭 낮잠을 자야 했습니다. 아이가 일어나 다시 준비가 될 때까지 우리 모두는 조용히 눈 속에서 몇 시간을 기다려야 했고요. 유쾌한 경험은 아니었죠. 그래서 정말 필요한 경우가 아니면 아이들 장면을 넣는 걸 피하는 편입니다.

정말요? 그게 이유입니까?
네. 아이가 없는 가족을 보여준다는 건 중국식당에서 밥을 안 파는 것과 비슷한건데. 물론 제가 자란 방식과도 관련이 있어요. 우리 집은 '초소형' 가족이었죠. 대가족이 북적북적 모여드는 느낌이 어떤 건지 저는 짐작도 안 가요. 그건 제가 모르는 영역입니다. 그럼에도 불구하고 그런 상황을 연출해야 한다면 아마 저는 한참동안 손도 못 대고 있다가, 그나마 연출한 장면도 여전히 가짜 같을 걸요. (웃음) 오즈 야스지로나 허우 샤오셴 같은 일부 감독들은 이런 걸 잘합니다. 허우 샤오셴 감독의 〈비정성시〉를 보면 이렇게 돼요. "우와, 이 감독은 전부 다 파악하고 있네. 심지어 배경에 나오는 엑스트라들 사연까지 다."

그게 감독님한테는 어려운 일인가요?
그렇습니다. 제가 캐릭터는 잘 이해할지 몰라도 그들이 다 같이 있을 때의 역학관계는 제대로 못 짚을 겁니다. 거리에서 찍는 신을 작업할 때는 제가 직접 엑스트라들과 같이 리허설하거나 — "당신은 거기서 이렇게 하고 그런 다음에 저렇게 해줘요" — 그들이 집중할 수 있도록 한두 마디 대사를 주거나 합니다. 그 거리의 전체 그림이 머릿속에 있으니까 가능한 일이죠. 저는 그 거리에서 일어나는 모든 활동이 진짜처럼 느껴지게끔, 조감독한테 맡기거나 엑스트라들이 아무 목적 없이 어슬렁거리도록 놔두기보다 제가 직접 구성합니다. 진이 빠지는 작업이지만 좋아하는 작업이기도 해요.
가족은 다 다릅니다. 예를 들면 궁이와 그녀 아버지 사이의 시퀀스를 찍는 작업은 재미있었는데 그건 제가 그 부녀 사이의 역학관계를 잘 알았기 때문이죠. 하지만 엽문이 아내와 아이들, 친척들, 하인들 등 식솔들 전체와 다 같이 점심 식사하는 장면은 그만큼 즐겁지가 않았습니다. 원래 의도만큼 흥미롭게 나오지 않았고 어떻게 해야 할지 도대체 감이 안 잡히더라고요. 어쩔 수 없이 그 부분을 빼야 했습니다. 마음대로 안 되더라고요. (웃음)

장쯔이 이야기가 나와서 말인데 그녀와 두 번째로 일하게 되셨잖아요. 어땠는지 궁금합니다. 처음보단 수월했을 것 같은데.
고생도 많이 하고 보람도 컸기 때문에 이 영화는 그녀에겐 기억에 남는 여정이었습니다. 우선 6개월 동안 남부 지방의 열기 속에서 무술 단련을 열심히 했어요. 그런 다음 북쪽으로 가서 영하 30도의 혹한 속에서 넉 달을 촬영했죠. 그중 한 달은 격투신이었고요. 설상가상, 그녀는 스캔들로 인해 개인적인 위기도 겪는 중이었습니다. 그녀는 정말 힘든 상황이었어요. 그때만 해도 그녀의 경력은 위태로웠고 우리 입장도 미묘했습니다. 사람들이 계속 이렇게 물었어요. "이 여배우를 진짜 꼭 써야겠어?" 그녀에게도, 우리 회사에도 압박이 많았습니다. 하지만 전 고집했죠. "그녀라야 돼."

그녀는 대단한 배우니까요.
아주 강한 여성이기도 합니다. 위기의 시기 동안 그녀는 재판, 변호사, 파파라치, 에이전트, 자신의 홍보팀에 완전히 포위된 상황이었지만 한 번도 '오늘은 좀 쉬겠다'는 말을 한 적이 없어요. 딱 한 번, 어느 날 아침에 장쯔이 매니저인 링 루카스가 이런 말을 했습니다. "장쯔이 방에 지금 오실 수 있으세요? 지금 너무 다운돼 있어서 감독님하고 이야기 좀 나누고 싶대요." 그래서 가봤더니 장쯔이 입술이 이런 겁니다. (왕가위가 입술을 삐죽 내미는 표정을 짓는다.) 스트레스가 심했던 거예요. 그녀가 저를 보더니 이러더군요. "오늘 밤 촬영은 롱숏[51]만 들어간다면 제 꼴이 이래도 티가 나지 않을 것 같은데 감독님은 어떻게 생각하세요?" 전 오늘 밤 촬영을 쉬자고 그녀를 설득했습니다. 근데 고집을 안 꺾는 거예요. (웃음) 결국 의사들이 와서 그녀에게 휴식을 권했고 우리는 촬영을 잠시 쉬어야 했습니다.

왜 그녀를 교체하지 않으신 겁니까?
왜냐하면 그 역을 그녀보다 잘할 수 있는 사람은 없으니까. 그녀를 염두에 두고 대사를 썼고 어느 정도는 아예 그녀에 기초해서 썼어요. 위기의 시기에 그녀가 보여준 강인한 태도가 저한테 영감을 줬기 때문에. 궁이는 장쯔이를 통해 창조된 캐릭터예요. 그 역에 그녀가 남다른 연기를 보여줄 거란 걸 저는 알았습니다. 이 인물의 감정이 어떤지 시시콜콜 설명해줄 필요가 없었어요. 마지막 장면의 대사를 읽을 때 그녀는 울었습니다. 〈일대종사〉는 그녀에게 큰 도움이 되었죠. 또래 중 제일 출중한 배우임을 스스로 입증한 작품이니까요. 이건 그녀 개인의 승리이기도 합니다.

그녀의 캐릭터를 왜 그리 한참 북쪽 출신으로 설정하신 건가요? 허구적 인물인데 그토록 구체적으로.
일단 북쪽 출신이라는 아이디어가 맘에 들었고 또 개인적으로 항상 만주에 가보고 싶은 꿈이 있었거든요. 거긴 상하이와는 천양지차예요. 사람들은 훨씬 거칠고 건축은 러시아와 일본풍이 남아 있는 등 모든 게 거대한 곳입니다. 하지만 사람들은 진짜입니다. 파란만장한 역사를 지닌 곳이죠. 그런데 너무 춥다 보니까 아무도 만주에서 영화를 안 찍어요. 한 번도 스크린에 담긴 적 없는 멋진 풍경이 정말 많습니다. 일종의 처녀지 같은 곳이죠. 사진발도 잘 받고. 만주에서의 첫 촬영이 1700년 전에 지어진 외딴 사찰에서 진행됐는데 그 당시 석상들이 그대로 남아 있었어요. 전 그 풍경에 홀딱 반했지만 너무나 외딴 곳이다 보니 관광업 따윈 전혀 찾아볼 수 없었습니다. 5성급 호텔도, 4성급도, 3성급도 존재하지 않았고 오로지 낡은 여관 하나밖에 구할 수 없었죠.

거기에 스태프 전부가 묵었습니다. 온수라고는 주전자 하나 정도밖에 쓸 수 없었기 때문에 아무도 샤워를 할 수 없었고요. 3일 동안을 그 여관과 사찰에서 보냈는데 바닥이 돌로 돼 있어 배로 추웠습니다. 덕분에 온몸이 아주 그냥 으으으~ 하고 신음 소리 나오게 떨렸지만 고생한 보람은 있었어요.

만주와, 다른 멋진 도시 중에… 아, 이를테면 베니스. 이 두 곳 중에 한 곳을 택하신다면 감독님의 선택은?

만주 같은 곳이요. 전 관광객보다 탐험가가 되는 쪽이 더 좋습니다. 관광객은 다른 사람들 다 가는 데를 가고 탐험가는 사람들이 한 번도 안 간 데를 가죠. 독특하고 귀중한 뭔가를 필름에 포착하는 건 항상 이점이지만 노출되고 나면 오히려 해가 되기도 합니다. 〈화양연화〉가 나온 지 10년이 지나니 양조위가 비밀을 속삭였던 그 돌 벽은 전 세계에서 온 팬들이 남긴 낙서로 몸살을 앓고 있어요. 그 사찰에서 촬영하면서도 그런 일이 일어나지 않기를 바랐지만 곧 이곳이 인기 관광지가 될 거란 것도 예감했습니다. 결국 그렇게 됐고요.

실무적인 이야기 좀 할게요. 감독님은 무술 천재들 영화를 만들면서 양조위와 장쯔이처럼 프로 쿵후인이 아닌 사람들을 기용하셨습니다. 다른 엽문 영화들은 이런 동작들을 실제로 할 수 있는 전문인을 캐스팅한 반면.

예외는 있지만 보통 액션 스타들은 연기를 못 해요. 그리고 또 하나, 엽문이란 인물을 있는 그대로 그리고 싶다면 그가 싸움꾼처럼 생기지 않았다는 사실을 기억해야 합니다. 그는 귀족 출신으로 화가나 월극배우가 될 법한 인물이었어요. 싸움꾼으로도 파이터로도 전혀 생각되지 않을 외모입니다. 그래서 누가 이 역을 맡을지 결정할 때 저는 선택해야 했어요. 무술인을 찾아서 쿵후 기교를 펼치느냐 아니면 잘하는 배우를 데려와서 드라마에 집중하고 쿵후는 포기하느냐. 저는 둘 다 원했습니다. 양조위 같은 훌륭한 배우로 하여금 엽문 역을 맡겨서 액션도 직접 소화하게 하는. 그럼 뉴스가 될 텐데. 생각해보니 못 할 거 뭐 있나 싶었죠.

누가 더 쉽게 소화하던가요? 양조위? 아님 장쯔이?

당연히 장쯔이죠. 그녀는 무용수로 단련된 경험이 있기 때문에 몸이 유연하고 리듬감도 뛰어났어요. 게다가 그녀의 움직임과 회전이 더 극적인 데가 있었고요. 엽문의 영춘권은 사실 평이하고 특징이 없기 때문에 아주 지루한 편입니다. 항상 하나-둘-셋, 이러면 그걸로 끝이었으니까. 그랬기 때문에 양조위에게 더욱 힘든 과정이었습니다. 그 작은 동작 하나하나에서 디테일을 살린다는 건 그저 시간만 들인다고 통달할 수 있는 게 아니었거든요. 평생 몸에 내장하고 살아야 되는 동작들이었지!

몸으로 하는 기술을 보여준다는 건 늘 어려운 일이죠.

〈분노의 주먹〉을 보면 비록 로버트 드니로가 권투선수로 훈련받은 사람은 아니지만 그렇게 믿을 만한 연기를 보여줍니다. 주먹질만 그런 게 아녜요. 권투를 하지 않을 때도 권투선수처럼 보여야 한다는 뜻입니다. 그래서 양조위에게 훈련을 받도록 한 거예요. 그와 장쯔이는 모습도, 행동도, 앉는 것도, 말하는 것도 무술인처럼 느껴져야만 했으니까. 양조위는 이전 영화들에서 느긋한 편이었습니다. 그는 앉을 때 항상 이래요. (왕가위는 의자에서 아래로 축 늘어지듯 구부정하게 앉는다.) 실생활에선 이렇게 앉고요. (왕가위가 아까보다 더 심하게 눕듯이 앉는다.) 하지만 이번에는 엄격하고 격식을 갖추는 법을 배워야 했죠. 〈일대종사〉 이후 그는 이렇게 됐습니다. (왕가위는 대쪽처럼 꼿꼿하게 허리를 곧추세워 앉는다.)

양조위의 자세 이야기까지 나왔으니 그와의 관계를 물어볼 때가 됐네요. 그는 감독님 영화 일곱 편에 출연했습니다. 그 누구보다 많은 숫잔데요.

처음 만났던 때를 기억합니다. 일식집에서였는데 〈아비정전〉을 찍기 전이었어요. 우리는 술을 많이 마셨는데 양조위는 그때 막 자기 경주용 자가용을 새로 산 참이었거든. "제가 태워드릴게요" 하더니, 얼마나 속도를 올렸던지 그날 사고 날 뻔했어요. 무슨 로버트 다우니 주니어 젊은 시절 같았다니까. 양조위는 늘 밤 늦게까지 안 자고, 술을 마시고, 다음 날 약속을 펑크 냈어요. 그래도 그가 재능 있단 사실은 모두가 인정했죠. 그가 담가명이랑 어떤 영화에서 일한 적이 있는데 당시 긴 대화가 나오는 장면을 찍을 때 이런 일도 있었어요. 담가명이 "대본에 쓰인 대로 대사 해" 그랬더니 양조위가 "대본에 쓰인 대로라니, 무슨 뜻이죠? 물음표까지 다 말하란 말씀인가요?" 이런 거야. 그러자 담가명이 대답했죠, "그래"라고. 하여튼 그때 두 사람 사이에 진짜 사건이 많았어요. 그땐 양조위도 진짜 골칫거리였어. (웃음)

하지만 감독님은 그의 재능을 알아보셨죠.

맞습니다. 신인들 중에 그가 제일 뛰어났어요. 젊고, 힙하고, 여자들은 홀딱 반하고, 그런 친구였죠. 그는 TV에서의 자기 연기를 자랑스러워했고 그걸로 이름을 알렸습니다. TV 연기는 대부분 얼굴로 커버가 됐으니까. 하지만 영화 연기는 다른 차원이란 걸 그는 아직 몰랐어요. 그의 〈아비정전〉 촬영 첫날은 저 악명 높은 구룡채성[52] 지구 안의 아파트에서 진행됐습니다. 사과를 한 입 베어 물고 장만옥에게 인사하는 장면이었는데 클로즈업 컷은 쉬웠지만 롱숏은 오케이 컷이 날 때까지 32회나 찍어야 했어요. 양조위로선 한 장면을 그렇게 많이 찍은 건 그날이 처음이었을 겁니다. 그는 완전히 충격받아서 촬영이 끝나자 아무 말 없이 자리를 뜨더군요. 유가령이 나중에 전해주길 당시 남자친구였던 그가 화를 많이 냈답니다. 감독이 자기를 너무 혹독하게 다뤘고 그 사람이 원하는 게 뭔지 도무지 알 수가 없었다고. 그 일로 얼마나 자존심이 상했던지 그가 그날 밤에 잠도 못 잤다나! (웃음) 그래서 양조위를 초대해서 그날 러시 필름을 보여주며 각각의 테이크에 어떤 차이점이 있는지 납득시켰죠. 저는 이렇게 말했습니다. "영화에서는 연기하는 방식을 바꿔야 돼. 영화는 TV랑 달라. 얼굴만이 아니라 너라는 존재가 담겨. 그러니까 몸 전체가 연기를 해야 해."

그를 훈련시킨 건가요?

방향만 다시 잡아준 것뿐입니다. 사실 〈아비정전〉의 마지막 장면은 그에게는 도전이었어요. 대사도 없고, 클로즈업도 없고, 오로지 동작뿐이었거든요. 도박사라는 존재를 보여주는 장면인데, 저는 이렇게 설명했습니다. "넌 지금 도박사를 연기하는 거지. 그의 호주머니에 뭐가 들어 있는지 아나?" 그게 무슨 소리냐는 듯 그가 날 쳐다봤습니다. 전 탁자 위에 이런 것들을 죽 늘어놨어요. "포커게임을 하러 갈 거기 때문에 일단 카드가 두 세트." 이건 프로 도박사한테서 직접 알아낸 팁이었죠. "그리고 돈. 근데 이 돈은 그냥 돈이 아냐. 넌 돈에 관해선 철저하기 때문에 지폐를 뭉치로 둥글게 말아서 준비해놓을 거야. 그런 다음엔 동전. 그리고 담배. 담배는 두 갑이야. 왜냐하면 밤새도록 판을 안 떠날 거니까. 그리고 이건 빗." 그가 묻더군요. "빗은 왜 있는 거죠?" "그때는 도박사들이 도박하러 클럽을 가던 시절이 아니었으니까. 그때는 일반 결혼식장에 갔어. 결혼식에선 늘 사람들이 북적거리고 피로연 시간 전후로 마작과 포커게임을 했거든. 진짜 '꾼'들은 하객인 양 참석해서 판에 끼어 앉아 기술을 이용해서 돈을 따고 또 다음 식당으로 자리를 옮겼지. 그러니까 그럴듯하게 말쑥한 차림이어야 해." 최종적으로 이렇게 정리를 해줬습니다. "이 남자는 아주 철두철미한 성격이고 말쑥하게 잘 차려입어야 해. 손가락도 청결해야 하고."

小塘
SIU TONG
佛山
FAT SHAN

그리고 이렇게 덧붙였죠. "이 모든 걸 한 장면으로, 네가 맡은 캐릭터가 외출하기 전 준비하는 동선을 찍을 거야. 방금 보여준 이 물건들을 전부 네 호주머니에 챙기되, 순서는 너 하고 싶은 대로 해도 좋아." 그런 방식으로 그는 자기 몸 전체를 염두에 둔 연기를 펼쳐야 했습니다. 그리고 양조위가 연기를 시작했을 때 전 NG를 날렸습니다. "그러면 안 돼. 넌 이게 기계적인 행위라는 걸 보여줘야 돼. 매일 일과처럼, 습관처럼 하는 일이란 걸." 그 말을 듣고 그가 다시 연기했습니다. 저는 "이번 건 좋아. 하지만 지금부턴 담배를 물고 다시 해봐"라고 했고, 그는 멋들어지게 잘해냈습니다. 그리고 바로 그 시점부터 쭉, 이후 하게 되는 영화마다 전부, 양조위는 저한테 이렇게 묻게 됐습니다. "내 호주머니에는 뭐가 들어갑니까?"

그래서 〈화양연화〉를 할 때도.

그는 주의를 기울였죠. 이렇게 물었어요. "담배 한 갑 넣을까요?" 저는 대답했습니다. "아니, 담배케이스에 따로 옮겨서. 그리고 성냥 말고 라이터로." 만년필도 필요했습니다. 왜냐하면 그 시기엔 작가들이 만년필에 신경을 썼거든요. 혹시라도 돈이 떨어졌는데, 갖고 있는 만년필이 예를 들어 파커 61 모델처럼 아주 고급이면 식당에 "돈은 내일 주러 오겠소"라 말하며 그걸 맡길 수 있었기 때문이죠. 그런 만년필은 30달러쯤 했는데 사정이 급할 때 저녁 한 끼 값 정도는 댈 수 있는 물건이었습니다.

이런 외적인 세부 사항들은 아주, 아주 중요합니다. 어쩌다 날이 너무 더워지면 대부분의 배우들은 입고 있던 의상을 벗고 편한 옷으로 갈아입는데, 전 그러지 말라고 합니다. 배우라면 모름지기 〈일대종사〉의 비 오는 첫 장면을 찍던 양조위 같아야 해요. 그때 그는 전통의상을 입고 있었는데 너무 춥고 물 천지인 상황이라 그 안에 잠수복도 입은 상태였죠. 하지만 절대 자리에 앉지 않았습니다. 촬영 현장이었던 길거리는 거의 15센티미터 깊이의 물로 첨벙거렸는데 그는 뒷짐을 진 채 밤새 서서 버텼습니다. 중국 본토 출신인 다른 배우들이 혀를 내두르며 그에게 이유를 물었어요. "지금 내가 이 의상을 벗으면 나중에 다시 입힐 때 얼마나 일이 많겠냐. 또 만약 앉으면 옷에 주름이 가니까 절대 앉지 않을 거다." 정말 인상적인 태도였고 그는 다른 배우들의 귀감이 됐어요.

양조위는 자기 나이에 걸맞게 원숙해졌습니다.

맞아요, 딱 봐도 그게 느껴지죠. 좋은 위스키처럼 그는 세월이 흐르면서 정제된 버전으로 거듭났습니다. 동료 출연자들의 존경도 받고요. 〈일대종사〉에서 장쯔이의 아버지 역할을 맡았던 왕경상은 큰 작품도 많이 찍은 관록 있는 배우인데 양조위와 같이 나오는 장면을 찍을 때 정말 불안해했었어요. 그분이 이러시는 거예요. "이유는 모르겠지만 긴장돼. 대사도 하나도 생각이 안 나. 왜 이러는지 모르겠어."

이유가 뭘까요?

양조위가 그 세대 최고의 배우인 걸 다들 인정하니깐. 말하자면 챔피언을 상대하는 거죠. 보통 그는 촬영장에서 꽤 느긋한 편인데 정작 그의 옆에 있는 다른 배우들이 엄청 긴장합니다. 아무리 경력 많은 사람이라도 그래요. 그런데도 양조위는 적대적이거나 잘난 체하지 않습니다. 항상 협조적이고 다른 출연자들과도 잘 지내고, 같이 일하기 세상 편한 남자가 아마 양조위일 걸요.

지금까지 그와 일곱 작품을 했습니다. 그중 몇 편은 중요하고 획기적인 작품으로 우리 경력의 하이라이트가 됐고요. 우리가 〈화양연화〉를 시작할 때 그에게 이렇게 말했습니다. "이 영화에서 넌 어른이 되고 유부남이 될 거야. 전에 한 번도 해본 적 없는 역할이지. 너의 10대 아이돌 시절에 고하는 작별 인사가 될 거다." 이게 그를 바꿔놨습니다. 그때 이후 그는 더 믿을 만한, 정평이 난 배우로 탈바꿈했거든요. 〈일대종사〉 때는 제가 이렇게 말했습니다. "이번에는 인생의 다른 단계에 와 있다고 생각해. 그리고 끝날 무렵엔 70대의 무술 고수를 연기하게 될 거야." 원래는 특수 분장으로 그를 70대 노인처럼 보이게 할 계획이었는데, 막상 해놓고 보니 맘에 안 들더군요. 그래서 결국은 50대 모습으로, 그러니까 엽문이 자신의 무술 도장을 홍콩에 세운 그날로 영화를 끝맺었습니다. 그 장면을 찍던 날 아침이 아직도 기억나요. 크리스마스였고 나이 든 엽문이 어린 제자들 연습하는 모습을 지켜보는 장면이었죠. 마지막에 제가 양조위에게 그랬습니다. "이제 넌 '클래식'이 됐어."

〈일대종사〉는 과거의 유산에 대한 영화입니다. 엽문의 행동 동기는 물질적인 성공과는 다르죠. 혹시 감독님의 의도도 빠르게 부를 축적하는 과정에서 상실되고 있는 중국 전통의 가치를 이 영화로 역설하시려던 게 아닌지 궁금합니다. 제 말이 일리가 있습니까?

무술 고수들과 많은 대담을 했을 때 마지막 질문을 '쿵후의 의미는 무엇인가'로 던졌고, 그들 대부분은 '시간'이라고 대답했습니다. 그들에게는 이게 일종의 결혼인 겁니다. 이 길을 택해 잘될 사람은, 결국 쿵후가 그의 시간 전부를 잡아먹게 됩니다. 요즘은 한 가지에만 몰두하기가 참 힘든 세상이잖아요. 누가 혹시 뭔가 하나에 수십 년을 쏟아부을 거라고 하면 왜 그런 멍청한 짓을 하냐고 그러겠죠. 하지만 한때는 그게 사람들이 긍지를 느꼈던 약속이었습니다. "나는 이런 종류의 찻주전자를 만드느라 반평생을 바쳤다—오로지 그것만 했다." 몰두와 헌신이 존경받던 시절이 있었죠.

오래된 고수들을 더욱 존경스럽게 보게 되는 또 다른 이유는 첫 공화국이 들어섰던 중화민국 시절의 혼란 속에서도, 또 이런 무술 문파들이 정부로부터 핍박을 받았던 1949년 이후에도 그들이 자신의 유산을 지켜냈다는 점입니다.

장숙평도 그런 사람 중 하나가 아닐까요? 그는 감독님의 가장 중요한 협력자입니다. 수많은 우여곡절을 함께 헤쳐오셨는데요. 두 분이 혹시 싸우기도 하고 그러세요?

아뇨, 한 번도. 어떤 면에서는 그 친구가 저보다 더 골칫거리긴 하지만 용케 그런 적은 없습니다. 저는 다음 질문에 대답을 못 하는 다른 세트 디자이너나 미술감독과도 일해본 경험이 있어요. 이런 질문입니다. "이 공간의 포인트가 뭐지?" 장숙평은 이게 무슨 말인지 알아요. 그래서 되묻습니다. "어떻게 볼 생각인데?" 제가 "여기서 이 각도로 보려고"라고 답하면 그는 제 말뜻을 바로 이해하죠. 이 업계의 몇몇 이들은 그냥 건축가거나 인테리어 디자이너예요. 그래서 보기에 아름다운 세트를 만들 줄은 아는데 그게 우리 입장에서 볼 때 꼭 촬영에 적합하단 뜻은 아닙니다. 왜냐하면 시네마틱하지 않으니까요. 장숙평은 미술감독으로서 최고의 자질을 갖춘 사람입니다. 눈썰미가 좋고, 감각 끝내주고 그리고 시네마틱하거든요. 그는 언제나 일이 되게끔 만드는 사람, 다음 순간에 마법이 일어나게 하는 사람입니다. 우리가 불가능이란 벽에 가로막히려 할 때마다 "걱정 마"라고 말하며 나서는 사람이 바로 그입니다.

감독님 영화 중 몇 편은 위기를 맞기도 했었지요. 그의 작업 속도가 너무 느릴 때는요.

둘 다 완벽주의자라서 그래요. 차이점이라면 그가 저보다 절 더 잘 안다는 거고. 그래서 그가 생각하는 스케줄이 더 현실적이죠. 만약 제가 "이거 4주 안에 할 수 있어" 하면 그는 "이거 넉 달이라야 돼" 이러거든요. 그럼 저는 이럽니다. "말도 안 돼. 우리한테 넉 달이 어디 있어."

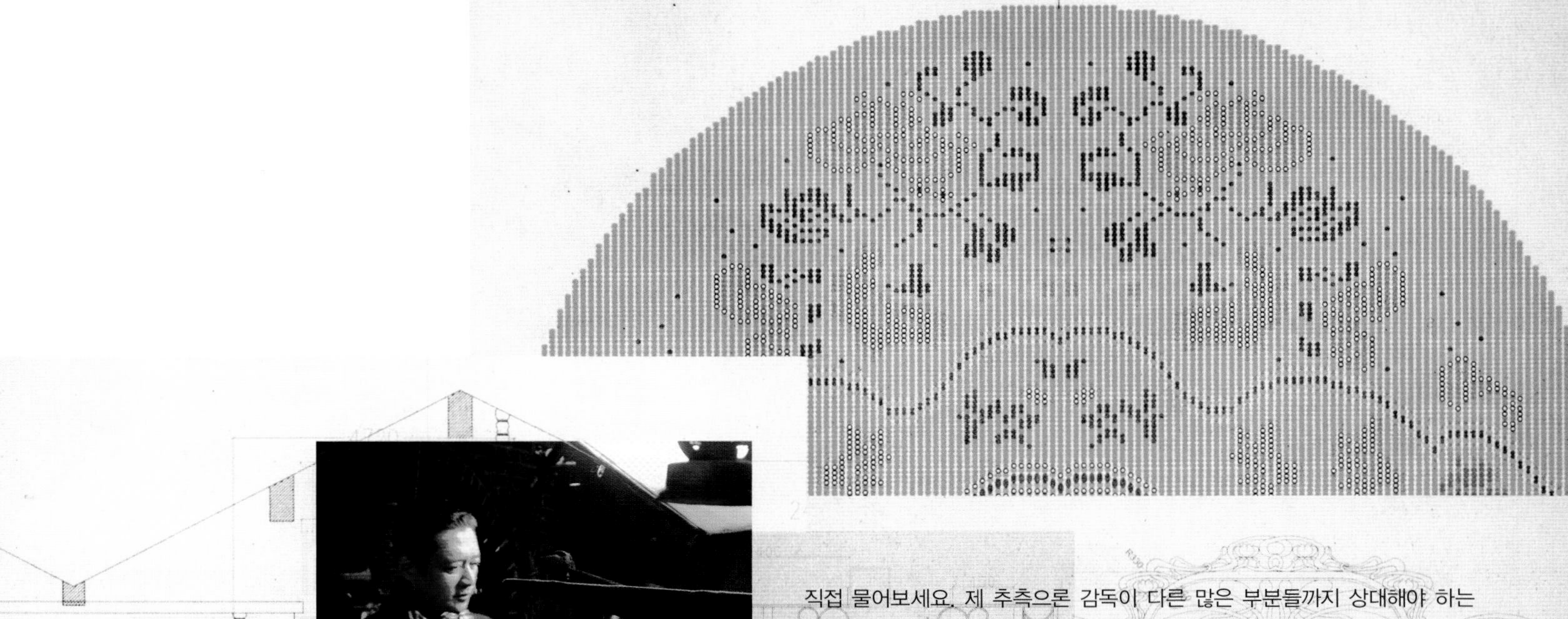

직접 물어보세요. 제 추측으론 감독이 다른 많은 부분들까지 상대해야 하는 자리란 걸 알아서가 아닐까요. 그는 단순하게 일하는 걸 더 좋아하거든요.

예를 들면 비즈니스적 측면 같은 거요. 감독님은 사실 이 부분을 잘 다루시죠.

전에 제게 '약은 사업가'라고 한 적 있죠? 근데 아냐. 내가 약았다면 에비앙 생수란 개념만 내가 만들고 병에 넣는 일은 다른 사람 시켜서 장사했겠지.

감독님이 약았다는 뜻은 고다르 스타일로 그렇다는 뜻입니다—원하는 걸 계속 하게 된다는 점에서요. 전 세계 어딜 봐도 감독님만큼 자기가 원하는 영화를 만드는 건 물론, 그 행위를 30년 동안 유지할 수 있었던 사람은 몇 안 됩니다. 게다가 영화 열 편 중에 여덟 편의 권리도 아직 갖고 계시고.

이 업계에 관습처럼 떠도는 잠언이 있어요. "돈을 갖고 튀어라." 제가 사업가로서 정말 수완이 좋았다면 차라리 그 영화들 권리를 소유하지 않았을 거예요. 스필버그는 자기 영화 대부분의 권리를 갖고 있지 않습니다. 그는 다른 사람이 권리를 갖게 한 다음 그들로 하여금 돈을 벌어다주게 하죠. 게다가 영화사를 오랜 기간 운영했다는 게 사업을 잘한다는 뜻은 아닙니다. 길 저쪽에 있는 빵집 주인이 저보다 더 오래 빵집을 운영했다고 해서, 그가 약은 건 아니잖아요. "저 사람 케이크는 맛이 좋아" 이러겠지. 근데 내가 그와 다를 게 뭐가 있다고?

감독님을 모욕하는 게 아니고요. 세상에서 제일 예측 불허 업계인 영화계에서, 감독님은 자신을 자립시킬 사업 감각이 있으셨다는 말씀입니다. 감독님처럼 영화를 만드는 사람들 대부분이, 자기 영화 권리를 소유 못 한 상태거든요.

대신 세상 사는 게 나보다 속 편하겠지! 적어도 유지 비용은 안 들잖아. (웃음)

그건 다른 문제죠. 감독님은 자발적으로 그렇게 하고 계신 거잖아요.

이 영화들을 만들면서 많은 세월이 흘러갔지만, 저한테는 단순한 영화 이상입니다. 이것들을 제일 잘 아는 사람이 저고, 또 최대한 잘 보살피고 싶어요. 이 작품들을 소유한다는 건 경제적이라기보다 정신적인 의미가 더 커요.

그러는데도 안 싸우신다고요?

싸우는 일은 재키(팽기화) 몫입니다. (웃음) 그래서 이렇게 타협하죠. "좋아. 그럼 이 복도하고 이 방만 찍을게. 그럼 작업하는 거 한 달이면 가능하겠어?" 그의 대답. "가능은 한데, 분명 복도하고 방만 찍고 끝나지 않을 걸. 계단 하나 더 만들어놓을게." 재키는 저 말에 딱 미칠 노릇인데 제가 막아섭니다. "안 돼, 그냥 이 방이랑 이 복도만 만들도록 해." 하지만 그는 지지 않죠. "아니. 네가 이 계단 안 필요하다면 내 손에 장을 지진다." 그리고 다 끝났대서 가보면 떡하니 계단이 딸려와 있죠. (웃음)

그 계단을 쓸 일이 생기던가요?

물론이죠! 그냥 찍는 거보단 방 하나에 계단까지 있는 게 확실히 더 나은 그림이 나오니까요. 게다가 이미 완성돼 있는데 안 쓸 이유가 없잖아요? 계단이 없어도 크게 상관없지만 일단 만들어놓으면 굳이 거절하진 않을 거란 걸 그도 아는 겁니다. 그리고 세트도 더 그럴듯하게 보일 거고요. 자기 세트를 파는 데 일가견이 있는 친구야, 그 친구가! (웃음) 〈일대종사〉 때는 자기 재단사들하고 의상 실험을 하느라 몇 달을 썼어요. 각기 다른 원단에 검은색 색감을 일곱 단계로 내본다고. 그래봤자 고작 한 장면 쓸 거를.

그 장면 찍을 때 감독님은 색감 차이를 느끼셨습니까?

아뇨. 영화 다 만들고 나니까 지가 그랬다고 말해주더라고. (웃음)

이게 궁금해요. 장숙평이 훌륭한 솜씨를 가졌다는 건 모두가 동의하는 사실이고 그가 감독이 될 자질은 다 갖춘 것 같은데, 그는 왜 감독이 안 됐을까요?

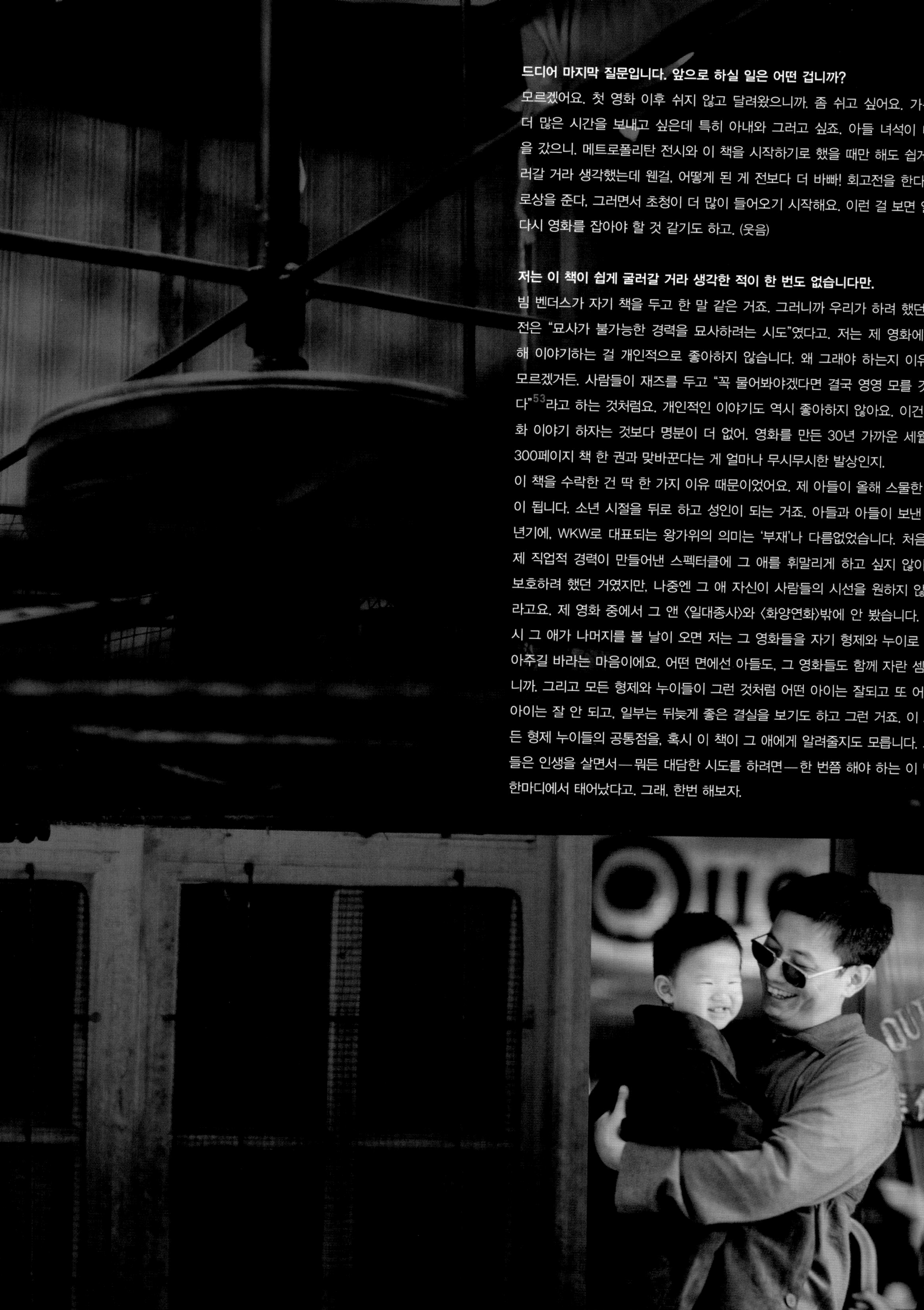

드디어 마지막 질문입니다. 앞으로 하실 일은 어떤 겁니까?

모르겠어요. 첫 영화 이후 쉬지 않고 달려왔으니까. 좀 쉬고 싶어요. 가 더 많은 시간을 보내고 싶은데 특히 아내와 그러고 싶죠. 아들 녀석이 을 갔으니. 메트로폴리탄 전시와 이 책을 시작하기로 했을 때만 해도 쉽거 러갈 거라 생각했는데 웬걸, 어떻게 된 게 전보다 더 바빠! 회고전을 한다 로상을 준다, 그러면서 초청이 더 많이 들어오기 시작해요. 이런 걸 보면 다시 영화를 잡아야 할 것 같기도 하고. (웃음)

저는 이 책이 쉽게 굴러갈 거라 생각한 적이 한 번도 없습니다만.

빔 벤더스가 자기 책을 두고 한 말 같은 거죠. 그러니까 우리가 하려 했던 전은 "묘사가 불가능한 경력을 묘사하려는 시도"였다고. 저는 제 영화에 해 이야기하는 걸 개인적으로 좋아하지 않습니다. 왜 그래야 하는지 이유 모르겠거든. 사람들이 재즈를 두고 "꼭 물어봐야겠다면 결국 영영 모를 것 다"[53]라고 하는 것처럼요. 개인적인 이야기도 역시 좋아하지 않아요. 이건 화 이야기 하자는 것보다 명분이 더 없어. 영화를 만든 30년 가까운 세월 300페이지 책 한 권과 맞바꾼다는 게 얼마나 무시무시한 발상인지.
이 책을 수락한 건 딱 한 가지 이유 때문이었어요. 제 아들이 올해 스물한 이 됩니다. 소년 시절을 뒤로 하고 성인이 되는 거죠. 아들과 아들이 보낸 년기에, WKW로 대표되는 왕가위의 의미는 '부재'나 다름없었습니다. 처음 제 직업적 경력이 만들어낸 스펙터클에 그 애를 휘말리게 하고 싶지 않아 보호하려 했던 거였지만, 나중엔 그 애 자신이 사람들의 시선을 원하지 않 라고요. 제 영화 중에서 그 앤 〈일대종사〉와 〈화양연화〉밖에 안 봤습니다. 시 그 애가 나머지를 볼 날이 오면 저는 그 영화들을 자기 형제와 누이로 아주길 바라는 마음이에요. 어떤 면에선 아들도, 그 영화들도 함께 자란 셈 니까. 그리고 모든 형제와 누이들이 그런 것처럼 어떤 아이는 잘되고 또 어 아이는 잘 안 되고, 일부는 뒤늦게 좋은 결실을 보기도 하고 그런 거죠. 이 든 형제 누이들의 공통점을, 혹시 이 책이 그 애에게 알려줄지도 모릅니다. 들은 인생을 살면서—뭐든 대담한 시도를 하려면—한 번쯤 해야 하는 이 한마디에서 태어났다고. 그래, 한번 해보자.

詠春嫡系旅港師徒合影 一九五〇年八月二日

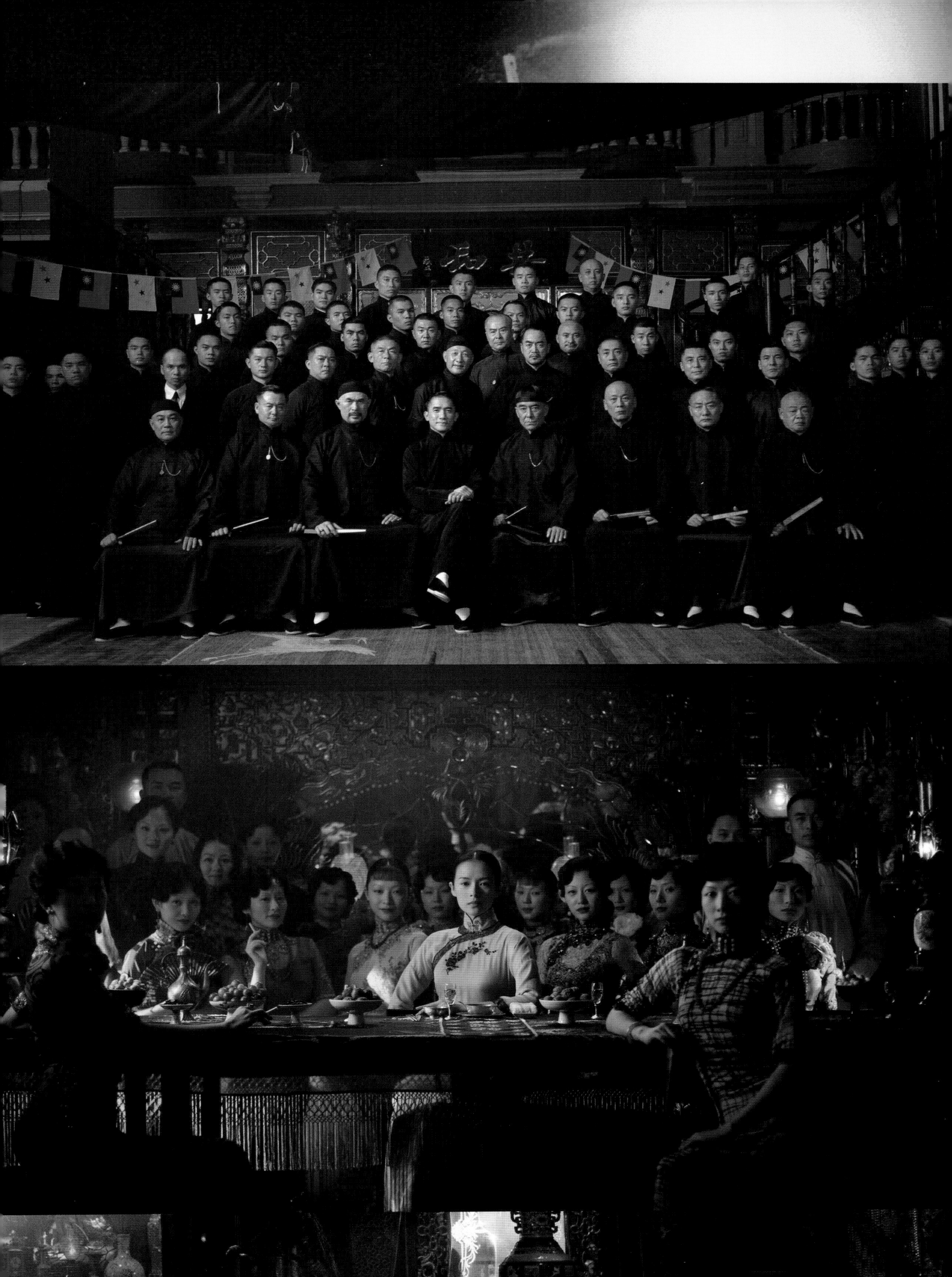

adidas
TAIKOO

THEATER AM POTSDAM
新浪时尚

옮긴이 주

1 프랑스 파리에 있는 생 제르맹 데프레 구역의 카페. 20세기 초부터 문학·예술계 인사들이 드나든 명소로 알려져 있다.

2 〈Ain't No Cure For Love〉. 레너드 코헨(Leonard Cohen)이 1988년에 〈I'm Your Man〉 앨범에서 발표한 노래

3 이탈리아의 영화감독 페데리코 펠리니(Federico Fellini)의 영화 스타일처럼 현실과 환상이 뒤섞인 느낌을 가리키는 것.

4 〈Amarcord〉. 페데리코 펠리니의 1973년 작 영화. 한 마을 사람들 이야기를 회고적 시선으로 담아낸 따뜻한 내용으로, 펠리니의 자전적 요소가 강하다.

5 아비(阿飛, ah fei)는 글자 그대로 새처럼 자유롭게 제약 없이 사는 사람을 말하지만, 홍콩영화계에서는 반항적이고 소외된 젊은 캐릭터를 가리킨다. 1960년대에 이들이 등장하는 영화가 많이 나왔다.

6 원문 표현은 부뒤(Boudu). 장 르누아르 감독의 1932년 작 영화 〈익사 직전에 구조된 부뒤〉에 나오는 주인공이다. 원래 노숙자였다가 부르주아 집에 들어가 여러 가지 모험을 거친 뒤 자진하여 노숙자로 돌아가는 캐릭터. 자유롭고 거침없는 태도로 부르주아 가치를 풍자하고 조롱한다.

7 양가휘와 양조위 모두 영어 이름이 Tony Leung이다.

8 우리나라에는 금성무라는 이름으로 많이 알려졌다.

9 실제 영화에서는 무슨 이유에선지 663과 633이 혼용되고 있다. 여기서는 663으로 통일했다.

10 1942년의 할리우드영화 〈카사블랑카〉에서 험프리 보가트가 카사블랑카 지역에 열었던 술집의 이름이다.

11 아이티의 독재자 프랑수아 뒤발리에(1907~1971, 애칭은 파파 독)가 창설한 친위대 성격의 악명 높은 군대. 대원은 총과 칼로 무장하고 푸른색 셔츠에 선글라스를 낀 차림이었다.

12 독일 동화에 나오는 난쟁이

13 미켈란젤로 안토니오니, 스티븐 소더버그와 함께 3부작 옴니버스로 만든 영화 〈에로스〉(2004) 중에서 왕가위의 연출분. 본문 인터뷰 부분에서 기술된다.

14 〈사랑도 통역이 되나요?〉의 원제 〈Lost in Translation〉는 번역이 잘 안 되어 원래 의미가 실종되거나 달라지는 상황을 가리키는데, 그 점을 염두에 둔 표현이다.

15 1964년 영국의 록 그룹 롤링 스톤즈(Rolling Stones)의 노래 제목과 같다.

16 1967년 미국의 록 그룹 터틀스(The Turtles)의 노래 제목과 같다.

17 1935년 미국 스탠더드 팝송 〈I'm in the Mood For Love〉에서 따온 것이다.

18 코닥필름은 빨강이나 노랑 등 밝은 원색 계열에, 후지필름은 파랑과 녹색 계열에 강하다는 속설이 있다.

19 '웰메이드 플레이(well-made play)'. 19세기 극장가의 유행으로, 형식적으로 고착되어 있고 보는 이들이 재미를 느끼도록 하는 장치가 솜씨 좋게 배치된 대중적인 연극들. 프랑스의 외젠 스크리브가 그 대표적인 작가로 거론된다.

20 냇 킹 콜이 연주한 〈크리스마스 노래(The Christmas Song)〉는 두 가지 버전으로 영화 〈2046〉의 사운드트랙에 실렸다.

21 mock goose. 세이지와 양파로 속을 채운 돼지고기 요리. mock duck이라고도 한다.

22 중국식 만두의 일종, 육즙이 풍부하게 있는 게 특징이다.

23 '밤부'는 대나무를 뜻하는 프랑스어. 즉, 조금이라도 중국을 연상시키는 이름이었기에 그 레스토랑을 이용했다는 뜻이다.

24 마르셀 프루스트의 《잃어버린 시간을 찾아서》에서 마들렌은 과거를 회상하게 하는 도구로 쓰인다.

25 일본의 팝 아티스트. 소위 '오타쿠'라고 불리는 일본의 하위 대중문화를 미술에 결합한 작품을 내놓으며 세계적으로 성공했다.

26 1920~1940년대 사이에 활동한 미국 출신의 여류 코미디언 배우 겸 가수

27 무술 문파에서 최고의 경지에 이른 스승을 명예롭게 이르는 칭호

28 1960년 작 영화. 윌리엄 홀든, 낸시 콴 주연으로 홍콩에서 매춘부로 일하는 수지 웡이 미국인 화가 로버트를 만나 순애보를 펼치는 내용이다.

29 광둥어로 이루어진, 중국 남부 전통의 오페라. 본토의 북경(베이징)을 중심으로 발달한 경극에 대응되는 존재

30 고다르가 만든 첫 영화 〈네 멋대로 해라〉의 영어 제목이 〈Breathless(숨 쉴 수 없는)〉였기 때문에 〈Take My Breath Away('나를 깜짝 놀라게 하네요'지만 그대로 옮기면 '내 숨을 빼앗아가네요')〉와 의미가 통한다고 생각했다는 뜻이다.

31 미국의 항공사 팬암(Pan Am)에서 만든 여행용 가방. 항공사는 1991년에 정식으로 문을 닫았지만, 이 가방을 비롯해 다수의 관련 물품들은 미국의 황금기 60년대를 추억하게 하는 빈티지 기념품으로 지금도 인기가 있다.

32 〈이것이 스파이널 탭이다(This Is Spinal Tap)〉는 롭 라이너 감독이 스파이널 탭이라는 이름의 가상의 헤비메탈 밴드를 소재로 1984년에 만든 가짜 다큐멘터리 영화. 중간에 밴드가 주문한 무대장치 스톤헨지 모형이 공연 당일에 잘못 배달되고 멤버들이 무대에서 예기치 못한 위기를 맞는 장면이 나온다.

33 식민지 시절의 영향으로, 중남미 국가들은 대부분 스페인어를 사용한다.

34 한 장면을 처음부터 끝까지, 전경 등을 포함해서 찍는 숏

35 "제트(jet)"에는 제트기·비행기란 뜻과 보석류로 취급되는 흑옥의 의미도 있다. 따라서 여기서 '제트 톤(jet tone)'은 비행기의 굉음, 칠흑같은 검은색이라는 중의성을 띤다.

36 이동식 카메라를 실은 장치

37 Laurie Anderson. 미국 출신의 아방가르드 예술가 겸 음악가. 본문에 언급된 장면에 쓰인 음악은 그녀의 곡 〈내 언어로 말해(Speak My Language)〉이다.

38 장면 안에 혹은 장면과 장면 사이에, 현재의 상황과 직접적인 관련은 없어도 전체적으로 유의미한 내용인 다른 장면을 넣는 것

39 상하이 지방극. 상하이, 장쑤성, 저장성 일부 지역에서 유행했다.

40 靑衣. 혹은 중국어로 '칭이'. 경극의 여자 역할 중 제일 중요하며, 품위 있고 정숙한 아내나 딸일 경우가 많다.

41 이탈리아 여배우. 미켈란젤로 안토니오니 감독의 대표작 주연으로 유명하다.

42 원래 제목은 〈누구일까?(¿Quién será?)〉, 1953년도 멕시코 대중음악 연주곡. 여기에 영어 가사를 붙여 할리우드 배우 딘 마틴이 부른 버전이 1954년에 히트했고 이후 많은 영어권 가수들이 리메이크했다. 곡이 원래 룸바 리듬이었으며 가사 내용도 남녀가 함께 추는 춤의 은유로 가득한 사랑 노래다.

43 옮기면 다음과 같다: '지금으로부터 한참 후에 총살 부대를 눈앞에 둔 상황이 닥치면, 그때 아우렐리아노 부엔디아 대령은 아버지를 따라나섰다가 처음 얼음을 봤던 먼 옛날 어느 오후의 기억이 떠오르게 될 것이었다.'

44 원제는 〈The Hand〉. 〈그녀의 손길〉은 국내 개봉된 제목이다.

45 홍콩의 반부패 수사기구로, ICAC(Independent Commission Against Corruption)란 약자로 알려져 있다. 1950~1960년대에 공직에 만연했던 부패를 척결하고자 1974년에 설립됐다.

46 Pan-American Highway. 알래스카의 페어뱅크스에서 아르헨티나 남단의 푸에고 섬에 이르는, 아메리카 대륙을 남북으로 종단하는 국제 도로

47 〈욕망〉의 원래 영어 제목은 사진작가 주인공의 직업과 연결되는, '확대'라는 의미의 'Blow-Up'이다.

48 The Sixth Patriarch's Dharma Jewel Platform Sutra. 육조단경이라고도 한다. 중국 당나라 선종(禪宗)의 제6조(祖)인 혜능(慧能:638~713)의 어록을 그의 제자가 편찬한 것이다.

49 형태가 있는 모든 것은 공허하며, 공허한 모든 것 또한 형태 있는 것과 다르지 않다는 의미. 불교 경전 《반야심경》의 첫 구절

50 코닥에서 1965년에 내놓은 가정용·아마추어용 영화 카메라 필름

51 카메라를 피사체로부터 멀리 떨어뜨려 배경까지 전체가 시야에 들어오도록 하는 촬영 기법

52 홍콩 카오룽에 있었던, 무허가로 증축된 고층 건물들이 밀집했던 슬럼 지구. 1993년에 철거되어 현재는 공원이 되었다.

53 원래 문구는 "재즈가 뭔지 물어야 하는 상황이라면 그 사람은 앞으로도 절대 모를 것이다(If you have to ask what jazz is, you'll never know)"로, 재즈 뮤지션 루이 암스트롱이 한 말이다.

사진 설명

p.2-3 아르헨티나 우수아이아의 촬영지에서의 왕가위

p.7 〈화양연화〉 중 장만옥의 부분 컷

p.16-17 왕가위의 시작을 알리는 오프닝 시퀀스. 〈열혈남아〉의 첫 장면, 몽콕 지구를 비추는 TV 화면들

p.19 왕가위가 찍은 아내 에스터

p.24-25 (위에서부터 시계방향으로)〈아비정전〉의 장국영, 유가령, 양조위, 장만옥

p.30-31 〈중경삼림〉 이미지들로 만든 하영강의 아트 콜라주. 왕페이(중앙) 및 양조위, 가네시로 다케시, 임청하

p.34-35 〈타락천사〉의 마지막 장면. 오토바이를 함께 타고 크로스 하버 터널을 달리는 이가흔(왼쪽)과 가네시로 다케시

p.37 뱃사람 기질을 타고난 예술가, 촬영감독 크리스토퍼 도일

p.42-43 〈동사서독〉의 초기 제작 스틸 사진. (왼쪽부터)장국영, 양조위, 양가휘, 장학우, 임청하(앞), 유가령, 장만옥, 왕조현

p.48-49 〈해피 투게더〉 중. 보영 역을 연기한 장국영(왼쪽)과 아휘 역을 연기한 양조위는 이구아수 폭포로 가던 도중 발이 묶인다.

p.54 왕가위의 가장 중요한 협력자, 장숙평

p.56-57 〈화양연화〉에서 멋진 스타일을 뽐내며 걷는 장만옥과 양조위

p.60-61 장쯔이, 양조위, 왕페이, 기무라 타쿠야, 공리, 장첸이 담긴 〈2046〉의 이 이미지들 속에서 과거와 현재, 미래가 서로 충돌한다.

p.66-67 〈에로스〉의 〈그녀의 손길〉(이하 〈에로스〉로 통칭) 중. 재단사 역을 맡은 장첸과 문제의 그 '손'

p.68 유쾌한 전사. 왕가위가 신임하는 제작자 팽기화(가운데)

p.72-73 〈마이 블루베리 나이츠〉에서의 아름다운 키스. 노라 존스와 주드 로

p.76-77 〈일대종사〉 중. 궁이 역의 장쯔이와 엽문 역의 양조위가 금루에서 벌이는 대결

p.80-81 왕가위와 대화를 나누는 존 파워스(왼쪽)

p.82 왕가위가 어린 시절을 보낸 너츠포드 테라스는 활기찬 밤 문화로 오랫동안 알려진 곳이다.

p.84 왕가위 감독

p.87 (오른쪽 맨 위 사진부터 시계방향으로)11살의 왕가위와 부모님, 태풍으로 배가 파손된 후에 고베에서 찍은 왕가위 아버지의 사진, 왕가위와 어머니 앞으로 나온 홍콩 입국허가서, 선원으로 일할 당시 왕가위의 아버지, 1949년 이전의 상하이에서 찍은, 왕가위 어머니의 사진

p.88 왕가위의 아버지. '베이사이드' 나이트클럽을 배경으로.

p.89 (왼쪽)'베이사이드'에서 있었던 비틀즈의 홍콩 기자회견, (오른쪽)'베이사이드' 나이트클럽 내부 전경

p.91 자신의 첫 카메라인 니코매트 FT3 모델을 들고 있는 스무 살의 왕가위

p.92 왕가위 형과 누나의 젊었을 적 모습

p.95 홍콩 옛 지도

p.96 왕가위 감독(왼쪽)과 촬영감독 크리스토퍼 도일

p.97 〈열혈남아〉 제작 초기 무렵 장숙평(오른쪽)과 왕가위. 왕가위는 아직 선글라스를 쓰기 전이다.

p.99 (위)〈열혈남아〉에서 창파로 분한 장학우, (아래)왕가위 데뷔작에 담긴 장만옥

p.100 (위)〈아비정전〉에서 경찰관 역을 연기한 유덕화, (아래)〈열혈남아〉에서 유덕화(중간), 장학우(오른쪽)와 함께 리허설 중인 왕가위(왼쪽)

p.102 〈열혈남아〉에서 샌디 램의 노래를 배경으로 선보인 유덕화와 장만옥의 키스 신

p.103 〈열혈남아〉에서 유덕화의 연기를 보여주는 연속 장면

p.104 프랑스 칸의 크롸제트를 지나는 왕가위. 〈열혈남아〉가 칸 영화제 비평가 주간에 상영되었던 이때가 왕가위의 첫 번째 칸 방문이었다.

p.105 〈열혈남아〉의 영어판 홍보자료집

p.106-109 유덕화, 장학우, 장만옥의 모습이 담긴 〈열혈남아〉 콜라주

p.110 1960년대 후반에 홍콩에서 있었던 폭동

p.111 이제는 선글라스를 착용한, 〈아비정전〉 촬영 현장에서의 왕가위

p.112-113 〈아비정전〉의 화려한 출연진. (왼쪽부터)장국영, 장만옥, 장학우, 유가령, 양조위, 유덕화

p.114 〈아비정전〉에서 유덕화(왼쪽)가 죽어가는 장국영의 곁을 지키는 장면

p.115 지친 감독이 보여주는 여러 모습들. 필리핀에서 녹초가 된 왕가위

p.117 〈아비정전〉에 담긴 필리핀의 풍성한 열대림 풍경

p.119 〈열혈남아〉 마지막 장면에 나오는 양조위

p.120-123 장국영, 유가령, 장만옥, 장숙평, 반적화의 모습이 담긴 〈아비정전〉 콜라주

p.124 일하고 있는 왕가위

p.127 〈중경삼림〉 속 왕페이, 가네시로 다케시, 임청하

p.129 (위)〈글로리아〉에서의 제나 롤런츠에 대한 오마주로 금발 가발을 쓴 임청하. 〈중경삼림〉이 그녀의 마지막 영화 출연작이었다.
(아래)〈중경삼림〉 촬영 당시 청킹맨션에서의 임청하

p.130-131 가네시로 다케시, 임청하, 발레리 초우, 양조위의 모습이 담긴 〈중경삼림〉 콜라주

p.132-137 임청하, 가네시로 다케시, 왕페이, 양조위의 모습이 담긴 〈중경삼림〉 콜라주

p.138-139 왕페이, 왕가위, 양조위, 발레리 초우의 미공개 폴라로이드 사진으로 만든 〈중경삼림〉 콜라주

p.141 〈타락천사〉 속 이미지들. (맨 위 사진부터 시계방향으로)돼지를 안마하는 가네시로 다케시, 가네시로 다케시의 아버지 역을 맡은 진만뢰, 에이전트(이가흔)의 얼굴이 처음 클로즈업된 장면, 〈타락천사〉의 마지막 장면

p.142 〈타락천사〉 중. 왕가위가 풍경에 비유한 이가흔의 다리

p.145 밤의 홍콩

p.146-149 이가흔, 가네시로 다케시, 여명, 막문위의 모습이 담긴 〈타락천사〉 콜라주

p.150-153 가네시로 다케시, 여명, 양채니, 이가흔의 미공개 컷들로 만든 〈타락천사〉 콜라주

p.154 〈2046〉 촬영 당시 공리에게 연기를 지도하는 왕가위

p.155 〈사랑할 기분 2001〉의 장만옥이 담긴 연속 필름

p.156-157 〈화양연화〉에서 왕가위가 직접 짠 식사 메뉴

p.157 〈화양연화〉의 이미지들. (오른쪽 위 사진부터 시계방향으로)완탕면을 사러 나가는 진 부인 역의 장만옥, 주모운 역의 양조위와 함께 포착된 1960년대 풍경, 장만옥과 양조위

p.159 (왼쪽 맨 위)'골드핀치 레스토랑'에서 장만옥(왼쪽)과 양조위(오른쪽)에게 연기 지도를 하는 왕가위, (오른쪽 아래)〈화양연화〉 촬영 현장에서의 왕가위, (그 외)〈화양연화〉에서 보여준 장만옥의 다양한 모습

p.160 거리에 선 양조위의 실루엣

p.162 앙코르와트의 구멍에 자신의 비밀을 속삭이는 양조위

p.163 〈화양연화〉는 앙코르와트에서 촬영된 최초의 영화였다.

p.164-165 〈화양연화〉속에서 빛을 발하는 장만옥

p.166-179 장만옥, 양조위, 왕가위의 모습이 담긴 〈화양연화〉 콜라주

p.180 〈2046〉 중. 양조위가 보여주는 다양한 주모운의 얼굴들

p.182 〈2046〉에서 장쯔이에게 연기를 지도하는 왕가위

p.183 〈2046〉 중. 크리스마스 이브에 감정적으로 무너지는 바이 링을 연기하는 장쯔이

p.184 (위 왼쪽)〈에로스〉에서 견습 재단사 장 역을 맡은 장첸, (위 오른쪽)〈에로스〉에서 장첸과 공리의 미공개 컷, (중간)양조위가 공리에 감탄을 금치 못했던 〈2046〉에서의 기나긴 세 번의 키스 신, (아래)〈2046〉에서 신비로운 도박사 역을 맡은 공리

p.186-187 〈2046〉에서, 공리가 연기한 수리진의 빛나는 모습

p.188-189 〈2046〉의 이미지. (위)바이 링을 연기하는 장쯔이, (아래)키스를 나누는 탁 역의 기무라 타쿠야와 안드로이드 역의 왕페이

p.190-191 왕페이, 양조위, 장쯔이, 왕 섬, 공리의 모습이 담긴 〈2046〉 콜라주

p.192-199 장쯔이, 양조위, 기무라 타쿠야, 왕페이, 공리, 장만옥의 모습이 담긴 〈2046〉 콜라주

p.200-201 공리, 왕가위, 크리스 도일, 장숙평의 모습이 담긴 〈2046〉의 촬영 현장 사진들

p.202-203 〈에로스〉 중. 공리의 미공개 촬영분(왼쪽)과, 장첸과 함께 한 공리(오른쪽)

p.204-205 공리, 장첸의 모습이 담긴 〈에로스〉 콜라주

p.206 〈해피 투게더〉 촬영 당시 장국영에게 연기 지도를 하는 왕가위

p.207 〈해피 투게더〉의 제작을 알리는 홍콩 기자회견장에서의 양조위(왼쪽)와 장국영

p.208 (위)부에노스아이레스의 차이나타운, (아래)하영강이 찍은 〈해피 투게더〉 속 비좁은 아파트 실내. 여기서 가끔 왕가위가 휴식을 취하곤 했다.

p.210 〈해피 투게더〉의 이미지들. (위에서부터 시계방향으로)거울에 비친 양조위의 모습, 폴라로이드로 찍은 〈해피 투게더〉의 두 주연 배우, 베드 신

p.211 〈해피 투게더〉 중. 자기 배역 의상을 입어본 관숙이의 폴라로이드 사진

p.212 17세 장첸의 흑백 사진

p.213 아르헨티나 촬영 현장에서의 양조위(왼쪽)와 장국영

p.214 〈해피 투게더〉 중. 양조위

p.215 〈해피 투게더〉 중. 장국영

p.216-217 장국영과 왕가위의 모습이 담긴 콜라주. (시계방향으로)〈동사서독〉에서의 장국영의 스틸 컷, 〈아비정전〉 촬영 현장에서 조용히 함께 담배를 피우는 모습, 유진위 감독의 〈동성서취〉 촬영 현장에서의 모습, 〈해피 투게더〉 촬영 현장에서 상의 중인 두 사람

p.218-219 크리스토퍼 도일이 찍은 이구아수 폭포의 인상적인 화면. 어떤 면에서는 영화 전체 내용을 압축하는 장면이었다.

p.220-229 장국영과 양조위의 모습이 담긴 〈해피 투게더〉 콜라주

p.230-231 양조위, 장국영, 왕가위의 모습이 담긴, 폴라로이드 사진을 포함한 〈해피 투게더〉 콜라주

p.232 〈상하이에서 온 여인〉의 홍보 이미지

p.233 〈마이 블루베리 나이츠〉 이미지들. (오른쪽 위에서부터 시계방향으로)노라 존스(오른쪽)와 레이첼 와이즈, 뉴욕의 카페에서 주드 로(왼쪽)와 노라 존스, 미 대륙을 횡단하는 여행 중에 노라 존스가 잠시 머무르며 엽서를 썼던 바의 내부, 뉴 멕시코 주를 횡단 중인 노라 존스(왼쪽)와 나탈리 포트먼, 데이비드 스트라탄(왼쪽)과 노라 존스

p.235 미국 지도. 노라 존스의 미국 횡단 여정은 왕가위가 좋아하는 몇 편의 영화를 훑는 여정이기도 했다.

p.236-237 〈마이 블루베리 나이츠〉 사전 조사의 일환으로 미국을 세 번 횡단하는 과정에서 왕가위와 다리우스 콘지가 찍은 사진들로 만든 콜라주

p.238-239 〈마이 블루베리 나이츠〉 중 레이첼 와이즈, 노라 존스, 데이빗 스트라샌의 모습이 담긴 콜라주

p.240-241 나탈리 포트먼, 노라 존스, 주드 로의 모습이 담긴 〈마이 블루베리 나이츠〉 콜라주

p.242-243 왕가위, 장숙평, 팽기화, 주드 로, 레이첼 와이즈, 스테판 쿠쉬마니언, 다리우스 콘지, 나탈리 포트먼, 노먼 왕, 노라 존스의 모습이 담긴, 〈마이 블루베리 나이츠〉 촬영 현장 사진들로 만든 콜라주

p.244 〈일대종사〉 촬영 현장의 왕가위

p.247 (위에서부터 시계방향으로)〈동사서독〉에서 눈 먼 검객을 연기한 양조위, 〈동성서취〉 촬영장에서 장만옥(왼쪽)과 감독 유진위, 〈동성서취〉 촬영장에서 장학우(왼쪽)와 왕조현

p.249 〈동사서독〉의 액션 장면들

p.250 〈동사서독〉 중. 붉은 고추 더미 위에 누운 임청하

p.251 〈동사서독〉 촬영 마지막 날. 손으로 V를 그리고 있는 팽기화, 제작실장 진패화, 왕가위, 왕가위의 아내 에스터, 검을 들고 있는 장국영이 보인다. 뒤로 구양봉의 거처가 불타고 있다.

p.252-253 〈동사서독〉 중. 두 얼굴의 구양봉 역을 맡은 장국영

p.254-255 〈동사서독〉 중. 임청하와 장국영(흑백 사진), 황약사 역의 양가휘

p.256-257 〈동사서독〉 중. 양조위와 왕조현

p.258-259 〈동사서독〉 중. 장만옥과 양가휘

p.260-261 임청하, 장만옥, 장국영, 장학우, 양가휘, 양조위, 요리사 모자를 쓴 액션 구성 담당 홍금보의 모습이 담긴 폴라로이드 사진을 포함한 〈동사서독〉의 콜라주

p.263 (위)〈일대종사〉에서 아름답고 역동적인 무술인 궁이 역을 맡은 장쯔이, (아래)〈일대종사〉에서 진정한 일대종사 엽문 역을 맡은 양조위

p.265 〈일대종사〉 중. 궁이의 흑백 프로필

p.267 〈일대종사〉 중. 엽문의 영춘권 기술을 선보이는 양조위

p.269 (가운데)〈일대종사〉 촬영 현장에서의 장숙평
(그 외)장숙평의 미술 팀이 만든 금루의 제작 도안 스케치

p.270-271 〈일대종사〉 현장에서의 왕가위, (오른쪽 흑백 사진)어린 아들 칭을 안고 있는 왕가위

p.272-273 〈일대종사〉 중. 눈 속에서 무술을 연마하는 궁이의 아버지(왕경상 분)

p.274-275 장쯔이와 양조위의 모습이 담긴 〈일대종사〉 콜라주. 양조위가 다른 고수들과 함께 찍은 사진(275 위)에서는 장숙평이 등장인물들에게 검은색 천을 각기 다른 톤으로 디자인해서 입힌 의상을 볼 수 있다.

p.276 -277 장쯔이(왼쪽)와 양조위(오른쪽)의 모습이 담긴 〈일대종사〉 콜라주

p.278 -279 인생의 두 여자와 함께한 엽문 역의 양조위. 아내 역을 맡은 송혜교(왼쪽)와 맞수 궁이로 열연한 장쯔이(오른쪽)

p.280-281 장쯔이와 양조위의 모습이 담긴 〈일대종사〉 콜라주

p.282-283 양조위가 연기한 엽문이 거리에서 싸우는 이미지로 만든 〈일대종사〉 콜라주

p.284-285 무술 감독 원화평, 촬영감독 필립 르 수르와 함께 〈일대종사〉를 촬영 중인 왕가위

p.288-289 (오른쪽 페이지 맨 위 사진부터 시계방향으로)1997년 칸 영화제에 참석한 왕가위와 에스터 부부, 왕가위가 처음 갖게 된 에스터의 사진, 아르헨티나에서 찍은 아내 에스터와 아들 칭, 〈동사서독〉 촬영지에서의 에스터, 왕가위가 제일 좋아하는 아내 사진, 아르헨티나에서 찍은 왕가위의 가족사진

p.290-291 (오른쪽 페이지 왼쪽 위 사진부터 시계방향으로)제50회 대만 금마장 시상식에 참석한 왕가위 부부, 하영강이 찍은 태국에서 코끼리와 함께한 에스터와 아들의 사진, 포르투갈의 탐험가 폰세 데 레온 역을 맡은 5학년 시절의 아들 칭을 왕가위가 찍은 사진, 2011년 독일 함부르크에 있는 스타인웨이 피아노 공장에서 피아노를 치는 칭, 2013년 제63회 베를린 국제영화제에 참석한 〈일대종사〉 출연진과 제작진, 베를린에서의 에스터와 왕가위, 양조위, 장첸, 2014년 제33회 홍콩 영화상 시상식에 참석한 제작 팀의 핵심 멤버들, 2013년 제63회 베를린 국제영화제에서 심사위원장을 맡았던 왕가위와 아내 에스터

p.292-293 제50회 대만 금마장 시상식에서 필립 르 수르가 포착한 왕가위 부부의 모습

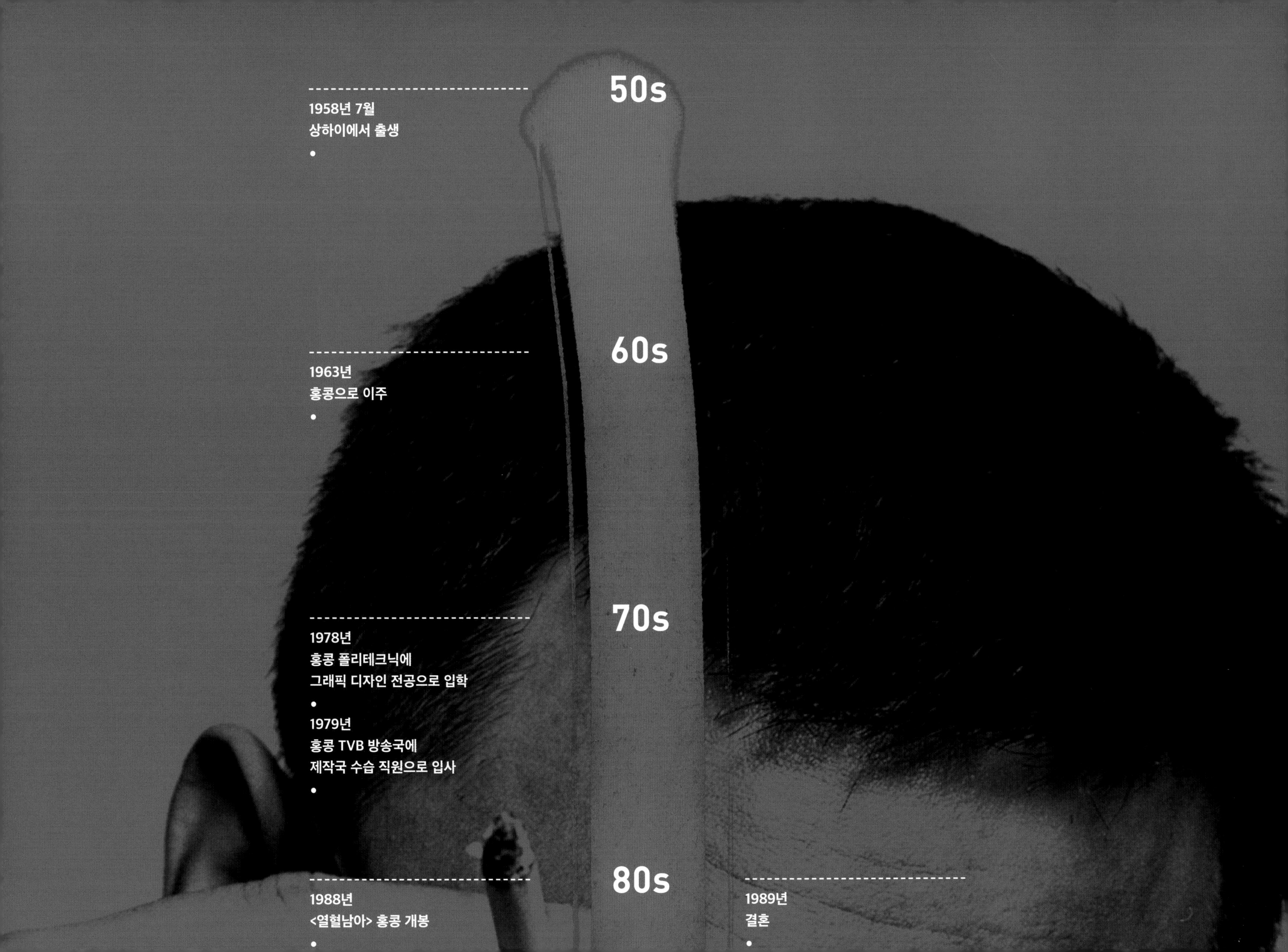

50s

1958년 7월
상하이에서 출생

60s

1963년
홍콩으로 이주

70s

1978년
홍콩 폴리테크닉에
그래픽 디자인 전공으로 입학

1979년
홍콩 TVB 방송국에
제작국 수습 직원으로 입사

80s

1988년
<열혈남아> 홍콩 개봉

1989년
결혼

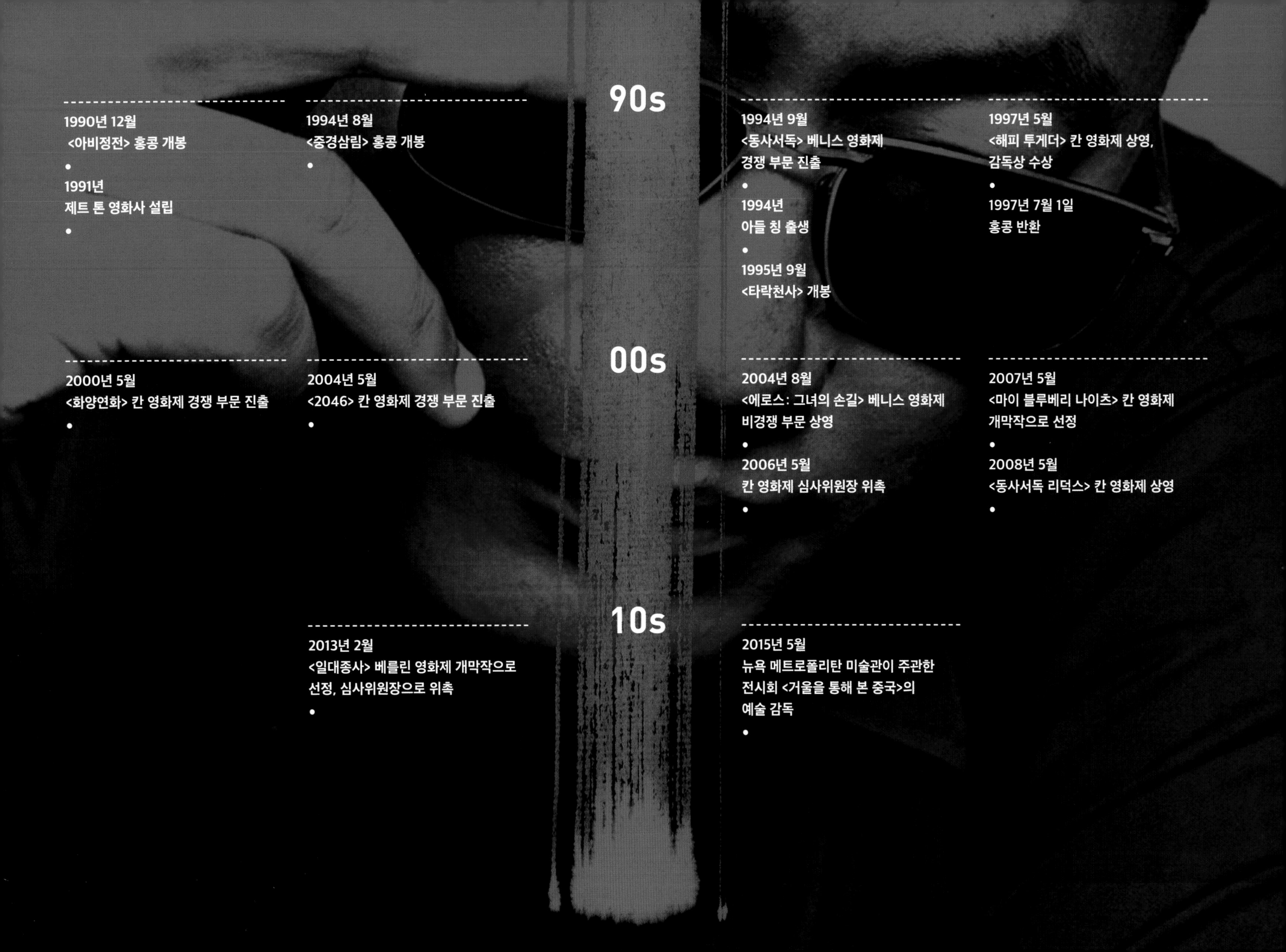

90s

1990년 12월
<아비정전> 홍콩 개봉

1991년
제트 톤 영화사 설립

1994년 8월
<중경삼림> 홍콩 개봉

1994년 9월
<동사서독> 베니스 영화제 경쟁 부문 진출

1994년
아들 칭 출생

1995년 9월
<타락천사> 개봉

1997년 5월
<해피 투게더> 칸 영화제 상영, 감독상 수상

1997년 7월 1일
홍콩 반환

00s

2000년 5월
<화양연화> 칸 영화제 경쟁 부문 진출

2004년 5월
<2046> 칸 영화제 경쟁 부문 진출

2004년 8월
<에로스: 그녀의 손길> 베니스 영화제 비경쟁 부문 상영

2006년 5월
칸 영화제 심사위원장 위촉

2007년 5월
<마이 블루베리 나이츠> 칸 영화제 개막작으로 선정

2008년 5월
<동사서독 리덕스> 칸 영화제 상영

10s

2013년 2월
<일대종사> 베를린 영화제 개막작으로 선정, 심사위원장으로 위촉

2015년 5월
뉴욕 메트로폴리탄 미술관이 주관한 전시회 <거울을 통해 본 중국>의 예술 감독

존 파워스 John Powers

작가이자 영화평론가. 〈워싱턴포스트〉, 〈보그〉, 〈LA위클리〉, 〈뉴욕타임스〉 등 다수의 매체에 영화, 정치, 대중문화 관련 글을 기고해왔다. 평론가이자 칼럼니스트로 〈LA위클리〉에 12년 동안 근무했으며 대중문화평론가로 라디오에 출연하고 있기도 하다. 현재 캘리포니아 주 패서디나에 살고 있다.

성문영

팝음악평론가. 부산대학교 한문학과를 졸업, 음악잡지 〈Hot Music〉 편집부 기자와 〈Sub〉 편집장을 거쳐 명음레코드 팝 마케팅부에서 일했고 영국 사우샘프턴 인스티튜트의 미디어 석사 과정을 수료했다. 음악 필자와 출판 번역자로 활동하며 팝 칼럼니스트로서 독특한 글쓰기와 위트 넘치는 가사 번역으로 유명하다. 《테이킹 우드스탁》, 《파이 바닥의 달콤함》, 《우리는 언제나 성에 살았다》, 《어둠 속에서 작은 키스를》, 《오 마이 마돈나》 등을 옮겼다.

왕가위
영화에 매혹되는 순간

초판 1쇄 발행 2018년 4월 1일
초판 6쇄 발행 2022년 2월 21일

지은이 왕가위 존 파워스
옮긴이 성문영
펴낸이 이상훈
편집인 김수영
본부장 정진항
편집2팀 허유진 이현주
마케팅 김한성 조재성 박신영 조은별 김효진 임은비
경영지원 정혜진 엄세영

펴낸곳 한겨레출판(주) www.hanibook.co.kr
등록 2006년 1월 4일 제313-2006-00003호
주소 서울시 마포구 창전로 70(신수동) 화수목빌딩 5층
전화 02)6383-1602~3 팩스 02)6383-1610
대표메일 cine21@hanien.co.kr

ISBN 979-11-6040-144-8 03680